*Wenn es um die Marke geht, dann ist es wichtig,
dass man mit der Sprache die gewünschte Aufmerksamkeit
schafft und durchaus polarisiert.
Denn ohne aufzufallen erzeuge ich keine Reaktion beim Leser.*

Hartmut Dages, SICK

*Sprache bringt Bilder zum Leben. Die Sprache hat die Chance,
über die ganz normalen Wahrnehmungen hinweg,
Bedeutung in Dinge zu geben.*

Jörg Frey, Haufe-Lexware

*Sprache ist horizontal die beste Möglichkeit,
für ein konsistentes Markenerlebnis zu sorgen.*

Gregor Gründgens, Vodafone Deutschland

*Wir versuchen Bilder zwischen den Ohren zu generieren.*

Jörg Grünwald, NIVEA

Armin Reins // Veronika Classen // Géza Czopf // **Text $ells**

# Text $ells

Wie Sie Texte schreiben,
die wirken.

Wie Sie Unternehmen
und Marken
durch Sprache Profil geben.

**Armin Reins**
**Veronika Classen**
**Géza Czopf**

**Copyright-Hinweis**

Alle Rechte, auch die des auszugsweisen Nachdrucks in Teilen, Vervielfältigungen im Ganzen oder der Verwertung in Seminaren vorbehalten, mit Ausnahme des im UrhG geregelten Zitaterechts mit vollständiger Quellenangabe. Jede weitere Verwertung nur mit ausdrücklicher Genehmigung des Urhebers.

Das Modell der Corporate Language ist urheberrechtlich geschützt. CL®, CL-Sprachstilgruppen®, CL-Sprachbank®, CL-Brand-Portal®, CL-Sprachdatenbank®, CL-Manual®, CL-App®, CL-Farbmethode®, CL-Sprachpositionierung®, CL-Sprachzwiebel®, CL-14-Schritte-Methode®, CL-Best-Copy-Index®, CL-Sprachstilwelten®, CL-Sprachinventur®, CL-Name Development®, CL-E-Learning®, CL-Textscan® und CL-Workshops® sind registrierte Wort- und Bildmarken.

# Danke.

An alle, die uns mit Kopf, Hand und Herz zur Seite standen und uns
Türen geöffnet haben, die sonst für uns verschlossen geblieben wären.

Beispielhaft seien hier genannt:

Uli Vogeler, Frank Bleydorn, Wolf Schneider, Ursula Schubert,
Dr. Stephan Nass, Franz Bruckner, Michaela Staudt und Andrea Deinert.

An alle Kunden, die uns ihre Zeit für ein Interview geschenkt haben.

An alle Menschen, die sich für Sprache begeistern und uns
deshalb Einblick in ihr Leben gegeben haben.

An alle Kollegen, die uns ihre Arbeiten für Abbildungen zur
Verfügung gestellt haben.

An Karin und Bertram Schmidt-Friderichs für ihr Vertrauen
und ihre Geduld.

# Glückwunsch.

Oh mein Gott. Nun haben Sie dieses Buch also doch gekauft. Lag es am spannenden Titel? Oder an der nutzenversprechenden Rückseite? An der neugierig machenden ersten Umschlagseite? An einer überzeugenden Buch-Besprechung? Oder an der treffenden Suchmaschinen-Ad? Auf jeden Fall lag es am Text. Was wieder beweist: Es funktioniert: Text sells. Und das nicht nur bei Büchern. Sondern auch bei Texten für Investitions- und Konsumgüter. Bei B-to-C wie B-to-B. Offline wie online. Geschrieben wie gesprochen. Vorausgesetzt, die Texte sind so, dass Menschen sie nicht nur freiwillig, sondern gerne lesen. Und genau darum soll es in diesem Buch gehen.

Im ersten Teil lernen Sie, wie Sie Texte schreiben oder schreiben lassen, die wirken. Sprich: überzeugen, motivieren, verführen, anreizen, locken, bezaubern, begeistern und letztendlich besser verkaufen. An Vorher-nachher-Vorbildern, an Beispielen, wie Sie es nicht machen sollten. Und mit Hilfe von einfachen Regeln und Checklisten.

Im zweiten Teil präsentieren wir Unternehmen und deren Verantwort-liche, die Sprache als Instrument zur Markenbildung einsetzen. Die dafür gesorgt haben, dass es in ihrem Unternehmen eine Corporate Language (CL) gibt. Und damit durchschlagende Erfolge erzielen. Damit das kein Geheimwissen bleibt, zeigen wir Ihnen, wie Sie in 14 Schritten das Thema CL auf die Erfolgsschiene setzen.

Im dritten Teil dieses Buches beweisen wir, dass Sprache sogar noch mehr kann. Wir stellen vor: Einen Sommelier, der verrät, wie Adjektive es begünstigen, teuren Wein zu verkaufen. Einen Börsenguru, der enthüllt, warum Aktienlaien immer auf dieselben Versprechen reinfallen. Einen Krisen-PR-Manager, der zeigt, wie Sprache Katastrophen verhindert. (Oder verursacht.) Einen Pfarrer, der beweist, wie Luthers Zeilen jeden Sonntag die Kirche voll zaubern. Zwei Damen von der Telefonseelsorge, die wissen, wie Sie die richtigen Worte im richtigen Augenblick finden. Einen St.-Pauli-Koberer, der 100 gute Sprüche hat, die Sie in den Strip-Club führen. Und eine Deeskalationsexpertin, die den einen Satz kennt, damit ein Lebensmüder dann doch nicht vom Dach springt.

Aber beginnen soll das Buch mit drei Menschen, die sich ihre eigene Sprache geschaffen haben. Und dadurch weltberühmt geworden sind. Ein Rockstar, der den Grimme-Preis gewonnen hat und für seine Lyrics als »Goethe der Neuzeit« bezeichnet wird. Eine Boxtrainer-Legende, der mit seinen Worten in den Ringpausen Boxer zu Weltmeistern macht. Ein Fußballlehrer, der ohne Deutsch zu sprechen den deutschen Wortschatz bereichert hat. Dieses Buch wird vielleicht nicht Ihr Leben verändern. Aber bestimmt Ihre Texte.

Viel Freude beim Lesen und besser Schreiben wünschen

Armin Reins // Veronika Classen // Géza Czopf

# Inhalt

## Teil 1
# Wie Sprache ihr Ziel erreicht.

**14** auser lebendigen schnacksprache.
*Interview mit Udo Lindenberg.*

**24** Hörst du mich?
*Interview mit Ulli Wegner,*
*Boxtrainerlegende.*

**34** So bringen Sie Ihre Texte auf Trap.
*Über die Sprache des Fußballlehrers*
*Giovanni Trapattoni.*

**40** Neues aus dem Land
der Verdichter und Denker.
*Wie sich unser Leseverhalten verändert*
*hat. Und was das für unsere Texte*
*bedeutet.*
- *Vom Lesen zum Finden*
- *Informationslesen*
- *Informationsleser lesen auch Print*
  *mit Online-Augen*
- *Erlebnislesen*
- *Vom Monolog zum Dialog*
- *Die Kür des Dialogs: Realtime-Texte*

**58** Sprache erwehrt sich
dem Effizienzgedanken.
*Interview mit Andreas Gödde*
*und Thomas Maier von sas.*

**68** Die neue B-Klasse.
*Erfolgreiche Sprache in der*
*B-to-B-Kommunikation.*

**78** 10 Gründe, warum B-to-B spannender
ist als B-to-C.

**80** Was machen Sie denn für Geschichten?
*Storytelling ist in aller Munde.*
*Warum steht es dann immer noch nicht*
*in jedem Briefing?*

**84** Gute Texte haben Methode.
- *Die AIDA-Methode*
- *Die Schachbrett-Methode*
- *Die Cliffhanger-Methode*
- *Die Chunking-Methode*
- *Die Na-und?-Methode*
- *Die Word-Pool-Methode*

**102** Bitte einsteigen!
*Die acht Texteinstiegs-Methoden.*

**108** Schriften des Schreckens.

**118** Geht doch.
*Zwölf Beispiele und Anleitungen,*
*wie aus einem mittelprächtigen Vorher*
*ein mitreißendes Nachher wird.*

**154** In 14 Schritten zur Corporate Language.
*Wie entsteht eine Corporate*
*Language?*

# Teil 2
## Elf Corporate-Language-Cases.

**174** **Der NIVEA-Case**
*Realistische Träume. Interview mit Jörg Grünwald und Dagmar Janke, Global NIVEA Brand Management.*

**186** **Der PHILIPS-Case**
*Sprache als Marketinginstrument. Interview mit Mark Churchman und Christoph Riechert.*

**202** **Der Lexware-Case**
*Die B-to-B-Glaubensbekenntnisse geraten ins Wanken. Interview mit Jörg Frey.*

**216** **Der Porsche-Case**
*Die Marke Porsche redet in der Sprache ihrer Kunden. Interview mit Robert Ader.*

**222** **Der Vodafone-Case**
*Sprache ist das durchgängigste Element durch alle Touchpoints. Interview mit Gregor Gründgens.*

**232** **Der P&G-Case**
*Bilder traveln, Worte auch. Interview mit Werner Geissler.*

**246** **Der Anthony's Garage Winery-Case**
*Und dann merkt man: Huch, uns braucht man ja gar nicht! Interview mit Anthony Hammond und Simone Böhm.*

**262** **Der IKEA-Case**
*Talk like a Friend. Interview mit Beate Mini.*

**272** **Der innocent-Case**
*Die Sprache ist eigentlich das Kräftigere. Kräftiger als das Design allemal. Interview mit Christian Stegemann.*

**288** **Der OTTO-Case**
*Über Distanz verkaufen – aber den Menschen nah sein. Interview mit Thomas Steck.*

**300** **Der SICK-Case**
*Als B-to-B-Marke durch Sprache punkten. Interview mit Hartmut Dages.*

# Teil 3
## *Sprache, die wirkt.*

**312** **In der Krise ist die Sprache die größte Herausforderung.**
*Interview mit dem Krisen-PR-Experten Karl-Heinz Heuser.*

**328** **Na, Mädels, heute schon was Warmes im Mund gehabt?**
*Interview mit Fabian Zahrt, Koberer auf St. Pauli.*

**336** **Mit Aroma von Pferdeschweiß.**
*Interview mit dem Master Sommelier Frank Kämmer.*

**348** **Phhhhhhhhh.**
*Interview mit den Telefonseelsorgerinnen Cordula Eisenbach-Heck und Gisela Ehrhardt.*

**356** **Eisenspäne des Lebens.**
*Interview mit Matthias Schlicht, Theologe, Pfarrer und Kirchenkabarettist.*

**366** **Anhauen, umhauen, abhauen.**
*Interview mit dem Börsenguru Frank Lehmann.*

**374** **Zu viel Freiheit ist das Problem.**
*Interview mit Stefanie Rösch, Psychologin und Deeskalationsexpertin.*

**382** **Anhang**
*Buchempfehlungen*
*Über die Autoren*
*Impressum*

# Teil 1

# Wie Sprache ihr Ziel erreicht.

# auser lebendigen schnack- sprache.

Interview mit Udo Lindenberg
Rockmusiker, Schriftsteller, Kunstmaler

Vorlauf zum Interview per Mail und SMS

26. Februar 2013 13:02:56 MEZ
Lieber Herr Lindenberg,
wie toll ist das, wenn Menschen ihre eigene Sprache schaffen!
Wie Sie die Udo-Sprache.
Wie Trapattoni sein Ausraster-Fußball-Deutsch.
Wie Ulli Wegner seine Boxtrainer-Rundenpausen-Beschwörungsformeln.
Darüber schreiben wir ein Buch.
Sie gehören unbedingt rein. Sagen Sie Ja?
Beste Grüße, Veronika Classen

26. Februar 2013 13:53:59 MEZ
**spaedda, zzt n u r auf achse,      wird bestimmt n topding
was ihr da macht .... zizazte ersma, dann n kurzen schnell-
schnack.   ?  so end april, anfg mai rum - sollte ik hier sein.
toi toi tolstoi- euer udolito lindo**

26. Februar 2013 14:08:33 MEZ
Mensch, danke. Is ja cool. Dann bis dann - so Ende April, Anfang Mai
in Hamburg. Dann melde ich mich noch mal, ja?
Total froh, Veronika C.

1. August 2013 13:48:41 MESZ
Lieber Herr Lindenberg,
Sie fehlen uns wahnsinnig in unserem Buch.
Gibt es eine Chance, sich mal für ein Stündchen zu treffen?
Wo immer Sie wollen. Herzlicher Gruß, Veronika Classen

1. August 2013 14:30:45 MESZ
**was macht ihr denn für bücher, schick mal euer hit- buch
rübba, ja ? an s ATLANTIC,   z hd udo lindenberg.    ahoyyy**

1. August 2013 15:22:09 MESZ
Wird gemacht. Zwo Bücher sind mit Kurier ans ATLANTIC unterwegs.
Gruss, Veronika

4. August 2013 15:03:08 MESZ
**ja , coole books, schick mir bitte 3-5 frage und ik bring dir n
paar sorüche. treffen zzt l e i d e r r r nicht möglich . zu viel
los bei mir -  big ahoyyyy- uddo**

4. August 2013 16:31:35 MESZ
Wird gemacht
Ich überleg mir was
Schicke morgen die Fragen
Tausend Dank - bin sehr glücklich
Veronika

**5. August 2013 10:15:04 MESZ**

Lieber Herr Lindenberg, hier die Fragen:

1. Wie entstehen die Lyrics zu Ihren Songs?
Wie gehen Sie beim Schreiben vor?

2. Wie wichtig sind beim Schreiben Ihrer Songs Einflüsse wie politische Geschehnisse, Gespräche und Erlebnisse mit Freunden und Bekannten, Anregungen aus den Medien oder Ähnliches?

3. Was macht Ihrer Meinung nach einen guten Song-Text aus? Was muss ein Text zu einem Song haben, damit Sie mit ihm zufrieden sind?

4. Haben Sie einen Text, der Ihnen besonders viel bedeutet - und warum?

5. Hat Ihnen ein Mensch aus Ihrem Freundes- oder Bekanntenkreis oder einer Ihrer vielen Fans Sie schon mal auf Ihre ganz eigene Sprache ange-sprochen?

Und dann noch die Bitte: Bitte ein Foto von Ihnen - oder noch lieber: eine Zeichnung von Ihnen.

Gruß, Veronika

**7. August 2013 09:24:43 MESZ**

Hallo Herr Lindenberg,

nur mal kurz nachgefragt: Sind die Fragen für Sie in Ordnung?

Cooler Gruß (noch) - bevor es wieder heiß wird, Veronika

**8. August 2013 16:03:43 MESZ**

**mok wi teflonisxh, sponti**

**8. August 2013 16:03:46 MESZ**

**machen wir, wenn ich in 7 tagen wieder in hambg zurück bin**

**......my handy nr.- geheim: ........................,    uddo**

**8. August 2013 18:03:28 MESZ**

Die Handy Nr. ist bei mir bestens verwahrt - kriegt keiner zu sehen - großes Ehrenwort

Freu mich sehr drauf, anrufen zu dürfen

DANKE, Veronika

**19. September 2013 09:41:26 MESZ**

Hallo Herr Lindenberg,

sorry sorry, dass ich mich bis jetzt nicht gemeldet habe.

Zuerst war ich mit Arbeit zugeschüttet - und dann bin ich leider krank geworden und ausgefallen. Frage: Passt es Ihnen, dass ich morgen mal anrufe? Wäre klasse. Schlotter-Gruß bei der Herbst-Kälte

Veronika

**18. November 2013 11:33:33 MEZ**

Hallo Herr Lindenberg,

nu ist schon November ... habe gerade die geheime Nummer gewählt und drauf gesprochen. Würde gerne unsere 5 Fragen stellen - wann darf

ich denn mal anrufen? Hoffe, unsere Bücher sind alle heil im ATLANTIC
angekommen. Viele Grüße, Veronika

**9. Dezember 2013 11:25:00 MEZ, SMS**

Hallo Herr Lindenberg,
mein Weihnachtswunsch: dass ich Ihnen für unser Buch ein, zwei
Fragen stellen darf zur Udo-Sprache. Hatte Ihnen damals unsere Bücher
ins ATLANTIC geschickt. Wäre cool, wenn's klappt. Darf ich mal anrufen?
Gruss vom Mittelweg - Veronika Classen

**9. Dezember 2013 16:37, Voicemail**

**»veronique, hier udo ... ja rufste ma kurz an ... und ... zwei,
drei fragen ... und kläro ... du, ich hab soo wenig zeit weißte
... sind immer am machen ... aber am telefon geht das ja ...
kurz ... kurz insider ... ja gut, veronika ... mit linguistischen
grüßen oder wie heißt denn das ... (lacht) ... schaui«**

# Udo Lindenberg
# nuschelt bewusst

## »Ich spreche halt
## gelegentlich
## ein wenig lässig.
## Ist ja auch ein Sound,
## der berühmte Nuschel
## als ›Trademark‹,
## also mache ich das
## ganz bewusst.«

Bild

## 18 // auser lebendigen schnacksprache.                                      Teil 1

9. Dezember 2013, wenig später, das Interview am Telefon

**hallo**
Ja, hier ist Veronika.
**hallo veronika**
Du hattest gerade angerufen.
**ja ja ja, veronika ... ich denke mal, ich hab wenig zeit ... aber große dinger, die wir machen, ne, können wir auch am telefon ne ... ist ja auch das nette am telefon, ne**
Ja. Kein Problem.
**ja, was willste denn fragen? wo sitze denn ... am mittelweg oder was**
Ja, am Mittelweg sitzen wir.
**ne agentur haste jaja**
Mittelweg, Ecke Alte Rabenstraße.
**ja ja ... kennich, die gegend, hab ich auch gewohnt**
Ist ganz schön hier.
**ja, vernünftige gegend ... harvestehuder weg ...**
Da baut der Typ vom HSV demnächst das Interconti um.
**cooles teil ja**
Ja, aber das ATLANTIC ist ja schon was Besonderes.
**ja is auch schön ja**
Darf ich denn eine Frage stellen?
**ja fragdochmal**
Ich wollte gern mal wissen, ob die Leute im Umkreis oder im Freundeskreis schon mal gesagt haben, dass es eine eigene Udo-Sprache gibt. Sprechen die einen darauf an, wenn man so eine eigene Sprache spricht?
**jaaaa ... ja ja das ist so wie freestyle, also freistil-rappen sagt man ne ... total alles erlaubt ne ... spontanes frei sprechen ... nix mit ständig groß konstruieren und so ... einfach easy deutsch, ne ... sogenanntes easy deutsch wie man das jetzt nennt ... lindenberg-sprache ... durch preise so grimme-preis und so bekannt ne ... dann reden wir ja immer so ... muss man ja machen ... ich wollte damit ja auch singen ... is ja sonst immer alles so eckig und unelastisch**
Unelastisch ist gut.
**geschmeidig geschmeidig genau mitm weichen gang ... musst dir eine sprache ausdenken und da ich ja trommler war ... gesungen wie ein trommler ja ... sehr gut ... (rappt) betonk betonk also ... nachm motto alles geht ne ... kein problem einer kommt da um die ecke ... alles geht kannste schnackn waste willst ja .... alles freestyle**

Ist ja auch mit das einzige Deutsch, was sich so richtig elastisch anhört. Also wenn man das so hört, da ist alles cool, das fließt alles.

**alles cool, ja ... voll geil und ätz mich nich an, ja ... und so, ja, kannste alles sprechen ... und du ja als wir anfingn ... da ging das alles ja gar nicht ... deutsch war immer n bisschen schwierig ... so umständlich ne ... und dann irgendwo zwischen onkel pö und kiez und bierdeckel in kneipen im underground kam das bei mir so angeflogen ... total aus mir raus ... da von der szene natürlich auch ... vonne straße hin und her, ne ... dann eine befruchtende correspondance mit der straße, ne ... hat martin luther king auch schon mal gemacht**

Ja, interessant. Und das war so zu Zeiten von Onkel Pö? Wenn man so eine Sprache spricht mit Verbindung zur Straße, dann erreicht man die Leute ja auch. Wenn Leute deine Texte singen, hat man immer das Gefühl, die sind ganz eng mit dir zusammen, die haben eine Verbindung zu dir, so eine Nabelschnur.

**ja das stimmt das stimmt ... ja, die bande der freundschaft ... kumpel-connection und so ne**

Ist das denn für dich eine schwierige Sache, in diese Sprache reinzukommen? Oder geht das einfach so, als wenn's angeboren wäre?

**ja, automatik, automatik ... ich meine, ich komme aus den bekannten jazzer- und rock'n'roller-kreisen ... da war die sprache ja immer schon ... immer schon lockerer und so ... klarer ist sonst nur englisch ... mit rock war ja nix anderes ... und das musste irgendwie erfunden werden ... da hat rio reiser richtige vorarbeit gemacht ne für die szene und so ... na ja für die gesetztere szene ... rio und die ton steine scherben ... breitensport weißte, so richtig ne demokratische breitenvolkskultursprache ne ... jugend pur aber dann nutzen das auch die älteren ... völlig egal wie alt man jetzt ist ... nutzen das ... mit dem easy deutsch ... das kommt hin mit den lindianern**

so richtig ne demokratische breitenvolkskultursprache ne ...

Mit deiner Sprache erreichst du ja alle. Also von ganz, ganz jung bis ganz, ganz alt. Die verstehen deine Sprache. Die hat kein Alter.

**nee nee ... nee genau ... es gibt ja sprichworte so »morgenstund, gold im mund« ... alles so die alten überlieferten phrasen und so ne ... die findest du bei mir trotzdem nie, ne, diese alten dinger ... geht gar nicht ... also lieber neu ... die sprache neu**

Das wirkt immer jung. In deiner Sprache ist »jung« eingebaut.

**musst die sprache auch immer politisch sensibel halten**

Wenn du Songs schreibst, ist das dann so, dass die Sprache zuerst da ist? Oder wie muss ich mir das vorstellen? Hast du so einen Satz im Kopf?

**ja manchmal auch ... meist zuerst das thema ... also ich muss erst wissen welches thema ... worüber will ich singen ... wonach drängt es mich ... was will ich machen ... was kommt aus mir raus ... nicht nach dem motto was**

> hatten wir denn noch nicht was könnte man denn mal machen ... was ist
> grade mal en vogue und so ... NEIN ... WAS IST MEINE STORY ... wie stehe ich in
> der welt was juckt mich jetzt ... das kommt so aus mir raus

Du stehst richtig im Leben. Du bekommst alles mit. Darum kriegst du auch immer
diese Themen hin, die die Leute so kratzen.

> die verrückten vögel sind eben unterwegs in der szene ... die wohnen auch
> im hotel, die flip-vögel, weißt du ... die wohnen auch nich mitm dicken arsch
> hinter bourgeoismauern und und verstecken sich ... ich lebe auf der straße in
> der bar in kneipen ne

Du sprichst wahrscheinlich auch viel mit den Leuten?

> ja ja dauernd ne ... also oft an der bar ... ist nicht selten dass ich texte am
> tresen ... und während ich mit denen
> spreche merke ich OAH! das war jetzt
> alles total geil formuliert und schon
> schreib ich mir das auf oder merk mir das
> ne ... ja ich halts nicht so mit fürmichal-

## und während ich mit denen spreche merke ich OAH! das war jetzt alles total geil formuliert und schon schreib ich mir das auf

> lein sein und schreib dann die texte ... die meisten dinger die mach ich halt
> so im ständigen austausch mit der basis ne

Ja, darum sind deine Texte auch so locker. Und es hört sich auch deswegen immer
wie ein Dialog an. Weil die so entstanden sind. Was ist denn für dich ein Songtext,
von dem du sagst, den findest du gut? Hast du selber knallharte Kriterien, weshalb
du sagst: finde ich gut oder finde ich nicht gut? Oder läuft das einfach so aus dir
raus?

> also für mich ist so ... ich will muss kein entertainer sein sondern will reflek-
> tor sein ... das leben in der gesamten erscheinungsform ... es gibt leute die
> ne hohe sensibilität entwickeln für öko ... ernährung tierschutz alles so pussy
> riot greenpeace boykott asylantenpolitik ... alles ... muss man dran bleiben ...
> in meinen texten spielt das alles rein

Die Einflüsse aus Politik und was jeden Tag passiert – das ist eigentlich das, was dich
immer antreibt.

> ja ja und natürlich späßchen, sexy hexi und so weil das ist auch ne tolle ener-
> giequelle (lacht) für die politische arbeit und alles das ... und für energie ...
> energie aus freude und deswegen späßchen ... viel späßchen weißte

Das ist wahrscheinlich auch der Unterschied zu den anderen, die sich so bemüht
anhören. Das ist bei dir nicht so.

> sehr sehr gutes beispiel erzähl ich mal total gutes beispiel ... ich hatte dieses
> erlebnis in ostberlin früher mal mit dem mädchen aus ost-berlin ... jetzt sitze
> ich da und will nen text schreiben und ich schreib und schreib und schreibe
> so nu und ich ruf nen freund an und sag: hör mal ich sitz mit einem text und
> komm nich so richtig weiter ... also stell dir vor du kommst aus berlin du

triffst n ganz heißes mädchen also n ganz ganz heißes mädchen aus pankow und du findst sie ganz erregend und sie dich auch und dann ist es plötzlich irgendwie so weit und scheiß tagesschein is schon wieder elf musst schon wieder rüber ... dann sagt er: hör mal alter was ist denn hier das geile? GENAU DAS IS JA DER TEXT so wie du mir das jetzt hier grad erzählt hast: stell dir vor du kommst aus ostberlin ... so das ding ne besser kannst du das gar nicht schreiben ... ach so hab ich gedacht weißte ne? also aus der erzählung, dialog oder eben ausm kleinen vortrag am telefon heraus entsteht dann der text und muss ich nur noch aufschreiben fertig ... auser lebendigen schnacksprache

Wahrscheinlich hast du auch eine tolle Art, Geschichten zu erzählen. Es ist ja immer eine Geschichte, die du da erzählst. Wahrscheinlich bist du eben ein großer Geschichtenerzähler.

tja manchmal werden die auch ganz gut ja stimmt

Man mag das gerne hören. Das sind ja sowieso die Besten, die so kleine Geschichten jeden Tag mitkriegen.

ja kurz und knallig ... ich mag nicht so ältere leute die so endlose storys erzählen ne ... also alte leute erkennst du oft daran dass sie ENDLOSE vorträge halten eine anekdote nach der anderen nicht enden wollende anekdoten ... und weißt du denn noch früher und ... damit kannste mich scheuchen also lass mich in ruhe mit den alten leuten mit diesen erzählern den endloserzählern ... das muss immer knallig aufn zeiger ... das nervt mich auch ... die leute langweilen ... sollense lieber was andres machen es gibt genug zu tun auf der welt

Es stehen gerade alle in einer Reihe, die gerne mit dir singen wollen. Was ist denn jetzt cool? Komm, lass mal mit Udo singen! Die möchten alle auch gerne in deiner Sprache singen.

ja ja stimmt klar ... mit silbermond und wie sie alle heißen ... und jan delay und so ne ... das ist eine familie egal ob die son bisschen jünger sind oder n bisschen alter sind völlig egal ... lindianer, der kleene lindianer ne und dann läuft das mit denen

Jan Delay – der spricht manchmal auch so wie du. Ich weiß nicht, ob ihm das so liegt. Oder ob er sich bemüht. Aber er kriegt das hin.

ähnlich ähnlich ähnliche sprache so mhm

Du wirst ja jetzt dauernd geehrt, das ist ja vom Feinsten.

preiselbeeren ... die saison der preiselbeere (lacht)

Großartig.

ja könnense machen klar, also find ich ja lustig

Und du bist schon in Vorbereitung für die neue Tournee?

ja, machen wir ja in stadien, in fußballstadien wird immer verrückter immer größer und so

Wahnsinn. Fußballstadien. Und das geht dann nächstes Jahr an?

**JAA juno zweimal düsseldorf und zweimal leipzig im westen im osten norden und süden und so**

Konntest du denn mit unseren Büchern was anfangen?

**JA ja hab die auch noch hier muss die noch mal richtig studieren ... also son bisschen angelesen hab ich das schon mal ne also ein bisschen VERTIEFUNG kommt dann noch ne ... muss ich zeit für haben muss ich ... spannend**

Ja, wir haben immer gute Typen. Den Ulli Wegner, den Boxtrainer, haben wir jetzt noch im Buch.

**ja ja guter junge ja**

Den kennst du bestimmt. Er hat auch so eine ganz eigene Sprache, wie er in den Boxpausen spricht. Sagt, er muss ans Eingemachte rangehen. Bevor die Boxer sich umhauen lassen, muss er sie im Nerv erreichen. Damit sie aufwachen und noch das letzte Fünkchen Kraft mobilisieren.

**ja das spielt ne große rolle bei der motivation**

Eigentlich müssten die öfter einen Song von dir einspielen. Vielleicht kriegen die Boxer dann auch noch mal einen extra Energieschub.

**haben die übrigens neulich gemacht ... bei so nem charity-boxen der huck der lief ein mit meinem song ... geil und schräg ... ich geh meinen weg klar ne**

Das geht ja auch direkt unter die Haut.

**ja ja, genau das ist cool ... ja gut dann schick doch mal wenn du wieder was hast ... und dann sehen wir uns ja auch irgendwo in der gegend da ne .... also okay alles klar, dann mach et jut schaui**

Fahrplan zum Erfolg    Udo Lindenberg

1 Jedes Schreiben ist wie Singen oder Sprechen. Die Sprache erscheint nicht »geschmeidig« genug? Dann sollte man seine Fähigkeiten und Erfahrungen (z.B. als Trommler) nutzen, die Sprache zu verändern und eine »rhythmischere« Sprache zu kreieren.

2 Es ist gut, laufend mit vielen Menschen im Gespräch zu bleiben. Das hilft, die eigene Sprache lebendig zu halten.

3 Ein gutes Thema bewegt die Leute — wenn die Sprache es kraftvoll rüberbringt.

4 Easy-Deutsch ist nicht nur die Sprache in Udos Liedern. Es ist die Sprache aller, die sich gerne wie Udo ausdrücken — die Sprache der Lindianer. Sprache, die schnell Brücken schlägt.

5 Udos Freestyle-Deutsch hat einen großen Vorteil: es hat kein Alter.

### Was Künstler zum Fall Pussy Riot sagen

Alles, was die Sängerinnen gemacht haben, war richtig. Sie haben sich für ihre Band den richtigen Namen ausgesucht, den richtigen Ort für ihren Protest, den richtigen Zeitpunkt. Dass die Reaktion auf ihren Auftritt in der Kirche so stark war, zeigt ja auch, dass sie den Nerv getroffen haben. Ich habe hier in Berlin ein Protestvideo gegen die Inhaftierung gedreht, damit die Menschen in Russland übers Internet erfahren können, dass wir zuschauen und mitleiden.
**Peaches, 45, kanadische Punk-Rockerin**

Meinungsfreiheit in der Kunst und überhaupt, come on, gaspadinga Putin, Dir als lupenreinem Demokraten (hab ich doch schon mal gehört) müsste das doch eigentlich gut gefallen, lass die Frauen frei. Pussy Riot, die Bühne für unser gemeinsames Concerto ist angerichtet.
**Udo Lindenberg, 66, Sänger**

 Focus

# Hörst du mich?

Interview mit Ulli Wegner, Boxtrainerlegende

Was muss man heute tun, um zu erreichen, dass Menschen einem zuhören? Ich stellte diese Frage jemandem, der es wissen muss: Ulli Wegner. Er hat als Boxtrainer unter anderem Sven Ottke, Markus Beyer, Arthur Abraham, Marco Huck, Yoan Pablo Hernándes und Cecilia Brækhus zu WM-Titeln geführt und Karo Murat sowie Eddy Gutknecht zu Europameistern gemacht. Seit über 40 Jahren lobt und tobt, korrigiert und kritisiert der »Box-Magier« mit der markanten Stimme in den Rundenpausen seine Schützlinge. Seine Fans lieben ihn für seine kultigen Sprüche. Die Fachwelt weiß, dass dahinter einer der größten Psychologen der Boxwelt steckt. Und ein Mensch, der mit dem Herzen spricht.

Man hat mir gesagt, wenn ich verstehen will, wie er selbst bei schwierigen Charakteren erreicht, dass sie ihm zuhören, muss ich ihn beim Training besuchen. Ich habe einen Termin.

Berlin, 4. April 2013. Boxstall Sauerland, Trainingshalle. Die Boxer sitzen aufgereiht am Ring und Wegner steht vor ihnen. Er beobachtet in aller Ruhe. Er beginnt zu sprechen. Zuerst ganz leise. Mit Engelszunge. Wie ein Großvater mit seinen Enkeln. Kratzige Stimme mit fröhlichem Unterton. Mehr Monolog als Dialog. Kaum Blickkontakt. Und plötzlich gefällt ihm irgendeine Kleinigkeit nicht. Er schlägt einen härteren Tonfall an. Kurze Sätze, stechender Blickkontakt. Er kriecht dabei förmlich in ihre Köpfe und Psyche. Packt sie an der Ehre, kitzelt ihr Ego. Reizt sie bis aufs Blut. Und streichelt sofort wieder ihre waidwunde Seele. Gibt ihnen selbst nach härtester Kritik ein Stück Selbstvertrauen zurück.

Ulli Wegner versteht seine Boxer.
Ich will versuchen, Ulli Wegner zu verstehen.

**Herr Wegner, danke, dass ich Ihnen meine Fragen stellen darf. Zwölf Runden. Zwölf Fragen. Meine erste Frage // Wie wird man Boxtrainer? So, wie man Fußballtrainer wird? Im Fußball kenn ich mich aus. Im Boxen nicht.**

Wieso im Fußball? Ich bin auf dem Bökelberg groß geworden. Borussia Mönchengladbach. Ja, das sind die Fohlen. Die haben Traumfußball gespielt, ist zu vergleichen mit Dynamo Dresden. Dynamo Dresden war genauso eine Traummannschaft. Und deren Trainer hatte noch nicht mal Diplom. Nur Übungsstufe drei. Ein Wahnsinniger. War Ausnahme des DDR-Leistungssports. Bei uns musste man ja immer Abschlüsse haben. Mussten Sie ein guter Schüler sein? Ich war ein ganz schlechter Schüler, also schlechter kann es keinen geben. Ich bin wahrscheinlich immer rübergekommen, weil ich so gut aussah (grinst). Nee, Spaß beiseite, ich bin immer so rübergeschlittert. Wann haben Sie mit der Sport-Ausbildung angefangen? Ich wurde mit 15 Jahren aufgrund meines Stolzes und meinem doch vorhandenen Ehrgeiz besser. Ich hatte sehr alte Eltern. Meine Mutti war 42, als ich geboren wurde. Mein Vati 52. Die haben immer Angst gehabt, mich nicht großzukriegen. Nach meiner Lehre war ich dann drei Jahre bei der Marine. Erst mit 33 habe ich studiert. Sportlehrer. Da war ich endlich mal gut. Woran haben Sie gemerkt, dass Sie das Zeug zum Boxtrainer haben? Ich war in jedem Team immer Kapitän. Das ist mir heute noch ein Rätsel. Ob ich nun der Beste war, will ich bezweifeln. Aber ich hatte irgendwie Qualitäten, die Jungs zu führen. Die aber unbewusst waren. Vielleicht war es nur Vernarrtheit. Das war nachher in der Boxmannschaft auch so. Also solange ich denken kann war ich der, der den Ton angegeben hat. Und ich hatte diese ... es ist keine Härte, sondern meine Korrektheit und meine innere Disziplin, um eine Aufgabe zu erfüllen. Das hat mich dazu gebracht. Und aufgrund von Erfahrungen kamen Kenntnisse. Habe mich immer mehr in die Seele der Menschen reingedacht. Warum bei einem Boxer wann wieso welche Handlung kommt.

**Frage 2 // Wie sieht die fachliche Ausbildung zum Boxtrainer aus?**

Das ist eine vielseitige Ausbildung. Man muss pädagogisch und psychologisch gut sein. Mit dem Wissen aus Pädagogik und Psychologie beeinflusst man die Persönlichkeit. Dann muss man über den Körper Bescheid wissen – also die Anatomie beherrschen. Sie haben einmal gesagt, Sie sind auch ein ausgebildeter Benimmlehrer? Jetzt kommt die große Frage meines

Lebens: Wie sind die Menschen geführt worden in ihrem Leben, um überhaupt konzentriert was aufnehmen zu können? Ich habe ein paar Kämpfer dabei, die nicht dumm sind, auf keinen Fall. Aber die keine Konzentration haben. Die nicht erkennen, wo sie ihren Schwerpunkt legen müssen. Das liegt daran, dass die Erziehung fehlt. Die machen das aus reinem Talent heraus. Die waren vielleicht nur so recht oder schlecht in der Schule. Oder haben keine Berufsausbildung. Lehre, um fünf, sechs aufstehen, dann acht Stunden arbeiten – das hat denen alles nicht geschmeckt. Und das ist eben das Entscheidende: Entweder hast du einen Antrieb, oder du hast ihn nicht. Ich hatte Antrieb, aus Achtung und Respekt vor meinen Eltern. Ich wollte nicht zu den Asozialen gehören, die nichts gelernt haben. Beruf in der DDR war wichtig, die ohne Lehre … die wurden so behandelt (pfeift). Aus diesem Antrieb ist mein Dasein bestimmt: Das war der Grund, weshalb ich alles in meinem Leben gemacht habe. Das versuche ich weiterzugeben. Zuschlagen – Technik kannst du lernen. Durch System, Akribie, Cleverness. Aber Verstand, Stolz, Ehre, Antrieb: das muss nicht von Natur aus da sein – das muss anerzogen werden. Oder von Ihnen rausgekitzelt werden. Durch die berühmte Wegner-Sprache.

### Frage 3 // Was macht die Wegner-Sprache aus?

Natürlich ist die Ausdrucksweise entscheidend. Ob ich nun sauberes Deutsch spreche oder nicht, egal – ich muss ein verständliches Deutsch sprechen. Ich habe einige Trainer erlebt, die haben sich unheimlich gewählt ausgedrückt und kamen trotzdem nicht an. Das ist ein Phänomen: Man braucht nicht mit lateinischen Worten kommen, sondern man muss den Menschen deutlich ansprechen. Ich sage es so, wie es auf Deutsch heißt. Und dann muss ich damit reinkommen in den Menschen. Ich hab ja schon oft über Sie gelesen, dass sich viele die Boxkämpfe nur aus einem Grund anschauen: weil sie auf tolle Sprüche von Ihnen hoffen. Kommt das eigentlich alles spontan, was Sie während der Ringpausen sagen? Für manche Dinge, die ich raushaue, da kann ich selber nichts dafür. Manchmal bin ich jetzt schon überlegter geworden. Aber vieles kommt aus der Situation raus? Hundert Prozent. Sprache ist Psychologie, richtig? Sprache ist mir wichtig,

> **Ich habe einige Trainer erlebt, die haben sich unheimlich gewählt ausgedrückt und kamen trotzdem nicht an.**

ja. Das haben wir gemeinsam. Ich hab schöne Sätze gesammelt: (liest vor) »Zum Boxen gehört Verstand und Herz. Entscheidend kommt es auf die gute Mischung an. Wer nur mit Verstand boxt, ist ein Zauberer. Wer nur mit dem Herzen kämpft, ist ein Selbstverstümmler.« »Wer zu viel Mut zeigt, gefährdet sich. Wer zu wenig besitzt und nur über die Runden kommen will, braucht gar nicht anzufangen.« Der das gesagt hat, hat nie studiert. Aber er kannte das Wichtigste im Leben eines Boxers.

> **Ich sage es so, wie es auf Deutsch heißt. Und dann muss ich damit reinkommen in den Menschen.**

**Frage 4 //** Sie haben einmal gesagt: In meinen Ring-Ansprachen geht es um Werte. Werte sind die Basis von allem – was sind die wichtigsten Werte?

Achtung und Respekt sind die grundlegenden. Aber jetzt kommt das Entscheidende: Wenn ich über einen Jungen weiß: Wo kommt der her, was hat er für ein soziales Umfeld gehabt – dann weiß ich auch, wie ich mit ihm reden muss. Über was ich hinweggehen muss. Und was ich ansprechen kann, damit er so reagiert, wie ich das will. Die richtige Ansprache zu finden, heißt vor allem: richtig zuzuhören. Man sollte sich im ganzen Leben eines merken: In der Pubertät, so von 14 bis 17, werden die Weichen für den Werdegang eines Menschen gestellt. Und wenn ich sehe, da ist ein Talent, dann beschäftige ich mich mit dem. Erst einmal unabhängig

> **Die richtige Ansprache zu finden, heißt vor allem: richtig zuzuhören.**

von einem möglicherweise schwierigen Charakter. Manche Trainer, die heute im Hochleistungssport arbeiten, sagen: Das kostet mich zu viel Arbeit. Aber ich habe mir zum Beispiel den Arthur Abraham genommen, weil ich wusste, da ist was vorhanden. Was sagt Ihnen: Da ist Talent vorhanden? Der wird was? Ich kann das noch nicht einmal ganz genau sagen, was mir an ihm besonders gefallen hat. Der Arthur war unheimlich bequem. Auf Deutsch gesagt ... faul. Andere waren ein bisschen fleißiger, sporadisch fleißig. Man muss sie formen. Jetzt kommt das große Problem: Sie kommen von ganz unten. Aus sozialen Verhältnissen, in denen sie nicht mal wissen, wovon sie leben sollen. Wenn sie die ersten kleinen Erfolge haben, auf einmal ein bisschen Geld haben, dann verlieren sie gleich die Orientierung. Man muss ihnen aber immer vor Augen halten, wo sie herkommen. Von Anfang an. Den ganzen Weg nach oben. Immer wieder. Und das zeichnet mich vielleicht aus: Dass ich selbst immer wusste: Wo komme ich her, was habe ich durchgemacht. Was kann ich. Aus diesem Selbstbewusstsein entsteht Stärke. Das ist die Grundlage meiner Erfolge, dass ich das weitergeben kann. Dass ich beobachten kann. Meine Schale ist nach außen hin oft anders, als ich innerlich handle und denke.

### Frage 5 // Sie haben hier jede Menge Bücher stehen. Und wahnsinnig viele Ordner. Lesen Sie viel?

Ich bin süchtig nach Wissen. Gucken Sie mal: Ich schlage Ihnen hier ein Buch auf: Da weiß ich genau, welche Seite ich angestrichen habe. Das sind Lehrbücher von der Hochschule Köln und von der DHfK in Leipzig. Da sind viele Dozenten dabei von den größten und erfolgreichsten Ausbildungsstätten der Welt. **Sie sind wissenshungrig. Das ist die Voraussetzung für Ihren Erfolg. Richtig?** Ich bin ja vielleicht vielseitiger, als ich es oft zugebe, aber in meinem Sport muss ich sicher sein. Ich muss auf meinem Gebiet alles genau wissen. Dazu kommt, dass ich ein Kind des DDR-Leistungssports bin. Wir haben Trainingszentren gehabt, vom 11. bis zum 13. Lebensjahr. Mit 13 wurde selektiert. Und dann kamen die Talente auf die Kinder- und Jugendsportschule bis zur zehnten Klasse. Dann wurde wieder selektiert. Dann hatten sie eine Kaderprüfung. Es gab Sichtungstrainer. Da hast du gearbeitet. Dann Auswahl. Dann wieder arbeiten. Dann wieder Auswahl. **Ist die Ausbildung im Boxsport heute immer noch so gut?** Nee. Von den Boxern heute wären im DDR-Leistungssport nicht viele durchgekommen. Hier gibt's zu viele Kompromisse.

> **Sie wissen ja, warum wir die Sprache haben. Damit wir unsere inneren Gedanken nicht preisgeben brauchen.**

### Frage 6 // Haben Sie gelernt, wie man mit Boxern spricht – oder bringt sich das jeder Boxtrainer selber bei?

Fangen wir mal mit dem Grundübel an. Ich bin kein Rhetoriker. Ich bin kein großer Sprachexperte. Aber überall, wo ich spreche, komme ich an. Um Menschen zu überzeugen, braucht man auf jeden Fall die deutsche Sprache ... (grinst verschmitzt). Sie wissen ja, warum wir die Sprache haben. Damit wir unsere inneren Gedanken nicht preisgeben brauchen. (UW freut sich diebisch über meinen überraschten Gesichtsausdruck.) Meine Ausdrucksweise? Verständliches Deutsch. Ich konnte nicht sprechen, aber ich habe die Worte gefunden. Ich muss wissen: Wo ist seine Ehre? Du kannst nur einen motivieren, der eine Ehre hat. An der musst du ihn packen. Sonst geht nichts. Wenn diese Autorität nicht mehr da ist, dass ich ihn mit Worten einschmieren kann, dass ich es nicht mehr schaffe, dass es bei ihm in der Seele tick macht, dann muss ich Schluss machen.

> **Meine Strategie: Stolz und Sprache. Du gehst mit der Sprache in die Persönlichkeit. Ich weiß genau, wem ich wehtun kann. Und womit. Muss sein.**

Aber erst dann. Ich mache zwar heute mehr Kompromisse. Aber dieser Reiz, im Sport Erfolg zu haben, das bleibt meine Herausforderung. Das ist mein Leben. Ich glaube, ich habe mich noch gar nicht ausgeschöpft.

### Frage 7 // Bedeutet das, Herr Wegner, Sie können mit der Sprache nur einen erreichen, solange Sie wissen, dass er Ehre hat und wie man ihn in seiner Ehre kriegt?

Boxer täuschen manchmal Ehre und Stolz vor. Das ist Luft. Für viele ist das ein Rätsel. Für mich nicht mehr. Für mich liegt das da offen wie eine Bibel. Du musst genau wissen: Wie ist er veranlagt? Meine Strategie: Stolz und Sprache. Du gehst mit der Sprache in die Persönlichkeit. Ich weiß genau, wem ich wehtun kann. Und womit. Muss sein. Finde heraus, was ihm im Leben wichtig ist, wo seine Ehre liegt und sein Stolz. Dann hast du ihn schon fast geknackt.

### Frage 8 // Arbeiten Sie mit Reizwörtern? Provozieren Sie bewusst? Gibt es Schlüsselsätze? Haben Sie »Modelle«?
### Wie erreicht man einen Menschen, der mit Adrenalin vollgepumpt oder am Ende seiner Kräfte ist?

Ottke hat mir den Namen »Diktator« gegeben. Die meisten Jungs haben unheimlich Achtung vor mir. Schlüsselsätze? Die hören im Kampf nur noch das raus, was sie vorher von mir schon 1.000 Mal gehört haben. Reizwörter ... hm. Ich muss ehrlich sagen: Ich geh ja schon mal ... sagen wir es mal auf Deutsch ... ans Eingemachte. Da muss man vorsichtig sein. Was ich denen manchmal an den Schädel werfe, das würde auf der Straße gleich zum Kampf führen. Man muss genau wissen: wie ist einer veranlagt. Was und wie viel kann er ab. Die falsche Dosis und man kann sehr viel kaputtmachen. Einige können es verdauen. Aber es gibt auch Typen, die nie verzeihen können. Ich stelle mich auf jede Persönlichkeit neu ein. Jeder ist anders. Und jeder Kampf ist anders. Es kommen Situationen, da helfen keine Modelle. Vor ein paar Jahren hat einer – Name ist unwichtig – in der dritten Runde nicht mehr auf meine Worte reagiert. Und jetzt sage ich Ihnen die Wahrheit: Wenn ich dem eine gefeuert hätte, wäre er gekommen. Das habe ich zweimal gemacht in meinem Leben: dann war er da. Eine Schrecksekunde. Der hat sich gefangen. Aber jetzt ... wissen Sie, wie die sich auf mich gestürzt hätten? Aber es hätte genutzt. Sie wiederholen oft. Wie wichtig ist das? Ich kann nur abrufen, was vorher eingeübt wurde, was die vorher gehört haben. Immer wieder gehört haben. Das machen wir im Training. Die hören manche Sätze wieder. Und wieder. Und wieder. Und diese Sätze – die hörst du dann. Egal, wie es gerade aussieht im Kampf. Ich

**Meine Ausdrucksweise? Verständliches Deutsch. Ich konnte nicht sprechen, aber ich habe die Worte gefunden.**

muss natürlich aufpassen, dass ich lerne, den Menschen nicht zu überfordern. Das ist nicht einfach. Ich arbeite mitunter in der Ring-Ecke induktiv*. Als ich ein junger Trainer war ... was ich denen alles erzählen wollte in der Ring-Ecke. Dafür schäme ich mich heute noch. Ich kann in der Ecke nur das abrufen, was die Jungs können. Und ärgern tue ich mich dann, wenn sie es nicht umsetzen können. Haben Sie ein Beispiel für uns, wo Sie durch Ihre Worte in der Ringpause den Kampf beeinflusst oder gar gedreht haben? Beispiele konkret – habe ich nicht. Aber viele Boxer haben zu mir nach dem Kampf gesagt: Das Wort war's. Das hat's gebracht. Es gibt im Kampf Momente, da sind die verzweifelt. Da wollen die aufhören. Ich weiß aber genau, wem ich wann mit einem Spruch wehtun muss. Dem sage ich es dann

*Anmerkung der Autorin:

Induktion (lat. *inducere* »herbeiführen«, »veranlassen«, »einführen«) bedeutet seit Aristoteles den abstrahierenden Schluss aus beobachteten Phänomenen auf eine allgemeinere Erkenntnis, etwa einen allgemeinen Begriff oder ein Naturgesetz. Der Ausdruck wird als Gegenbegriff zu Deduktion verwendet. Eine Deduktion schließt aus gegebenen Voraussetzungen auf einen speziellen Fall, Induktion hingegen ist der umgekehrte Weg.

auf den Kopf zu: Das, was du da machst, das ist Mist. Manche meiner Jungs haben danach Nächte nicht geschlafen, weil ich sie an der Ehre gepackt habe. Im Vordergrund muss immer stehen: die Ordnung, die Disziplin – und nach Höchstleistung streben. In Extremsituationen geht's darum: Wie kann ich den noch kriegen? Wo ist seine Ehre, wo ist sein Stolz? **Sie haben in einem Kampf in einer kritischen Situation zu Marco Huck gesagt: »Wenn du das hier verlierst, lebst du wieder unter der Brücke. Willst du das?«** Das weiß ich jetzt nicht mehr, ob ich das genau so gesagt habe. Ich denke, es war: »Willst du wieder zurück, wo du herkommst?« Gut, jetzt bin ich fair: Im normalen Leben, da ist das eine innere Beleidigung. Aber: Wenn du keinen Ausweg mehr hast, dann tust du das, dann geht das bis: Wo kannst du dem wehtun? Das war bei Arthur Abraham nicht anders. Seine Trainingspünktlichkeit war unmöglich, untrainiert und unheimlich bauernschlau. Wie komme ich da anders raus? Es gibt einen schönen Satz: Manchmal schämt man sich, Menschen nach der Wahrheit zu fragen, weil sie so perfekt lügen, dass man sich schämt. Ich habe Jungs – Namen sind unwichtig –, die lügen so perfekt, und bleiben dabei. Ich kann es beweisen, dass sie lügen – sie bleiben dabei. Sind perfekte Lügner. Mit diesen Menschen möchte ich nichts zu tun haben, die keine Seele mehr haben. Über jeden Jungen mache ich mir meinen Kopf. Und dementsprechend muss ich auch Reaktionen von ihm richtig deuten können. Woher kommt so eine Reaktion? Warum ist er so egoistisch? Ich muss das wissen. Mit 70 Jahren. Ich habe vieles von anderen mitgenommen. Das Gute und das Schlechte. Ich war immer ein guter Beobachter. Ottke hat gesagt: Ich wäre nie ohne meinen Trainer so weit nach oben gekommen. Auch Arthur, obwohl ich mit ihm geschimpft habe, hat was Positives gesagt.

### Frage 9 // Lebt man als Trainer eigentlich gefährlich, wenn man aus Sicht des Boxers das falsche Wort im falschen Moment sagt?

Na ja, es gibt Situationen, wo sie aggressiv werden. Zum Beispiel in Stresssituationen. Ich habe meinen Trainer mal beschimpft, dass er ein Menschenschinder ist. Wer weiß, was ich da alles noch rausgehauen habe ... Das sind Situationen ... da guck ich auch mal drüber weg. Aber ich muss wissen, wann Schluss ist.

### Frage 10 // Wie spricht man mit Boxern, die die deutsche Sprache nur teilweise verstehen?

Dann habe ich einen Übersetzer. Das klappt erstaunlich gut. Obwohl ich durch den Dolmetscher mit den Jungs rede, reicht wahrscheinlich schon meine Mimik. Ich habe auch Aus- und Weiterbildungen in Holland, Ungarn und der Schweiz gemacht. Dort hat mich ebenfalls ein Dolmetscher unterstützt.

### Frage 11 // Ich erinnere aus den Ringpausen während der Ottke-Kämpfe, dass Sie ihn mit zwei Fingern fixiert haben und gerufen haben: »Hörst du mich?« Ist diese direkte Ansprache in der Ringpause wichtig?

Auch das ist bei jedem anders. Manche stieren nur noch leer in den Ring. Dann musst du sie heftig einfangen. Andere scheinen dir genau zuzuhören. Und verstehen doch kein Wort. Mit denen ist das noch schwieriger. Da hilft dann nur noch die harte Methode.

### Frage 12 // Sie sagen: »Technik ist Sklave der Taktik.« Würden Sie uns das erklären?

Das steht in keinem Lehrbuch. Bedeutet: Technik benutzt der Boxer, um taktisch das durchzuführen, was ihn zum Sieg bringt. Also wenn ich einen guten Haken habe, muss ich aber auch taktisch so klug sein, zu wissen, wie ich den anwende. Also bin ich Sklave. Oder man sagt: Hau auf den Körper, wie Sven Ottke immer auf den Körper gehauen hat, und sagt: In der sechsten Runde geht es auf den Kopf. Dazu habe ich ihn immer durch technische Abläufe verleitet. Immer wieder verleitet. Je technisch vollendeter ich mich bewegen kann, desto weniger Kraft brauche ich. Je perfekter ich ausgebildet bin, umso besser kann ich meine Taktik umsetzen. Und dazu gehört Kondition. Dazu gehört Schnelligkeit. Das sind alles Potenzen, die ich einbaue, um die Taktik durchzusetzen. Sollte man nicht glauben, aber im Boxen entscheidet die Intelligenz des Boxers.

Interview mit Ulli Wegner. // 33

> Ehrlich: An einem Tag mit Ulli Wegner
> lernt man mehr über Strategie
> als sonst in zig Jahren.
> Ich bin zwar eine absolute Null im Boxen,
> habe aber viel gelernt fürs Leben.
> Danke, Herr Wegner!

Fahrplan zum Erfolg    Ulli Wegner

1 Die richtige Ansprache zu finden, heißt vor allem: richtig zuzuhören.

2 Verständlich sprechen heißt: Wissen, was beim Gegenüber ankommen kann.

3 Wiederholungen sind wichtig. Im Training Sätze immer und immer wieder sagen — das ist die richtige Methode, damit genau diese Sätze in Extremsituationen überhaupt »gehört« und aufgenommen werden können.

4 Motivieren kann man nur einen Menschen, der eine Ehre hat. An der muss man ihn packen. Sonst geht nichts.

5 Wenn man in einer Extremsituation ist und keinen anderen Ausweg mehr hat, nur dann geht man mit der Sprache bis an den Punkt: Wodurch treffe ich meinen Gegenüber?

# So bringen Sie Ihre Texte auf Trap.

Giovanni Trapattoni (»Trap«) wurde am 17. März 1939 in Cusano Milanino bei Mailand geboren. Er war italienischer Fußballspieler und ist Fußballtrainer. Trapattoni war als Spieler von 1957 bis 1971 14 Jahre lang für den AC Mailand aktiv und hat mit ihm zweimal den Europapokal der Landesmeister sowie den Europapokal der Pokalsieger gewonnen. Seine Trainerkarriere begann er bei seinem alten Heimatverein, dann war Trapattoni vor allem mit Juventus Turin zehn Jahre erfolgreich und später noch einmal mit Inter Mailand. Als Spieler und Trainer gelangen ihm acht große Europapokaltriumphe und neun italienische Meistertitel. Hinzu kommen drei Landesmeisterschaften in Deutschland, Portugal und Österreich. Mit mehr als 20 Titeln gilt Trapattoni als einer der erfolgreichsten Trainer weltweit. Aufgrund seiner früher blonden Haare wird er in Italien *Il Tedesco* (der Deutsche) genannt.

**»Wir sagen, dass im Fußballspiel die Bewegungsexplosion der Beine vom Verstand und vom Herzen gezündet wird.«**

**Gilt auch für die Bewegungsexplosion der Zunge.**

Der Schlusssatz von Giovanni Trapattoni aus seinem Buch »Konzeption und Entwicklung der Taktik im Fußball«[*] soll hier am Anfang stehen. Denn was für die Beine gilt, gilt auch für die Sprache: Zünden Sie Ihre Sprache vom Herzen aus. Dann bringen Sie Ihre Texte in ungeahnte Dimensionen.

Die Trapattoni Language. // 35

Vielleicht sind Sie in Ihrem Beruf ja so arriviert wie Giovanni Trapattoni in seinem als Fußballtrainer. Vielleicht sind Sie wie er in der ganzen Welt zuhause – a true international guy or doll. Fine. Sorry, fein. Was Ihnen fehlt: der ultimative Ruhm, der Glanz, das Raunen der Journalisten ... durch ein paar Sätze, die Sie äußern ... ein paar Sätze, mit denen Sie Kultstatus erlangen. No problem, hier lernen Sie es: Absolvieren Sie dieses Trainingsspiel. Dann sind Sie dem Ziel »Kult-Sprache« den entscheidenden Schritt näher gerückt.

Andiamo. Machen wir uns auf die Wege.

**Trapattoni Language, erste Halbzeit.**

## »Ware schwach wie eine Flasche leer.«

**oder »Abstrakte Inhalte plakativ rüberbringen für gerade im Land neu angekommene Fußballer aus Unter-Volta«**

Abstrakt sprechen ist was für Theoretiker. Verlassen Sie den Weg dieses Übels. Bildhaft sprechen ist der einzige Weg zum Ruhm. Führt zudem dazu, besser verstanden zu werden. Auch nicht falsch.

Stellen Sie sich vor, Sie stehen vor einem Team von Fußballern (alternativ: Managern) – eine bunte Mischung aus Ghana, Italien, Elfenbeinküste, Kanada, Brasilien, Frankreich, Peru, Mexiko, Irland und Bayern. Die übliche Besetzung einer internationalen Fußballmannschaft eben. Oder eines internationalen Manager-Treffens. Oder einer internationalen Pressekonferenz. Was wählen Sie dann sprachlich, um verstanden zu werden? Lange Sätze? Fatal. Also: Kurz. Abstrakte Begriffe? Fatal. Also: Worte, die jeder kennt. Hund, Katze, Tisch. Die Ur-Worte aus den Pappbilderbüchern für Noch-nicht-Lese-Kinder. Verben? Kann. Muss nicht. Gut. Jetzt sagen Sie bitte den versammelten Weltfußballern beziehungsweise Weltfußballjournalisten: »Der durch viele Trainingseinheiten konditionell bestens austrainierte sowie chronisch bestens psychotherapierte Top-Leistungssportler konnte aufgrund mentaler und psychischer Störungen und Schwierigkeiten im Verdauungstrakt aufgrund einer Glutenallergie seine gewohnte Bestform nicht abrufen.« Na? Wir hören. »Ware schwach wie eine Flasche leer.«

**Trapattoni Language, zweite Halbzeit.**

## »Ich habe fertig.«

**oder »Kill your Deutschlehrer«**

Was ist eine deutsche National-Tugend? Richtig. Die Besserwisserei. Und die Steigerung davon? Sich mordsmäßig national aufregen über Dumme. Vermeintlich Dumme, die der deutschen Sprache nicht mächtig scheinen. Wie Verona (Pooth). »Da werden Sie geholfen!« Ogottogott. Diese Frau!

Wer so aussieht, kann ja auch nicht denken ... und damit auch nicht sprechen wie der Duden. Das denken Sie doch auch. Wunderbar. Nutzen Sie Ihre nationale Qualität! Wenn Sie ab jetzt sprachlich bekannt werden wollen, müssen Sie auffällig werden. Trap geht immer diesen Weg – sprachlich. Wie alle, die wir werblich lieben und die uns im Gedächtnis bleiben ob ihrer Sprach-Krücken. So hieß das bei Gino Ginelli, dem Italo-Eis von Langnese: »... jede Packung hat zwei Sorten, was Schönres gibts-es-nicht.« Is sich herrlich italjeeenisch.

Also: Wenn Ihr Deutschlehrer Ihnen eine Sechs verpasst hätte, wenn Ihr Verleger sich fremdschämt (um mal persönlich was rauszulassen), wenn Ihr Nachbar oder Kollege denkt: große Güte, der ist ja sprachlich ungebildet, dann, ja dann: Welcome to the Trap-Universum! Dem ist das Strunz. Kleiner Tipp unter Kollegen: Diese Trap-Formel bringt auch Produktnamen und Motten auf Trab! Immer, wenn es merk-würdig ist, schrappt es im Hirn und bleibt kleben: »unkaputtbar« für Coca-Cola PET-Flaschen. »Deutschlands meiste Kreditkarte« – 1993 von TBWA für eurocard ins Claim-Leben gerufen und immer noch im Kopf. Wirkung steigernd ist dann noch öffentliches Aufregen. »Come in and find out« für Douglas. Wäre gar nicht so bekannt geworden, wenn nicht ein ungnädiger Kritiker so gnädig gewesen wäre zu sagen: Schwachsinn, versteht Deutschland nicht. Ab da rannte der Slogan durch die Medien, regte jeden auf, wurde allseits als Idiotie zitiert und folgerichtig berühmt-berüchtigt. Oder kennen Sie einen der Nachfolge-Claims?

Hauptsache: Wir kriegen das Sprach-Unding nicht mehr aus dem Besserwisser-Schädel. Das nutzt nicht nur Trap, sondern jeder Fußballspieler – allen voran Traps Maestro-Schüler Loddar. Loddar hat dazu noch eine ihm eigene Qualität, die er on top in sein Fränkisch reingrätscht: brutale Logik. Logik – einer gelb-roten Karte würdig: »Ein Wort gab das andere – wir hatten uns nichts zu sagen.« »Wir sind eine gut intrigierte Truppe.« »Schiedsrichter kommt für mich nicht in Frage, schon eher etwas, das mit Fußball zu tun hat.« »Sis are different exercises. Not only bumm!« (Beim Training mit Partizan Belgrad.) »Wichtig ist, dass er jetzt eine klare Linie in sein Leben bringt.« Lothar zum Kokaingeständnis von Christoph Daum. »Wir dürfen jetzt nur nicht den Sand in den Kopf stecken.« Bei seiner ersten Pressekonferenz in New York: »I hope, we have a little bit lucky.« »Ein Lothar Matthäus lässt sich nicht von seinem Körper besiegen, ein Lothar Matthäus entscheidet selbst über sein Schicksal.« »Ich hab gleich gemerkt, das ist ein Druckschmerz, wenn man draufdrückt.«

Die Selbstkritik bei ihm geht allerdings zu weit: »Manchmal spreche ich zu viel.« Och nö, nicht wirklich, Loddar. Allerdings zum Maestro ... si, da liegt noch ein Trab und ein Trap vor dir.

Trapattoni Language, Verlängerung, erste 15 Minuten.

## »The cat is in the sack.«

oder »Use the sprichwörter of the land where you not are«

oder »Hä????!!!!« oder »Never change a winning German Sprichwort«

In lang heißt der Trap-Satz: »Don't say, that you have the cat in the sack, when you don't have the cat in the sack.« Gerichtet wurde er an Journalisten aus Irland in Irland. Was meinen Trap? »Die Katze im Sack« müsste für irische Ohren heißen: a pig in a poke. Trap hätte also denselben Effekt vor deutschen Journalisten erzielt, wenn er gesagt hätte: »Sagen Sie nicht, dass Sie ein Schwein in der Schute haben, wenn Sie kein Schwein in der Schute haben.« Kannitverstan? Genau. Katze im Sack kaufen – ja ... Katze im Sack haben – nein. Dio mio! Wenn man noch mit einem Spielbein in Deutschland ist, kann einem schnell mal eine Katze in den Sack springen. Trap hat also wie immer recht: Sag nicht, dass du den Sack zumachen kannst, wenn du den Sack nicht zumachen kannst.

Wenn Sie jetzt einen Dribbling-Knoten im Hirn haben: bene. Hier das zugrunde liegende Prinzip:

Nehmen Sie immer die Landessprache, die in dem Land, in dem Sie gerade sind, nicht die Landessprache ist, und übersetzen Sie diese Nicht-Landessprache eins zu eins in die Landessprache. Beispiel: Ein Journalist sagt Ihnen in Irland, dass Sie nicht verlieren werden. Dann sagen Sie: »Ich drehe mich jetzt lieber um, weil ich mir die Eier kraulen muss.« Das sagen Sie eins zu eins auf Englisch. Dann haben Sie's. Was Sie angewandt haben, ist das Trap-Rezept: Man nehme ein italienisches Sprichwort, das kein Schwein in Irland kennt, und übersetzen es eins zu eins ins Englische. Somit versteht keiner nix – und schon sind Sie auffällig, merk-würdig, werden überall zitiert und geben herrlichste Rätsel auf, über die tage-, wochen-, monatelang diskutiert wird.

Oha, Sie sind ein Neunmalklug und wollen jetzt allen Ernstes wissen, was Trap denn meinte? Na gut, Sie Deutscher: Ich klopfe jetzt mal auf Holz.

Damit Sie diesen Hä?!-Effekt sofort erzielen können, folgt hier die Liste, wie Sie mit deutschen Sprichwörtern im englischsprachigen Bereich reüssieren. Übersetzen Sie einfach das deutsche Sprichwort eins zu eins ins Englische. Also: »as blind as a mole« für »blind wie ein Maulwurf«. Löst absolutes Unverständnis aus. Also 1:0 für Sie. Der Trap-Effekt ist Ihnen sicher. (Money-back-Garantie darauf!)

Wenn Sie dann den Trap-Effekt in Deutschland haben wollen, geht's natürlich auch andersrum. Mal angenommen, Sie heißen David Beckham und geben in Deutschland eine Pressekonferenz. Nach der Trap-Success-Formula hört sich das so an:

»Folks, ich bin jetzt hier, weil ich Heu machen muss, solange die Sonne scheint. Ich bin wirklich nicht mehr halb-gebacken – nochmal unter Pep zu spielen in meinem Alter, meint: besser ein Vogel in der Hand als zwei im Busch. Alles andere ist jetzt Wasser unter der Brücke.« Na?! Genau! David B. wird in die Sprach-Historie eingehen wie Giovanni T. What a little training doch a difference makes!

### Trapattoni Language, Verlängerung zweite 15 Minuten.

## »Ich bin wie eine Kuh, die 15 Liter Milch gibt, diesmal habt ihr mir 20 abgenommen.«

### oder »Nu is gut. Ich brauch mal ne Pause« oder »Bilder versteht jeder«

Finden Sie für jeden Zustand ein Bild. Was Franz Josef Strauß konnte, können Sie auch. Und seien Sie dabei unbedingt naseweis und vorlaut wie ein dreijähriger Rotzbub: »Es gibt Bla, Bla, Bla hinter Rücken«, sagt Trap zu seinen Kritikern, die sich nicht aus der Deckung trauen. Poltern Sie immer pianissimo bis forte: »Was erlauben Strunz?« Und verbreiten Sie Menschheits-Erkenntnisse als Fußballlehren: »Der Trainer hat keine Söhne. Er will siegen wie das ganze Land.« Und nie vergessen: Say it in photos! Ein bisschen Humanes darf hin und wieder als Einwurf rein. So in Irland: »Vielleicht liegt es an der Kälte, dass sie immer den Wunsch haben zu laufen!« Welch menschliche Beobachtung. »Wenn ein Spieler intelligent ist, wartet er auf seinen Moment. Dann ist die Bank auch keine Bank.« Giovanni Aristoteles Platon.

### Trapattoni Language, Elfmeterschießen.

## »Wörter sind sehr einfach. Wer kann machen, machen. Wer kann nicht machen, sprechen. Wer kann nicht sprechen, der schreiben.«

Das sind doch schöne Sätze – an die Journalisten in Österreich adressiert. Diese bezeichnen seine Trainingsmethoden als altmodisch, sein System als zu defensiv. Und er begegnet ihnen daraufhin als wahrer Lehrer mit diesen Sätzen. So kann man auch ausdrücken: Ihr seid null kompetent und beurteilen könnt ihr auch nix. Aber so, wie Trap es ausdrückt, ist es keine Journalisten-Schelte. I wo. Es ist Wahrheit. Es ist Philosophie. Ganz großes Sprach-Kino. Wir hoffen darauf, dass er in die Verlängerung geht.

*Allen Strategen sei diese Literatur ans Herz gelegt:

Giovanni Trapattoni: Coaching High Performance Soccer.
Reedswain: Spring City, Pennsylvania, 2000.

Giovanni Trapattoni, Emilio Cecchini:
Konzeption und Entwicklung der Taktik im Fußball:
Die taktische Bildung des Spielers von den ersten Anfängen
bis zur höchsten Vollendung. bfp: Leer, 1999.

## Die Trapattoni Language. // 39

**Hier ist für Besserwisser und Spielverderber aufgeführt,
wie man es eigentlich in Irland oder England korrekt sagen müsste.**

blind wie ein Maulwurf
as blind as a bat

grinsen wie ein Honigkuchenpferd
to grin like a Cheshire cat

wie ein Elefant im Porzellanladen
like a bull in a china shop

brüllen wie am Spieß
to cry blue murder

die Flinte ins Korn werfen
to throw in the towel

noch grün hinter den Ohren sein
to be half-baked

zwei Fliegen mit einer Klappe schlagen
to kill two birds with one stone

in den sauren Apfel beißen
to swallow the bitter pill

aus dem Schneider sein
to be out of the wood

um den heißen Brei reden
to beat about the bush

sich den Mund fusselig reden
to talk until one is blue in the face

den Braten riechen
to smell a rat

Blut und Wasser schwitzen
to be in a cold sweat

klar wie Kloßbrühe
as sure as eggs is eggs

auf die hohe Kante legen
to save up for a rainy day

auf Herz und Nieren prüfen
to put something to the acid test

die Katze im Sack kaufen
to buy a pig in a poke

über den eigenen Schatten springen
to bite the bullet

die zweite Geige spielen
to take a back seat

Wer A sagt, muss auch B sagen
in for a penny, in for a pound

Wo gehobelt wird, fallen Späne
you can't make an omelette
without breaking eggs

ein Machtwort sprechen
to put one's foot down

auf dem falschen Dampfer sein
to bark up the wrong tree

zwei linke Hände haben
fingers like toes

mit Kind und Kegel
everything but the kitchen sink

Äpfel mit Birnen vergleichen
to compare apples and oranges

das Kind beim Namen nennen
to call a spade a spade

die Radieschen von unten ansehen
to be pushing up the daisies

ins Gras beißen
to kick the bucket

den Bach runtergehen
to go to hell in a handbasket

aus einer Mücke einen Elefanten machen
to make a mountain out of a molehill

etwas im Keim ersticken
to nip in the bud

Schnee von gestern sein
to be water under the bridge

sich auf die Socken machen
to take to one's heels

jemanden über den grünen Klee loben
to praise to the skies

etwas im Schilde führen
to have something up one's sleeve

ein Esel schimpft den andern Langohr
the pot calls the kettle black

Besser ein Spatz in der Hand
als eine Taube auf dem Dach
a bird in the hand is worth two in the bush

Ein Unglück kommt selten allein
it never rains but it pours

Gleich und Gleich gesellt sich gern
birds of a feather flock together

das Eisen schmieden, solange es heiß ist
to make hay while the sun shines

Steter Tropfen höhlt den Stein
little strokes fell big oaks

# Neues aus dem Land der Verdichter und Denker.

Wie sich unser Leseverhalten verändert hat.
Und was das für unsere Texte bedeutet.

## Vom Lesen zum Finden

Eigentlich ist zwischen dem 11. Mai 868 und dem 4. September 1998 nicht viel geschehen. Zumindest, was das Lesen von Gedrucktem betrifft. Seit damals in China die erste Druckversion der Diamant-Sutra mittels Holztafeldruck hergestellt wurde, lesen wir Menschen weltweit alle gleich: Wir lassen unsere Augen über eine Seite wandern, sehen einen interessanten Texteinstieg: Und wir lesen den Text so lange, wie er uns interessiert.

Und dann kam der 4. September 1998. Er wird wahrscheinlich als der wichtigste Tag in die Geschichte des Lesens eingehen. An diesem Tag wurde von Larry Page und Sergey Brin in einer kleinen Garage in Stanford/USA die Firma Google, Inc. gegründet. Schon wenige Tage später, am 7. September 1998 ging die erste Testversion ihrer Suchmaschine an den Start.

Der deutsche Rechtschreibduden nahm das Verb *googeln* 2004 in seine 23. Auflage auf. Seitdem googelt die Welt. Und seitdem verändert sich unser Leseverhalten. Genau genommen gibt es mittlerweile zwei ganz unterschiedliche Arten des Lesens: das Informationslesen und das Erlebnislesen.

## Informationslesen

Beim Informationslesen wird nicht mehr gelesen, hier wird gesucht. Und hoffentlich schnell gefunden. Mal angenommen, Sie wünschen Informationen über »Industriesteckverbinder«. Dann geben Sie in die Google-Suchmaske »Industriesteckverbinder« ein. Und natürlich erscheint bei Google sofort die erste Seite mit dem Suchangebot: »245.000 Ergebnisse«. Leseforscher haben herausgefunden, dass wir diesem Suchergebnis jetzt genau 1,5 Sekunden Zeit geben. Der Anbieter, der uns in der schnellsten Zeit unser Suchwort exakt spiegelt, gewinnt. Übrigens sind das selten die Anzeigen oben im (früher) beigen Fond. Oder die Anzeigen in der rechten Spalte. Unser Gehirn ist bereits so schlau, dass es weiß, dass es sich hierbei um Werbung handelt.

Nein, unser Auge (das zeigen Eyetracking-Studien) erfasst die ersten drei Einträge und sucht gezielt unser Suchwort. Steht es in der ersten Zeile, ist das gut. Ist es ab der zweiten Zeile gefettet, noch besser: »PHOENIX CONTACT **Industriesteckverbinder** PLUSCON«. Taucht es nur in den kleineren, schwarzen Zeilen auf? Verloren! Steht da vielleicht nur »Stecker online kaufen«? Verloren!

Was ich Ihnen jetzt erzählt habe ist für Sie wahrscheinlich nichts Neues. Wer sich mit Suchmaschinen-Marketing und Suchmaschinen-Optimierung beschäftigt, weiß das natürlich längst. Der online-lesende Mensch hat zu jedem ihn interessierenden Thema seine Suchwörter im Kopf und sucht diese in den Suchmaschinen. Findet er sein Suchwort, liest er weiter. Findet er es nicht, wird es sehr schwer, ihn zum Lesen zu bewegen. Beim Informationslesen suchen wir nur, was wir lesen wollen. Wir lesen nur, was wir gesucht haben.

So weit, so gut. So weit, so bekannt. Aber nun kommt die eigentlich brutale Wahrheit: Das, was ich Ihnen gerade über das Online-Leseverhalten erzählt habe, gilt heutzutage genauso für das Print-Leseverhalten. Beim Informationslesen geben wir auch Headlines von Plakaten, Anzeigen, Broschüren-Titeln, Flyern oder Pressetexten nur 1,5 Sekunden Zeit.

## Informationsleser lesen auch Print mit Online-Augen

Puh, das müssen wir jetzt erstmal verdauen. Wie konnte sich unser Leseverhalten innerhalb von nur zehn Jahren so entscheidend verändern? Und was bedeutet das für unsere zukünftigen Print-Texte? Nehmen Sie sich selbst einmal als Messgröße. Wie viele Texte lesen Sie am Tag online und wie viele offline? Ergebnis? Eben. Als »Vorwiegend Onlineleser« bezeichneten sich bereits 2012 75,6 % der Berufstätigen (Quelle: (N)-Onliner Atlas 2012). Ein durchschnittlicher, berufstätiger Mensch liest heute während seiner Arbeitszeit Texte zu 94 % online (Quelle: Referat Andreas Ost, Uni Bayreuth, Lehrstuhl Mathematik und Didaktik).

Was das für die restlichen 6 %, die wir als Berufstätige lesen, bedeutet, liegt auf der Hand. Ob Briefe, Anzeigen, Artikel – als Informationsleser lesen wir inzwischen alles nach der gleichen Lesemethode: Wir haben Interessengebiete, Bedürfnisse oder Notwendigkeiten. Und zu jedem dieser Interessengebiete, Bedürfnisse oder Notwendigkeiten haben wir unsere Suchwörter.

Bleiben wir beim Beispiel »Industriesteckverbinder«. Mal angenommen, Sie haben den Auftrag bekommen, günstige Industriesteckverbinder einzukaufen. Welche Überschrift wird Ihnen in einer Fachzeitschrift in die Augen springen? Richtig: »Kosten sparen bei Industriesteckverbindern«.

Klingt wie eine mutige These. Wurde aber inzwischen in Dutzenden von Leseuntersuchungen belegt: Wenn es ums Informationslesen geht, lesen wir heute Print wie Online. Genauso schnell, genauso ungeduldig, genauso zielgerichtet, genauso suchwortgesteuert. 19 % überfliegen dabei nur noch die Seiten. Bei Jugendlichen bis 19 Jahren ist es fast jeder Dritte (Quelle: Referat Andreas Ost, Uni Bayreuth,

Lehrstuhl Mathematik und Didaktik). Die Zahl der »Nicht-Leser«, nach eigenen Aussagen »Nur Bild- und Überschrift-Leser«, hat sich seit 2002 um rund 30 % erhöht.

Testen Sie sich einmal selbst: Sie interessieren sich für eine bestimmte Sache. Haben also quasi wieder ein Suchwort im Kopf. Sagen wir mal »Sardinien«, weil dort Ihr nächster Urlaub hingehen soll. Ist Ihnen schon einmal aufgefallen, wie schnell Ihnen auf einer Zeitungsseite ein Wort entgegenspringt, wenn Sie es gerade mit sich herumtragen? In der TV-Übersicht vom Abend springt Sie aus 40 Senderprogrammübersichten das Wort »Sardinien« an. Oder Sie haben Aktien von Airbus. Eine Überschrift zur Nachricht über die dortige Auftragslage fliegt Ihnen direkt ins Auge.

Am Valentinstag möchten Sie Ihrer Liebsten oder Ihrem Liebsten einen Kuss schicken. Wie praktisch, dass Vodafone auf YouTube unter den Tausenden von Valentinsfilmchen einen Film mit dem Namen »The Kiss« platziert hat. Er zeigt ein verliebtes Pärchen von der Jugend bis ins hohe Alter. 144.725 haben ihn in Deutschland innerhalb eines Tages gefunden und verschickt. Auf Internet-Deutsch »geshared«. Hätte dieser romantische Film »Jung/alt« geheißen, hätte ihn wahrscheinlich kaum einer gefunden. Das Wort »Kiss« springt uns einfach schneller ins Auge. Denn es ist genau das Wort, woran wir an diesem Tag der Liebe denken.

Es ist also deutlich von Vorteil, wenn in der Überschrift eines der entscheidenden Suchworte der Zielgruppe auftaucht. Taucht in der Überschrift das Suchwort nicht auf, schwindet die Lesebereitschaft nämlich erheblich (vgl. Bernd Oswald, Vortrag Online-Texten, 31. 8. 2012, Akademie für Neue Medien, Kulmbach).

Das 1,5-Fenster gilt also auch für Print-Überschriften. In 1,5 Sekunden entscheidet der Leser auch hier, ob er in den Artikel einsteigt oder nicht. Bedeutet: Wir schreiben heute eine Print-Überschrift für Informationsleser nach den gleichen Regeln wie eine Online-Überschrift:

### Die Überschrift

- ist in 1,5 Sekunden erfassbar (in der Regel fünf Wörter).
- beinhaltet nach Möglichkeit ein Keyword aus der Suchwortliste der Leser.
- macht neugierig durch einen Trigger (starke Verben oder Reizwörter).
- enthält eine pointierte These, ein klares (Service-)Angebot oder eine Frage.
- beachtet die Subjekt-Prädikat-Objekt-Reihenfolge.
- gibt keine Rätsel auf.
- verspricht Unterhaltung/Spannung, Nutzen, Vorsprung oder Vertrauen.
- geht vorsichtig mit Wortspielen um (Wortspiele enthalten selten Suchwörter).
- lässt sich nicht mit »Na und?« beantworten.
- benutzt bildhafte statt abstrakte Wörter.

So, nun hat die Überschrift den Informationsleser also überredet, in den Text einzusteigen. Damit ist der wichtigste Job getan. Denn, die gute Nachricht vorweg: In Zeitungen werden 62 % der Artikel zu Ende gelesen. Im Internet sogar 77 % der Artikel. Davon können Anzeigen-Texte übrigens nur träumen: Hier lesen im Durchschnitt nur 4 % der Leser einer Überschrift den Fließtext. Und davon 72 % auch nur die erste Zeile (Ergebnisse aus SPIEGEL-Copy-Tests). Sie können sich also ausmalen, wie viele dann noch die fünfte oder sechste Zeile lesen … wahrscheinlich nur noch der Anwalt des Wettbewerbers …

Aber es ist möglich, die Bereitschaft zum Lesen eines Textes deutlich zu erhöhen. Vorausgesetzt, Sie beachten auch hier wieder ein paar Regeln. Am besten, Sie beginnen mit einem Introtext (im Internet »Kurztext«), der die folgende Story anteasert. Nach 200 bis maximal 350 Anschlägen oder 20 Sekunden Lesezeit entscheidet der Informationsleser, ob er weiterliest oder nicht. Danach muss er wissen, ob es sich für ihn lohnt, weiterzulesen. Die wichtigsten Regeln für diese drei bis vier Zeilen sind:

### Der Kurztext
- beantwortet die W-Fragen (Wer? Was? Wo? Wann? Wie? Warum?).
- holt den Leser bei seinen ein bis zwei wichtigsten Insights ab und lässt ihn mindestens zweimal zustimmend nicken.
- macht neugierig, weil er das Thema anteasert, aber nicht alles verrät.
- stellt eine provokante These auf oder stellt eine Frage, die eine Antwort erzwingt.
- erzählt nur eine Nachricht pro Satz.
- baut erneut Suchwörter und Reizwörter ein.
- arbeitet mit starken Verben und (sparsamen) kräftigen Adjektiven.
- ist nicht überfrachtet mit Zeit-, Orts- und Personeninformationen.
- verspricht für das weitere Lesen erneut Unterhaltung/Spannung, Nutzen, Vorsprung und Vertrauen.

### Der Einstiegssatz
- langweilt nicht durch die Wiederholung der Überschrift.

### Das Intro
- endet mit einem Cliffhanger oder einer Rampe,
  zum Beispiel einer zugespitzten Fragestellung.

Hier ein Beispiel für einen, wie ich finde, impulsstarken Intro-Text der Marke Lexware:

**Haftung des GmbH-Geschäftsführers: Fünf Regeln zu Ihrem Schutz**
Die Zeiten sind längst vorbei, in denen die Kündigung das Schlimmste war, was einem Geschäftsführer im Schadensfall passieren konnte. Heute wird er für Schadensersatz in Anspruch genommen, häufig haftet er mit seinem gesamten Vermögen – trotz »GmbH«. Doch wer einige Grundregeln einhält, kann sich schützen. Gleich weiterlesen.

War das nun ein Intro für einen Print-Artikel oder für einen Online-Newsletter-Artikel? Völlig egal. Wir lesen beides längst mit den gleichen Augen. In diesem Beispiel finden wir die wichtigsten Suchwörter (»GmbH-Geschäftsführer«, »Schadensfall« und »haften«), der wichtigste Insight wird angesprochen (»Schutz«), es gibt Reizwörter (»Kündigung«, »das Schlimmste«, »gesamten Vermögen«), es gibt ein Nutzenversprechen (»kann sich schützen«) und es gibt einen Cliffhanger (»Doch wer einige Grundregeln einhält«).
Sie haben es gerade selbst bemerkt: Es gibt längst keine Unterschiede mehr zwischen Online-Lesen und Print-Lesen. Und auch keine besonderen Regeln mehr für das Schreiben in den digitalen Medien. Es ist so einfach, wie schwierig: Texte, die uns interessieren, lesen wir. Was langweilig klingt (weil es kein Unterhaltungsversprechen, keinen Nutzen, keinen Vorsprung verspricht und kein Vertrauen erzeugt), wird nicht gelesen.
Nun hat Sie also das Intro am Anfang des Artikels überredet, in den kompletten Artikel einzusteigen. Oder der Kurztext im Internet hat Sie angeteasert, damit Sie zum Langtext klicken. Im Prinzip gilt für den folgenden Langtext alles, was für das Intro oder den Kurztext gilt. Allerdings gibt es noch ein paar zusätzliche Dinge zu beachten, um auch hier die Chance des Lesens zu erhöhen:

`Der Langtext`
- arbeitet mit Zwischenuberschriften, die gespannt auf das Folgende machen oder einen Ausblick geben.
- ist strukturiert nach der »AIDA-Regel des Schreibens« (mehr dazu etwas weiter hinten im Buch).
- unterteilt sich in Text-Häppchen à 1.000 Anschläge, 40 Sekunden).
- stellt die wichtigste Nachricht nach oben.
- vermeidet Wiederholungen.
- darf unterstrichen, gefettet, gehighlightet werden.
  Aber sparsam und nie alles auf einmal!

- arbeitet mit Bildunterschriften, mit Grafiken, mit Info-Kästen etc.
- hält am Ende crossmediale Verweise bereit (zu weiterführenden Infos, Filmen etc.). Und ja, das können QR-Codes sein, wenn sich die Nachricht an Ergebnisorientierte wie Techniker richtet.
- macht in seinen letzten Zeilen klar, welche Handlung er vom Leser erwartet (Dialog-Möglichkeit, Aufforderung zur Aktion).

Zusammengefasst: Was muss ich beachten, wenn ich für meine Marke oder mein Unternehmen Texte an Informationsleser schreibe?

1. Ich muss mir genau überlegen: Was sind die wichtigsten Suchwörter meiner Zielgruppe?
2. Welche Wörter möchte ich in den Köpfen meiner Zielgruppe erreichen und verankern?
3. Welche Suchwörter möchte ich an meine Marke oder mein Unternehmen binden? Das können die wichtigsten, notwendigen Suchwörter der Branche sein. Als Mobilfunkanbieter gehört bestimmt »Flatrate« oder »bestes Netz« dazu. Und eine Software wird kaum um das Wort »einfach« herumkommen. In der Corporate Language sprechen wir hierbei von »Hygiene-Faktoren«. Es können aber auch markentypische Wörter sein wie »Gefrierbrand« oder »Week-end-Feeling«. Also Wörter, die weiter gehen als reine Suchwörter. Wörter, die ursprünglich aus einem Insight abgeleitet wurden und nun – durch die Kommunikation – fester Bestandteil der Marke oder des Unternehmens sind. Legen Sie sich dazu eine Word Cloud zu. Erarbeiten Sie diese Word Cloud gemeinsam mit den wichtigsten Bereichen im Unternehmen. Gleichen Sie Ihre Word Cloud mit den Erkenntnissen aus Ihren SEO/SEM-Maßnahmen ab.
4. Setzen Sie die Wörter aus der definierten Word Cloud konsequent ein. In Claims, Headlines, Subtiteln, Copy-Einstiegen und Bildunterschriften. Auf allen Kommunikationskanälen. Vom Messeauftritt bis zur Kundenhotline. Trauen Sie sich damit ruhig auch in die Sozialen Netze.

Texte für Informationsleser werden nicht getextet. Und erst recht nicht formuliert oder gedichtet. Texte für Informationsleser werden verdichtet. Sie fassen Komplexes einfach zusammen. Sie verwandeln Nicht-Anfassbares in Begreifbares. Sie übersetzen Experten-Sprech in Konsumenten-Sprech. Sie haben im Fokus fast immer ein klares Nutzen- oder Service-Versprechen. Das klingt erstmal staubtrocken und unkreativ. Im weiteren Verlauf dieses Buches werden Sie aber sehen, wie spannend und frisch das Ganze sein kann.

## Erlebnislesen

Andreas Ost (Uni Bayreuth) nennt die Informationsleser »Muss-Leser«. Er zeigt in seiner Studie auf, dass PC-Nutzer überraschend mehr offline lesen als Nicht-PC-Nutzer. »Wer viel surft, liest auch häufig ein Buch. 15 % der PC-Nutzer lesen tgl. ein Buch. 40 % lesen mehrmals die Woche. Hingegen lesen nur 4 % der Nicht-PC-Nutzer tgl. ein Buch, 19 % seltener als 1 x im Monat. (...) Die Lektüre von Sach- und Fachbüchern steigt sogar von 31 auf 41 %.«

Was sagt uns das? Es gibt neben dem Informationslesen ein zweites Lesen: das Erlebnislesen. Erlebnisleser treffen wir zum Beispiel sonntagvormittags am Frühstückstisch beim Sonntagszeitunglesen. Oder wir sehen sie im Museumsshop beim Kauf eines Ausstellungskatalogs. Oder sie haben sich ihren Lieblingsroman auf ihr Tablet geladen und fliegen damit in den Urlaub. Sie lesen ihre Mitarbeiterzeitschrift als E-Magazin und Hochglanz-Special-Interest-Magazine, wenn es um ihr liebstes Hobby geht. Und sie wollen komplett anders »betextet« werden als Informationsleser. Und das egal, ob der Text auf ihrem Tablet steht oder in ihrem Kundenmagazin. Das fängt schon mit der Überschrift an.

#### Die Überschrift

- verspricht in erster Linie Spannung und Unterhaltung. Vielleicht verbunden mit einem interessanten Wissensvorsprung.
- lockt mit sprachlichem Anspruch und Tiefe.
- benutzt mutig starke Verben und ungewöhnliche Substantive.
- reizt die Neugier auf Ungelesenes und im wahrsten Sinne des Wortes Unerhörtes.
- ist bildhaft und gefühlsbewegend.
- bricht mit dem Gewohnten.
- ist nicht zu kurz und niemals faktisch.
- macht Lust auf mehr.

Hier ein paar Beispiele aus der Frankfurter Allgemeinen Zeitung:

IS-Propaganda in sozialen Netzwerken
**Nach dem Attentat ein Schokoriegel**

Album der Woche: »Song Reader«
**Wie es klingt, wenn ein Herz bricht**

Textilveredler ächzt unter EEG-Umlage
**Ein staatlich verordneter Wettbewerbsnachteil**

Freihandel
**Bei uns gibt's heute Chlorhuhn**

Hat uns die Überschrift erst einmal zum Lesen verführt, übernimmt auch hier der Intro-Text. Auch er ist wieder höchstens drei bis vier Zeilen lang:

Der Intro-Text
- beginnt mit einer Geschichte.
- gibt uns einen Vorgeschmack auf die sprachliche Qualität des Kommenden.
- verspricht eine überraschende Neuigkeit oder Wendung.
- nimmt uns mit auf eine gedankliche Reise.
- beginnt mit einem klitzekleinen Detail, das später große Bedeutung erlangen wird, oder mit der Sicht aus der Ferne, die später zu einem klitzekleinen Detail führen wird.

Wieder ein paar Beispiele aus der F.A.Z.:

Herzblatt-Geschichten
**Prinz Sämiger Fischtran**
Eine ereignisreiche Woche in der deutschen Regenbogenpresse: Franz Josef Wagner stammt von einem weit entfernten Planeten, Günther Klum entlarvt sich als ausbeuterischer Spargelbauer und eine Sitzbank rettet Merkels Ehe.

Entschuldigung bei RB Salzburg
**»Meist gehasster Fußballverein unserer Zeit«**
Die schwedischen Boulevardzeitung »Aftonbladet« bringt RB Salzburg mit Adolf Hitler und Inzest-Vater Josef Fritzl in Zusammenhang. Kurz vor dem Spiel in Malmö reagiert das Blatt auf die Entgleisung.

Kirche und Staat
**Oh Gott**
Die religionspolitische Ordnung in Deutschland ist aus den Fugen geraten. Die Großkirchen stören sich daran bislang wenig. Und wenn, dann reagieren sie in bester altbundesrepublikanischer Mentalität.

Europa
**Was erlauben Schulz?**
Jean-Claude Juncker ist seit wenigen Tagen Präsident der EU-Kommission. Der Europäische Rat hatte den Spitzenkandidaten der Europäischen Volkspartei (EVP) vorgeschlagen, das Europäische Parlament hat ihn gewählt. Beide Institutionen haben ihre Bewährungsprobe glänzend bestanden.

Und hier noch ein paar Beispiele aus dem B-to-B- und Employer-Branding-Bereich:

**Piraten erkennt man heute nicht mehr am Holzbein**
Daniel ist Produktmanager bei Bosch Packaging Technology in Waiblingen. Seinem Neffen hat er erzählt, dass er Piratenschreck ist. Denn 10 % aller Medikamente auf der Welt sind gefälscht. Und stecken in täuschend echt nachgemachten Packungen. Daniel hat beschlossen, dieses Produktpiratentum zu bekämpfen. Mit allen Mitteln. Wie Scannern, Encodern, Sensoren und Lichtschranken von SICK. Daniel ist jetzt der Alptraum eines jeden Piraten. Und sein Neffe mächtig stolz auf ihn.

Hat es der Intro-Text erst einmal geschafft, den Erlebnisleser zum Lesen des weiteren Textes zu verführen, ist das Ziel fast erreicht. Was bleibt, ist pures journalistisches Storytelling. Die wichtigsten Methoden darin erläutere ich etwas später.

Halten wir noch einmal fest: Es gibt entweder Texte für Informationsleser oder Erlebnisleser. Ich wage die Behauptung: Es gibt nichts dazwischen. Entweder schnelle, zielführende, suchwortkompatible Information. Früher oder später wahrscheinlich nur noch online. Oder vertiefende, tiefgründige Unterhaltung für das Lesen mit Muße und Lust. Denken Sie an die Zeitschriften und Zeitungen, die in den letzten Jahren vom Markt verschwunden sind. Die meisten sind daran gescheitert, dass sie den Mittelweg versucht haben. Schnelle Information und gleichzeitig Hintergrund ist wahrscheinlich vom Aussterben bedroht. Die meisten Fachzeitschriften stehen an diesem Scheidepunkt. Der Ausweg heißt meistens: ein Online-Newsticker für die Informationsleser und vertiefende Fachartikel im Print-Objekt.

Der SPIEGEL macht es vor: SPIEGEL ONLINE reißt das Thema populär, schnell, kompakt, verdichtet an. Die Print-Ausgabe und besonders die SPIEGEL-Sonderhefte vertiefen es dann für die Erlebnisleser.

## Vom Monolog zum Dialog

Das Internet beschert Textern und Textverantwortlichen für ihr Handwerk noch eine weitere große Veränderung: Social Media. Zum ersten Mal in der Geschichte der Massenkommunikation wird es uns Nutzern nicht nur ermöglicht, uns untereinander auszutauschen. Zum ersten Mal erstellen, bearbeiten und verteilen wir einzeln oder in Gemeinschaft Inhalte wie Texte, Bilder, Audio- und Videobeiträge.

Diese sozialen Interaktionen und die Zusammenarbeit der Nutzer wandelt mediale Monologe (one to many) in sozial-mediale Dialoge (many to many). Der Nutzer entwickelt sich vom reinen Konsumenten zum Produzenten von Nachrichten. Das klassische Sender-Empfänger-Modell mit seinem Gefälle zwischen Sender und Rezipienten gerät ins Wanken.
Wenn die Auswirkung des Online-Lesens auf unser Print-Leseverhalten und auf das Schreiben von Texten eine stürmische Veränderung bedeutet, dann wird sich Social Media wie ein Tsunami auf das zukünftige Schreiben von Texten (vor allem Werbetexten) auswirken.

Der Social-Media-Pionier Jan H. Kietzmann war 2011 wohl der Erste, der den Begriff vom »consumer-generated content« in die Diskussion eingeführt hat. Seine revolutionäre Voraussage: »Unternehmen, die Kunden einseitig mit Content beschallen, haben in fünf Jahren ausgespielt.« Nun, das war 2011... Ich glaube trotzdem, dass er recht hat. Stand Frühjahr 2014 hat allein Facebook 1.189 Milliarden Nutzer. Besonders die »erwachsenen Netze« wie XING, LinkedIn, Twitter, ask.fm, Google+ und Instagram wachsen rasant. Und ich nenne dabei noch gar nicht all die Spezial-Netzwerke unter Klassenkameraden, Studenten, Kollegen, Wissenschaftlern und und und...

Menschen tauschen sich rund um den Globus in Echtzeit aus. Führen Konferenzen via Skype, führen Gespräche in Foren, schreiben täglich in Blogs. Wir »ranken«, »raten«, »liken«. Wir schreiben Hotel- und Buchkritiken. Wir beurteilen Arbeitgeber und Restaurants. Wir checken 24 Stunden lang Preise und Leistungen. Und tauschen uns darüber aus. Mit Friends und Gleichgesinnten.

Schritt für Schritt, Post für Post, lernen wir, dass Schreiben zur interaktiven Handlung wird. Dass »Ich schreibe dir was« zum »Senden–empfangen–reflektieren–erneut senden–erneut empfangen« wird. Dass Texten heute mehr und mehr bedeutet, die Meinung, die Wünsche, die Stimmung des Gegenübers aufzunehmen und in den Texten zu berücksichtigen. Verstehen wird wichtiger als Senden. »Ich verstehe meine Kunden besser als mein Wettbewerber« wird die neue Währung der Texte im Zeitalter von Web 2.0. Aus dem Bewerben der Unique Selling Proposition (USP) der 8oer (der Alleinstellung durch einen Produktvorteil) wird heute die Unique Buying Proposition (UBP).

Der Buchautor und Marketing-Stratege Newt Barrett beschreibt die UBP im E-Magazin CONTENT MARKETING TODAY 6/2011 sehr treffend:

>>Die Idee einer USP war die Annahme, dass eine Marke sich unterscheiden muss von ihren Hundertausenden von Wettbewerbern. Theoretisch, wenn Sie eine wirklich gute USP haben, ist es möglich, dass Sie sich dadurch unterscheiden können von den alten, immer gleichen Verkaufsargumenten, die die anderen benutzen. Ich denke aber, es ist viel besser, sich auf den Verbraucher mit einer UBP zu fokussieren. Und diese als Basis für den Inhalt Ihrer Marketing-Strategie zu nehmen. Was ist eine UBP? Eine UBP ist die erste Cousine der USP. Der Unterschied ist, dass sich bei einer UBP alles um den Käufer dreht und darum, was der Käufer sich von Ihnen oder Ihrem Produkt erwünscht. Ihre potenziellen Kunden kümmert es nicht, ob Sie der einzige Hersteller von irgendwelchen neuen, kleinen grünen Teilen (green widgets) in den USA sind. Das Einzige, was Ihren potenziellen Kunden interessiert, ist, ob diese neuen kleinen grünen Teile seinen Umsatz verdoppeln oder ob er damit seine Kosten halbieren kann.<<

Zusammengefasst: Statt Kunden mit aller Macht Features und Benefits verkaufen zu wollen, müssen wir ihnen nur zuhören. Die sozialen Netze sind voller UBPS. Unsere Kunden erzählen sie uns pausenlos und kostenlos. Es gilt sie nur aufzunehmen und den Kunden zurückzuspielen: >>Lieber Kunde, wir interessieren uns brennend für deine Wünsche, Bedürfnisse, Notwendigkeiten, Träume, Sehnsüchte, Probleme. Wir nehmen sie ernst. Wir verstehen dich. Und zwar besser als alle anderen Wettbewerber. Und wir haben deine Wünsche in unser neues Produkt einfließen lassen. Und es ist dadurch sogar noch besser geworden!<< So. Und nun das Ganze ohne das Wörtchen >>Wir<<:

>>Lieber Kunde, bitte benennen Sie Ihre Wünsche, Bedürfnisse, Notwendigkeiten, Träume, Sehnsüchte, Probleme. Es wird Zeit, dass diese ernst genommen werden. Sie haben es verdient, dass Sie endlich verstanden werden. Suchen Sie Ihre Marke danach aus, wer Sie am besten versteht. Und Ihre Wünsche in neue Produkte am besten einfließen lässt. Helfen Sie auf diese Weise, dass Produkte immer besser werden.<<

Zugegeben, das erzwingt ein ziemliches Umdenken. Und ist nicht ganz einfach. Aber schauen Sie sich jedes >>Wir<< in Ihren Texten an. Und prüfen Sie, ob es nicht möglich ist, es durch ein >>Sie<< zu ersetzen.

Ein Beispiel. Haufe-Lexware wollte eine neue Buchhaltungssoftware für freie Buchhaltungsbüros einführen. Erster Gedanke: »Lexware hat in der neuen Version 15 Features mehr als in der alten.« Zweiter Gedanke: Warum sagen wir nicht im Netz zu Deutschlands Buchhaltungsbüros »Gebt euren Senf dazu! Welche Features muss Eurer Meinung nach die perfekte Software für Buchhaltungsbüros enthalten?«

Ergebnis: 60 % aller Buchhaltungsbüros in Deutschland haben an dieser Online-Diskussion teilgenommen. 45 % von denen, die teilgenommen haben, kauften später das Produkt. Nebeneffekt: Es entstand eine feste Community, die sich nun regelmäßig über Verbesserungen und Anwendungen austauscht. Die das Produkt so stetig nach vorne treibt.

Denn das ist das andere Problem mit den USPS: Sie schauen immer nur nach hinten. Was *haben* wir entwickelt. Was *haben* wir verbessert. UBPS schauen nach vorne: Was verbessern wir gemeinsam? Was machen wir in Zukunft zusammen besser?

Der Umgang der Verbraucher und Kunden mit dem Web 2.0 wird ihr Leseverhalten genauso verändern wie das Web 1.0. Wer gewohnt ist, sich auszutauschen, Gespräche zu führen, seine Meinung kundzutun, gehört zu werden, wird irgendwann nicht mehr akzeptieren, dass er von einem Content einseitig beschallt wird wie anno dunnemals in der alten Werbeprospekt-Zeit. Von Texten wird erwartet werden, dass sie mich nach meinem Insight fragen und darin abholen. Dass sie mir Response-Möglichkeiten und den Dialog ermöglichen. Dass sie zeigen, dass sie mich verstehen. Mich ernst nehmen. Mich respektieren. Und das Wichtigste: dass sie meine Sprache sprechen. Und das online wie offline. Denn auch hier gilt: Wir werden auch Print-Texte in Zukunft nicht nur mit Online-Augen sehen, sondern mit Social-Media-Augen.

So, und nun zurück in die Wirklichkeit. Sie werden mir in meinen Beobachtungen vielleicht mehr oder weniger zugestimmt haben. Aber, ganz ehrlich, wie sieht es in den Texten der meisten Unternehmen aus? Kunden laden uns im Jahr ungefähr zu 20 Inhouse-Seminaren ein. Sie möchten dabei einen kritisch-würdigenden Blick auf ihre Texte geworfen haben. Das sind Unternehmen mit 120 Mitarbeitern bis 30.000 Mitarbeitern. Aus B-to-C und B-to-B. Investitionsgüterindustrie, produzierende Industrie, Dienstleister, Old-Economy, New-Economy.

Jedes Unternehmen hat die Chance, zehn Texte zur Analyse einzusenden. Ganz unterschiedliche Texte: Internetseiten, Broschüren, Newsletter, Kundenbriefe, Geschäftsberichte, Akquisitionsschreiben, Social-Media-Promotions, Pressemitteilungen. Sie werden dabei untersucht auf ihre handwerkliche Qualität und ob sie die Marken- oder Unternehmenspositionierung widerspiegeln.

Ich muss es an dieser Stelle leider sagen: In neun von zehn Texten erwartet uns dick und fett das Monolog-Wort schlechthin: WIR. Wir haben. Wir können. Wir werden. Wir präsentieren. Wir garantieren. Garantiert: Über nichts schreibt ein deutsches Unternehmen lieber als über die eigene Leistung, die eigene Geschichte, die eigenen Produkte, die eigenen Mitarbeiter. Über nichts schreibt der Produktmanager lieber als über die neuen Produkt-Features, die jetzt besseren Produkt-Features, die zusätzlichen Produkt-Features, die überraschenden Produkt-Features.

Überrascht? Bestimmt nicht. Deutsche Produkte haben halt meistens die besten Features der Welt. Und meistens nicht nur eines. Also erfindet der Ingenieur jedes Jahr ein paar neue hinzu. Und der Produktmanager macht es sich auch ganz einfach. Er packt immer noch mehr Features in seine Agentur-Briefings. (Wenn er sie nicht sogar gleich selbst in seine Texte schreibt.) Und viele Agenturen machen es sich noch einfacher und schreiben die Features brav in die Texte. Tenor: »Das Produkt XY hat jetzt, neu, neben dem Feature A auch noch die Features B und C. Und das können Sie jetzt kaufen.«

Aber der Kunde kauft nicht. Weil er sich übergangen fühlt. Weil er nicht gefragt wurde, ob das neue Feature für ihn überhaupt wichtig ist. Ob er sich vielleicht ein ganz anderes wünschen würde. Der Kunde wurde gar nicht gefragt. Das ist er als aktiver Soziales-Netz-Bewohner gar nicht mehr gewohnt. Er fühlt sich übergangen. Vielleicht sogar hintergangen. Wozu das führen kann, haben wir bei der Stuttgart-21-Diskussion gesehen. Da dachte die Bahn auch, sie muss nur laut genug senden, wie gut der Bahnhof für die Menschen ist, dann werden die Menschen der Bahn schon recht geben und ihr folgen. Fehlanzeige. Die Menschen, die Kunden, die Verbraucher werden immer mündiger. Sie wollen nicht nur mitreden. Sie wollen gefragt werden. Und das nicht nur bei einem neuen Bahnhof. Sondern wenn sie Investitionsentscheidungen treffen sollen.

Oder sogar in ganz normalen Alltagssituationen. McDonald's hat die Deutschen gefragt, wie sie sich ihren eigenen Hamburger wünschen. Ich habe mir von den Verantwortlichen sagen lassen, das war eine der erfolgreichsten McDonald's-Promotions aller Zeiten. Ford fragt gerade die Deutschen nach ihren Autogewohnheiten, bevor Ford neue Autos baut. Ford zeigt damit, dass sie »verstanden« haben. Ach nein, das war ja Opel 1990: »Wir haben verstanden.« Scheinbar doch nicht ganz.
Voraussetzung zum Dialog ist die Bereitschaft zum Perspektivwechsel. Von der Produktsicht zur Kundensicht. Das erfordert für viele Unternehmen – besonders im B-to-B-Bereich – eine enorme Umstellung. Aber eine lohnende. Das werden Sie im zweiten Teil des Buches an der Marke Lexware und dem Unternehmen SICK noch vertiefen können.

**Zusammengefasst bedeutet das für das Schreiben im Dialog-Stil:**

- Versetzen Sie sich in die Situation Ihres Kunden. Wer sitzt mir gegenüber? Welche Bedürfnisse, Wünsche, Sorgen, Probleme (Insights) hat er?
- Wechseln Sie vom »Wir« zum »Sie«.
- Schreiben Sie keinen Text. Führen Sie ein schriftliches Gespräch.
- Fragen Sie sich in Ihren Kunden hinein.
- Schreiben Sie kurz und prägnant. Pro Satz einen Gedanken. Nach drei Gedanken einen Absatz. Schreiben Sie die Absätze vielleicht sogar so kurz wie Tweets oder Facebook-Posts.
- Versuchen Sie den Satz in einer Atemlänge zu schreiben. Für B-to-C-Texte bedeutet das durchschnittlich neun Wörter pro Satz. Für B-to-B-Sätze zwölf.
- Personalisieren Sie, so oft es möglich ist.
- Schreiben Sie lebhaft. Schreiben Sie in Bildern, sprechen Sie Gefühle an.
- Sie müssen nicht verkaufen. Sie möchten verstehen. Sie fragen, suchen Gemeinsamkeiten, diskutieren Alternativen, machen Vorschläge.
- Berücksichtigen Sie in Ihren Sätzen bereits die vermutete Antwort. Und greifen Sie in Ihrem nächsten Satz diese Antwort auf. (Diese »Schachbrett-Methode« erläutere ich etwas später noch ausführlicher.)
- Nutzen Sie Social-Media-Monitoring-Tools und hören Sie den Gesprächen Ihrer Kunden im Netz zu. Reagieren Sie darauf in Ihren Texten.

## Die Kür des Dialogs: Realtime-Texte

Dialoggeführtes Texten lässt sich heute noch steigern: durch sogenanntes Realtime-Marketing. Ob in Social Media, im klassischen Advertising oder im Kundenservice: Texte im Realtime-Marketing reagieren dabei nahezu in Echtzeit auf die Bedürfnisse der Kunden oder auf Web-Geschehnisse.

Das Paradebeispiel für Realtime-Marketing geschah während eines Stromausfalls beim 2013er-Finale der National Football League in den USA, dem sogenannten Super Bowl. Dieser Blackout verhalf einem Keks zu nationaler und internationaler Bekanntheit. Die schnelle Reaktion auf den Stromausfall mit dem Tweet »Power out? No problem.« und der Antwort »You can still dunk in the dark« brachte Oreo 16.000 Retweets und 8.000 neue Twitter-Follower.

Oreo machte mit einem einfachen Text in Realtime, auf dem richtigen Kanal, zur richtigen Zeit, alles richtig. Realtime-Aktionen wie diese bergen wahrscheinlich die größten Wachstumspotenziale der Zukunft. Beim Herbeirufen von Spontankäufen. Aber ganz bestimmt auch beim Auf- und Ausbau von Imagewerten. Besonders dann, wenn der Fokus einer Marke oder eines Unternehmens gerichtet ist auf Partnerschaft, Kundenorientierung, Vertrauensaufbau und Markenpflege. Realtime-Kommunikation ist individualisiert und situationsbezogen. Für die Texter und ihre Texte bedeutet das: Situationen blitzartig erkennen. Positive oder negative Äußerungen der Nutzer sofort aufgreifen.

Ein einfaches, erstes Beispiel für Realtime-Marketing: Ein Telekommunikations-Unternehmen erkennt aus Ihren gewählten Nummern, dass Sie sich gerade in Spanien befinden. Es bietet Ihnen Roaming-Tipps zum Geldsparen, Übersetzungshilfen, Tipps und Reservierungen für die heißesten Clubs auf Ibiza, Leihwagenangebote. Vieles davon natürlich kostenpflichtig. Aber der Kunde fühlt sich im wahrsten Sinne des Wortes »abgeholt«. Er freut sich über das Mitdenken seines Providers. Er genießt es, nicht allein zu sein, sondern einen Freund an seiner Seite zu haben.

Gehen wir einen Schritt weiter. Mein HSV hat mal wieder eine Klatsche bekommen? Meine von mir dazu autorisierte Stammkneipe twittert mir zwei Minuten nach Abpfiff, dass alle Schnäpse heute Abend zum Trost nur 2 Euro kosten. Mein HSV hat überraschend zuhause 3:0 gegen Dortmund gewonnen? Meine Stammkneipe schickt mir eine SMS, dass mein Siegerpils für 2 Euro schon frisch gezapft auf mich wartet.
Verbinden wir das Ganze nun mit der schnellen Reaktion auf Nachrichten in Social-Media-Diensten.

Beispiel Smart: Die Marketing-Abteilung reagierte auf den Tweet »Ein Vogel hat auf einen Smart gemacht. Totalschaden« mit einer lustigen Infografik und twittert zurück: »Das kann nicht nur ein Vogel gewesen sein. Hört sich mehr nach 4,5 Millionen an. (Ehrlich, wir haben nachgerechnet.)«

Beispiel Lexware, Buchhaltungssoftware. Ein frecher Tweet und kurz darauf ein YouTube-Filmchen machen in Windeseile die Runde: der Lehrling einer Autowerkstatt hat bei einer Probefahrt einen 450.000-Euro-Boliden zertrümmert. Lexware, die Software, mit der Selbstständige ihre Buchhaltung allein machen können, twittert darauf zurück: »Alles Wichtige macht man doch am besten selbst!«

Realtime-Marketing wird vor allem die Standard-Kommunikation und den Kundenservice revolutionieren. Der richtige Umgang mit kundenbezogenen Ereignissen wie Geburtstage, Kündigungen, Filialbesuche oder Beschwerden spielt bereits heute für das Kundenbeziehungsmanagement vieler Unternehmen eine zentrale Rolle. Werden Ereignisse im Kundenalltag rechtzeitig erkannt und entsprechend genutzt, lassen sich damit positive Erfahrungen mit dem Unternehmen, der Marke oder passenden Produkten erzielen. Doch wie ist dies bei Hunderttausenden oder Millionen von Kunden möglich? Hier unterstützen bereits vielfältige Business-Analytics- und Business-Intelligence-Programme den Marketingprozess mit analytischer Intelligenz. Big Data macht es eben möglich.
Durch Mobilgeräte und aus ihren Social-Media-Aktivitäten sind es Kunden längst gewohnt, Informationen in Echtzeit zu erhalten. Sie sind es von dort auch gewohnt, ohne große Zeitverzögerung miteinander zu interagieren. Es dauert nicht mehr

lange und sie erwarten, dass auch ihr Kundenservice-Center oder Onlineshop das leisten kann. Was das für Texte im Customer-Relationship-Management bedeutet, können wir uns sicherlich ausmalen. Realtime-Kampagnen können sogar Kosten senken. Denn sie sind einfacher und weniger kostenintensiv als bisherige Formen wie Broschüren, Briefe oder gar TV-Kampagnen.

>»Branchenprimus Vodafone Australia sparte zum Beispiel durch den Einsatz einer automatisierten Dialogsteuerung 30 % seiner Kampagnenkosten und verzehnfachte die Responsequote. Das Erfolgsbeispiel zeigt, welche signifikanten Leistungszuwächse im Dialogmarketing realisierbar sind. Und es kommt noch besser: Die Investitionen, die diese Effekte möglich machten, haben sich für Vodafone bereits binnen weniger Monate amortisiert – nicht zuletzt dank eines bis zu vierfach höheren Return on Investment bei Marketingkampagnen.«

Quelle: SAS Deutschland

Einer der wichtigsten Trends ist dabei das Real Time Bidding[*]. Real Time Bidding hat in den USA den Display-Werbemarkt revolutioniert: Nach Schätzungen von Branchenfachdiensten erzielen dort Realtime-Aktionen bereits bis zu 30 % der Umsätze auf dem Online-Werbemarkt.
Eine Situation, wie sie der Oreo-Tweet ausgelöst hat, kann nicht vorausgesehen werden. Aber Sie können Ihr Unternehmen darauf vorbereiten. Und die Texter im Unternehmen und in den betreuenden Agenturen dafür trainieren und ihnen geeignete Tools in die Hand geben.

[*] »Real Time Bidding (RTB) ist ein Begriff aus dem Online-Marketing. Es ist ein Verfahren, mit dem Werbungtreibende bei der Auslieferung von Online-Werbemitteln automatisiert und in Echtzeit (real time) auf Werbeplätze bzw. Ad Impressions im Internet bieten können. Pro Ad Impression wird das Werbemittel des jeweils Höchstbietenden ausgeliefert.« (Wikipedia)

Ihre Mitarbeiter sollten wissen,

- wie die soziale Stimme des Unternehmens klingt.
  Definieren Sie dazu eine Sichtweise und eine Tonalität, die Sie in Ihren Texten mit der Welt in den sozialen Netzen teilen wollen.
- Definieren Sie mögliche Themen, die zu Ihren Produkten und Leistungen passen und für Ihr Unternehmen relevant sind, damit Sie im entscheidenden Moment schnell reagieren können.
- Bereiten Sie dafür innerhalb Ihrer Corporate Language Textmodule vor, die Sie auf plötzlich entstehende Situationen hin aktualisieren können.
- Definieren Sie: Welche Freigabeprozesse müssen durchlaufen werden? Realtime-Marketing bedeutet schnelle Reaktionen auf Ereignisse.
- Stellen Sie sicher, dass Entscheidungsträger schnell erreicht werden können.

Das Wichtigste für die neuen textlichen Dialoge und für die Texte im Realtime-Marketing: Es braucht kreative Ideen und mutige Entscheidungen der Marketing-Abteilung. Wichtig ist, dass Unternehmen verstehen, dass diese 100 % kundennahen Texte die Werbewelt verändern und sogar revolutionieren werden. Langatmige Abstimmungsprozesse, komplexe Serviceprozesse sind tödlich. Kunden erwarten schnelle Reaktionen. Beherzigen Sie aber diese Veränderung in Ihren Texten, können Sie Kunden auf noch nie dagewesene, intensive Weise an Ihre Marke oder an Ihr Unternehmen binden.

# Sprache erwehrt sich dem Effizienz-gedanken.

Big Data verändert unsere Welt.
Wird Big Data auch unsere Texte verändern?
Fragen wir dazu bei SAS in Heidelberg
nach, dem führenden Anbieter von Software
für Business Analytics.

Interview mit Andreas Gödde,
Leiter Center of Excellence Business
Analytics, SAS D, A, CH und *Thomas Maier,*
Senior Manager Corporate Communications
SAS Deutschland.

**Herr Gödde, Herr Maier, Big Data ist momentan der Mega-Hype. Berechnungen zufolge verdoppelt sich die weltweite Datenmenge alle zwei Jahre. Was bedeutet Big Data für die Kommunikationsbranche? Und was für die Texte der Zukunft?**

Andreas Gödde: Ich glaube, die Leute verstehen jetzt erst, was Big Data überhaupt bedeutet. Die erste Wahrnehmung war, alles geht so weiter wie bisher, nur größer. Erst jetzt wird klar, was sich durch Daten wirklich verändert. Dass vorhandene Daten oft unstrukturierter sind, als man denkt. Dass es viel mehr Daten in der Datenbank gibt, auf die wir schneller zugreifen können, als wir dachten. Dass Daten in Texten stecken. Dass wir aber auch Daten aus Texten bekommen, die wir überhaupt nicht mehr verstehen, die keine Grammatik mehr haben. Das ist teilweise Kraut & Rüben ohne Ende.

**Das müssen Sie bitte näher erklären.**

*Thomas Maier: Nehmen Sie zum Beispiel einen Technikerbericht. Ich war vorletzte Woche bei einem Maschinenbauer im Schwäbischen. Ein Hidden Champion. Er verkauft auch nach Polen, nach Fernost und sonst wohin. Babylonische Vielfalt. Selbst wenn solche Unternehmen die Sprache in ihren Kunden-Ländern verstehen oder der Kunde sogar Deutsch spricht, gibt es da reihenweise Missverständnisse. Denn irgendwo in einer fernen Produktion hat einer Probleme, weil die Maschine nicht richtig fettet oder sich die EFC-Achse aufflunscht oder was auch immer. Sie haben dort ein technisches Problem, was jemand unter Lärm, neben einer Maschine, Ihnen gerade versucht in der Hotline zu erzählen. Und das sollen Sie dann danach in ein System schreiben und hinterher im Rahmen der Qualitätssicherung auswerten. Ja?*

**Oha, ja.**

AG: Die Sprache, die wir empfangen, ist ja meistens nicht in der Form eines druckreifen Zeitungsartikels. Das war ja mal der Gedanke der Korpuslinguistik*. Und man dachte, dadurch verstehen wir, wie Sprache funktioniert. Tatsächlich haben die Leute festgestellt, Sprache ist so dynamisch und so kontextabhängig, dass ich sie eigentlich nie zu greifen

---

*Anmerkung des Autors

»Gegenstand der *Korpuslinguistik* ist die Sprache in ihren verschiedenen Erscheinungsformen. Die Korpuslinguistik ist dabei durch das Verwenden von authentischen Sprachdaten charakterisiert, die in großen Korpora dokumentiert sind. Bei solchen Textkorpora handelt es sich um Sammlungen von sprachlichen Äußerungen, die nach bestimmten Kriterien und mit einem bestimmten Forschungsziel zusammengestellt werden. Die Erkenntnisse der Korpuslinguistik basieren somit auf natürlichen Äußerungen einer Sprache, also auf Sprache, wie sie tatsächlich verwendet wird. Diese Äußerungen können entweder schriftlich entstanden sein oder es kann sich um spontane oder elizitierte [spontan entlockte, Anm. des Autors] gesprochene Sprache handeln. Die meisten Korpora liegen heute in digitaler Form vor und sind mittels bestimmter Software für die linguistische Recherche nutzbar. Ziel der Korpuslinguistik ist es, anhand dieser Daten entweder bestehende linguistische Hypothesen zu überprüfen oder durch explorative Datenanalyse neue Hypothesen und Theorien über den Gegenstand zu gewinnen.« (Quelle: Wikipedia)

kriege. Das merke ich besonders bei Big-Data-Projekten. Techniker-berichte sind ein Beispiel, es können aber auch Maschinen-Messdaten sein, Logfiles. Heute sprechen ja auch Maschinen. Und innerhalb einer Maschine ist das vielleicht standardisiert, weil sich derjenige, der diese Maschine programmiert hat, Gedanken gemacht hat. Aber wenn ich jetzt die Industrie 4.0 habe, in der Millionen von Maschinen miteinander reden, dann habe ich plötzlich keinen Konsens mehr, da begegnet mir jede Maschine erst mal wie von einem anderen Planeten.

**Das bedeutet, es gibt keine Standardisierung der Sprache unter Maschinen? Dass jede Maschine jede andere Maschine verstehen kann, durch dasselbe Vokabular?**

AG: Das funktioniert nicht bei Menschen und das funktioniert bei Maschinen erst recht nicht. Sprache erwehrt sich dem Effizienzgedanken, Sprache ist nie nur Fakten-Kommunikation. Und bei Maschinen kommt halt auch die Frage dazu: Wer setzt eigentlich die Standards? Also ich glaube, das wird es nie geben, wir müssen immer mit dieser Vielfalt klar-kommen. Esperanto hat bei den Menschen auch nicht funktioniert.

**Und wie kann Big Data da jetzt helfen? Welche Rolle spielt Big Data in diesem Prozess?**

*TM: Das Erste ist: Big Data ist strukturiert. Und strukturiert auch Sprache. Wir bei SAS haben zum Beispiel das Werkzeug Visual Analytics. Überspitzt gesagt: Dadurch kann Big Data auch Textanalysen.*

**Erzählen Sie uns bitte mehr über diese Form der Textanalysen.**

*TM: Wir bei SAS versuchen alles analytischer zu machen als andere (lacht). Das heißt, erstmal sieht es aus, als ob Visual Analytics eine Textanalyse macht, wie alle anderen auch ...*

**Also auf Basis einer Word Cloud. Auszählen, welche Wörter am häufigsten genutzt werden.**

AG: Genau so, wie Sie es sagen, so ist die Word Cloud definiert, aber genau so bringt sie normalerweise gar nichts. Denn wenn ich 100.000 Dokumente von irgendwas habe und wir jetzt gucken, welche Wörter sind darin die häufigsten, dann erhalte ich irgendwelche Funktionswör-ter. Aber in den Texten und Wörtern stecken noch ganz andere und unterschiedliche Themen drin. Und es besteht die Gefahr, dass es keines davon an die Oberfläche schafft. Weil das Wort vielleicht nur einmal vorkommt. Oder weil es ein subversives Thema ist. Was mit unterschied-lichen Worten ausgedrückt wurde oder auch nur in einem klitzekleinen Teil der Dokumente auftaucht. Aber von großer Bedeutung war. In einer normalen Word Cloud bleibt so ein Thema oder Wort unter der Oberflä-che. Und Sie würden es übersehen.

**Wie arbeitet Visual Analytics?**

AG: Mit Hilfe von Visual Analytics werden erst mal latente Themen entdeckt. Es wird zuerst geguckt, worüber wird sich in den Dokumenten eigentlich unterhalten. Da steckt viel Mathematik dahinter, da stecken auch Annahmen aus den Sprachwissenschaften dahinter, die sogenannte Verteilungshypothese. Bedeutet: Wenn irgendwo immer wieder eine Kombination von Wörtern gemeinsam auftritt, dann scheint es hier ein Thema zu geben, über das gesprochen wird. Und das kann man halt nicht festmachen an nur drei Worten. Ich kann nicht einen Suchstring definieren und sagen, nur immer dann, wenn die Wörter »Text«, »Sells« und »Reins« vorkommen, geht es um das Buch »Text Sells«. Die Hinweise auf Ihr Buch könnten viel unterschwelliger kommen. Zum Beispiel aus Rezensionen, Blogs, in Tweets. »Hamburg«, »Text-Agentur«, »Verlag Hermann Schmidt« sollten auch zu Ihrem Buch führen. Oder »Trapattoni«, »Sprache«, »Lindenberg«. Oder noch weiter – die Cases aus dem Buch miteinbezogen: »Pflege« (NIVEA), »Du« (IKEA), »Power« (Vodafone). Genau das läuft bei unserer Textanalyse im Hintergrund: unscharfe Kombinationen von latenten Informationen zu finden.

**Sie helfen also dem Leser, der nicht mehr alles lesen kann, aber den ihn interessierenden Text sofort finden möchte?**

AG: Ich glaube, gute Texte werden immer gelesen. Die lesen die Leute ganz ohne Textanalyse. Meine liebsten drei Zeitschriften, die werde ich immer lesen. Wenn Ihr Buch gut ist, dann benötigen interessierte Menschen keine Textanalyse, um es zu finden.

**Der Mensch liest, was ihn interessiert.**

AG: Genau. Ich glaube aber, es gibt heute zu viele Informationen im Internet, zu viele Informationskanäle. Ich habe angefangen, Leuten bei Twitter zu folgen, war irgendwann bei 600 Leuten. Da gibt es so viel Spannendes zu lesen. Aber ich muss mir überlegen, wie bringe ich da einen Filter rein. Ein Tool, das mir zeigt, was mich interessieren könnte und was nicht. Bei Unternehmen ist das jetzt schon der Fall. Wenn ein Kunde zum Beispiel eine Unternehmensauskunft einholen möchte – dann müsste er sich durch eine siebenstellige Anzahl an Bilanzen und Amtsgerichts- und Handelsregister-Veröffentlichungen wühlen. Das sind einfach riesengroße Mengen, die kann und will keiner mehr lesen. Oder wenn, ist das sehr aufwändig. Ich glaube, es gibt immer noch die kritischen Informationen, die handgelesen werden, auch den Pressespiegel über die eigene Firma, den will man selbst lesen. Aber wenn eine Bank sagt, sie will über ihre 50.000 Mittelstandskunden ein Social Media Monitoring machen und darüber hinaus sogar Printmedien untersuchen, dann kann das keiner mehr lesen.

Textanalyse ist deshalb längst mehr als eine geschickte Suchanfrage. Ich mäandere mich durch Texte und finde die Information, die ich suche. Und zwar an Orten, von denen ich vielleicht gar nicht geahnt habe, dass es sie gibt: Kunden-Blogs, User-Foren, WhatsApp-Umfragen, Telefonanrufe auf Hotlines ... ich gucke wie und wo der Kunde sich textuell äußert. Schriftlich und mündlich.

*TM: Sie können den Kunden auf seiner Reise überall abholen, auf der er mit Ihnen kommuniziert. Das kann sein Tablet sein, das kann im stationären Handel sein, das kann auf der Webseite sein. Das heißt, Sie haben einen Kontext, Sie haben einen Zeitpunkt, Sie haben Texte, die der Kunde von sich gibt, Sie haben strukturierte Informationen, Page Views oder Präferenzen, die er über Kanäle wie sein Handy oder Tablet preisgibt.*

AG: Und jetzt kommt die Frage, wie finden Sie so datengetrieben eine bestimmte Gruppe von Kunden, die sich jetzt im Geschäft Sachen angucken, aber nie kaufen, dann online nochmal gucken und dann aber bei der Konkurrenz kaufen. Oder das Zeug noch in den Warenkorb legen und dann aber abbrechen.

**Und das kann ich mit Hilfe der Textanalyse herausfinden?**

AG: Ja. Nehmen wir mal ein Beispiel aus der Telekommunikationsbranche. Sie machen eine Net-Promoter-Umfrage. Sie fragen: »Wie zufrieden sind Sie, würden Sie mein Unternehmen weiterempfehlen?« Ein ganz wichtiges Instrument im Marketing. Sie stellen fest, Sie haben 20 % aktive Promotoren. Aber 80 % sind passiv. Wie bekommen Sie die aktiv? Jetzt könnten Sie eine Umfrage für 30.000 Euro machen, also einen Haufen Geld in die Hand nehmen. Tatsächlich gibt es aber vielleicht eine halbe Million Kunden, die sich mal inbound*, vielleicht mit einem Problem, bei Ihnen gemeldet haben.

*Anmerkung des Autors

»*Inbound-Marketing* (englisch *inbound* »ankommend«) ist eine Marketing-Methode, die darauf basiert, von Kunden gefunden zu werden. Es steht im Gegensatz zum klassischen Outbound-Marketing, bei dem Nachrichten an Kunden gesendet werden, wie es per Postwurfsendung, Radiowerbung, Fernsehwerbung, Flyer, Spam, Telefonmarketing und klassischer Werbung üblich ist. Kunden bedienen sich immer häufiger des Internets, um Informationen über Produkte zu erhalten, und sind über klassische Werbebotschaften weniger erreichbar. Daher versucht Inbound-Marketing, mit Produktinformationen und relevanten Inhalten dort in Erscheinung zu treten, wo sich Kunden auf ihrer Suche befinden. Im Mittelpunkt von Inbound-Marketing steht der Inhalt, der über Blogs, Podcasts, Web-Videos, E-Books, White Paper, Gastartikel etc. veröffentlicht und über Suchmaschinenoptimierung, Social Media Marketing, E-Newsletter, PR den potenziellen Kunden zugänglich gemacht wird, um sie im weiteren Verlauf als Kunden zu gewinnen.« (Quelle: Wikipedia)

**Die Kunden haben also Textspuren hinterlassen.**

AG: Richtig. Und jetzt können Sie ein Data-Mining-Modell auf diese Textspuren anwenden. Sie können gucken, wie zufrieden sind die Leute und worüber haben die sich geäußert. Über »Netzqualität« über »Endgeräte«, über »wie übersichtlich oder unübersichtlich ist meine Rechnung«. Und jetzt haben Sie noch eine weitere halbe Million, die haben Sie nicht befragt, aber die sich schon einmal zu Ihnen geäußert hat ...

**Facebook-User ...**

AG: Richtig. So, und nun wird das ausgewertet. Dann lernen Sie aus diesen Texten: Jemand, der sich über die Rechnung beschwert, der ist »ein bisschen unzufrieden«. Jemand, der sich aber über Netzqualität beschwert, der ist »extrem unzufrieden«. Dieses Wissen wird im Data-Mining-Modell kodiert. Und dann können Sie fast sicher sein, dass fast jeder Kunde, der sich bei Ihnen über Netzqualität äußert, kein wirklich nützlicher Promoter für Ihre Firma wird. Und das haben Sie ausschließlich aus der Analyse von bereits vorhandenen Textspuren gelernt. Ohne eine teure neue Untersuchung durchführen zu müssen. Weil Sie wissen: Von der einen Million Menschen, die Sie auf diese Weise »befragt« haben, würde jeder, der ein Problem mit Netzqualität hatte, maximal eine Fünf ankreuzen auf der Net-Promoter-Skala.

**Das heißt, ich erkenne durch Big Data Probleme, ich erkenne Themen. Ich habe Zugriff auf datenbasierte Insights und könnte entsprechend gegensteuern. Oder vertiefende Information geben und sie in meine Kommunikation mit aufnehmen.**

AG: Ja. Und diese Möglichkeit bietet Ihnen nur die Auswertung von Texten. Denn nur Texte haben so eine Tiefenstruktur. Die finden Sie bei anderen Daten so nicht. Nur Text hat die Eigenschaft, dass Sie immer nochmal tiefer blicken können. Sie starten mit einer Analyse, in der Sie durch die Textspuren die Themen finden und das Ganze erstmal verdichten. Aber dann geht es erst richtig los. Das ist wie ein See. Sie können darin ganz tief tauchen, wenn Sie wollen.

Und wenn Sie eine Zielvariable haben, zum Beispiel »Kundenunzufriedenheit« oder »Kunden, die kündigen«, dann können Sie das System auch zielgerichtet suchen lassen. Wir haben zum Beispiel ein Projekt zusammen mit McKinsey durchgeführt. Wir fragten uns: Wie kann man den Pressespiegel einer Firma nutzen, um Insolvenzen vorherzusehen. Was natürlich für jede Kreditabteilung extrem wichtig ist. Denn wenn Sie normalerweise Bilanzen lesen, dann sind die schon ein halbes Jahr alt. Und dann ist im Zweifel die Firma schon insolvent, bevor ich in die Bilanz überhaupt reingeschaut habe. Wir haben uns 400 Firmen angeschaut, von denen 70 in Insolvenz gegangen waren. Wir haben geguckt, was unterscheidet sich in der Berichterstattung vor der Insolvenz systematisch signifikant von Firmen, die vielleicht auch in einer Krise waren, sich dann aber wieder gefangen haben. Was extrem spannend war: Die Anzeichen sind in den Texten, in speziell verwendeten Wörtern, zwei Jahre vorher zu erkennen. Da ist von »Kurzarbeit« die Rede, von »Auftragsrückgang«, von einem »Hallenausbau, der nicht gemacht wird«. Unsere Quellen dafür waren Geschäftsberichte, Fachzeitschriften- und Wirtschaftspresseartikel, Pressemitteilungen. Bei Privatpersonen bedient man sich dabei eher in den sozialen Netzen. Dafür gibt es eine eigene Software, Social Media Analytics. Bei Firmenkunden analysieren wir eher im Printbereich. Für das Projekt haben wir den kompletten Pressespiegel aus den Printmedien, soweit digitalisiert verfügbar, bezogen und textlich analysiert.

**Auf diese Weise könnten Sie einem Unternehmen auch sagen, welche Themen latent unterwegs sind. Und dadurch dem Texter die wichtigsten Insights für seine Texteinstiege liefern?**

> *TM: Natürlich. Zum Beispiel von externen und internen Quellen die Themen für das Kundenbeziehungsmanagement finden. Weit über die Schlag- und Suchwörter hinaus.*

**Aber dann sind Sie ja besser als Google. Sie wissen noch mehr als Google?**

> AG: Schlagwortsuche im Internet kann keiner so gut wie Google. Aber das ist, glaube ich, nur 10 % von dem, was man tun muss, um mit Texten wirklich erfolgreich zu sein. Das Problem ist doch: Sie wissen ja oft gar nicht, wonach Sie suchen.

**Angenommen, ich wäre ein Reiseveranstalter. Und ich scanne mit dem beschriebenen Modell den Markt der Leute, die häufig Kurzreisen machen. Es gibt viele Reiseblogs, in denen Menschen sich unterhalten über ihre Reisen, oder sie tauschen sich im Internet und auf Facebook-Seiten über ihre Reisen aus. Ich würde die Texte analysieren und rausfinden, dass sie sich nicht mehr nur für günstige Reisen interessieren, sondern dass es immer wichtiger wird, »behindertengerecht« zu reisen. Ich würde also einen Trend erkennen. Weil das Thema »behindertengerechte Reise« oder »seniorengerechter Urlaub« häufiger auftaucht. Und mein Rückschluss wäre dann, dass ich meine Kommunikation dementsprechend umstelle und das zu einem wichtigen Punkt in meiner Kommunikation mache.**

*TM: Gutes Beispiel. Ja, mit Visual Analytics und der Textanalyse können Sie das. Mit Google können Sie das nicht. Google müssten Sie sagen, wonach es suchen soll. Wenn Sie die Texte mit Visual Analytics untersuchen, dann findet die Software datengetriebene Themen. Dann werden die Texte nach diesen Themen sortiert. Das heißt, ich sehe vorher: oh, »behindertengerecht« ist jetzt als Thema interessant. Dann entsteht ein Profiling, also die Word Cloud für dieses Thema. Wenn Sie jetzt daran denken, wie Sie normalerweise arbeiten, wenn Sie eine Recherche machen, dann ist dieses Tool natürlich Gold wert.*

**Zumal ein Texter ja eigentlich anders arbeitet. Normalerweise habe ich ein Thema und recherchiere, was daran für den Kunden interessant sein könnte. Aber in diesem Fall ist es ja so, dass diese, ich nenne sie mal Software, mir das Thema anzeigt und sagt, hey, das hast du übersehen.**

AG: Wir nennen das die Text-Mining-Methode. Text-Mining ist das Finden von unbekannten Informationen in Texten. Also das Gegenteil von Information Retrieval, der Suche von bekannten Inhalten, so, wie wir das von Suchmaschinen kennen.

**Viele sagen, Realtime-Marketing ist das Thema der Zukunft. Wenn ich mir das in der Verbindung mit Big Data vorstelle: Ich sammle in Echtzeit die Daten von Millionen meiner Kunden, erfasse aus unzähligen Quellen die relevanten Themen und gewinne daraus die Botschaft, die für meine Kunden haargenau, sekundengenau die richtige ist.**

AG: Ja. Aber das »sekundengenau« ist eben schwierig. Weil, wie wollen Sie innerhalb der ersten Sekunde schon feststellen, ob ich jetzt gerade für meine Frau, für meine Kinder oder für mich selbst suche? Das ist momentan noch die größte zu lösende Herausforderung beim Realtime-Marketing.

*TM: Aber dass Realtime-Kommunikation im Marketing, basierend auf in Echtzeit erfassten Themen, the Next Big Thing wird, halte ich für sicher. Sie können aus Quellen in Realtime Material für den Kundendialog schöpfen. Durch diese Realtime-Themen setzen Sie Informationen, die Leute noch direkter erreichen. Das kann auf der Webseite oder im Callcenter sein, wo auch immer. Die Kunden haben, wenn Sie eine Webseite aufmachen, unter einer Sekunde, um sich zu überlegen, was sie als nächstes tun. Und wenn da ein Thema aufpoppt, das sie genau in diesem Moment berührt, ihr Bedürfnis genau in dieser Sekunde spiegelt, dann habe ich gewonnen.*

AG: Die meisten Unternehmen stecken da noch in den Kinderschuhen. Bei Amazon zum Beispiel würde man doch denken, dass die mit Empfehlungen richtig gut sind. Tatsächlich habe ich Weihnachten einen Schlitten für meine Kinder gekauft und bis Anfang März habe ich noch einen Schlitten empfohlen bekommen. Das ist mehrfach schlecht. Erstmal hat es den ganzen Winter nicht geschneit. Das wird es auch im März nicht mehr. Und ich habe doch schon einen Schlitten gekauft. Das heißt, mein Bedarfsverbund wurde nicht richtig analysiert ...

Ich glaube, es wird dazu den Trend geben, dass Texte auch immer mehr abgeschottet werden. Also dass Texter sich dagegen wehren, dass ihre Texte für Datenanalysen ausgebeutet werden. Unternehmen konnten bis vor kurzem noch über Google Alerts an alle wichtigen Marktinfos kommen. Heute geht das nur noch über bezahlte Zugänge. Das heißt, wenn ich nicht dafür bezahle, dann kriege ich immer weniger Informationen zu sehen.

Bleiben wir bei Ihrem Reiseanbieter-Beispiel. Die meisten Kommentare stehen auf Trip Advisor. Aber den dürfen Sie nicht crawlen *(auswerten)*. Also Sie können das technisch tun, aber Sie dürfen es nicht crawlen. Das ist die spannendste Frage überhaupt: Was ergeben sich für Partnerschaften? Legitime Partnerschaften, in denen einer die Texte hat und der andere will sie verwerten. Oder entsteht ein grauer Markt? Wer hat die besseren Quellen? Wer hat den Zugang zu Quellen?

**Es geht also im Bereich Big Data jetzt erst richtig los?**

*TM: Mit den beschriebenen Textanalysen auf jeden Fall. Ich glaube, dass die meisten Unternehmen sich dem Thema gerade erst annähern und noch in einer explorativen Phase sind. Aber dass ich jetzt sagen würde, dass Textsignale schon systematisch überall in Handlungsempfehlungen übergehen, ich glaube, das entsteht erst in den nächsten fünf Jahren. Wer damit heute beginnt, hat natürlich einen Megavorsprung.*

**Bedeutet das am Ende, dass ein Großteil meiner Leser bald nur noch Maschinen sind?**

AG: Also im Forschungsbetrieb ist das bereits heute so. Wenn im Pharmabereich jemand ein neues Forschungspaper schreibt, in dem er für eine Substanz eine neue Nebenwirkung beschreibt, dann lesen das zuerst mal die Textanalyse-Algorithmen aller Firmen, die diese Änderung betrifft. Pharmaunternehmen sind aufsichtsrechtlich verpflichtet, alle Paper danach zu screenen, ob irgendwo neue Nebenwirkungen zu Substanzen drin sind, die in den eigenen Präparaten verwendet werden. Das macht aber niemand manuell, sondern das passiert über Textanalyse. Das bedeutet, dass ich in der Terminologie sauber formulieren und mich sauber ausdrücken muss. Dass ich Textsignale, Keywords brauche, auf die Maschinen anspringen.

**Ich lerne also: Maschinen lesen intelligenter als Menschen. Das macht es spannend. Aber es macht mir auch Angst.**

*TM: Das verstehe ich. Wir alle haben ein düsteres Bild von Maschinen. Dass sie das Internet steuern. Dass sie alles wissen und uns beeinflussen. Dass der Mensch immer unselbstständiger, unkreativer wird. Ich glaube aber, dass genau das Gegenteil geschehen wird. Dass dadurch der Beruf des Texters immer wichtiger wird. Weil Sie die Einzigen sind, die Geschichten erzählen können: Meta-Narratives.*

## Geschichten zu erzählen, die mich bewegen, das wird eine Maschine nie können.

*Fakten werden immer mehr von Maschinen gefunden, Artikel werden dupliziert, aggregiert, kuriert und was weiß ich alles. Es werden noch bessere semantische Suchmaschinen kommen, die mir beantworten: Was ist die günstigste Reise für mich und meine X Kinder in den Süden in dem und dem Zeitraum? Aber nochmal: die Sachen zusammenzubinden, zu hinterfragen, Geschichten zu erzählen, die mich bewegen, das wird eine Maschine nie können.*

# Die neue B-Klasse.

>»Es gibt so unendlich viele Geschichten
>in mittelständischen Unternehmen –
>sie erzählt bloß keiner.«
>Veronika Classen im Handelsblatt, Juni 2014

**Immer mehr B-to-B-Unternehmen gelingt es, ihre differenzierende Leistung in eine Story zu packen. Damit betreten sie erfolgreich das Feld der Markenkommunikation.**

Ich habe eine Geschichte, die erzähle ich B-to-B-Verantwortlichen immer kurz bevor ich aufgebe, sie davon zu überzeugen, sich als Marke zu verstehen.
Die Geschichte geht so: Stellen Sie sich vor, Sie sind ein Automobilzulieferer. Sie haben 15.000 Mitarbeiter und machen im Jahr knapp 1,8 Milliarden Umsatz. Sie haben unter Ihren gefühlten 10.000 Produkten sogar ein paar Weltmarktführer. Sie haben bisher ganz klassisch typische B-to-B-Kommunikation gemacht: Also Vertriebsunterstützung, Produktkataloge, Produktprospekte, Messeauftritte, Geschäftsberichte. Und immer schön die neuesten Produkt-Features in den Mittelpunkt gestellt. Das Thema Internet haben Sie dann 2002 auch gelöst. Sie haben die wichtigsten Broschüren einfach zum Scrollen oder als Download reingestellt. Social Media, Mobil-Kommunikation – glauben wir nicht wirklich dran.
In Ihrer Branche kennt Sie fast jeder. Der Endverbraucher kennt Sie nicht. Warum auch, denken Sie.
Eines Tages werden Sie zu Ihrem größten Abnehmer eingeladen: einem der weltweit größten Automobilkonzerne. Man möchte mit Ihnen einmal generell reden. Das klingt doch gut. Sie packen Ihre neuesten Broschüren und Preislisten ein und

machen sich auf den Weg. Beim Kunden angekommen sind Sie gerade dabei, Ihre Prospekte auszupacken, da fällt schon der erste alarmierende Satz: »Lassen Sie das mal stecken. Dafür, worüber wir mit Ihnen sprechen möchten, brauchen Sie die nicht.« Und dann fängt Ihr Haupt-Abnehmer an zu erzählen.

Davon, dass sich sein Unternehmen entschlossen hat, noch mehr auf Qualität zu setzen. Auf deutsche Qualität. Weil die Kunden das immer mehr wünschen. Und weil sie nur für deutsche Qualität bereit sind, mehr als das Übliche zu bezahlen. Ja, und deshalb hat man sich entschieden, in Zukunft in seine Autos nur noch deutsche Qualitätsmarken einzubauen. Bekannte Marken wohlgemerkt. »Und Ihr Unternehmen ist leider keine Marke und gehört leider nicht dazu. Unsere Kunden kennen Sie gar nicht. Und deshalb müssen wir Sie leider auslisten.«

Wenn diese Geschichte nicht wahr wäre, dann müsste man sie erfinden. Sie ist aber leider wahr.

## Von der alten B-to-B- zur neuen B-to-B-Kommunikation.

Oft erzeugt auch diese Geschichte bei Kunden kein Umdenken. Aber es kommt (inzwischen häufiger) vor, dass mir ein Kunde danach interessierter zuhört.

Ich bekomme also die Chance, ihn zu fragen, was das Hauptargument für seine höheren Preise im Vergleich zum Wettbewerber ist? Richtig, der Mehrwert. Und was macht diesen Mehrwert aus? Antwort: Unsere Qualität, unsere Zuverlässigkeit, unsere Kompetenz, unsere Kundennähe, unsere Tradition, unsere Präzision, unsere Sorgfalt, unsere Fertigungstiefe ...

Aha. Mit diesen Mehrwerten sind Sie bestimmt der Einzige in Ihrer Branche. Und welches Ihrer bisher beworbenen Produkt-Features zahlt darauf ein? Woran kann Ihr Kunde denn den Mehrwert ablesen? An den Produktabbildungen? Wohl eher nicht.

Und dann reden wir über die Länder oder Marktsegmente, in denen sein Unternehmen noch nicht bekannt ist. Welches Feature hilft denn da? Und was ist eigentlich mit den Produkten, die komplett die gleichen Features haben wie die der Konkurrenten – aber ein Drittel mehr kosten?

Die schwerste Aufgabe einer B-to-B-Agentur ist es, B-to-B-Kunden davon zu überzeugen, sich als Marke zu verstehen. Sie davon zu überzeugen, über eine Markenkommunikation nachzudenken. Häufigstes Gegenargument: Unsere Produkte verkaufen sich doch großartig. Wir bewerben unsere Aushängeprodukte mit den neuesten Features. Das genügt doch, Herr Reins. Und dann fällt es wieder, das verhasste Wort: »Imagewerbung«. »Markenkommunikation ist doch Imagewerbung. Das bringt uns nichts. Das kostet nur Geld. Das verkauft doch nichts.«

Das ist für Außenstehende (z.B. aus dem Bereich B-to-C) unvorstellbar, oder? Aber wenn Sie aus der Branche sind, dann werden Sie mir schmerzgeplagt recht geben. Dabei gibt es in Deutschland inzwischen immer mehr sehr sehenswerte Markenkampagnen von Industrieunternehmen. Bei Wettbewerben wie dem BoB oder dem GWA-Profi muss man schon ordentlich gut sein, um sich gegen die mittlerweile starke Konkurrenz erfolgreich durchzusetzen.

Ich habe einmal nachgezählt: Von den knapp 40 ganzseitigen Anzeigen im letzten SPIEGEL waren 18 von B-to-B-Unternehmen. Das ist übrigens gar nichts verglichen mit Schweden. Hier kommen inzwischen drei von fünf Anzeigen aus dem Bereich der Investitionsgüterindustrie, der Chemie oder dem Maschinenbau. Hier wirbt ganz selbstverständlich SAAB in ganzseitigen TZ-Anzeigen. Nein, nicht für seine Autos. Für seinen Kampfjet »Gripen«. Ich habe bei SAAB einmal nachgefragt, warum sie das machen. »Weil unsere Mitarbeiter stolz sein sollen auf das, was sie hier am Standort Linköping produzieren. Und weil wir unsere Mitbewerber neidisch machen wollen«, war die Antwort.

Auch in den USA, in Australien, Südafrika, Japan oder Südkorea hat B-to-B inzwischen mit B-to-C in der medialen Präsenz gleichgezogen. Und lustigerweise finden wir hier Markenkommunikation vieler Niederlassungen von Unternehmen aus »The German Mittelstand«. Von Unternehmen, die sich das in Deutschland nicht vorstellen können.

Aber warum sind wir in Deutschland noch nicht auf Schweden-Niveau? Eines der Probleme: Oft gibt es in B-to-B-Unternehmen eine Abteilung Global Marketing oder Corporate Communications. Also eine Abteilung, die sich eigentlich um den Markenaufbau kümmern sollte. Eigentlich. Gäbe es da nicht oft die diversen Fachabteilungen. Die Chefs dieser Abteilungen bestimmen oft über das Geld, das ausgegeben wird. Und sie haben oft eine eigene kleine Marketingabteilung und diese arbeitet oft mit ihrer eigenen kleinen Spezialagentur zusammen. Der Chef von Corporate Communications ist quasi oft ein »König ohne Land«.

Folge: In diesen Unternehmen gibt es zwar ein einigermaßen durchgängiges Corporate Design. Aber oft keine wirkliche Markenkommunikation. Dafür viele bunte, unterschiedlich getextete Produktanzeigen, Broschüren, Geschäftsberichte, Messeauftritte und Vertriebsunterstützungspakete. Für jedes Produkt etwas anders. Für jede Zielbranche etwas anders. Für jedes Land etwas anders. In jedem Jahr etwas anders. Sie müssen sich nur einmal vorne am Besucherempfang das Regal mit den Broschüren angucken. Oder auf der Messe das Fach mit den Prospekten.

Dann verstehen Sie, was ich meine.

Ich habe gerade bewusst oft »oft« geschrieben. Nicht »meistens«. Denn immer mehr B-to-B-Unternehmen erkennen die Zeichen der Zeit. Und deshalb gehen wir einmal davon aus, dass meine eingangs erzählte Geschichte beim Vorstand auf offene Ohren trifft.

Meistens passiert das übrigens, wenn Vorstände von B-to-B-Unternehmen über die Vertriebsunterstützung bei Neukundengesprächen nachdenken. Nachdenken müssen. Denn der Vertrieb ist von der Akquisetour zurückgekommen. Und hat ihm berichtet, dass er beim Kunden mal wieder bei null anfangen musste. Dass er fast eine halbe Stunde erzählen musste, worin sich das Unternehmen unterscheidet, warum die Produkte nicht nur entscheidend besser, sondern auch entscheidend teurer sind.

Und vielleicht haben Sie noch mehr Glück und der Vorstand hat schon einmal etwas von Storytelling gehört. »Wissen Sie, Herr Reins, ich hätte auf unserer Internetseite und in unseren Broschüren und in unseren Präsentationen gerne den einen Satz, der beschreibt, was uns ausmacht, was uns unterscheidet, warum wir besser sind. So wie Twitter das macht: *Verbinde Dich mit Deinen Freunden – und anderen faszinierenden Leuten. Erhalte sofortige Updates zu Dingen, die Dich interessieren. Sieh dabei zu, wie sich Ereignisse entwickeln, in Echtzeit und aus jedem Blickwinkel.* So etwas hätte ich auch gerne. Für unsere Industriesteckverbinder.« Das ist der Anfang. Der Anfang zur Markenkommunikation. Der Anfang zu einer spektakulären und damit erfolgreichen B-to-B-Kommunikation. Der Anfang von großartigen Geschichten über erstaunlich großartige Produkte.
Die Story beginnt. Um sie zu schreiben, beginnen Sie mit allen im Unternehmen eine spannende Reise.

Der Fahrplan für diese Reise sieht so aus:

1 // Sie besuchen das Unternehmen für ein bis zwei Tage. Sie spüren den Stolz der Entwickler, der Tüftler und Wahnsinnigen. Sie sprechen vielleicht kurz mit dem Gründer und lassen sich erzählen, was sein Antrieb war, damals diese bahnbrechende Technik zu erfinden. Wie verlief die Firmengeschichte? Gab es etwas, was sich wie ein roter Faden durchzog? Sie sprechen danach lange mit den Produktmanagern und dem Vertrieb. Sie lassen sich die Produkte erklären. Lassen sich ausführlich berichten über Märkte, Wettbewerber, Wettbewerbsprodukte. Lassen sich zeigen: Was hat in der Vergangenheit funktioniert? Und warum? Was hat nicht funktioniert? Und warum nicht? Gibt es Dinge, die für die Branche unumstößlich sind? Nennen wir es mal »Hygiene-Faktoren«, »Goldene Regeln«. Worauf ist der Vertrieb bei den Wettbewerbern neidisch? Was kann man aus seiner Sicht in der Kommunikation besser machen? Was wissen wir über die Zielgruppen? Welche gibt es überhaupt? Entscheider, Einkäufer, Verwender, Presse, Öffentlichkeit? Kennen wir ihre Gründe, warum sie <u>nicht</u> kaufen oder uns <u>nicht</u> promoten? Kennen wir ihre Insights? Und falls wir sie nicht kennen …

2 // Starten Sie eine Insight-Untersuchung. Keine quantitative, sondern eine qualitative. Am besten in kleinen Gruppendiskussionen. Finden Sie heraus, was die wahren Beweggründe Ihrer Zielgruppen sind: die Wünsche, Bedürfnisse, Hoffnungen, Träume. Und was die »Darksides« Ihrer Zielgruppen sind. Wovon sie uns erst nach dem dritten Bier unter vier Augen erzählen. Keine Bange, ich meine nur die beruflichen Ängste und Sorgen Ihrer Kunden. Seien Sie in dieser Insight-Untersuchung ein guter Zuhörer. Und Versteher. Sie wollen in diesen Gruppen keine Produkte verkaufen. Sie wollen begreifen, wie Ihre Kunden ticken. Wo der Schuh drückt. Was Sie besser machen können.

3 // Nun gucken Sie noch einmal genau auf die Wettbewerber. Was könnte denen richtig wehtun? Wie treten diese kommunikativ auf? Was machen sie gut, was machen sie schlecht, was können wir daraus lernen? Welches Positionierungsfeld hat der Hauptwettbewerber besetzt? Welche Positionierungsfelder gibt es, die für die Zukunft die erfolgversprechendste Ausgangsposition für die eigene Positionierung darstellen?

4 // Nun gehen wir zusammen auf eine Messe. Ran an den Kunden. O-Ton hören. Verkaufsgespräche mitnehmen. Mit welchen ersten Sätzen schafft es der Vertrieb, die Auftragsbücher zu öffnen? Oder setzen Sie sich einen Tag in ein CRM-Callcenter. Oder stellen Sie sich hinter den Verkaufstresen. Sie glauben gar nicht, was Sie da für eine Fülle von Geschichten hören werden.

5 // Mit den gewonnenen Insights blicken Sie ein zweites Mal auf Ihre Produkte und Dienstleistungen. Welche davon sind besonders gut geeignet, um die Kunden-Insights zu bedienen? Und haben Sie diesen Kundennutzen bisher in Ihrer Kommunikation herausgestellt? Haben Sie den Wandel in der Kommunikation vom »Wir bieten, können, haben« zum »Sie wünschen sich« bereits genügend vollzogen?

6 // Was bedeuten die gefundenen Insights für die Werte und die Haltung Ihres Unternehmens? Was fordern Ihre Kunden von Ihnen? Hören Sie ihnen genau zu! Jetzt ist der Moment, darauf durch Werte, Haltung, Kundenargumente, Bilder und vor allem Sprache zu reagieren. So, dass Ihre Kunden schon bald sagen: »Kein Unternehmen versteht mich so gut wie dieses.« Müssen Sie bei Ihrer Markenpositionierung möglicherweise nachjustieren? Oder stellen Sie sogar fest, dass die bisherigen Werte »Kompetenz, Qualität, Innovation, Kundenorientierung« nicht wirklich differenzieren? Müssen Sie die Markenwerte oder Markenattri-

Haben Sie Ihre Geschichte schon gefunden? // 73

bute überdenken? Oder ergänzen? Jetzt ist der beste Zeitpunkt, aus dem
bisher Gelernten eventuell einen neuen oder ergänzenden differenzie-
renden Wert abzuleiten. Zum Beispiel »Faszination« oder »Intelligenz«.
Oder eben »sickness« – wie bei unserem Kunden sick, einem der größten
Sensorenhersteller der Welt.
(Mehr zur Markenstory von sick erfahren Sie ab Seite 300.)

7 // Zeit für das Formulieren einer Markenplattform. Quasi als Sprungbrett
für Ihre Markenstory.

8 // Wichtig ist jetzt, dass Sie nicht das WAS definieren, sondern auch ein
einzigartiges, differenzierendes WIE. Heißt, Sie müssen festlegen, in
welcher Sprache und welcher Tonalität Ihre Story sprechen soll. Als
Experte, Freund oder Partner? Und zu wem? Mit welcher oder welchen
CL-Sprachstilgruppe(n) wollen Sie sprechen? Suchen Sie sich dazu einen
erfahrenen Gesprächspartner im Bereich Corporate Language.

9 // Und dann kann es losgehen. Zuerst entsteht eine Langversion der Markenstory. Danach eine Kurzversion. Und danach das Ganze in ein bis zwei
Sätzen. Auf jeden Fall so kurz, dass Sie einem neuen Kunden bei einer
15-sekündigen Fahrstuhlfahrt (Elevator Talk) erzählen können, wofür Ihr
Unternehmen steht, was Sie unterscheidet und besonders macht.

Machen wir mal einen Test. Kennen Sie das Unternehmen medi aus Bayreuth?
In der ursprünglichen Langversion klang das etwa so:

> »medi ist der führende Hersteller für Kompressions-
> Strümpfe, Bandagen und Prothesen. Aber medi kann
> noch viel mehr: medi bietet unter dem Namen CEP
> Sportswear nicht nur Strümpfe mit höchstem Trage-
> komfort, die gut aussehen, sondern die zudem die
> Regenerationsfähigkeit des Körpers verbessern, die
> Gelenke stabilisieren und die Muskulatur stärker vor
> Verletzungen schützen. Und medi bietet sogar noch
> mehr: Strumpf- und Shapewear unter dem Namen ITEM
> M6. Modische Strümpfe kombiniert mit der besonderen
> Kompetenz in Sachen Kompression und medizinischer
> Wirksamkeit plus innovativste Hochleistungsgarne
> vereint mit modernstem Design.«

So, das waren nun deutlich mehr als 15 Sekunden. Seien Sie ehrlich, so ganz genau haben Sie nicht verstanden, wofür medi steht, was medi so unverwechselbar, so einmalig macht, oder? Und den Fahrstuhltest hätten wir damit auch nicht bestanden. Dabei hat medi eine ganz großartige Story zu erzählen:

>>Medizin-, Sport- und Fashionprodukte von medi
sorgen für spürbar mehr Lebensqualität.
Denn medi möchte, dass Sie jeden Tag sagen:
Ich fühl mich besser.<<

Und auf dieser Storyline oder Deskriptorzeile können Sie jetzt viele viele Jahre lang Geschichten über das »Jeden Tag besser fühlen« erzählen.
Nehmen wir ein anderes Beispiel. Ein B-to-B-Beispiel. 3M. 50.000 Produkte. 25.000 Patente. 8.000 Forscher. Wikipedia sagt:

>>3M steht für Minnesota Mining and Manufacturing
und ist ein weltweit agierender Multi-Technologie-
konzern mit Hauptsitz in St. Paul/Minnesota in den
Vereinigten Staaten. Das Unternehmen stellt u. a.
Klebeprodukte her.<<

Sehen Sie, solange Wikipedia noch solche Zusammenfassungen von sich gibt, müssen wir uns als Kommunikationsfachleute keine Sorgen machen.
Die Story hinter 3M in einem Satz:
*3M erfindet stets die Dinge, die wir Menschen in unserem Umfeld dringend benötigen.*
Mit dieser Deskriptorzeile schaffen wir es, das Unternehmen 3M und seine Bedeutung auf einen Nenner zu bringen. Und die Kommunikation damit für 1.000 Geschichten vom Erfinden zu öffnen. Eine der schönsten davon lesen Sie übrigens gleich im folgenden Kapitel.
Storytelling ist übrigens nicht nur der Kern und das Sprungbrett für Ihre Markenkommunikation. Storytelling kann auch ganz komplexe technische Produkte emotionalisieren. Und scheinbar schwer vermittelbare Inhalte herrlich einfach erzählen.
Beispiele gefällig? Nehmen wir ein Gashandelsunternehmen.
Nennen wir es CLEANGAS.

Deskriptor: CLEANGAS versteht mich und meine Themen als Stadt-
werke- oder Industriekunde. CLEANGAS gibt 100 % Gas,
wenn es darum geht, mich zufriedenzustellen.

Story-Einstiege Wer auf billig steht, aber nicht auf schmutzig, braucht
einen Partner, der 100 % Gas gibt.

Wie kann man die Klimaziele erreichen, ohne viel
Kohle zu verbrennen? Die Stadtwerke Herdecke machen
es vor: Sie betreiben ihr Gas- und Dampfturbinenkraft-
werk mit Erdgas von CLEANGAS. Damit ist es nicht nur
billig und effizient – sondern auch eine ganz saubere
Lösung. Denn Gas von CLEANGAS ist mehr als heiße
Luft.

Wer Strom von glücklichen Kühen will, braucht einen
Partner, der 100 % Gas gibt.

Das kleine Dorf Jühnde zeigt der Welt, wie die Energie-
wende geht: Mit Gülle, Holz und Pflanzensilage feuert
es eine Biogasanlage und ein Biomasse-Heizwerk an.
Und erzeugt damit so viel Energie, dass Sie mit CLEAN-
GAS auch Ihren Kunden Gas von glücklichen Kühen
anbieten können.

Wer Watt erzeugen und draufgucken will, braucht einen
Partner, der 100 % Gas gibt.

Sylt wollte sich seine herrliche Aussicht nicht mit Wind-
rädern verbauen – und trotzdem nicht auf eine klima-
freundliche Energieversorgung verzichten. Deshalb
vertraut die Insel auf einen individuellen Mix aus Bio-,
Öko- und Erdgas von CLEANGAS – zu flexiblen Misch-
verträgen. Denn Gas von CLEANGAS ist mehr als heiße
Luft.

Oder tauchen wir einmal ganz tief ein in die Welt des automobilen Zulieferers:

Während andere an die gute alte Zeit denken,
basteln wir schon an einer besseren neuen.

Jede Zeit hat ihre Ikonen. Wie den VW Käfer in den
50er Jahren. Die Menschen liebten dieses Auto. Wir
auch. Daher ersetzten wir in seinem Getriebe Gleitlager
durch verschleißarme Nadellager. Und verhalfen so
dem gesamten Automobilbereich zu einem Durchbruch.
Der käfiggeführte Nadelkranz ließ erstmals hohe Dreh-
zahlen in Motor und Getriebe zu. Es freut uns, dass

Nadelhülsen und andere unserer Produkte mitgehol-
fen haben, ihn so legendär zu machen. Heute sind die
Anforderungen viel komplexer. Wer neue Legenden
erschaffen möchte, muss vom kleinsten Detail aufs
große Ganze schließen können. Das machen wir – als
Systemanbieter für Motor, Getriebe, Fahrwerk und
E-Mobilität. Lassen Sie uns der Geschichte der Mobi-
lität neue Kapitel hinzufügen.

Und warum darf eine Recruiting-Kampagne keine Geschichten erzählen?

Wie alt sieht eine Altersvorsorge aus,
wenn jeder 100 wird?

Als ambitionierter Mathematiker (m/w) berechnen Sie,
wie sich die Altersvorsorge ändert, wenn Menschen
älter werden, als Kerzen auf den Kuchen passen. Und
wie Sie die Tarifmodelle 2050 jetzt bereits auf dem
Schirm haben. Wir suchen heute schon nach den Antworten von morgen. Und nach den Menschen, die sie
mit uns finden möchten. In einem Team, in dem junge
Ideen mehr zählen als althergebrachte Weisheiten.

Eine Karriere bei uns steckt voller Risiken.
Vor allem für Einzelkämpfer.

Bei uns müssen Mathematikabsolventen (m/w) mit
allem rechnen. Mit Millionenschäden durch Hagel-
kornstürme. Mit fahrerlosen Autos. Mit der Lebenserwartung im Jahr 2090. Aber vor allem mit unend-
lichen Chancen, rasch Verantwortung zu übernehmen.
Und mit Teamkollegen, die darauf brennen, mit Ihnen
zusammen die Formeln der Zukunft zu finden.

Und besonders gut natürlich Storys, wenn sie Produkte mit aktuellen Themen verbinden. Das SICK-Motiv »Bundestag«:

> Endlich jemand, der sich hier besser auskennt als die NSA. This is SICK. Sensor Intelligence.
>
> Durchschaubare Manöver im Bundestag müssen nicht schlecht sein. Partei-Politik und internationale Geheimdienste mal außen vor gelassen. Und Sensoren von SICK reingelassen. Die sichern Volksvertreter und Volk ganz ohne Hintergedanken. Dafür mit Technik, wie man sie selbst in modernen Agenten-Thrillern nicht vermuten würde. Mit Detektoren, die in Hundertstelsekunden die rote Linie ziehen, wenn sie bei Besucherandrang schwarzsehen. Tag und Nacht. Mit Scannern, die zu jedem Zeitpunkt genau wissen, in welche Richtung die deutsche Politik steuert. Ob zum WC oder zum Ausgang. Mit Lasern, die spüren, wenn sich nur eine Kleinigkeit bewegt. Auch wenn das in diesem Haus häufig etwas länger dauert. Wir finden das intelligent.
> www.sick.de

Ich bin felsenfest überzeugt, dass hinter jeder scheinbar noch so unspektakulären Dienstleistung und hinter jeder scheinbar trockenen Technik eine aufregende Story steckt. Übrigens ist es danach genauso wichtig, die Story in eine entsprechende Bildwelt zu übertragen. Beides zusammen – die einzigartige Sprache und die einzigartige Bildwelt – ziehen sich dann durch alle Kommunikationskanäle. Und berücksichtigen die Eigenheiten des jeweiligen Mediums.

Haben Sie Ihre Geschichte schon gefunden?

# 10 Gründe, warum B-to-B

**1** Weil man nicht zur breiten Masse spricht, sondern eine ganz konkrete Zielgruppe vor Augen hat.

**2** Weil man Wissen in Worte kleidet und großartige Entwicklungen und Erfindungen zu der Klarheit führt, die sie verdient haben.

**3** Weil man aus dem »Werbesprech« ausbrechen kann und muss. Statt überflüssiger und inhaltsleerer Wörter und Parolen werden konkrete Inhalte mitgeteilt.

**4** Weil man Texte auf das Relevante reduzieren kann. Die Zielgruppen lesen die Texte oft auch, weil sie die Texte lesen müssen (Einkäufer, die sich zwischen Produkten entscheiden müssen, oder Anwender, die ein Produkt begreifen müssen).

**5** Weil man Technik emotionalisieren kann. Man haucht Leben in das Abstrakte.

# spannender ist als B-to-C.

**6** Weil man seinen Lesern nichts vormachen kann. Wer inhaltlich nicht genau auf den Punkt kommt, dem wird auf die Finger geklopft.

**7** Weil man Briefings wirklich gut lesen und verstehen muss. Viele Aufgaben sind riesige Herausforderungen – entsprechend ist aber auch das Gefühl, wenn sie gemeistert wurden.

**8** Weil Kunden besonders aufmerksam lesen. Kein Detail darf verfälscht werden, um das Produkt bzw. seine Features nicht zu verfälschen. Das bedeutet wiederum: Nur wer mit Herzblut bei der Sache ist, wird seine Sache gut machen.

**9** Weil man auf Dinge stößt, die man nicht für möglich gehalten hat. Wer es sich zutraut, sich in jeder Branche zu bewegen, lernt und lernt und lernt. Er erweitert seinen Horizont permanent.

**10** Weil sich durch B-to-B nicht alle durchbeißen wollen und – ehrlich gesagt – es auch nicht alle können.

# Was machen Sie denn für Geschichten?

**Storytelling ist in aller Munde.
Warum steht es dann immer noch nicht in jedem Briefing?**

»Jeder Kunde kann sein Auto in einer beliebigen Farbe lackiert bekommen, solange die Farbe, die er will, schwarz ist.« So einfach, wie Henry Ford es sich damals vorstellte, war es dann doch nicht. Denn schon in den 20er Jahren des letzten Jahrhunderts galt das Automobil als Statussymbol. Und als besonders schick wurden zweifarbige Autos angesehen. Die Karosserien trugen unterschiedliche Farben, die bevorzugte Farbe für das Dach war jedoch Weiß. Leider gab es ein nicht unwesentliches Problem beim Lackieren. Die Farben flossen ineinander. Es musste eine Lösung her, also wurde eine Lösung gefunden. Ein junger Forscher der amerikanischen Firma Minnesota Mining and Manufacturing, heute besser bekannt unter dem Kürzel 3M, hatte seinen großen Moment – indem er das Krepp-Klebeband erfand. Ist diese Geschichte von Interesse? Unbedingt!

Henry Ford kennt jeder. Er ist in die Geschichte eingegangen als Pionier des Automobilbaus. Sein Konzept der Arbeitsteilung lernt heute jedes Kind in der Schule, veränderte es doch maßgeblich die industrielle Produktion, die Arbeitswelt und die Kultur. Wer aber kennt Dick Drew? Eben. Dabei löste er Fords Problem mit einer so einfachen wie effektiven Idee: dem Abkleben. Er erfand einen Papierstreifen mit einer Klebeschicht. Diese Geschichte ist es deshalb wert, erzählt zu werden, weil sie mehr über das Wesen dieser Firma aussagt, als irgendwelche Marktforscher je analysieren könnten.

Wie jede gute Geschichte hat auch diese eine Pointe. Sie steckt in einem bärbeißigen Kommentar, der dem Klebeband seinen Namen gab – und es vielleicht gerade dadurch zum berühmtesten der Welt machte. Wir alle wissen, dass ein Abdeckklebeband aus guten Gründen nur auf einer Seite klebt. Was sich heute als praktikabel erwiesen hat, wurde zu Beginn mit Argwohn bedacht. Ein Lackierer soll ausgerufen haben: »Take this tape

**Geschichten bleiben hängen, Analysen interessieren nicht.**

back to those Scotch bosses of yours and tell them to put more adhesive on it.« (»Bringen Sie das Band zurück zu Ihren schottischen Bossen und sagen Sie ihnen, sie sollen mehr Kleber anbringen.«) Damit ist das Rätsel gelöst, weshalb das Band »Scotch« heißt, und auch das Karomuster auf der Rolle ergibt einen Sinn. Und wir müssen zugeben, diese Erklärung ist weitaus charmanter als der Gedanke, dass irgendwelche Werbestrategen monatelang über einer Lösung gebrütet hätten.

Das ist der Unterschied: Geschichten bleiben hängen, Analysen interessieren nicht. Nur was aber im Gedächtnis hängen bleibt, wirkt auch. Manchmal genügen ein paar starke Bilder, manchmal werden ganze Geschichten bemüht, um etwas emotional aufzuladen.

Klar, werden manche sagen, die Amerikaner sind natürlich ganz groß darin, selbst scheinbar profane Produkte mit Pathos zu präsentieren. Doch zieht so etwas auch bei uns? In einem Land, in dem selbst Talkshows mit einem »Faktencheck« aufwarten? Weil für uns das höchste der Gefühle doch untrügliche Zahlen, Daten, Tabellen und Statistiken sind. Haben wir nicht gelernt, dass der beste Beweis für die Tauglichkeit einer Ware auf dem Prüfstand und nicht am Rednerpult erbracht wird?
Welcher Ingenieur, Techniker oder Wissenschaftler würde seine Expertise oder gar Reputation untergraben, indem er anfinge, Anekdoten aufzutischen? Ist Storytelling nicht vielleicht sogar der gelebte Kontrast zur Beweisführung?

Kaum machte der Begriff Storytelling im Marketing die Runde, wurde er von vielen Seiten schon als unbrauchbar kritisiert. Warum eigentlich? Ursprünglich war diese Methode dafür vorgesehen, Präsentationen anschaulicher zu gestalten. So sollten komplexe Sachverhalte interessanter und verständlicher gemacht werden. Im Prinzip ist dies nichts anderes als die Fortführung uralter rhetorischer Mittel. Die einfachsten Formen der verständlichen Schreibweise finden wir in Vergleichen und Analogien, wenn wir etwas als den »Rolls Royce unter den Gasgrills« bezeichnen oder einer Hose bescheinigen, sie fühle sich an »wie feinstes Kaschmir«. Diese bildhafte Sprache aktiviert schneller unser Gehirn und bleibt länger im Gedächtnis.

Auf etwas höherem Niveau setzen wir Metaphern ein. Sie versuchen das Abstrakte herunterzuholen auf unser Alltagsniveau. Wie sehr wir sie schätzen, sehen wir an den unzähligen Metaphern, die es zu Sprichwörtern und Redewendungen gebracht haben. Wenn wir »jemanden in den Himmel loben« oder der »Apfel nicht weit vom Stamm fällt«. Die große

**Was verstanden wird, führt zu einer höheren Motivation.**

Meisterschaft des bildhaften Erzählens finden wir in Gleichnissen, die es schaffen, aus sehr komplexen Inhalten verständliche Botschaften zu machen. Mit Markus 10,25 oder Lukas 18,25 verbinden die wenigsten Menschen etwas, mit dem Kamel und dem Nadelöhr hingegen alle.

So funktioniert auch Storytelling. Diese Methode hat sich bei Managementpräsentationen mittlerweile bewährt, um dröge Bilanzen und kryptische Strategien in nachvollziehbare Mitteilungen zu verwandeln. Warum sollte aber etwas, das im Management hilft, nicht auch dem Marketing dienlich sein? Denn der Effekt ist bei allen Zielgruppen gleich: bessere Verständlichkeit. Für das Marketing ist der Folgeeffekt besonders wertvoll: Was verstanden wird, führt zu einer höheren Motivation.

Storytelling schafft Emotionen. Schön und gut, werden einige einwerfen, im B-to-C-Bereich mag dies ja noch seine Berechtigung haben. Aber was hat dies im B-to-B-Bereich verloren? Spricht da nicht die Qualität des Produktes für sich? Orientiert sich der Fachmann nicht ausschließlich an den Features? Mag sein. Das Problem dabei ist nur: Die Features alleine liefern heute in vielen Fällen keine ausreichende Begründung mehr. Gleich, ob es sich um Klebebänder, Schrauben oder Bohrer handelt, ihre Leistungsmerkmale nähern sich immer mehr an. Viele Produkte unterschiedlicher Herkunft sind schon eins zu eins austauschbar. Revolutionäre Sprünge wie zu Henry Fords Zeiten sind nicht mehr zu erwarten, Verbesserungen bewegen sich oft in einem kaum messbaren Bereich. Folglich werden andere Aspekte relevant. Anwendungsbeispiele und Erfolgsgeschichten rücken in den Vordergrund. Also das, was sich hervorragend für Storytelling eignet.

Wenn der Anbieter für sich keine Ausnahmestellung mehr proklamieren kann, muss er jemanden anderen ins Rampenlicht stellen – den Kunden. Natürlich spielen Features hier auch noch eine wichtige Rolle. Auch 3M wird nicht verheimlichen, dass es besagtes Klebeband in mehreren hundert Varianten führt. Matt und unsichtbar, beschriftbar und schattenfrei kopierbar, von Hand abreißbar, alterungsbeständig, ohne Vergilben oder hitzebeständig bis 150 °C. Doch der Fokus liegt nicht auf dem »Das können Sie alles haben«, sondern auf dem »Das können Sie damit anfangen«.

Und noch eines sollte nicht vergessen werden: In gutem Storytelling kommen die Tradition, die Cleverness und der Stolz eines Unternehmens zum Ausdruck, sprich viele wichtige Faktoren, die eine Marke auszeichnen. Und die Marke zu schärfen ist das beste Mittel, um auf dem Markt bestehen zu können. Womit auch all diejenigen beruhigt werden, die es mit dem amerikanischen Pionier der Werbung John Wanamaker halten, der einst sinnierte: »Fünfzig Prozent bei der Werbung sind immer rausgeworfen. Man weiß aber nicht, welche Hälfte das ist.«

**Storytelling ist eine Erzählmethode, mit der komplexes Wissen in eine emotionale und verständliche Form gebracht wird. Die Basis dieser Methode ist eine bildhafte Sprache. Die Spannbreite reicht von einer einzelnen Metapher bis zu einer ganzen Geschichte. Im Vergleich zu abstrakten Darstellungen hat Storytelling den Vorteil, stärker im Gedächtnis zu bleiben. In Unternehmen hilft Storytelling dabei, Informationen zu vermitteln, Lösungen aufzuzeigen sowie Traditionen und Werte zu verdeutlichen.**

# Gute Texte haben Methode.

Wir kennen alle den Spruch: »Texten ist 30 % Inspiration und 70 % Transpiration.« Einspruch!

Gute Texte sind kein Ergebnis schweißtreibender Massenschreiberei. Gute Texte entstehen zu gleichen Teilen aus gutem Zuhören, aus der Neugier auf Menschen, Produkte und deren Geschichten, aus Freude an Gesprächen und aus dem Wissen um die wesentlichen Grundmethoden.

## Die AIDA-Methode

Wer »irgendwas mit Medien« studiert, dem begegnet auch heute noch zwangsläufig die gute alte AIDA-Formel: Attention–Interest–Desire–Action. So alt, wie sie ist, so richtig ist sie immer noch. Und das Beste an ihr: Sie lässt sich – etwas abgewandelt – auch auf das Schreiben von Texten übertragen: Attention–Insight–Desire–Action.

### Attention

Für Attention (Aufmerksamkeit) sorgt in einem Text die Headline oder Überschrift. Als Leser schenken wir ihr zwischen 0,8 Sekunden (B-to-C) und 1,5 (B-to-B) Sekunden Aufmerksamkeit. Schafft sie es in dieser Zeit nicht, uns zu versprechen, dass der folgende Text lesenswert ist, werden wir ihn nicht lesen. So einfach ist das mit der Headline. Und so schwierig.

Der erste Schritt – vor dem Schreiben – ist die Frage: Wen soll Ihr Text erreichen: Informationsleser oder Erlebnisleser? Eine aufmerksamkeitsstarke Headline in Texten für Informationsleser ist heute fast immer suchmaschinenoptimiert. Das gilt, wie wir im Kapitel über die »Verdichter und Denker« gesehen haben, für Online- wie Print-Texte. Die Headline verwendet also das vermeintliche »Suchwort« der angestrebten Leserschaft und beinhaltet meistens ein Nutzenversprechen. Dabei sollte sie nicht mehr als fünf bis sieben Wörter lang sein.

Ein Beispiel für eine Buchhaltungssoftware: »Die komplette Buchhaltung in Eigenregie erledigen«. »Buchhaltung« ist hier das Suchwort. »In Eigenregie erledigen« das Nutzenversprechen. Beispiel für eine Headline von NIVEA Color Care & Protect: »Für gefärbtes und gesundes Haar«. »Gefärbtes Haar« ist hier der Suchbegriff. Das »und« das Nutzenversprechen. Beide Headlines mögen einem als Kreativen nicht wirklich sexy erscheinen. Sie erfüllen aber genau ihren Zweck: Sie führen den Informationsleser durch das richtig gesetzte Suchwort und das aus dem richtig gewählten Insight abgeleitete Versprechen direkt zum Leseeinstieg in die folgende Copy. Aber keine Sorge: Headlines für Informationsleser können auch frech sein: »Schnaps sie dir!« (Wer am Flughafen eine Flasche Whiskey sucht, dem fällt im Duty Free & Travel Shop diese Headline sicher sofort ins Auge.) Oder intelligent, direkt auf den Insight von Auszubildenden geschrieben: »Wir setzen auf nachwachsende Ressourcen: Azubis.« (Kampagne für das deutsche Handwerk.)

Richten sich unsere Texte an Erlebnisleser, dann übernimmt die Headline erst recht eine wichtige Aufgabe. Denn schließlich soll sie gespannt machen auf Texte, die schnell einmal 1.000 bis 4.000 Anschläge lang sein können. Und sie trifft meistens auf Leser, die der Zielgruppe der Wertorientierten angehören. Die also ein geschultes Sprachgefühl haben, feine Bonmots lieben und sprachlich auf Entdeckungsreise gehen möchten.
Eine Headline, die sich dieser Aufgabe stellt, muss ein Versprechen offerieren. Die vier gängigsten Versprechen sind: Unterhaltung oder Spannung, Nutzen, Vorsprung und Vertrauen. Testen Sie einmal selbst, bei welcher Headline Sie weiterlesen würden?

Versprechen Unterhaltung:

**Sternzeichen Waschbär mit Riesenknarre**
Ein zynischer Waschbär, ein gütiger Baum und ein Häuflein verpeilter Helden erfrischen das Universum in James Gunns Marvel-Verfilmung »Guardians of the Galaxy«.
Headline und Intro aus der Frankfurter Allgemeinen Zeitung online

## Gebt dem Marx endlich eins auf die Nase!

Trash, Kalauer und Versatzstücke aus der Volksbühne: Frank Castorfs Inszenierung von Wagners »Ring« fällt bei den Bayreuther Festspielen auch im zweiten Jahr durch.

Headline und Intro aus der Frankfurter Allgemeinen Zeitung online

## Wenn sogar Ohren Augen machen

Was viele nicht wissen: Es war auch ein deutscher Tüftler, der 1977 eine »körpergebundene Kleinanlage für hochwertige Wiedergabe von Hörereignissen« zum Patent anmeldete. Doch ein japanischer Konzern für Elektrogeräte verhalf dem tragbaren Abspielgerät für Musik als sogenannten Walkman zum Durchbruch.

Headline und Intro aus einer Chronik im Bereich B-to-B

## Lesen Sie sonntags doch mal einen über den Wissensdurst

Headline aus der WELT AM SONNTAG-Kampagne

Versprechen Spannung:

## 103-jähriger Japaner fordert Usain Bolt zum Duell

Kurz vor seinem 104. Geburtstag will es Hidekichi Miyazaki noch einmal wissen: Der japanische Sprinter träumt davon, gegen Usain Bolt anzutreten – im Duell zweier Weltrekordler.

Headline und Intro aus SPIEGEL ONLINE

## Dänisches Werwolf-Mädchen, tödlicher Supersturm

Diese Kino-Woche wird düster. Aus Dänemark kommt der Werwolf-Horror »When Animals Dream«, Kanadas Xavier Dolan verstört mit dem Psychothriller »Sag nicht, wer du bist«. Und in »Storm Hunters« verwüstet ein Tornado eine US-Kleinstadt. Die Kinostarts im Video-Überblick.

Headline und Intro aus SPIEGEL ONLINE

## Pech? Was ist das überhaupt?

Wie viele Aggregatzustände gibt es? Natürlich drei, oder? Einem gibt das Gas seinen Namen. Bleiben also noch fest und flüssig. Stopp. So einfach ist das nicht. Schließlich lassen sich Aggregatzustände verändern.

Headline und Intro aus einer Broschüre im B-to-B-Bereich

## Weiblich. Erledigt. Jung. Sucht.

Beraten von einem PR-Profi verrät die ehemalige First Lady Bettina Wulff im »SZ-Magazin« ihre Karrierestrategie – und übersieht dabei, dass sie ihre Rolle längst gefunden hat: als typische Vertreterin ihrer Generation.

Headline und Intro aus SPIEGEL ONLINE

Und eine Mischung aus Unterhaltungs- und Spannungsversprechen:

**Hurra, das Weiße Haus brennt**

Das war nicht die feine englische Art. Bei Twitter hat die britische Botschaft in Washington der Brandschatzung des Weißen Hauses vor 200 Jahren gedacht. Den Tweet fanden allerdings die wenigsten lustig.

Headline und Intro aus SPIEGEL ONLINE

Was fällt auf? Fast immer arbeiten Unterhaltungs- und Spannungsversprechen in den Überschriften nach dem gleichen Muster: Sie brechen mit der Norm. Sie spielen mit dem Gegenteil von dem, was wir kennen oder erwarten. Nach dem klassischen Muster »Mann beißt Hund«. Irgendetwas passt nicht, irritiert, verspricht jedoch bei vertiefender Beschäftigung eine unterhaltsame Aufklärung. So, wie wir das aus dem klassischen Witz kennen: Überschrift: »Was unterscheidet einen Optimisten, einen Pessimisten und einen Betriebswirt?« Erste Stufe der Aufmerksamkeit: Eine Frage! Zweite Stufe der Aufmerksamkeit: Verstehe ich nicht – was haben so unterschiedliche Typen miteinander zu tun? Dritte Stufe der Aufmerksamkeit: Das klingt unterhaltsam …

Und wollen Sie die Auflösung hören? »Der Optimist sagt: Das Glas ist halbvoll. Der Pessimist sagt: Das Glas ist halb leer. Der Betriebswirt sagt: Hinsichtlich des Budgets ist das Glas doppelt so groß wie es eigentlich wirtschaftlich vertretbar ist.«

Headlines, die Unterhaltung oder Spannung versprechen, stellen oft provokante Thesen auf. Oder stellen Fragen, die etwas Humorvolles oder Mitreißendes erwarten lassen: Mit »Wenn der Bauch Gefühle zeigt: Welcher Bauch-Typ sind Sie?« wirbt Wissen.de für Anti-Stress-Programme. Mit der Frage »Wie alt sieht eine Versicherung aus, wenn alle 100 werden?« wirbt die Stellenanzeige einer Versicherung. Das Muster ist dabei immer das gleiche: Es geht darum, dem Leser ein »Was??« zu entlocken. Ein »Das habe ich nicht gewusst, das klingt aber lustig / spannend!«

Oder sie setzen in Ihrer Unterhaltungs- bzw. Spannungs-Headline Wörter gegeneinander (»Wort vs. Wort«), die Ihre Empfänger in dieser Kombination noch nie gelesen haben. Auch dieses ungewohnte »Aufeinandertreffen« lässt etwas Unterhaltendes oder Spannendes erwarten. So wirbt zum Beispiel eine Anzeige für einen Ratgeber im Bereich Psychologie mit der Überschrift »Frustschutzmittel«. Derselbe Verlag bewirbt in einer Anzeige seine Krimis als »Beischlafstörer«. Die Kür des Ganzen sind dann völlig neue Wörter in einer Überschrift: »Bunnylicious« zum Beispiel für ein Schokoladenvergnügen zu Ostern. Oder ein Technik-Discounter wirbt mit »sparnünftig«. Und ein Schokoriegel erfindet das Wort »Duplomatie«. Solche Neologismen führen fast immer zum Leseeinstieg.

Manchmal schaffen sie es sogar ins Wörterbuch. Eines der neuesten Beispiele: »Zlatanieren«. Ein begnadeter Fußballer war Zlatan Ibrahimović schon immer, den Status eines Nationalhelden hat er in Schweden auch – nun bekommt der Stürmer sogar ein eigenes Wort im nationalen Wörterbuch. »Zlatanieren« ist als Ausdruck für »stark dominieren« ins Schwedische aufgenommen worden.

Versprechen
Nutzen:

**Sich sicherer fühlen, weil man unsichtbar ist**
Je größer die Sonnenbrille, desto entschiedener könnte der Auftritt sein.
Wieso wirken wir mit dem Schutz vor den Augen so viel selbstbewusster?
Headline und Intro aus einer B-to-C-Verkaufsbroschüre

**Sie möchten Energie, Wasser, Zeit und Ausschuss sparen.**
**Unser neues Kochsystem nur an einem: an Ihren Kosten.**
Headline aus einer B-to-B-Verkaufsbroschüre

**Nervosität und Stress unter Kontrolle.**
**Wie Sie Prüfungsangst meistern.**
Headline aus WISSEN.DE

**Bekommt Ihre Karriere genügend Auftrieb?**
Mit 3M können Sie viel erreichen. Etwa berufliche und persönliche Entfaltung. Denn 3M ist nicht nur ein Unternehmen, das Zukunft hat. Sondern eines, das die Zukunft macht. Es setzt nicht nur zündende Ideen in hilfreiche Produkte um. Sondern auch Lebenspläne in Karrieren. Erweitern Sie Ihren Horizont und nutzen Sie Ihre Aufstiegsmöglichkeiten.
Headline und Intro aus einer Karrierebroschüre

**Outsourcing: Auslagern oder nicht? – Eine Entscheidungshilfe**
Das Auslagern einzelner Arbeiten oder ganzer Bereiche und Abteilungen an ein anderes Unternehmen ist mittlerweile weit verbreitet und nimmt auch in kleinen Unternehmen zu. Vorteile: die Senkung der Kosten bzw. eine »Umwandlung« von Fixkosten in variable Kosten und die Konzentration auf das Kerngeschäft. Nachteile: Oft geht Know-how verloren und sensible Daten werden herausgegeben. Sie müssen also genau überlegen und rechnen, welche Bereiche für das Auslagern in Frage kommen. <u>Informieren Sie sich hier.</u>
Headline und Intro aus einem Lexware-Newsletter

Was fällt auf? Je genauer Sie den Insight Ihrer Zielgruppe kennen, je deutlicher Sie ihn ansprechen, je mehr Sie schon in der Headline die Lösung eines bewussten oder unbewussten Problems ansprechen, umso größer die Chance, dass der folgende Text gelesen wird. Übrigens funktioniert das bei Informationslesern genauso gut wie bei Erlebnislesern. Auch hier können Sie wieder mit Fragen arbeiten. Oder mit überraschenden Nutzenversprechen wie zum Beispiel »Das Ende des Papierzeitalters im Luftverkehr – Lido eFlightBag von Lufthansa Systems«. Am klarsten funktioniert diese Mechanik natürlich in der Pharma-Werbung bei Endverbrauchern: »Nachts nicht mehr müssen müssen – GRANUFINK«.

**Versprechen Vorsprung:**

**Forscher lösen Rätsel der wandernden Steine**
Seit Jahrzehnten rätseln Wissenschaftler über lange Schleifspuren im Tal des Todes: Felsbrocken streunen über den Wüstenboden Kaliforniens. Niemand hatte ihre Wanderungen je beobachten können – bis jetzt.
Headline und Intro aus SPIEGEL ONLINE

**Tagesvorschau: Was Freitag wichtig wird**
Die entscheidenden Themen am Freitag – hier ist der schnelle Überblick.
Headline und Intro aus SPIEGEL ONLINE

**Gefärbtes Haar hat sich nie so gesund angefühlt**
Headline in einer NIVEA-Anzeige

**Mit Vodafone LTE Internet neu erleben**
Headline eines Online-Banners

Was fällt auf? Headlines, die uns das Gefühl geben, dass uns der folgende Text einen Wissensvorsprung sichert, arbeiten nach einer einfachen Regel: Sie wecken unsere Neugier. Und zwar im wahrsten Sinne des Wortes: unsere Gier auf das Neue. Das können ganz triviale Signalwörter wie »Neu«, »Premiere«, »Sensation« oder »Revolution« sein. Das können aber auch »gelüftete Geheimnisse«, »gelöste Rätsel« oder »erstmalige Antworten« sein. Auch scheinbar widerlegte Fakten erfüllen hier ihren Zweck:

**Delta-S. Der Sieg des Menschen über die Lücke. This is SICK.**
Eine neue technologische Meisterleistung: Energiewaage, Distanzmessung und Hintergrundausblendung revolutionieren die Verpackungsindustrie (DeltaPac). Delta-S füllt Lücken im Produktstrom.
Headline und Intro aus einer SICK-Anzeige

**90 // Gute Texte haben Methode.** Teil 1

Versprechen Vertrauen:
**Bill Gates macht's eiskalt**
Popstars, Milliardäre, Gouverneure machen sich nass: Eine kurze Dusche mit
Eiswasser ist in den USA zum Internetphänomen geworden. Bill Gates hob die
»Ice Bucket Challenge« jetzt auf eine neue Stufe.
Headline und Intro aus SPIEGEL ONLINE

**Stiftung Warentest: Welcher Browser ist der beste?**
Headline aus einem Newsletter

**Das Bundesaußenministerium warnt vor Reisen nach Syrien**
Headline in den RTL-Nachrichten

**Blau ist das neue Schwarz**
Titelseite auf dem Vogue-Cover

**In dir steckt mehr als du denkst: iPhone 5s**
Header auf der Apple-Startseite

Was fällt auf? »Wasch dir vor dem Essen die Hände!« Schon als Kinder
haben wir höchstens auf unsere Eltern gehört. Auch heute hören wir
genauer hin, wenn eine Person, der wir vertrauen, mit uns spricht. Oder
eben eine Marke unseres Vertrauens. Oder eine anerkannte Persönlichkeit. Das kann eine neutrale Instanz sein. Oder auch der unumstrittene
Marktführer. Wer aber jetzt daraus ableitet, dass es völlig genügt, zwecks
Aufmerksamkeitssteigerung in die Headline den Firmennamen zu setzen,
der irrt sich gewaltig. Das mag vielleicht noch funktionieren, wenn Sie Porsche oder die Sparkasse sind und an Ihre Kunden schreiben. Im Neukun-
den-Geschäft funktioniert diese Methode so gut wie nie. Oder um es mit
einem abgewandelten plattdeutschen Sprichwort zu sagen: »Wat de Buer
nich kennt, dat frätt he nich.« Womit wir wieder beim Thema Marke sind.
Von einem Unternehmen, das mir als Marke unbekannt ist oder mit dem
ich nichts verbinde, öffne ich keine Newsletter und keine Banner-Links.
Von 16-seitigen Broschüren wollen wir erst gar nicht reden …

Insight

Die ersten zwei bis drei Zeilen eines Textes holen den Leser beim Insight
(den Kundenbedürfnissen) ab. Die gefühlte Lesedauer dafür beträgt zehn
Sekunden.

Eine alte Vertriebsregel besagt: »Bringe einen Menschen drei Mal zum Nicken, dann kauft er dir alles ab.« Ganz ähnlich verhält es sich mit dem Einstieg in die Copy (Fließtext). Gelingt es uns im ersten Satz, den Leser bei seinen Wünschen, Bedürfnissen, Hoffnungen, Träumen, Ängsten abzuholen, sprechen wir bei ihm ein relevantes Thema an, ist uns seine Aufmerksamkeit ziemlich sicher. Voraussetzung ist natürlich, dass wir den *einen* wichtigen Insight finden. Und hier beginnt für viele Unternehmen das Problem: Sie belügen sich selbst. Sie glauben, dass ihre ach so wichtigen Nachrichten irgendeine Relevanz für die Zielgruppe haben. Beispiel gefällig? Glaubt die Deutsche Telekom wirklich, dass irgendein Mensch Lust hat, nach diesen beiden Sätzen weiterzulesen?

### Bundesminister: Telemedizinprojekt vorgestellt

Bundesgesundheitsminister Hermann Gröhe hat sich im Uniklinikum Dresden über das derzeit größte telemedizinische Projekt in Deutschland informiert. Eine offene technische Plattform soll in Ostsachsen die Nutzung von vielfältigen telemedizinischen Anwendungen ermöglichen und Patienten, Ärzte und Kliniken vernetzen.

Abgesehen von der nichtssagenden, nicht motivierenden Überschrift ... es ist eigentlich schade, dass Sie keine Lust haben weiterzulesen. Denn es geht im Folgenden um eine absolut lebenswichtige Sache: Hintergrund ist eine für die medizinische Versorgung der Menschen in der Region besorgniserregende Entwicklung. Immer mehr Ärzte verlassen den ländlichen Raum, gleichzeitig steigt mit der demografischen Entwicklung auch die Zahl der Menschen, die im Alter parallel mit verschiedenen chronischen Erkrankungen leben müssen. Die Telemedizin soll helfen. Das Wichtige an dieser Story ist eben nicht »der Bundesgesundheitsminister«. Ist nicht »das Uniklinikum Dresden«. Ist nicht ein »telemedizinisches Projekt in Deutschland«. Und nicht die »offene technische Plattform in Ostsachsen«. Das Wichtigste ist die Nachricht, dass immer mehr Ärzte den ländlichen Raum verlassen. Und dass dadurch die medizinische Versorgung gefährdet ist.

Das Finden des relevanten Insights ist für Texter eine Glaubensfrage. Glaube ich an den von meinem Kunden gefundenen Insight? Oder sollte ich selbst recherchieren?

Vor einer Kampagnen-Neuentwicklung macht deshalb häufig eine Marktforschung zur Insight-Generierung Sinn. Besonders dann, wenn man mehrere, unterschiedliche Motive schalten möchte. Wenn die Kommunikationskanäle und Zielgruppen variieren. Wenn man als Marke oder Unternehmen nicht alle Chips auf nur einen einzigen Insight setzen möchte.

Wenn der Insight steht, beginnt das Texten. Viele Texter starten mit dem Insight, statt mit der Headline. Denn oft formuliert man zu lange an einer »kreativen« Headline. Und hat man sie dann gefunden, löst sie sich im Insight vielleicht nicht mehr auf. Beginnt man aber mit dem Insight, weiß man, worauf die Headline hinsteuern soll. Bei Texteinstiegen werden übrigens immer wieder drei Fehler gemacht:

1 // Die Überschrift wird im ersten Satz wiederholt.

2 // Der Absender nennt sich selbst oder sein Produkt zuerst:
»Wir freuen uns Ihnen bekannt geben zu können, dass ab sofort die 2. monoklonale Rhesusuntergruppen DiaClon Rh+Kell Pheno II-Karte für Sie verfügbar ist.«

3 // Der Einstiegssatz lässt Schlimmes befürchten:
»Im Folgenden möchte ich Ihnen einen kurzen Abriss unserer 100-jährigen Firmengeschichte geben …«

Sehen Sie den ersten Satz Ihres Textes wie eine zweite Überschrift. Viele Texter machen das übrigens genau so: Sie nehmen ihre beste Zeile als Überschrift. Und die zweitbeste als erste Zeile im Fließtext. Die acht besten Wege zu gelungenen Texteinstiegen lesen Sie bitte im Kapitel »Bitte einsteigen!«.

## Desire

Von Walter Lürzer, einem bekennenden Anhänger der AIDA-Formel, stammt der Satz: »Desire heißt nicht rumseihern!« »Desire« heißt auf Deutsch »Wunsch«. Der klassische Insight-Part führt nach dem dreimaligen Nicken oft zu einem »Und was kann man da machen?«, »Und wie kann mir das Produkt XY nun helfen?«. Texter – und Kunden erst recht – machen häufig den Fehler, zu denken, im Desire-Part kann man nun in epischer Breite über sein Produkt und dessen mannigfache Features und Vorteile erzählen. Weit gefehlt. Ihren Kunden haben Sie im Insight-Part bei einem, seinem wichtigsten Wunsch abgeholt. Versuchen Sie ihm im Desire-Part zu erklären, warum und wie Ihr Produkt, Ihre Dienstleistung, Ihr Unternehmen diesen Wunsch nun erfüllt. Stellen Sie dabei immer den Benefit (Produktvorteil) oder den emotionalen Vorteil vor das Feature. Also nicht: »Die Funktion XY im Auswahlmenü führt in drei Schritten zur Erstellung der Barcode-Etiketten.« Sondern: »Einfach zu bedienen: Die Funktion XY im Auswahlmenü hilft Ihnen in wenigen Schritten Ihre Barcode-Etiketten zu erstellen.« Und wie gesagt: Weniger ist mehr. Erwähnen Sie neben dem Haupt-Vorteil und dem Haupt-Feature nur noch maximal zwei Neben-Vorteile. Der Desire-Part sollte ungefähr gefühlte 20 Sekunden

lang sein. (Das sind sechs bis acht Zeilen.) Nicht vergessen: Für weitergehende Informationen gibt es bessere kommunikative Transportmittel
als Werbetexte. Und sollte es wirklich mal notwendig sein, mehr als fünf
Vorteile aufzuzählen, nutzen Sie bitte Bulletpoints (Spiegelstriche). Der
Leser, speziell der ergebnisorientierte, wird es Ihnen danken.

## Action

Der letzte Part eines Textes. Aber bestimmt nicht der unwichtigste. Wenn
Sie mit der Überschrift beim Leser Aufmerksamkeit erzeugt haben, ihn
mit dem Insight bestätigt haben, ihm im Desire-Part seine Wünsche
erfüllt haben – dann will Ihr Leser nun zur Tat schreiten. Lassen Sie ihn
dabei nicht allein. Geben Sie ihm in maximal zehn Sekunden (zwei bis drei
Zeilen) Orientierung. Was möchten Sie von ihm? Anruf? E-Mail? Website-
Besuch? Promotion-Teilnahme? Terminvereinbarung? Egal was, sagen Sie
es ihm! Deutlich! Und verwenden Sie dabei unbedingt die Wörter »leicht«,
»einfach«, »schnell« und ganz wichtig: »bitte«. Denn genau das möchte er
nun hören: Nun geht es bitte ganz leicht, ganz einfach und ganz schnell
zum Ziel seiner Wünsche. Als Zusammenfassung nun ein Text, der komplett nach der AIDA-Formel geschrieben wurde.

Attention: **Den Geheimcode Ihrer Kinder im Netz entschlüsseln**

Insight: Verstehen Sie Ihre Kinder, wenn sie in Facebook ihre Friends adden,
liken oder unliken? Und haben Sie manchmal Angst, dass sie in eine Ihnen
unbekannte Parallelwelt entgleiten?

Desire: Mit dem Ratgeber »Computer-Sprech« entschlüsseln Sie geheime Codes
im Internet und Social Media. Und können sie in gefährlich und harmlos einordnen. Sie erhalten umfangreichen und aktuellen Wortschatz mit
klar verständlichen Definitionen. Einschlägige Begriffe, die auf pornografische, gewaltverherrlichende und ideologisch geprägte Inhalte hinweisen,
sind mit einem Warnsymbol versehen. Verstehen Sie die Internetsprache.
Zeigen Sie Ihren Kindern den verantwortungsvollen Umgang mit den
digitalen Medien. Werden Sie zum akzeptierten Ratgeber.

Action: Bestellen Sie »Computer-Sprech« gleich in Ihrem Buchhandel.

# Die Schachbrett-Methode

Leseuntersuchungen von Werbetexten zeigen: 75 % der Personen, die in eine Copy einsteigen, lesen ausschließlich die erste Zeile. Unsere Aufgabe muss es also sein, den Leser mit der ersten Zeile gefangen zu nehmen und ihn zum Lesen der nächsten und der nächsten und der nächsten zu verführen. Eine Methode, die dabei sehr hilfreich ist, ist die Schachbrett-Methode. Beim Schreiben von Texten spricht man von der Schachbrett-Methode, wenn der Sender beim Schreiben eines Satzes die Reaktion des Empfängers bedenkt und im folgenden Satz direkt aufgreift. Wir schreiben quasi wie die Großmeister Schach spielen. Allerdings denken wir dabei nicht zehn Züge voraus, es genügt, wenn Sie nur die direkt folgende Reaktion des Lesers bei Ihrer nächsten Zeile vor Augen haben – ein Beispiel:

| | |
|---|---|
| **Überschrift:** | **Fit ohne Sport** |
| Reaktion des Empfängers: | *Klingt für mich als Sport-Muffel vielversprechend. Aber so ganz traue ich dem nicht. Das klingt schon ein bisschen unglaubwürdig ...* |
| Erster Satz: | **Was so unglaubwürdig klingt, beruht auf neuesten ernährungswissenschaftlichen Forschungsergebnissen.** |
| Reaktion des Empfängers: | *Mehr!! Aber was sollen denn das für Ergebnisse sein?!* |
| Zweiter Satz: | **Sie stammen von Dr. med. Polkens von der University of Maine. Er ist der Begründer der Drei-Säulen-Theorie.** |
| Reaktion des Empfängers: | *Welche drei Säulen?* |
| Dritter Satz: | **Weniger. Weniger. Mehr.** |
| Reaktion des Empfängers: | *Wovon weniger, wovon mehr?* |
| Vierter Satz: | **Weniger Kohlenhydrate. Weniger Kalorien. Mehr Bewegung ohne Sport.** |
| Reaktion des Empfängers: | *Bewegung ohne Sport? Wie soll denn das funktionieren?* |
| Fünfter Satz: | **Sie werden sich jetzt fragen: Bewegung ohne Sport? Wie soll denn das funktionieren? Die Antwort ist, dass es in einigen Lebensmitteln Enzyme gibt, die nachts die Verdauung anregen und quasi »im Schlaf« in Ihrem Magen Sport treiben.** |
| Reaktion des Empfängers: | *Und welche Lebensmittel sind das?* |
| Sechster Satz: | **Welche Lebensmittel das sind, erfahren Sie im Ratgeber »Fit ohne Sport«.** |

Nun lesen Sie nur die fetten Zeilen noch einmal. Verblüffend, oder? Sie fühlen sich plötzlich so gut verstanden. Sicher, das war eher ein profanes Beispiel. Geht das auch bei technischen Themen? Ein paar Beispiele.

Motorleistungen faszinieren. Aber Sie haben recht: nur solange die Brems-
leistungen stimmen. Bremsanlagen geben Sicherheit. Aber nur, wenn
die Bremsbeläge passen. Weil Sicherheit jedoch mit einer Einheitsformel
nicht zu gewährleisten ist, entwickeln wir für jedes Fahrzeugmodell eine
individuelle Lösung.
Text aus der Produktinformation eines Autozulieferers

Sie kennen bestens das Argument von Patienten, die Implantate ablehnen:
Angst vor der Behandlung – und den Kosten. 3M ESPE MDI Mini-Implantate
geben darauf eine Antwort. Günstig, einfach und sicher.
Text aus einer 3M Medical Produktinformation

Wer glaubt, es gebe Daten wie Sand am Meer – der irrt. Es gibt viel mehr.
Die Menschen produzieren Daten, deren Menge heute schon die Anzahl der
Sandkörner sämtlicher Strände dieser Welt bei weitem übersteigt. Längst
wird in kaum noch vorstellbaren Zettabytes gerechnet (21 Nullen hinter der
Eins). Was ebenfalls wächst, sind die Komplexität der Wirtschaft und die
Anforderungen der Kunden. Das Einzige, was im Geschäftsleben immer
weniger wird, ist die Zeit.
Text zur SAS-Online-Bühne »360°-Performance«

Erste Voraussetzung für den Einsatz der Schachbrett-Methode ist dabei
natürlich wieder eine gute Kenntnis über die Insights der Zielgruppe. Wo
holen wir sie ab? Welche Gedanken gehen ihr durch den Kopf?
Zweite Voraussetzung ist die Bereitschaft zum Dialog mit dem Leser. Wir
schreiben keine Texte, wir führen ein Gespräch. Wir wechseln vom Senden zum Empfangen. Vom Formulieren zum Sprechen.

# Die Cliffhanger-Methode

»Cliffhanger wird hauptsächlich mit Fernsehserien, Seifenopern oder selten mit planvoll fortgesetzten Kinofilmen assoziiert und steht für den
offenen Ausgang einer Episode auf ihrem Höhepunkt. Den Fortgang der
Handlung beantwortet die nächste Episode.« (aus Wikipedia)
Nicht nur Regisseure arbeiten mit dem Cliffhanger. Auch Journalisten und
selbst Texter setzen erfolgreich diese Methode ein. Denn kaum etwas fördert die Lesebereitschaft mehr als die Neugier auf die Fortsetzung einer
ergebnisoffenen Information. Zwei Beispiele aus DER SPIEGEL.

96 // Gute Texte haben Methode.                                          Teil 1

|  |  |
|---|---|
| Überschrift: | **Attacke sieht anders aus** |
|  | »Attacke« ist hier ein Reizwort mit hoher Aufmerksamkeitswirkung; »anders« provoziert die Gegenfrage: Wie anders? |
| Intro: | **Familie. Ein Gutachten kritisiert das Ehegattensplitting. Nun könnte die SPD dagegen vorgehen, aber der Parteichef bremst seine Genossen.** |
|  | »Kritisiert« ist wieder ein Reizwort mit hoher Aufmerksamkeitswirkung. »Ehegattensplitting« ist mindestens für Verheiratete ein Suchwort; »die SPD könnte dagegen vorgehen« erzeugt die Reaktion: Und warum macht sie es nicht? »Aber der Parteichef bremst ...« erzeugt die Frage: Warum macht er das? |
| Cliffhanger-Text: | **Dieses Kribbeln im Bauch.** |
|  | Was »kribbelt« da? Und in wessen »Bauch«? Und warum? |
|  | **Vergangenen Mittwoch steigt Holger Bonin die Treppen zum Pressesaal des Berliner Bundesfamilienministeriums hinauf, ...** |
|  | Wer ist »Holger Bonin«? Warum steigt er die Treppen hinauf? Was will er dort? |
|  | **... erfüllt von einem feierlichen Gefühl.** |
|  | Warum hat er im Pressesaal ein »feierliches Gefühl«? Was gibt es dort zu feiern? |
|  | **Fünf Jahre lang hat der 45-jährige Ökonom vom Mannheimer Zentrum für Europäische Wirtschaftsforschung auf diesen Tag hingearbeitet.** |
|  | Oh mein Gott ... was wird nun nach fünf Jahren an diesem Tag geschehen? |
|  | **Tausende Tabellen hat Bonin ausgewertet, ganze Nächte lang durchgerechnet, in strapaziösen Sitzungen bei Filterkaffee und Pappbrötchen diskutiert.** |
|  | Wofür hat er diese Torturen auf sich genommen? Was um Himmels Willen hat er herausgefunden? |
|  | **Nun würde die Politik ihm endlich zuhören.** |
|  | Was hat er ihr in drei Teufels Namen zu sagen? |
|  | **Bonin ist einer der Hauptautoren der bislang aufwendigsten Untersuchung über die Wirksamkeit deutscher Familienpolitik. Gut 70 Forscher sollten klären, ob zentrale familienpolitische Leistungen, von Kindergeld bis Ehegattensplitting, im Wert von jährlich 153 Milliarden Euro überhaupt zielführend sind.** |
|  | Aha. Und sind sie zielführend? |

Wären Sie in den Artikel eingestiegen, wenn dort gestanden hätte: »Berlin. 70 Forscher (u.a. Holger Bonin, 45-jähriger Ökonom vom Mannheimer Zentrum für Europäische Wirtschaftsforschung) haben versucht zu klären, ob zentrale familienpolitische Leistungen, von Kindergeld bis Ehegattensplitting, im Wert von jährlich 153 Milliarden Euro in der deutschen Familienpolitik zielführend sind.« Hallo, sind Sie noch da? Mit Sicherheit hätten Sie diesen Artikel nicht gelesen. Und nicht erfahren, was die Forscher herausgefunden haben. Durch das Anwenden der Cliffhanger-Methode wurden Sie gezwungen, Satz für Satz weiterzulesen. Jeder Satz ist die Ouvertüre zum nächsten Satz. Jeder Satz kämpft um die Aufmerksamkeit für den nächsten Satz. Und wenn der Satz diesen Kampf gewinnt, haben Sie verloren: Sie müssen weiterlesen. Ob Sie es wollen oder nicht. Das zweite Beispiel aus DER SPIEGEL. Achtung, nicht geeignet für Vegetarier!

Überschrift:   **Der Geschmack von Blut**

Intro:   Philipp Meyers Roman »Der erste Sohn« spielt in der gewalttätigen Welt des Wilden Westens. In den USA ist er zum Bestseller geworden. Die deutsche Fassung hingegen kam bei den Lesern nicht an. Ein Erklärungsversuch.

Cliffhanger-Text:   Der Bauch eines frisch getöteten Bisonkalbs enthält die schönsten Leckereien. Ein kräftiger Schnitt in den Magen des Kalbs fördert zunächst Klumpen von geronnener Milch zutage, die Vorspeise sozusagen. Dann ein erster Hauptgang, die Leber des Jungtiers; sie wird herausgeschnitten und in Stücke aufgeteilt, den Inhalt der Gallenblase drückt man als Soße darüber aus. Und am Ende das Fleisch selbst, ebenfalls roh. Ein erwachsener Comanche isst davon etwa fünf Pfund – und das in wenigen Minuten. Solche Einblicke in die kulinarische Praxis der Indianer gewährt der amerikanische Romancier Philipp Meyer in seinem jüngsten Bestseller »Der erste Sohn«, der im Mai auf Deutsch erschienen ist. (...)

Linguisten kennen natürlich auch die verschärfte Form des Cliffhangers: die *Katapher* (auch: *Kataphora*). Sie bezeichnet laut Wikipedia »eine sprachliche Einheit, die für eine im Text nachfolgende sprachliche Einheit steht«. Ein Beispiel:

> 1902 wurde sie von Kaiser Wilhelm II. eingeführt. Sie sollte die kaiserliche Kriegsflotte vermehren und den Kaiser-Wilhelm-Kanal finanzieren. Kaiser samt Flotte sind längst Geschichte, sie selbst ist aber noch in aller Munde. Denn auch wenn es heute was zur Feiern gibt, lässt sie den Staat immer noch mitfeiern: (...)

Die Katapher ist hier das Wort »sie«. Und worum geht es? Richtig, um die Sektsteuer. Cliffhanger funktionieren nicht in Werbetexten? Irrtum. Sie sind ein erprobtes – wenn auch meistens in kürzerer Form angewandtes – Mittel, um scheinbar langweiligen Geschichten eine Extraportion Pep einzuhauchen.

1993 scheint auf den ersten Blick ein Jahr zu sein, mit dem die meisten Menschen wohl nicht viel zu verbinden wissen. Doch der Schein trügt. Es war ein Jahr wichtiger Weichenstellungen. (...)

Das Spektakel kommt kurz vor Schluss. Das Jahr 1998 hat schon bedeutende wissenschaftliche Entdeckungen hervorgebracht. Etwa, dass eine unbekannte Kraft (Antigravitation) die Galaxien auseinandertreibt. Aber erst gegen Jahresende geht es für die Wissenschaft richtig nach oben. Mit einem Projekt, welches den Begriff Raumausstattung im wahrsten Sinne des Wortes zu einer neue Dimension führt: (...)

Beispiele aus der Chronik eines Gaslieferunternehmens

Sehr geehrter Herr Mustermann,
manchmal müssen sich die Dinge ändern, damit alles so bleibt, wie es ist. Dieses Bonmot gilt gelegentlich auch für die Kundenbetreuung. Mein Name ist Monika Mayer und ich werde die Aufgaben Ihres bisherigen Beraters Peter Müller übernehmen.

Beispiel aus dem Anschreiben einer Privatbank

# Die Chunking-Methode

Im Neuro-Linguistischen Programmieren (NLP) werden Größeneinheiten, in denen Informationen transportiert und organisiert werden, Chunks genannt. Chunking bedeutet im NLP das Unterteilen von Erfahrungen in größere oder kleinere Teile. Als großen Chunk bezeichnet das NLP die Informationen, die allgemeiner Art sind oder abstrakt erscheinen. Im kleinen Chunk dagegen geht es um spezifische und konkrete Einzelheiten und Details. Im NLP bezeichnet das Chunking up den Sprung in die nächst höhere Kategorie, das Chunking down den Schritt in die nächst spezifischere.

**Beispiel für Chunking down:**
Lebewesen – Mensch – Frau – Mutter – zweifache Mutter –
Mutter zweier Söhne – etc.

**Beispiel für Chunking up:**
blauer VW Golf – VW Golf – PKW – Fahrzeug – Technische
Maschine – etc.

www.mindmarketing.de

Die Chunking-Methode lässt sich auch wirksam bei Text-Einstiegen anwenden. Beispiel für einen Chunking-down-Einstieg:

Die Geschichte des Kaffeetrinkens musste 1954 komplett umgeschrieben werden. Die Welt des beliebtesten Heißgetränks sollte sich durch eine Erfindung für alle Zeiten verändern. Der Durchbruch in den Massenmarkt glückte ihr allerdings erst in den 70er Jahren. Bevor das System endlich nach Amerika kam, den größten Kaffeemarkt der Erde, hatte es einen langen Weg aus Deutschland hinter sich. Das Neue: Wasser wird auf elektrische Weise erhitzt. Das heiße Wasser fließt dabei tröpfchenweise durch den mit gemahlenem Kaffee gefüllten Kaffeefilter und gelangt in die Kanne auf der Wärmeplatte. Die von Gottlob Widmann in Offenbach erfundene elektrische Filter-Kaffeemaschine machte so das Aufbrühen des Kaffees mit der Hand überflüssig.

Und nun das Ganze rückwärts: Chunking up.

Eigentlich war es nur ein klitzekleiner, aber logischer Schritt. Bis 1954 wurde Kaffee mit der Hand aufgebrüht. Die von Gottlob Widmann in Offenbach gemachte Erfindung erhitzte erstmals das Kaffee-Wasser auf elektrische Weise. Das Neue: Das heiße Wasser fließt dabei tröpfchenweise durch den mit gemahlenem Kaffee gefüllten Kaffeefilter und gelangt in die Kanne auf der Wärmeplatte. Mühsam schaffte das neue System den Sprung von Deutschland nach Amerika, den größten Kaffeemarkt der Erde. Der Durchbruch in den Massenmarkt glückte aber erst in den 70er Jahren. Die Welt des beliebtesten Heißgetränks sollte sich für alle Zeiten verändern. Denn mit der Erfindung der Filter-Kaffeemaschine musste die Geschichte des Kaffeetrinkens komplett umgeschrieben werden.

# Die Na-und?-Methode

Eine todsichere Methode, um festzustellen, ob Ihre Headline zum Lesen anregt, ist diese: Sie schreiben ein »Na und?« dahinter. Wenn Ihre Überschrift das »Na und?« aushält, dann ist es eine starke Headline. Wenn nicht, dann geht da noch was. Denn das kleine »Na und?« ist genau das, womit Ihre Zielgruppe auf die Headline reagiert. Testen Sie sich selbst:

**Legenden sterben nicht im Bett**
Hornbach

**Das Schöne am Sonntag? Endlich versteht man die restlichen Tage.**
WELT am Sonntag

**Wir glauben an ein Leben vor dem Feierabend**
Deutsches Handwerk

**Für die sozial-ökologische Gerechtigkeitswende**
DIE LINKE

**Wenn du Hunger hasst**
McDonald's

**Achtung-Achtung. Lang-Lang in Baden-Baden**
Festspielhaus Baden-Baden

Und, auf wie viele Headlines haben Sie mit »Na und?« geantwortet? Bei mir war es nur eine.

# Die Word-Pool-Methode

Wie geht Storytelling selbst im kürzesten Werbetext? Mit der Word-Pool-Methode können Sie dabei ganz systematisch vorgehen.

**Schritt 1**  Sie suchen sich die drei Kernbegriffe, um die sich Ihre Story ranken soll. Mal angenommen, Sie schreiben einen Text für das junge Einsteiger-Girokonto einer Bank. Ihre Kernbegriffe sind dabei vielleicht »zahlen«, »Geld« und »Konto«.

**Schritt 2**  Sie nehmen den ersten Kernbegriff und schauen mal, in welchen Wort-Kopplungen »Zahlen/zahlen« überall vorkommt. Zum Beispiel in: »Zahlendreher«, »Einzahler«, »Auszahlung«, »Endzahl«, »Anzahlung«, »zuzahlen«, »bezahlen« usw.

**Schritt 3**   Was gibt es für Wortspiele, Sprichwörter, Redensarten, Schlagertexte, Filmtitel mit »Zahlen/zahlen«? Zum Beispiel: »schwarze Zahlen«, »rote Zahlen«, »Zahlen, bitte!«, »Mancher will wie ein Fürst bedient werden und wie ein Handwerker bezahlen«, »Mit dem Bezahlen verplempert man das meiste Geld«, »Die Einsamkeit der Primzahlen«, »Was du mit Geld nicht bezahlen kannst, bezahle wenigstens mit Dank«, »Hundert Pfund Sorgen bezahlen kein Lot Borgen«, »Die Worte zahlen keinen Zoll«, »Malen nach Zahlen«, »Wer kann das bezahlen, wer hat so viel Geld?« »Worte zahlen keine Schulden«, »Gedanken zahlen keine Steuern« usw.

**Schritt 4**   Welche anderen Begriffe gibt es für »Zahlen«? Zum Beispiel »Beträge«, »Erträge«, »Summen«, »Gebühren«, »Kosten« usw. Und für »zahlen«? »Blechen«, »berappen«, »brennen«, »büßen«, »cashen«, »finanzieren«, »hinblättern«, »hinblechen«, »hinlegen«, »in Bares verwandeln«, »latzen«, »löhnen«, »zechen« usw.

**Schritt 5**   Was ist das Gegenteil von »bezahlen«? »Schulden«, »borgen«, »beleihen«, »in der Kreide stehen«, »in Rückstand geraten« usw.

So und nun machen Sie das mit den zwei anderen Kernbegriffen. Am Ende haben Sie einen Steinbruch an Material von Wörtern, Synonymen, Aphorismen, Wortspielen usw. Und vielleicht Ihre Story. Natürlich nicht in jedem Satz. Aber hier und da in jedem Absatz.

Mir gefiel am besten, dass es scheinbar irgendwie eine Verbindung von Farben und dem Bereich »Geld und Banken« gibt: Schwarzgeld-Konto, rote Zahlen, rosarote Aussichten, das Blaue vom Himmel versprechen, noch Grün hinter den Ohren sein … Und plötzlich kommt die Idee, doch eine Copy über ein neues Konto für eine rosarote und himmelblaue Zukunft zu schreiben, auf dem immer schwarze Zahlen stehen sollen, von einer Bank ohne Greenhorns hinterm Tresen, die Ihnen nicht das Blaue vom Himmel versprechen, bei der sie immer alles schwarz auf weiß bekommen, die Ihnen den roten Faden zeigt, für goldene Zeiten und immer einen Streif Silber am Horizont …

Oder Sie schreiben eine Copy rund um die hundert Synonyme für Geld: Mammon, Knete, Kies, Pinke-Pinke, Kröten, Penunzen, Asche, Flöhe, Fier, Fleppen, Flocken, Mäuse, Mücken, Moos, Heu, Piepen, Pulver, Schotter, … Und plötzlich fällt Ihnen dazu auch noch eine Bildidee ein. Und am Ende die ganze Kampagne … Und Sie stellen fest, dass mit den »70 % Transpiration« vielleicht doch nicht alles so falsch war …

# Bitte einsteigen!

Im Anfang war das Wort. Das ist schon einmal unbestritten. Was Texter allerdings umtreibt, ist die Frage, welche Wörter zu Beginn stehen müssen. Damit sie die Menschen so vereinnahmen, wie beispielsweise der Beginn das Alten Testaments. Ein starker Einstieg zeigt Wirkung. Er rüttelt den Leser auf, er verführt ihn, er berührt ihn, manchmal irritiert er ihn sogar. Und fast immer packt er ihn an einer seiner größten Schwächen, seiner Neugierde.

Einen Anfang finden zu müssen, der den Leser in den Text führt, vor dieser Aufgabe stehen alle Schreiber – egal ob Historiker, Schriftsteller, Werbetexter oder Journalisten. Letztere wissen dies besonders gut, stehen ihre Texte doch in sehr unmittelbarer Konkurrenz zueinander. Seit die Menschen versuchen mit Texten Wirkungen zu erzielen, beschäftigen sie sich mit dem Thema. Der Anfang ist die Hälfte des Ganzen, wusste schon Aristoteles. Denn er entscheidet über das Wohl oder Wehe des Textes. Er darf nicht zur Hürde werden, sondern muss das Lockmittel sein.

Die gute Nachricht: Das ist nicht so schwierig, wie viele denken. Welcher Einstieg animiert im folgenden Beispiel wohl den Leser mehr? »Der Gemeinderat tagte gestern Abend über mehrere brisante Ortschaftsfragen, darunter auch über die unsichere Zukunft des Betriebes der hiesigen Kindertagesstätte.« Oder: »Werden unsere Kinder bald auf der Straße stehen?«

So einfach kann es gehen. Zugegeben, der erste Text klingt wie der Beginn eines Schulaufsatzes. Doch daraus lässt sich eine wichtige Voraussetzung für anregende Text-Anfänge ableiten: Bitte keine gestanzten Formulierungen verwenden, wie wir das einst in der Schule praktiziert haben. Das bedeutet wiederum, dass wir die Sichtweise ändern müssen. Die Ausgangsfrage lautet nicht mehr: Was weiß ich alles und wie kann ich das alles mitteilen? Sondern schlicht: Was könnte den Leser interessieren? Und damit zu einer weiteren guten Nachricht: Das ist sogar noch leichter, als viele denken. Denn es gibt eine ganze Reihe an Einstiegsmöglichkeiten:

## 1 // Anknüpfen an Aktuelles / Relevantes

Menschen wollen informiert sein, immer und überall. Auch die, die es nicht zugeben. Denn Menschen sind neugierig. Menschen saugen Neuigkeiten auf, da der Wissensvorsprung für sie ein wichtiges Gut darstellt. Das können Sie nutzen:

- mit aktuellen Daten und Fakten beginnen
  »Wussten Sie, wie viele Werbespots heute täglich im Fernsehen laufen? Rund 5.500. Und alle sollen etwas bewirken. Bei Ihnen (...)«

- eine aktuelle Nachricht präsentieren
  »Die Werbewirtschaft läuft Sturm. Was wie ein laues Lüftchen begann, hat sich zu einem Orkan entwickelt. Der Grund: (...)«

- eine neue Erkenntnis schildern
  (z.B. der Hinweis auf eine Untersuchung oder Veröffentlichung)
  »Ob ein Kind sich von TV-Spots blenden lässt, hängt vor allem von einer Sache ab – seinem Selbstwertgefühl. Dies haben Wissenschaftler (...)«

## 2 // Persönliche Erlebnisse oder Erfahrungen

Menschen interessieren sich für das Schicksal anderer Menschen. Entdecken sie gar Gemeinsamkeiten, fördert das den Zusammenhalt. So gibt es das psychologische Phänomen, dass sich Menschen schlagartig gegenseitig sympathisch sind, wenn sie erfahren, dass sie denselben Geburtsort haben – oder denselben Musikstil mögen. Wenn sich Erlebnisse oder Erfahrungen des Senders mit denen des Empfängers zu decken scheinen, ist die Aufmerksamkeit gewiss:

- von sich selbst erzählen
  »Kinder von Werbung fernzuhalten, gleicht einem Kampf gegen Windmühlen. Ich habe ihn gewonnen. Und das überraschend einfach (...)«

- Gemeinsamkeit herstellen
  »Eltern wissen alle ein Lied davon zu singen: Die lieben
  Kleinen beginnen eines Tages das Fernsehen zu lieben. Und dann
  kommt die Werbung ins Spiel (...)«

## 3 // Leseransprache

Menschen reagieren darauf, wenn sie als Individuum angesprochen werden – und
nicht als Teil einer anonymen Masse. Die Aufmerksamkeit schnellt schlagartig nach
oben, wenn sie merken: Der oder die meint ja mich! Noch interessanter wird es für
den Leser, wenn er merkt: Ich habe da was davon, oder gar: Ich werde gelobt und
geschätzt. Daher bietet sich an:

- Komplimente machen
  »Glückwunsch, Sie haben sich nicht täuschen lassen (...)«

- Nutzenbeschreibung/Problemlösung versprechen
  »Bessere Werbetexte in wenigen Stunden.
  Worauf Sie achten müssen, verrät (...)«

- Fragen, rhetorische Fragen stellen
  »Geht es Ihnen nicht auch so? (...)«

## 4 // Historischer Einstieg

Menschen mögen Geschichte. Ja, wirklich. Es gibt wenige Dinge, die uns mehr faszinieren als Geschichte. Aus einem einfachen Grund: Wir alle haben unsere Geschichte
und sind Teil der Geschichte. Da die Gegenwart nicht mehr als einen Augenblick lang
ist, leben wir permanent zwischen Vergangenheit und Zukunft. Wie oft sinnieren
wir darüber, wie früher alles war. Mit Geschichte lassen sich prima Geschichten
erzählen:

- auf die Entstehung des Themas verweisen
  »Mit bemalten Tafeln fing alles an. In der Antike (...)«

- in frühere Zeiten zurückblicken
  »Margarine, Seife und Kaffee. Nach dem Krieg war
  die Werbewelt noch einfach in Ordnung (...)«

- einen historischen Vergleich ziehen
  »Nur zwei Prozent aller angebotenen Informationen kann das Gehirn ver-
  arbeiten. So die Meinung der Wissenschaft in den 80ern. Heute gilt diese
  Einschätzung als viel zu optimistisch (...)«

## 5 // Literarischer/erzählender Einstieg

Menschen lieben es, unterhalten zu werden. Wenn etwas spannend, witzig, interessant oder verblüffend ist, wird es seine Wirkung nicht verfehlen. Eine treffsichere Spitze verlangt zwar viel Hirnschmalz, doch zum Glück gibt es viele Leute, die die Denkarbeit für uns schon übernommen haben. Für eher bequeme Schreiber reicht oftmals ein Klick im Internet in einen der unzähligen Zitate- und Aphorismen-Schätze. Für alle anderen gibt es noch viel mehr Möglichkeiten:

- Zitate nutzen (wörtliches Zitat, stilistisches Zitat)
  »Wer aufhört zu werben, um Geld zu sparen, kann ebenso seine
  Uhr anhalten, um Zeit zu sparen, meinte einst Henry Ford (...)«

- Redewendungen, Sprichwörter, Allgemeinplätze verwenden
  »Wer nicht wirbt, stirbt, heißt es. Seltsam, dass viele
  Unternehmer immer noch quicklebendig herumlaufen (...)«

- mit einem Wortspiel beginnen
  »Bisher machten sie lauter laute Werbung, nun kommt
  die unlautere noch hinzu (...)«

- eine Kataphper verwenden (Worte, die auf einen Begriff hinweisen,
  der erst später im Text erklärt wird)
  »Erfunden hat ihn Elly Heuss-Knapp, die Gattin des ersten
  Bundespräsidenten Theodor Heuss. 1933 kam er erstmals zum
  Einsatz, um eine Hautcreme auch akustisch zu unterstreichen.
  Heute klingt er uns tausendfach in den Ohren: der Jingle.«

- ein Beispiel aufführen
  »Eines Tages hatte Harry S. genug. Von den Wurfsendungen
  in seinem Briefkasten. Der Aufkleber hatte nichts gebracht,
  also griff er zu einem anderen Mittel (...)«

- ein Vergleich oder ein Paradoxon aufstellen
  »Ein gar köstlicher Text lockt auf der Verpackung,
  innen wartet jedoch das pure Grauen.«

- szenisch einsteigen
  »Sein ganzer Körper bebt, Schweißperlen laufen übers Gesicht,
  die Augen sind starr vor Schreck. Die Mauer hinter und seine Häscher
  vor ihm. Ein Messer wird gezückt. Und Cut. Zwei glucksende Frauen
  halten Schuhkartons in die Höhe (...)«

## 6 // Direkteinstiege

Menschen lieben es einfach. Warum lange um etwas herumreden? Manche Themen versprechen so viel Zündstoff, dass es keiner langen Lunte mehr bedarf. Da ist die Ankündigung schon brisant genug. Oder Sie nehmen dem Leser das Ergebnis bereits vorweg.

- (beeindruckende) Befunde / Fakten / Situationen
  »Raucherbeine auf Zigarettenschachteln schrecken nicht vom Rauchen ab.
  Das Gegenteil ist der Fall (...)«

- das Fazit vorwegnehmen, den Inhalt zusammenfassen
  »Binnen einem Jahr hat es der Unternehmer Müller zum
  Marktführer gebracht. Mit einem simplen Trick.«

- etwas Relevantes ankündigen
  »Schon in wenigen Tagen wird sich einiges in Ihrem Alltag ändern. (...)«

- interessante Details herausgreifen
  »Der berühmte Bausparfuchs heiratete 1985 und bekam prompt zwei Jungfüchse.
  Nachwuchs, aber noch kein Haus? Welcher Schwabe würde das als schlau empfinden?
  Wie verfuchst Werbung sein kann (...)«

## 7 // Vorstellen des Themas

Menschen mögen Klarheit. Bei einigen Themen bieten sich daher diese Varianten an:

- mit einer Definition beginnen
  »Alle schimpfen über zu viel Werbung.
  Doch was ist das überhaupt – Werbung?«

- Begriffe voneinander abgrenzen
  »Werbung, PR, Marketing. Wer sachlich Kritik üben möchte,
  darf nicht alles in einen Topf werfen.«

- das Thema gliedern, eine Übersicht geben
  »Der Werbung auf der Spur: Um zu begreifen, wie sie wirklich
  funktioniert, müssen drei Aspekte berücksichtigt werden: (...)«

## 8 // These / Provokation

Menschen streiten und diskutieren auch gerne. Wer gelesen werden möchte, erreicht dies daher durch Sätze, die Reibung erzeugen. Ob der Schreiber für seine Statements geschätzt wird, steht auf einem anderen Blatt. Aber hier soll es darum gehen, gelesen und nicht gefeiert zu werden. Und dafür eignen sich Provokationen immer. Und wenn diese so gut sind, dass der Schreiber dafür gefeiert wird, ist es umso besser.

- eine These aufstellen
  »Werbung macht glücklich. Doch.«

- einen Satz als Überspitzung bzw. Übertreibung formulieren
  »Werbung geht umso besser in den Kopf, je weniger dort drin ist.«

- eine Zukunftsvision schildern
  »Schon in zehn Jahren wird es keine Massenmedien mehr geben – und damit auch keine herkömmliche Werbung.«

# Schriften des Schreckens.

Warnhinweis:

Bei den nachfolgenden Texten
handelt es sich um keine Parodien
oder Fälschungen.
Es sind alles Texte,
die im Internet,
in Broschüren
oder als Anschreiben
exakt so veröffentlicht wurden
(Firmen- und Produktnamen
sowie persönliche Daten
wurden natürlich anonymisiert).
Es sind Belege
der alltäglichen Kommunikation
in Deutschland.

## No // 1

Was für ein schöner Anfangssatz für ein Vorwort: »Die Komplexität an
Innovationen und neuen Strömungen in unterschiedlichsten Branchen
stiftet bei Individuen immer größere Verwirrung.« Leider ist er nicht ganz
zutreffend. Denn Verwirrung stiftet vor allem diese Art zu schreiben.
Wenn die Zukunft nur halb so abstrakt und abgehoben ist wie dieser
Text, dann gute Nacht. Andererseits will dieses Buch ja »Verständnis
wecken für verschiedene mögliche Zukünfte«. Hoffen wir dennoch, dass
dieser gezwungene Akademikertonfall niemals ins »Trenduniversum«
Einzug hält – weder als Mega-, Macro- noch Micro-Trend.
Aber lesen Sie selbst:

### Vorwort

Die Komplexität an Innovationen und neuen Strömungen in unterschiedlichsten Branchen stiftet bei Individuen immer größere Verwirrung. Dafür sorgen
ungleiche Zukunftsszenarien in den Medien, fremde Sprachen und Kunst-
wörter und nicht zuletzt die Tatsache, dass jede Aussage über die Zukunft
abhängig vom gegenwärtigen individuellen Blickwinkel erfolgt. Ob wir über
die nahe oder die ferne Zukunft sprechen; wir beschäftigen uns mit der Zeit,
die sich uns nähert und der wir uns gleichzeitig annähern.

Das ▬▬ ist das Zukunftslexikon der wichtigsten Trendbegriffe. Es erscheint in einer neuen, überarbeiteten Fassung. Das Zukunftslexikon erklärt
Ihnen Phänomene, die sich in den letzten Jahren stark herauskristallisiert
haben.

Das ▬▬ führt Sie über Mega- und Macro-Trends durch das Trenduniversum der Zukunft und anhand konkreter Micro-Trends immer wieder zurück
in die Gegenwart.

Aus früheren Jahrhunderten ist ein Salon als gesellschaftlicher Treffpunkt
für Diskussionen und Veranstaltungen verschiedener Art bekannt. Wir
möchten den Gedankenaustausch auch heute fördern. Ein besonderes Kapitel
des Buches ist daher der Trend Salon. Wir boten darin Vordenkern und
Visionären aus Wissenschaft und Wirtschaft Platz, ihre Gedanken zu einem
Thema ihrer Wahl niederzuschreiben, um Sie, als Leser, neben dem vorwiegend informellen Charakter des Lexikons, zum Nachdenken anzuregen.
Nehmen Sie sich Zeit für die sorgfältigen Beiträge, lehnen Sie sich zurück
und reflektieren Sie Ihre Gedanken!

Wir können Ihnen nicht verraten, welchen Weg die Zukunft geht, sondern
möchten bei Ihnen mit dem ▬▬ vielmehr ein Verständnis wecken für verschiedene mögliche Zukünfte.

## No // 2

Wer als junges Au-pair-Mädchen in ein fremdes Land, in eine fremde
Familie geht, ist sicherlich froh, wenn es weiß, dass alles geregelt abläuft.
Daher vertraut es auch einer seriösen Au-pair-Agentur. Gut, wenn diese
bereits im Vorfeld auf ein paar wichtige Dinge hinweist: Prüfe nach, ob
die Adresse der Gastfamilie überhaupt stimmt. Wenn du dort bist,
versuche deinen Pass zu behalten. Lass deine Eltern aus dem Spiel. Wenn
die Vorkommnisse aus dem Ruder laufen, gilt: »Du musst nicht alles
ertragen.« Aber ein bisschen vielleicht schon, denn man muss das Ganze
auch mal aus der Sicht der Familie sehen. Weiß die denn, wen sie sich mit
dir ins Haus holt? Na, eben.
Aber lesen Sie selbst:

### Wichtig für dich als Au-pair

Du kannst im Vorfeld schon viel für deine Sicherheit tun. Erfrage soweit
möglich, welche Erwartungen die Familie an dich hat. Teile deine Wünsche
offen mit und überlege, was dir sehr wichtig ist. Halte diese Vereinbarungen
schriftlich fest. Telefoniere mit der Familie, damit du einen Eindruck von
ihr bekommst. Schicke einen Brief an die Postanschrift, damit weißt du, ob
die Adresse stimmt. Frage nach, ob die Familie bereits Au-pairs hatte.
Wenn ja, lasse dir Name und Telefonnummer geben, damit du das Au-pair
nach seinen Erfahrungen mit der Familie fragen kannst.
Besprich dich mit einer erfahrenen Person deines Vertrauens. Wir nennen
bewusst nicht Vater oder Mutter, weil man von den Eltern häufig nicht gerne
Ratschläge annimmt. Bei der Abreise vereinbare einen Zeitpunkt, zu dem
du erreichbar sein wirst bzw. dich melden wirst. Gib deinen Pass nicht aus
den Händen. Er ist dein persönliches Dokument, die Familie kann eine
Kopie erhalten.
Wenn es in der Familie Vorkommnisse gibt, die dir alles andere als normal
erscheinen, sprich mit deiner Vertrauensperson. Du musst nicht alles ertragen.
Wenn die Familie sich nicht an die Absprachen hält, verlasse die Familie.
Sage auch hier möglichst deiner Vertrauensperson Bescheid und besprich
dich mit ihr, was du am besten tun könntest.
Ein Hinweis zum Schluss: Auch die Familie geht ein Risiko ein. Auch sie
weiß nicht, wen sie sich da ins Haus holt.

## No // 3

Es ist eine wunderbare Sache krankenversichert zu sein – solange
man nicht krank wird. Denn es kann mitunter schon anstrengend sein,
sich nicht nur um seine Genesung Gedanken machen zu müssen, sondern auch um die »Obliegenheit in den Allgemeinen Versicherungsbedingungen«, die einst vereinbart wurden. Und wer im Krankenstand
keine Muße hat, sich über § 28 Versicherungsvertragsgesetz schlau zu
machen, unterschreibt auch das zeitlich befristete Angebot. Dass das
ganze Anschreiben in einem herrisch-unfreundlichen Ton geschrieben
wurde, nimmt man ergeben hin. Habe nicht ich einen Fehler gemacht
und muss dankbar sein, dass ich überhaupt noch was erhalte? Tja, wenn
das Ganze aus Kulanz geschehen würde, vielleicht. Wenn aber, wie in
diesem Fall, die Krankenkasse ohnehin zur Zahlung verpflichtet ist, was
der Leser natürlich nicht weiß ...
Aber lesen Sie selbst:

Sehr geehrte Frau ...,

damit das Krankentagegeld gezahlt werden kann, ist es wichtig, dass wir
spätestens am Tag des tariflich vereinbarten Leistungsbeginnes über Ihre
Arbeitsunfähigkeit informiert werden. Fortdauernde Arbeitsunfähigkeit ist
dem Versicherer wöchentlich nachzuweisen. Dies haben wir als Obliegen-
heit in den Allgemeinen Versicherungsbedingungen mit Ihnen vereinbart.
Die Meldung kann sowohl schriftlich als auch telefonisch erfolgen. Diese
Bestimmung ist für einen privaten Krankentagegeldversicherer von großer
Bedeutung, denn nur so ist es ihm möglich, zeitnah Informationen über die
Arbeitsunfähigkeit einzuholen und vertrauensärztliche Untersuchungen zu
veranlassen.
Erhalten wir die Information über Ihre Arbeitsunfähigkeit verspätet, kann
auch das Krankentagegeld erst ab dem Meldetag gezahlt werden.
Nach § 28 Versicherungsvertragsgesetz (VVG) bieten wir Ihnen an, für die
Zeit vom 15.11.2010 bis 16.12.2010 einen Betrag von 200,00 € zu zahlen.
Damit sind alle Krankentagegeldansprüche für diesen Zeitraum abgegolten.
Falls Sie unser Angebot annehmen möchten, informieren Sie uns bitte
schriftlich bis zum 15.04.2011.
Hierzu reicht es aus, wenn Sie uns die beigefügte Briefkopie unterschrieben
zurücksenden.

Mit freundlichen Grüßen

## No // 4

Dass Wörter wie »Penetrationsstörung« und »Fertilitätsversagen« in einem Anschreiben überhaupt auftauchen, ist an sich schon mehr als bemerkenswert. Was einen in diesem Mischmasch aus Medizinerjargon und vorgeheuchelter Betroffenheit zwischen »anovulatorischen Zyklen« und »ovariellen Reserven« aber sprachlos zurücklässt, ist diese unglaubliche Kaltschnäuzigkeit: Wir können Ihren Wunsch nach einem Kind verstehen, aber Sie sind nun einmal zu alt. Und deshalb zahlen wir nichts.
Das steht da drin.
Aber lesen Sie selbst:

Sehr geehrter Kunde,

vielen Dank für die Unterlagen.
Lassen Sie uns bitte eines gleich vorwegnehmen: Es ist für uns durchaus nachvollziehbar, dass Sie diesen Weg zur Realisierung Ihres Kinderwunsches wählen.
In Anlehnung an die höchstrichterliche Rechtsprechung des Bundesgerichtshofs sind unter bestimmten Bedingungen auch Maßnahmen der Reproduktionsmedizin bei bestehender Kinderlosigkeit von Partnern als Versicherungsfall anzuerkennen.
Eine zwingende Voraussetzung ist eine deutliche Erfolgswahrscheinlichkeit. Aus den Unterlagen geht hervor, dass bei Ihrer Frau Fertilitätshandicaps vorliegen. Der LH-FSH-Quotient von 0,44 lässt auf anovulatorische Zyklen aufgrund des fortgeschrittenen reproduktionsmedizinischen Alters Ihrer Frau schließen. Der AMH-Wert beträgt 0,6 ng/ml, so dass die ovarielle Reserve deutlich eingeschränkt ist. Im Vorfeld kann daher nicht von einer deutlichen Erfolgsaussicht ausgegangen werden.
Des Weiteren vermutet der behandelnde Arzt eine Penetrationsstörung der Spermien, weil es bei den bisherigen Versuchen zu einem Fertilitätsversagen gekommen ist. Dieser Schluss ist nicht zulässig, da ein Fertilitätsversagen auch auf die Eizellen zurückgeführt werden kann. Mit zunehmendem Alter verlieren die Eizellen ihre zarte Struktur der Eizellhaut und die penetrationsfähigen Spermien sind nicht mehr in der Lage, die Eizellhaut zu durchdringen. Die Ursache des Fertilisationsversagens kann also gleichermaßen an den Veränderungen der Eizellen liegen.
Ohne jeglichen Nachweis der Ursache ist eine Anerkennung des »Verursacherprinzips« nicht möglich.

Wir bedauern, dass wir Ihren Erwartungen nicht entsprechen können; hoffen jedoch gleichzeitig, dass Sie unsere Entscheidung akzeptieren.

## No // 5

»Kunst kommt von Können, käme sie von Wollen, so würde sie Wulst heißen«, lautet ein Aphorismus. Folgender Text ist ein Wulst-Text. Er will hohe Kunst anpreisen, er will wahrscheinlich selbst hohe Kunst sein. Der Wille ist da, das Können nicht. Gefühlte einhundertmal die Worte »Kunst«, »Künste« oder »kunstvoll« zu schreiben, reicht nicht aus. Der Salon wird zum »Atelier«, die Frisur zum »Werk«. Alles ist so extravagant, dass einem tatsächlich die Haare zu Berge stehen. Es wird nicht mehr gearbeitet, sondern »gezaubert«. Dabei basiert auch das große Können der besten Friseure – wie auch Texter – auf ehrlichem Handwerk. Den Schaumschläger erkennt man hingegen an den vielen Adjektiven, vornehmlich in den Superlativ gesteigert. »Bevor Sie ein Adjektiv schreiben, kommen Sie zu mir in den dritten Stock und fragen, ob es nötig ist!«, befahl einst der französische Herausgeber George Clemenceau. Dieser Text wäre die reinste Fitness-Übung.

Aber lesen Sie selbst:

### Das Atelier der Frisurenkünste

▬▬▬, das Atelier der Frisurenkünste, erwartet Sie mit einer entspannten Atmosphäre, einer stilgerechten, persönlichen Beratung und mit kunstvollen Frisuren. Für jeden Anlass halte ich die besondere Idee bereit – sowohl für den wichtigsten Tag im Leben, die Hochzeit, als auch für Ihren persönlichen Alltag. Besonderen Wert lege ich dabei auf die Verwendung hochwertiger Haarpflegeprodukte.

Seien Sie mein Gast und lassen Sie Ihre Haare kunstvoll gestalten!

### Eine Auswahl meiner Frisurenkünste

Bei den folgenden Frisurenkünsten handelt es sich um eine besondere Auswahl meiner Werke.

Weitere Künste erwarten Sie in meinem Atelier, lassen Sie sich von mir beraten.

| | |
|---|---|
| Auffallend hinreißend – Festfrisur | ab 25 € |
| Unvergesslich einmalig – Brautfrisur | ab 45 € |
| Besonders perfekt – Vorbereitungstreffen mit Probe-Frisur | ab 15 € |
| Wunderbar gestylt – Waschen, Schneiden, Föhnen | ab 20 € |
| Außergewöhnlich echt – Farbe, Strähnchen | ab 18 € |
| Vollendet schön – Make-up | ab 15 € |

Damit ich mir für Ihre Frisur genügend Zeit nehmen kann, arbeite ich ausschließlich nach Terminabsprache. Gern komme ich auch zu Ihnen nach Hause und zaubere aus Ihren Haaren eine kunstvolle Frisur. Rufen Sie mich einfach an oder schreiben Sie eine E-Mail an mich.

## No // 6

Mama, was sind eigentlich Ausländer? Nun, mein Kind, diese Aufklärungsbroschüre für Heilpraktiker und Alternativmediziner zum Thema »Ernährungsberatung bei Menschen mit Migrationshintergrund« (hier nur in Auszügen) umschreibt das in etwa so: Menschen mit Migrationshintergrund, denn »Ausländer« dürfen wir nicht mehr sagen, mein Kind, sprechen schlecht Deutsch und sind nicht so klug wie die Deutschen (zumindest wenn es um das deutsche Gesundheitswesen geht), sie essen Sachen, die wir nicht essen. Weil sie diese Sachen bei uns kaufen können und weil sie sich von uns abschotten. Was sie essen, macht uns aber die Arbeit schwer. Leider sind sie auch noch unzuverlässig, daher gehört ihnen auch mal richtig der Marsch geblasen. Verstanden? Aber lesen Sie selbst:

### *Ernährungsberatung bei Menschen mit Migrationshintergrund*
### **Teil 2: Erfahrungen zur Ernährungstherapie**

In Deutschland verfügt ein Fünftel der Bevölkerung, davon 7,2 Mill. Ausländer und 8,2 Mill. Deutsche, über abweichende Sprachen, kulturelle Werte und Normen, Religionen und Esskulturen. Das Maß der Integration dieser Personen mit Migrationshintergrund variiert erheblich. Häufig besteht nur geringer Integrationsdruck. Erst im Krankheitsfall kommt es unvermittelt zur Konfrontation mit Sprache und Kultur des Aufnehmerlandes. Verständigungsprobleme sowie Wissensdefizite über das deutsche Gesundheitswesen behindern eine Regelversorgung. Niedriger Bildungsstand, Mentalitätsunterschiede und differierende Krankheitskonzepte können diagnostische und therapeutische Maßnahmen blockieren. Der Gebrauch fremder Lebensmittel und Zubereitungsarten sowie andere Essgewohnheiten erschweren die Beurteilung der Ernährungssituation und damit die Therapie beratungsintensiver ernährungsabhängiger Erkrankungen erheblich.

### **Traditionelles Essen in der Migration**

Eine traditionelle Lebensweise ist in der Migration das verbindende Element zur Heimat und ein identitätsstiftender Faktor. Migranten orientieren sich daher bei Essen, Trinken, Kleidung, Religionsausübung z.T. stärker als im Heimatland an Traditionen. Trotz inzwischen langer Aufenthaltsdauer (...) hält die erste Migrantengeneration an traditioneller Lebens- und Ernährungsweise fest. Dazu verhilft die leichte Verfügbarkeit traditioneller Produkte in Deutschland.

In den Kulturkreisen des Mittelmeeres wird Essen als etwas Gesundmachendes angesehen. Es ist eng verknüpft mit Gastfreundschaft, gegenseitigen Besuchen und dem Schenken von Süßigkeiten. Muslimische Familien pflegen, anders als griechische, italienische, spanische oder portugiesische, eher wenig Kontakt zur einheimischen Bevölkerung und kennen dadurch deutsche Essgewohnheiten kaum. Die hier aufgewachsene Generation ändert ihr Essverhalten eher, da sie in Schule, Ausbildung und Beruf mehr mit der Kultur der Mehrheitsbevölkerung konfrontiert wird. (...)

**Anderes Krankheitsverständnis**

(...) Ein anderes Krankheitsverständnis führt zu einem anderen Verständnis von Behandlung und Heilung, auch die Haltung zu gesundheitsfördernden und -sichernden Maßnahmen differiert. Im Buddhismus gilt das Grundprinzip der Heilung durch die richtige Ernährung und Lebensweise, wodurch ein Gleichgewicht im Körper hergestellt werden kann, der der Gesundheit entspricht. Hingegen fehlt den meisten Migranten muslimischen Glaubens das Bewusstsein für Prävention, gesunde Ernährung und Bewegung. Vorsorgestrategien sind deshalb schwer zu implementieren.

**Gastfreundschaft und Termintreue**

In der türkischen, orientalischen und der russischen Kultur besitzt Gastfreundschaft einen hohen Stellenwert. Besuche von Verwandten und Bekannten werden deshalb mit einem ausgiebigen Essen gewürdigt. Rücksicht auf Empfehlungen aus der Ernährungsberatung ist dabei weder seitens des Wirts noch des Gastes zu erwarten. Zudem gilt ein spontan eintreffender Besuch als wichtiger als ein anderswo vereinbarter Termin. Dies führt zu mangelnder Termintreue in Therapie und Beratung. Die negativen Folgen eines versäumten Termins müssen dem Patienten angemessen, aber klar verdeutlicht werden.

## No // 7

Was soll man dazu noch sagen? Außer: Dass die Menschen ihr Erspartes lieber wieder unter dem Kopfkissen aufbewahren sollten, als es zur Bank zu tragen, dafür gibt es keine besseren Plädoyers als die ganz gewöhnlichen Anschreiben eben jener Banken. Aber lesen Sie selbst:

Sehr geehrter Herr ▬▬,
wir haben folgenden Auftrag erhalten:

| | |
|---|---|
| *Auftragsdatum:* 24.05.2012 | *Gültig am/bis:* 31.07.2014 |
| *Ordernr.:* ▬▬   *Auftrag:* Verkauf | *Nominal:* 1.000,00 |
| *Limit:* Bestens | *Wertpapierzeichnung:* ▬▬ |

Ihre unwiderrufliche Rückgabeerklärung konnte wegen der zwischenzeitlichen Aussetzung der Anteilscheinrücknahme durch die Kapitalanlagegesellschaft nicht ausgeführt werden. Bei Fragen sprechen Sie bitte Ihren Berater/Ihre Beraterin an.

Mit freundlichen Grüßen
Diese Benachrichtigung wird von der Bank nicht unterschrieben.

## No // 8

Wer es seinem Vorgesetzten gleichtun will, beginne mit den schlechten
Eigenschaften, empfiehlt ein Sprichwort aus Japan. Also beispielsweise
delegieren und drohen. So, wie in diesem Anschreiben. Hier wird einer
vermeintlichen Bitte mit der Denunziationskeule sorgsam Nachdruck
verliehen. Wer solche Kollegen hat, braucht eigentlich gar keine Vorgesetzten mehr. Das Ziel des Absenders ist offensichtlich: die Arbeit von der
Freude trennen. Daher lässt er den Leser an der Sprache verzweifeln.
Wegen ihrer undurchschaubaren Materie mit vielen Satzschlangen spricht
man bei Behörden gerne vom Paragraphendschungel. Wenn wir dieses
Bild aufnehmen, dann ist dieser Text eine wahre Dschungelprüfung.

Hallo xxx,

wir haben eine Rechnung erhalten, wo der Rechnungswert nicht mit der
Bestellung übereinstimmt. Wir bitten bei der Bearbeitung um Ihre Hilfe.
Wenn Sie die Aufgabe nicht gemäß der globalen Procure to Pay Policy
erledigen, wird diese Anfrage an Ihren Vorgesetzten eskaliert.
Sie finden diese Rechnung unter Meine Aufgaben, wo Sie bitte einen der
folgenden Schritte ausführen:

1. Ablehnung der Preisdifferenz – Wenn Sie die Rechnung abweisen, fügen
   Sie bitte eine Begründung in das Notizfeld ein.
2. Die Bestellung muss angepasst werden, da die Abweichung korrekt ist.
   Bitte kontaktieren Sie dafür die Kollegen über das Shared Service Request
   im ▬▬▬-Service Portal. Wählen Sie dafür die Kategorie ›Po ändern‹.
3. Kontaktieren Sie bitte den Lieferanten oder die Shared Services – Wenn
   Sie den Wareneingang für die Gesamtmenge, die Sie als geliefert erwartet
   haben, bestätigt haben, aber dieser Betrag ist geringer als die bestellte oder
   gelieferte Menge, kontaktieren Sie bitte die Shared Services durch Shared
   Service Request. Wenn Sie eventuell die Kontaktdaten des Lieferanten
   haben, kontaktieren Sie bitte den Lieferanten und fordern Sie bitte eine
   Gutschrift an.

Sie finden eine Fülle an Informationen im Einkaufsportal auf der ▬▬▬-
Support Seite im Intranet, wo Sie Antworten auf Ihre Fragen bekommen.
Falls Sie Fragen haben oder unser Support-Team kontaktieren möchten,
beachten Sie bitte die entsprechenden Support Informationen auf den ▬▬▬
Seiten.
Zögern Sie auch nicht und senden Sie uns Ihr Feedback zur Verbesserung
von ▬▬▬!

## No // 9

Nicht nur die Wahl der »GroKo« zum Wort des Jahres beweist: Das Deutsche liebt Abkürzungen, gleich wie abstrus sie erscheinen mögen. Der Duden-Verlag füllt ein ganzes Wörterbuch der Kürzel, die besonders im 20. Jahrhundert einen rasanten Anstieg erfuhren. Gemeinsam und im Zusammenhang mit den Fachsprachen. Die Fülle der Abkürzungen ist bereits derart groß, dass im Deutschen sogar eine Abkürzungsformel für Abkürzungsfimmel existiert: Aküfi.

Vermutlich wurden Abkürzungen eingeführt, um die Sprache ökonomischer zu machen. Mittlerweile schaffen sie es jedoch, sogar den kompletten Sinn eines Textes verschwinden zu lassen. Im Zusammenspiel mit den besagten Fachsprachen führt dies zu bemerkenswerten Ergebnissen. Etwa zu folgender Fluginformation. In diesem Kryptogramm fehlt nur noch eine Abkürzung zum Schluss: ROFL. Und der Leser? Denkt sich wahrscheinlich LMAA. In diesem Sinne: MFG.

Aber lesen Sie selbst:

PASSAGIERE, DEREN ENDGUELTIGES REISEZIEL O. ZWISCHENSTOPP IN EINEM ANDEREN LAND ALS DEM DER ABREISE LIEGT,WERDEN HINGEW, DASS BESTIMMTE INTL. ABKOMMEN DIE GESAMTE REISE EINSCHL. ALLER TEILABSCHN. IN EINEM LAND BETR. KOENNEN; DIESE ABKOMMEN SIND ALS MONTREALER KONVENTION BEKANNT BZW. ALS DEREN VORLAEUFER WARSCHAUER KONVENTION. DIE HAFTUNG DER AIRLINE WIRD FÜR DIESE PASSAGIERE VOM JEWEILS GELTENDEN ABKOMMEN ZZGL. BES. FRACHTVERTR. ALS TEIL ANWENDBAREN TARIFE GEREGELT UND GGF.EINGESCHRAENKT
WWW.▬▬TRAVELCENTER.COM

# Geht doch.

Geht nicht, gibt's nicht.
Jeder Text lässt sich noch verbessern.
Zwölf Beispiele und Anleitungen,
wie aus einem mittelprächtigen Vorher
ein mitreißendes Nachher wird.

## Beispiel 1 // Ein Kunden-Anschreiben.

**Es soll über eine Produktneuheit informieren und eine Kontaktaufnahme anregen.**

`Der Originaltext`

Neuer ▬▬ Silikon-Transferklebstoff:
Fügt zusammen, was zusammengehört

Sehr geehrter Kunde,

wir freuen uns sehr, Ihnen eine neue Produktentwicklung von ▬▬ für den Bereich der Transfer- und dünnen doppelseitigen Klebebänder vorstellen zu dürfen!
Sie überzeugen beim Verbinden von Silikonkautschuk oder -schaumstoff, ebenso wie auf vielen Easy-to-Clean-Oberflächen: Die neuen Klebebänder ▬▬ und ▬▬ 2 mit ▬▬ Silikon-Transferklebstoff lassen sich in vielen schwierigen Anwendungen ohne Haftvermittler verarbeiten.
Beide Produktvarianten sind sehr gut chemikalien- und lösemittelbeständig und über einen breiten Temperaturbereich einsetzbar, das Transferklebe-band ▬▬ sogar bis zu 260 °C. Mit diesem Leistungsprofil empfehlen sich die neuen Klebebänder für ein vielfältiges Anwendungsspektrum, das vom

Verbinden von Silikonsubstraten in Dichtungs- und Isolationsmaterialien über das Anbringen von freistehenden Schriftzügen auf Untergründen mit Easy-to-Clean-Beschichtung reicht.

Das Transferklebeband ▬▬ hat einen Kaliper von 50 μm, das doppelseitige Klebeband ▬▬ mit transparentem Träger ist insgesamt 125 μm stark. Eine völlig neu entwickelte Schutzabdeckung punktet sowohl hinsichtlich der Haltbarkeit als auch in der Verarbeitung. Beide Klebebänder sind bis zu 12 Monate lagerfähig und damit deutlich länger haltbar als viele andere Silikon-Klebebänder. Der neue Liner aus weißem PET ist zudem sauber und präzise zu stanzen. Als weiteres Highlight ist es mit der neuen Schutzabdeckung gelungen, einseitig abgedeckte Produkte herzustellen, so dass im späteren Verarbeitungsprozess weniger Arbeitsschritte und auch weniger Abfall anfallen.

Sie möchten mehr über diese beiden neuen Produkte erfahren oder benötigen Muster? Ihr persönlicher ▬▬-Ansprechpartner berät Sie gerne!

Mit freundlichen Grüßen

## Dazu Folgendes:

»Vigéc« – so lautet im Ungarischen ein Ausdruck für Haustürverkäufer. Offensichtlich haben bereits während der K-und-K-Zeit die fahrenden Händler diese **Begrüßungsformel** derart kultiviert, dass sie diese sogar als Namen angeheftet bekamen. Denn immer wenn ihnen die Tür geöffnet wurde, fragten sie als Erstes »Wie geht's?«.

Bis heute steigen die meisten Menschen mit »Wie geht's« ins Gespräch ein – auch wenn sie nichts zu verkaufen gedenken. Denn diese Frage bekundet ein Interesse am Gesprächspartner. Und wenn ich mich für ihn interessiere, steigert das seine Aufmerksamkeit.

**Einstiegssätze,** so heißt es, seien Beziehungssätze. Vom Anfang eines Textes hängt es ab, ob eine Beziehung aufgebaut werden kann. Um dies zu erreichen, muss sich die Perspektive eines Textes am Empfänger ausrichten. Der Text muss seine Interessen berücksichtigen. Nichts ist ungeeigneter, um eine Beziehung aufzubauen, als den Anschein zu erwecken: Ich will mich mitteilen, aber nichts von dir wissen. Wer mit »Lass mich erst einmal erzählen« ins Gespräch einsteigt, schiebt seinem Gegenüber einen Riegel vor. Niemand würde beispielsweise einen Pizzaservice ein zweites Mal anrufen, wenn er nicht nach seinen Wünschen gefragt würde, der Lieferdienst aber darauf bestünde, seine Empfehlungen durchzusetzen. Was so selbstverständlich klingt, wird in vielen Anschreiben jedoch nicht beherzigt. Hier wird munter aus der »Wir haben da etwas für Sie«-Perspektive geschrieben. Und der Wortlaut beginnt meist wie oben: »Wir freuen uns sehr, Ihnen ... vorstellen zu dürfen.« Das ist weder unfreundlich noch unehrlich. Denn eine große Erfindung ist allemal ein Grund zur Freude. Und der Wunsch, dieses Produkt allen näherbringen zu wollen, ist ebenso verständlich. Doch die **Interessenlage** des Empfängers bleibt unberücksichtigt. Warum ihn nicht einbeziehen, seinen Blickwinkel einnehmen? Die Perspektive zu wechseln, heißt nicht, die Führung aus der Hand zu geben. Ganz im Gegenteil. Wer fragt, bekundet nicht nur Interesse an seinem Gegenüber. Wer fragt, der führt. Und das muss nicht zwingend an der Haustür sein.

Mit Tücke beginnt auch der zweite Absatz. Die Großschreibung des Pronomens »Sie« deutet in aller Regel auf die direkte Ansprache des Lesers hin. Es baut also eine Erwartungshaltung auf. Doch diese wird nicht aufgelöst, sondern sorgt für eine kurzfristige Irritation: »Sie überzeugen beim Verbinden von Silikonkautschuk oder -schaumstoff, ebenso wie auf vielen Easy-to-Clean-Oberflächen.«

Da der Leser Besseres weiß, als Oberflächen aus Silikonkautschuk zu verbinden, ist er offensichtlich nicht gemeint. Vielmehr kommen hier die Klebebänder ins Spiel. Und ab da gibt es kein Halten mehr. Jetzt wird alles gesagt, was gesagt werden muss. Ob in diesem Wust an Informationen aber auch wirklich etwas von den Klebebändern bei den Lesern haften bleibt?

Allein schon das optische Erscheinungsbild des Schreibens deutet auf viel Arbeit beim Lesen und Verstehen hin. Dabei bedarf es hier nur weniger Handgriffe. Da die Inhalte nicht anzutasten sind, gilt es bei der Textgestaltung nachzubessern. Eine übersichtlichere Darstellung erhöht die Lesefreundlichkeit. Das heißt: kürzere Absätze bilden, Fakten in Blöcke packen.

Problem – Lösung – Beispiele – Vorteile. Ein **stringenter Aufbau** lässt den Leser besser folgen und verstehen. Und ganz wichtig: Nicht erst am Schluss den Leser persönlich ansprechen, sondern von Beginn an. Zeigen Sie Stil mit dem »Sie«-Stil.

Die Überarbeitung

**Fügt zusammen, was bisher nicht zusammenging:**
**der neue Silikon-Transferklebstoff von ▬▬▬**

Sehr geehrter Kunde,

Sie kennen das Problem, dass Schaumstoffe und Gummiprodukte
sich nicht gut (be-)kleben lassen? Jetzt kennen Sie auch die Lösung –
die neueste ▬▬▬-Klebelösung.
Mit unserem Silikon-Transferklebstoff ▬▬▬ und unserer Distanz-
folie ▬▬▬ 2 verbinden Sie praktisch jede noch so schwierig zu
verklebende Oberfläche.
Ob beim Verbinden von Silikonkautschuk oder -schaumstoff oder auf
vielen Easy-to-Clean-Oberflächen: Diese Produktentwicklungen lassen
sich in vielen schwierigen Einsätzen ohne Haftvermittler verarbeiten.
Das Transferklebeband ▬▬▬ hat einen Kaliper von 50 μm. Das
doppelseitige Klebeband ▬▬▬ 2 mit transparentem Träger ist insgesamt 125 μm stark. Ihre Vorteile sind vielfältig:

– Klebt auch unter extremen Bedingungen:
  Beide Produktvarianten sind sehr gut chemikalien-, lösemittel- und
  hitzebeständig (das Transferklebeband ▬▬▬ sogar bis zu 260 °C).
– Breites Anwendungsspektrum:
  Dieses reicht vom Verbinden von Silikonsubstraten in Dichtungs- und
  Isolationsmaterialien bis zum Anbringen von freistehenden Schrift-
  zügen auf Untergründen mit Easy-to-Clean-Beschichtung.
– Deutlich länger haltbar als andere Silikon-Klebebänder:
  Dank völlig neuer Schutzabdeckung sind beide Klebebänder
  bis zu 12 Monate lagerfähig.
– Der neue Liner aus weißem PET ist zudem sauber und präzise
  zu stanzen.

Ein weiteres Highlight: Es ist mit der neuen Schutzabdeckung gelungen, einseitig abgedeckte Produkte herzustellen. Ihr Vorteil: Im späteren Verarbeitungsprozess fallen weniger Arbeitsschritte und auch weniger Abfall an.
Sie möchten mehr über diese beiden neuen Produkte erfahren oder wünschen
ein Muster?

Ihr persönlicher ▬▬▬-Ansprechpartner berät Sie gerne!

## Beispiel 2 // Ein Internet-Text,

**der ein IT-Fachpublikum vom Leistungsangebot überzeugen soll.**

`Der Originaltext`     **Exzellenz in IT-Consulting und Software-Engineering**

Der Fokus von ▬▬▬ liegt auf der optimalen IT-Unterstützung von Geschäftsprozessen durch exzellente Software.

Unsere Kernkompetenz liegt in der IT-Management-Beratung, im Requirements-Engineering, in der Software-Entwicklung und Systemintegration und im Software-Testmanagement. Erst durch eine enge Verzahnung dieser Bereiche mit der Geschäftsstrategie lassen sich angemessene und zügig einsetzbare Lösungen realisieren. In allen Disziplinen sind unsere Teams beratend, operativ unterstützend oder gesamtverantwortlich tätig – je nach Situation des Kunden.

▬▬▬ realisiert seit über 20 Jahren als IT- Beratungshaus die anspruchsvollen IT-Aufgaben zahlreicher internationaler Kunden. Konkret konzipieren wir von ▬▬▬ IT-Landschaften und einzelne Systeme – fachlich und technisch. Wir entwickeln neue Software, integrieren vorhandene Systemkomponenten, betreuen bewährte Applikationen und lösen Altsysteme ab. Wir planen und steuern Software-Tests und führen diese durch.

Die Aufgaben nah an einzelnen Systemen werden ergänzt durch die Beratung des CIO und seiner IT-Abteilung in Fragen des strategischen IT-Managements: Wir helfen Enterprise Architecture Management einzuführen, die IT-Strategie zu definieren oder eine eigene Testabteilung zügig aufzubauen.

Dazu Folgendes:

IT-Experten verstehen die speziellen Wörter ihrer Fachsprache, aber auch sie wollen im Text nicht danach suchen müssen. Das bedeutet für den Texter: Wenn schon die Sprache kompliziert ist, muss es nicht auch noch der Text-Aufbau sein.

Die aufgeführten Punkte sind inhaltlich komplett und korrekt, sie sind jedoch nicht komplett in **Ordnung.** Gerade wenn sie eine hohe Informationsdichte aufweisen, benötigen Texte eine ansprechende Strukturierung:

### Was heißt Ordnung?

Der Text ist in einem Zustand, der es erlaubt, den Leser an gewünschte Ziele zu führen, etwa zur Aufnahme der Informationen.

### Wie geschieht das?

Über das Sortieren. Text-Elemente werden ausgelesen, beurteilt (z. B. nach Umfang, Relevanz), in Zusammenhänge gesetzt, in Gruppen (Einheiten) eingeteilt.

### Was kann alles noch sortiert werden?

Praktisch alles. Daten, Zahlen, Bilder.

### Gibt es Hilfsmittel?

Texte werden in Absätze gebündelt.
Bei komplexeren Strukturen werden gerne Listen, Tabellen, Verzeichnisse verwandt.
Ebenso Aufzählungen und Nummerierungen.

### Was wird damit erreicht?

Es sieht aufgeräumt aus. Der Leser findet sich schneller zurecht.

### Worauf ist noch zu achten?

Das Sortieren von Text-Elementen kann zu einer Rangordnung führen. Hier sollten die Text-Elemente ihrer Wertigkeit nach angeordnet werden: Relevantes steht vor Nebensächlichem. Neues steht vor Altem.

### Bedeutet Ordnung wirklich das halbe Leben?

Der Begriff der Ordnung kommt so gut wie überall vor. Er bildet einen festen Bestandteil in der Biologie, Psychologie, Soziologie, Elektronik, Rechtswissenschaft, Mathematik oder Architektur. Lediglich im Haushalt und bei der Textgestaltung gilt es noch Defizite aufzuarbeiten.

### Womit darf Ordnung nicht verwechselt werden?

Mit Zucht und Ordnung.

Die Überarbeitung

**Der Sprung von Qualität zu Exzellenz:**
**IT-Consulting und Software-Engineering von ▬▬**

Exzellente Software fördert optimale Geschäftsprozesse. Dies ist die
Kurzformel der Unternehmensphilosophie von ▬▬.

Unsere Kernkompetenzen liegen dabei
– in der IT-Management-Beratung
– im Requirements-Engineering
– in der Software-Entwicklung und Systemintegration
– im Software-Testmanagement.

Erst wenn diese Bereiche eng mit der Geschäftsstrategie verzahnt
werden, lassen sich angemessene und schnell einsetzbare Lösungen
verwirklichen.

▬▬ meistert seit über 20 Jahren die anspruchsvollen IT-Heraus-
forderungen zahlreicher internationaler Kunden.

Das heißt konkret:

– Wir konzipieren IT-Landschaften und einzelne Systeme –
  fachlich und technisch.
– Wir entwickeln neue Software, integrieren vorhandene Systemkomponenten, betreuen bewährte Applikationen und lösen Altsysteme ab.
– Wir planen und steuern Software-Tests und führen diese durch.

▬▬ ist aber nicht nur nah an den Aufgaben, sondern auch nah an den
Menschen.
Daher beraten wir den CIO und seine IT-Abteilung in Fragen des strategischen IT-Managements. Wir helfen Enterprise Architecture Management
einzuführen, die IT-Strategie zu definieren oder eine eigene Testabteilung
zügig aufzubauen.

Vorher/Nachher. // 125

## Beispiel 3 // Das Anschreiben eines Kreditinstituts,

**das seinen privaten Kunden mitteilen möchte, dass es sie noch besser beraten kann.**

Der Originaltext

Aktive Depotbetreuung – abhängige Managementgebühr.
Made in Holstein.

Sehr geehrter Herr Mustermann,

Kostolany's Börsenweisheit »Kaufen und liegen lassen« stimmt nur noch sehr
bedingt.

Wer im Januar 2000 in den DAX investiert hat, hatte im Januar 2010 12 %
Kursverlust! Wer im März 2003 gekauft und Ende 2007 verkauft hat, der hat
sein Kapital verdreifacht!

Dies zwingt viele Anleger zum Umdenken – auch Sie? Nutzen Sie Ihre
Chancen durch unsere »Aktive Depotbetreuung«. Und das Beste:

Eine Managementgebühr entsteht nur bei positiver Entwicklung und wird
performanceabhängig berechnet. Dieses Modell bietet Ihnen in Hamburg
nur ▬▬.

»Aktive Depotbetreuung« bedeutet, dass wir Ihr Depot hinsichtlich der
Struktur und den persönlichen Kurszielen überwachen. Sie erhalten von uns
regelmäßig Anlagevorschläge aus dem Universum von Einzelaktien, Anleihen, Zertifikaten, Fonds und ETF's. Dabei behalten Sie die volle Kontrolle und
Entscheidungsfreiheit. Darüber hinaus senden wir Ihnen einen vierteljähr-
lichen Depotauszug mit Performancemessung und Kapitalmarktbericht zu.
Unsere »Aktive Depotbetreuung« hat einen Namen: ▬▬. Die Top-Marke
für Ihre Finanzen.

Wenn Sie mehr erfahren wollen, schicken Sie mir bitte die beiliegende
Antwortkarte. Ich werde mich kurzfristig bei Ihnen melden.

Freundliche Grüße

Dazu Folgendes:

Dass schlechte Nachrichten besser seien als gar keine, mag im Journalismus stimmen. In der Werbung ist diese Aussage definitiv falsch. Hier verbieten sich nicht nur **negative Nachrichten,** auch **negative Worte** sollten vermieden werden. Denn sie erzeugen eine **negative Stimmung.**

Negatives wird automatisch im Gedächtnis gespeichert. Die schlechte Nachricht wird länger behalten als die gute. Das sollten sich alle Texter hinter die Ohren schreiben. Möglicherweise wird diese Gedächtnisleistung durch die Ausschüttung von Stresshormonen des limbischen Systems begünstigt, wie neuropsychologische Studien herausgefunden haben wollen. Aber das nur am Rande.

Zurück zum Text. Allein die Überschrift genügt, um abzuschrecken. Finanz-Chinesisch, in welchem die negativen Wörter »Abhängigkeit« und »Gebühr« auftauchen. Dazu noch das (oder die?) seltsame »Made in Holstein«. Wissen wir doch spätestens seit Heinz Erhardt, dass »Made in«-Formulierungen darauf hindeuten, dass ein Wurm darin stecken könnte. Wer dennoch in den Text einsteigt, wird nicht belohnt. Auch wenn wir voraussetzen, dass jeder (noch) Kostolany kennt: Wieso beginnt der Text mit einer »Weisheit«, die offensichtlich keine zu sein scheint, da sie ja der Überzeugung des Verfassers entgegensteht. Eine Weisheit, der ich nicht mehr vertraue? Seltsam. Warum suche ich nicht eine, die meine Überzeugung zum Ausdruck bringt? Mit einem »So wird es aber nicht gemacht« kann ich Menschen schlecht motivieren.

**Positiv** sollte man den Tag beginnen – und den Brief auch. Vor allem aber fragt sich der Leser: In welchem Zusammenhang steht die erste Aussage mit den nachfolgenden Beispielen? Wegen der unterschiedlichen Zeiträume scheint die Argumentation etwas willkürlich. Eine Kausalität ließe sich nämlich nur herstellen, wenn zumindest der Ausgangspunkt gleich gewählt worden wäre (also in beiden Fällen: Wer im März 2003 gekauft hat ...). Unglücklich ist auch, dass das erste starke Wort gleich ein negatives ist: Kursverlust! Auch der »Zwang zum Umdenken« macht den Text nicht gerade einladend.

Der eigentliche Informationsteil des Anschreibens wimmelt wiederum von **Fachbegriffen.** »Managementgebühr« und »Performancemessung« dürften viele Laien abschrecken. Wenn ich sie aber verwende, muss ich mir darüber im Klaren sein: Nicht jeder wird sie verstehen, also gilt es sie zu erklären. Leider ist der Brief zu sehr im Finanzjargon verhaftet und verliert sein Ziel aus den Augen: Er geht zu wenig auf den Kunden ein.

Gut möglich, dass Letzterem bei so viel Fachgeplänkel ein ganz anderes Kostolany-Zitat in den Ohren klingt: »Ich kann Ihnen nicht sagen, wie Sie schnell reich werden. Aber ich kann Ihnen sagen, wie Sie schnell arm werden. Indem Sie versuchen, schnell reich zu werden.«

Die Überarbeitung

**Ein Gewinn für Ihr Geld: die aktive Depotbetreuung**

Sehr geehrter Herr Mustermann,

eine süffisante Weisheit aus der Welt der Finanzen besagt: Bevor Sie Ihr gesamtes Geld anlegen, sollten Sie erst etwas Zeit investieren. In diesem Sinne bitte ich Sie um einen Moment Aufmerksamkeit. Er lohnt sich.

Bestimmt haben auch Sie schon davon gehört, dass sich die Wirtschaft im Aufwind befindet, viele Unternehmen mit Gewinnen rechnen – und demnach wieder satte Renditen locken.

Viele Anleger möchten nun die Gunst der Stunde nutzen und am Erfolg teilhaben. Sie auch?

Dabei ist es aber wichtig, dass Sie Ihr Erspartes nicht nur richtig anlegen, sondern auch stets gut betreut wissen. Und dafür gibt es unsere aktive Depotbetreuung.

Was »aktive Depotbetreuung« bedeutet?
Wir überwachen Ihr Depot – damit die Zusammensetzung stimmt und Kursziele erreicht werden.

Konkret heißt das:
Sie erhalten von uns regelmäßig Anlagevorschläge (etwa für Einzelaktien, Anleihen, Zertifikate oder Fonds). Darüber hinaus informieren wir Sie über die Erfolgsaussichten der Kapitalanlagen. Diese Informationen (»Performancemessung«) senden wir Ihnen vierteljährlich mit einem Kapitalmarktbericht sowie Ihrem Depotauszug zu.

Die aktive Depotbetreuung mit dem Namen » ▬▬ « ist unser Weg, Ihre Geldanlage so sicher, profitabel und transparent wie möglich zu machen.

Sie nutzen unsere Kompetenz, behalten dabei jedoch stets die volle Kontrolle und Entscheidungsfreiheit. Übrigens: Dass wir für diese Dienstleistung nur bei einer positiven Entwicklung etwas verlangen, ist für uns selbstverständlich – in Hamburg jedoch einzigartig.

Möchten Sie mehr über unsere aktive Depotbetreuung erfahren?
Dann schicken Sie uns einfach die beiliegende Antwortkarte.

Mit freundlichen Grüßen

128 // Geht doch.

## Beispiel 4 // Eine Anzeige eines Technologie-Unternehmens,
**die jugendliche Bewerber anlocken soll.**

**Der Originaltext**

Innovationen für die Zukunft

Bei ▬▬▬ werden fast täglich neue elektrotechnische Produkte entwickelt. Die braucht man im Wesentlichen als Verbindungstechnik in der Industrie und auch zum Schutz von Geräten und Anlagen vor Überspannungen, wie sie zum Beispiel durch Blitzschlag auftreten. Dazu kommen Produkte für die Automatisierungstechnik, welche die Datenkommunikation übernehmen. Außerdem bieten wir Module zur Signalanpassung rund um die Steuerung an.

Ein Weltmarktführer in der Elektrotechnik

Die Produkte von ▬▬▬ sind auf der ganzen Welt sehr gefragt. Deshalb gibt es uns in über 47 Ländern. Insgesamt beschäftigen wir mehr als 9900 Mitarbeiterinnen und Mitarbeiter!

**Dazu Folgendes:**

Schlagwörter heißen so, weil man sich von ihnen eine gewisse Schlagkraft verspricht. Wikipedia hält für das **Schlagwort** folgende Definition parat: »Als Schlagwort (englisch *buzzword* oder *catchword*, französisch *slogan*) bezeichnet man einen Begriff oder Spruch, mit dem beim Zuhörer um besondere Beachtung gebuhlt wird.«
Um diese Beachtung möchte der Absender bei seinen potenziellen Lesern auch buhlen. Schließlich geht er mit dieser Anzeige auf Lehrlingssuche. Doch ob er mit der schlagwortlastigen **Headline** »Innovationen für die Zukunft« bleibenden Eindruck hinterlassen kann, erscheint fraglich.
»Innovationen für die Zukunft« könnte auch der Slogan irgendeiner Industrie-Tagung, eines Wirtschaftskongresses oder selbst eines Parteitages sein. Weil Schlagwörter zwar wichtig klingen, aber nichts aussagen, werden sie oft als **Worthülsen** enttarnt. Die Zeile verkommt zur **Phrase.** Eine Botschaft ist darin ebenso wenig zu erkennen wie der Absender dahinter.
Wie sollte sich ein Jugendlicher von solch einer Zeile angesprochen fühlen? Wo wird er hier angesprochen? Wo auf seine Situation eingegangen? Wo steckt denn hier sein Nutzen? Die Überschrift ist ein schönes Beispiel für Werbedeutsch. Sie führt starke Wörter, aber kein **Nutzenversprechen** für den Leser. So kann keine Neugierde erzeugt werden.

Der Fließtext reißt kurz die Aufgaben und Produkte der Firma an. Er nimmt sich dabei jedoch sehr zurück und relativiert die Bedeutung des Unternehmens. Es gibt aber nicht »einen« Weltmarktführer. Entweder ist man »der« Weltmarktführer oder »eines der führenden« Unternehmen. Was der Text nicht transportiert, sind die Begeisterung und der Teamgedanke, die das Unternehmen kennzeichnen. Für einen potenziellen Bewerber sind diese Punkte aber von großer Bedeutung. Es fehlt eine persönliche Ansprache, vermutlich um Bewerber weder duzen noch siezen zu müssen. Vor allem fehlt aber der Bezug zur Lebenswirklichkeit des Lesers. Was sind denn seine Interessen, seine Ansprüche an einen Ausbildungsplatz?

Die Überarbeitung

**Entwickle faszinierende Technik,
entwickle Begeisterung,
entwickle Deine Zukunft.**

Wusstest Du, dass sich weltweit über vier Millionen Blitze entladen? Täglich! Dies ist ein Grund, weshalb die Industrie eine Top-Technik benötigt. Und zwar eine Technik, die ihre Geräte und Anlagen absolut zuverlässig vor Überspannungen schützt. Wir von ▬▬ liefern diese Technik in die ganze Welt. Darin steckt jedoch nur ein Teil unseres Könnens. Unsere Produkte sichern zum Beispiel auch die Übertragung von Daten oder helfen Maschinen zu steuern. Jeden Tag entwickeln bei uns Kollegen leidenschaftlich Ideen für neue elektrotechnische Produkte.

Dass wir auf der ganzen Welt gefragt sind, zeigen diese Zahlen: ▬▬ gibt es in 47 Ländern und beschäftigt 9.900 Mitarbeiterinnen und Mitarbeiter. Es gibt aber noch genügend Platz für kluge Köpfe. Kannst auch Du Dich für die spannende Arbeit bei einem Global Player der Elektrotechnik begeistern?

130 // Geht doch.

## Beispiel 5 // Der Internet-Text eines Konzerns,
**der Einkäufer von Fluggesellschaften von der Notwendigkeit eines
neuen Produktes überzeugen soll.**

**Der Originaltext**

Electronic Flight Deck Solutions

Für einen optimalen Flugbetrieb benötigen Airlines hochwertige Daten und
eine umfassende Systemunterstützung. ▬▬ bietet innovative IT-Lösungen
zur Unterstützung sämtlicher operationeller Prozesse rund um das Cockpit, die in einem Electronic Flight Bag (EFB) – unserem ▬▬ – integriert
werden.
▬▬ optimiert die Informationsprozesse im Cockpit und erfüllt die strengen Anforderungen an Informationsqualität und Verarbeitungsgeschwindigkeit. Es integriert eine Vielzahl von Applikationen zur papierlosen Flugvorbereitung und -durchführung. Dabei greifen die einzelnen Module auf
eine gemeinsame Datenbasis zu und tauschen Informationen untereinander
aus. So ist gewährleistet, dass während des gesamten Fluges einheitliche
Informationen zur Verfügung stehen. ▬▬ ermöglicht den Online-Zugriff
auf aktuelle operative Daten und andere wichtige flugbezogene Dokumente.
▬▬ EFB-Lösung ist unabhängig von Hardware und Flugzeugtyp. Sie kann
sowohl als Class-1-Lösung auf Notebooks eingesetzt werden, als Class-2-
Lösung im Cockpit installiert oder mit einer Class-3-Onboard-Information-
Lösung integriert werden. ▬▬ trägt damit nicht nur dazu bei, die Papier-
menge im Cockpit zu reduzieren, sondern es ist auch flexibler, kosteneffizien-
ter und leistungsfähiger als Lösungen, die nur in bestimmten Flugzeugtypen
eingesetzt werden können.
Beispiele für Applikationen unserer ▬▬ -Lösung sind:

▬▬ 2

Der ▬▬ 2 bündelt alle flugrelevanten Daten und Dokumente in einer
standardisierten Struktur. Die inhaltliche Verwaltung übernimmt dabei das
Daten Management System des ▬▬.

Der ■■■■ 3

Der ■■■■ 3 erleichtert die elektronische Anzeige der allgemeinen operationellen Handbücher, der Minimum Equipment List (MEL) und aller weiteren flugzeugspezifischen Dokumente. Highlight der Lösung ist, dass der Pilot persönliche Lesezeichen und Ergänzungen setzen kann, um so während des Fluges schneller auf für ihn relevante Textstellen zuzugreifen.

■■■■ 4

Die elektronischen Navigationskarten von ■■■■ ermöglichen Piloten alle flugrelevanten Informationen auf einen Blick zu erfassen. Das Kartenangebot von ■■■■ 4 umfasst die Darstellung der Rollwege auf Flughäfen ebenso wie An- und Abflugkarten und eine weltweite, nahtlose Streckenkarte.

■■■■ 5

Die optimalen Take-off-Daten unter Berücksichtigung aller relevanten Faktoren – dazu zählen auch die Hindernisdaten und EOSIDS – berechnet ■■■■ 5. Durch die Optimierung können Wartungsereignisse reduziert, Material geschont und Treibstoff eingespart werden.

■■■■ 6

■■■■ 6 ist ein äußerst leistungsfähiges Produkt zur Verwaltung, Entwicklung und Bereitstellung von strukturierten XML-Daten für den Flugbetrieb. Mit Hilfe dieser Lösung werden die relevanten Daten in das ■■■■ eingespielt.

Dazu Folgendes:

Wer wüsste besser Bescheid über ein Produkt als der Ingenieur, der dieses Produkt entworfen und realisiert hat? Es ist nachvollziehbar, dass diese Fachleute sehr darauf achten, dass alles äußerst präzise wiedergegeben wird. **Fachtermini** sind in ihrer Kommunikation keine akademische Prahlerei, sondern Ausdruck der Expertise. Fachlatein ist ihre Umgangssprache. Um es klar zu sagen: Ingenieure dürfen und sollen in ihrem **Fachjargon** kommunizieren – wenn sie unter sich sind.

Der Ehrenkodex der Wissenschaft wird außer Kraft gesetzt, sobald Laien die Bühne betreten. Wenn Techniker zu Einkäufern reden, sollte die Sprachebene entsprechend angepasst werden. Oder noch besser, Techniker überlassen das Kommunizieren Menschen, von denen sie ansonsten eher wenig halten – den Leuten vom Marketing. Die mühen sich hier auch redlich. Bereits in den ersten beiden Sätzen fallen die ach so wichtigen **Adjektive** in der Verkaufskommunikation: optimal, hochwertig, umfassend und innovativ.

Gibt es ein Handbuch für Werbetexter, das vorschreibt diese Vokabeln zu verwenden? Vielleicht wollen uns diese positiv aufgeladenen Wörter ermuntern, den Text durchzuackern? Und das loht sich. Denn ironischerweise handelt dieser Text davon, überflüssige Handbücher einzusparen.

Also klappen auch wir das veraltete Handbuch für Werbetexte zu und konzentrieren uns auf das Wesentliche. Schließlich ist auch dies eine Botschaft, die im Originaltext mitgegeben wird – wenn man nur gründlich liest. Überhaupt stehen da sehr viele kluge Sachen drin: »optimiert die Informationsprozesse«, »erfüllt die strengen Anforderungen an Informationsqualität und Verarbeitungsgeschwindigkeit«, »integriert eine Vielzahl von Applikationen«, »greifen die einzelnen Module auf eine gemeinsame Datenbasis zu« und vieles mehr.

Doch der große Knalleffekt (wenn man in diesem Zusammenhang diese Wendung überhaupt verwenden darf) mag sich nicht so recht ergeben. Denn die wichtigste Aussage droht in den Ausführungen unterzugehen. Man muss schon genauer hinschauen: »papierlose Flugvorbereitung und -durchführung«.

So steht das da. Völlig unprätentiös, fast schon nebensächlich. Und dabei steckt in diesen Worten alles. Deshalb wurde dieses Produkt erfunden, deshalb soll man es kaufen, ja, deshalb wurde dieser Text überhaupt geschrieben. Und deshalb ist Bescheidenheit an dieser Stelle keine Zier, sondern kontraproduktiv.

Der **Nutzen** muss in den Vordergrund, auf den ersten Blick erkennbar sein. Alles, was sich der potenzielle Einkäufer wünscht, muss ihm in den ersten Zeilen präsentiert werden. Kurz und knackig folgen die Produktvorteile bzw. Features. Fertig. Mehr will er doch gar nicht lesen. Oder anders gesagt: Wie soll er denn glauben, dass das Produkt das Fliegen vereinfachen kann, wenn schon der Begleittext derart kompliziert ist?

Die Überarbeitung

**Das Ende des Papierzeitalters im Luftverkehr – ▬**

Sie wissen, was Piloten vor und während des Fluges leisten müssen: Handbücher wälzen, Betriebsanleitungen und flugspezifische Dokumente studieren, Navigations-, An- und Abflug- sowie Streckenkarten lesen. Daher wissen Sie auch, welche Vorteile ein papierbefreites Cockpit mit sich bringt: Der Pilot hat Kopf und Hände frei, um sich ganz auf das Wesentliche zu konzentrieren – auf das Fliegen.

▬ bringt den modernen Flugverkehr auf den Weg. Denn wir stellen das Cockpit von Papier auf Elektronik um.

▬ integriert eine Vielzahl von Anwendungen, um einen Flug papierlos vorzubereiten und durchzuführen. Bei dieser IT-Lösung greifen die einzelnen Module auf eine gemeinsame Datenbasis zurück. Das heißt: Piloten und alle Airline-Mitarbeiter verfügen während eines Fluges über einheitliche Informationen. Alle Vorteile im Überblick:

▬

– unterstützt sämtliche operationellen Prozesse rund um das Cockpit.
– reduziert die logistischen Herausforderungen während des Flugbetriebes auf ein Minimum.
– ist flexibel als Class-1-Lösung (Notebook), Class-2-Lösung (im Cockpit installiert) oder Class-3-Lösung (Onboard Information) einsetzbar.
– ist hardwareunabhängig.
– ist unabhängig vom Flugzeugtyp.

Unsere IT-Spezialisten haben die ▬-Lösung gemeinsam mit Piloten und Luftfahrtingenieuren entwickelt. Sie beinhaltet auch folgende Anwendungen:

– Der ▬ 2 bündelt alle flugbezogenen Daten und Dokumente.
– Der ▬ 3 zeigt Betriebsanleitungen und andere flugspezifische Dokumente elektronisch an.
– Die elektronischen Navigationskarten von ▬ 4 liefern alle relevanten Fluginformationen.
– ▬ 5 berechnet die optimalen Einstellungen für den Start.
– ▬ 6 verwaltet, entwickelt und stellt alle strukturierten XML-Daten für den Flugbetrieb bereit.

▬ ist damit die einzige flexible Lösung für alle Flugzeugtypen.

## Beispiel 6 // Text-Auszug aus einer Broschüre einer Versicherung.
**Er soll die zusätzliche Altersvorsorge schmackhaft machen.**

Der Originaltext

Mehr Sicherheit im Alter!

Nutzen Sie das Extra-Geld vom Staat, das Angestellten zusteht!

Wir werden alle älter. Fragt sich nur: Womit?

Die Lebenserwartung steigt immer weiter an, die Geburtenraten jedoch sinken kontinuierlich. Das staatliche Rentensystem, das vor über 100 Jahren eingeführt wurde, ist überholt. Auch der Gesetzgeber hat diese Entwicklung längst erkannt und mit seinen Reformen die Weichen gestellt. Das Rentenniveau wurde gesenkt, und natürlich soll auch die Anhebung des Renteneintrittsalters auf 67 Jahre für Entlastung sorgen.
Länger arbeiten, weniger bekommen. Und selbst mehr tun!

Zu den Maßnahmen, die die Altersvorsorge langfristig sichern sollen, gehört vor allem auch die Förderung der Eigeninitiative. Sie müssen sich demnach selbst mehr um die finanzielle Absicherung im Alter kümmern. Dabei können Sie jedoch auf staatliche Hilfe bauen, denn bestimmte Formen der privaten Altersvorsorge werden gefördert: z. B. die sogenannte Riester-Rente, die staatliche Zulagen vorsieht. Bei uns heißt sie ▬▬. Und die bietet Ihnen nicht nur das Extra-Geld vom Staat. Sondern überzeugt mit einer ganzen Reihe interessanter Argumente und Möglichkeiten!

▬▬ zum Thema ▬▬:

»Im Idealfall ruht Ihre Altersvorsorge auf drei Säulen. Die gesetzliche Rentenversicherung ist eine davon, aber aufgrund der Bevölkerungsentwicklung denkbar schwach. Sie möchten mit unserer ▬▬ diese Schwäche zum Teil ausgleichen? Dann sollten wir mal darüber reden.«

`Dazu Folgendes:`

Dass Werbung nicht bei allen Menschen beliebt ist, um es mal vorsichtig auszudrücken, hat einen bestimmten Grund. Viele Menschen fürchten, die Werbung versuche ihnen etwas zu verkaufen, was sie gar nicht wollen. Und um dieses Ziel zu erreichen, arbeite Werbung mit perfiden Methoden, etwa **nicht näher nachprüfbaren Tatsachenbehauptungen.** Hilft der Arzneikürbis wirklich gegen Blasenschwäche? Gibt es überhaupt einen Arzneikürbis? Oder wurde der extra für die Werbung erfunden?

Manche Wörter haben sich so in unser Gehirn eingebrannt, dass sie allgegenwärtig scheinen. Man muss sie gar nicht mehr benennen. Welches Wort fällt Ihnen ein, wenn Sie den vorhergehenden Beispieltext gelesen haben? Natürlich. Die Renten-Lücke. Und dieser Text macht es wirklich gut, schürt die Angst beim Leser. Das Wort selbst fällt nicht. Und das ist gut so. Schließlich sollen gute Texte möglichst ohne negative Wörter auskommen. Was aber bleibt, ist dieser bedrohliche Tonfall.

»Wir werden alle älter ...« Ist dies nun gut oder schlecht? Hier klingt es fast schon nach einer Drohung. Auch der zweite Teil der Überschrift ist in Moll gehalten: »Fragt sich nur: Womit?« Na ja, denkt sich der Leser, wenn die es schon nicht wissen – und verabschiedet sich.

Der Fließtext beginnt dann mit einem positiven Sachverhalt, der aber sofort mit negativen Mitteilungen übertüncht wird. Offensichtlich soll der Leser schlechte Laune bekommen: die Geburtenrate sinkt, das staatliche System ist überholt, die Belastungen steigen.

Sind Sie noch da? Dann muss der Text wohl noch deutlicher werden. Alles ist schlecht, denn: »Länger arbeiten, weniger bekommen. Und selbst mehr tun!« Und damit Sie wissen, dass Sie das hier alles nicht zu Ihrem Vergnügen lesen, kommt etwas **Versicherungsdeutsch** noch obendrauf: »Zu den Maßnahmen, die die Altersvorsorge langfristig sichern sollen, gehört vor allem auch die Förderung der Eigeninitiative.«

Das Text-Muster ist uns nur zu gut vertraut. Es wird ein Drohkulisse aufgebaut, die nur durch ein bestimmtes Angebot eingerissen werden kann. Es wird versucht, aus der Unsicherheit des potenziellen Kunden Kapital zu schlagen. Das kann man machen. Sollte man es aber auch?

Wäre es nicht besser, die Aussagen des Textes in eine freundlichere und frischere **Tonalität** zu übertragen?

Bildhafte und vor allem positiv besetzte Begriffe sorgen für eine angenehme Stimmung beim Leser und erhöhen so auch seine **Lese-Motivation.**

Dass nicht alles gut läuft, weiß der Leser auch. Das muss ihm nicht unter die Nase gerieben werden. Wofür er sich aber viel mehr begeistern kann, sind die Antworten, wie es besser geht.

In diesem Sinne wurden die Überschriften umgestaltet. Von der Drohkulisse zur Zukunftsperspektive. Vom Problem zur Lösung.

Ähnliches gilt auch für die Textblöcke. Der **positive Einstieg** wird nicht nur deutlicher herausgehoben, sondern weitergeführt. Schon klingt der Text viel weniger deprimierend als im Original. Auch hier gilt: Aktiv Lösungen suchen, statt bestehende Mangel zu beklagen. Zudem präsentiert sich die überarbeitete Version viel umgangssprachlicher und aktiver. Der Text bleibt näher an den Wünschen und Bedürfnissen der Kunden (»Keine Angst: Sie tragen die Kosten nicht alleine«).

Fazit: Die viel geschmähte Werbung hätte es oft viel einfacher, wenn sie es schaffen würde, viel mehr positive Bilder im kollektiven Gedächtnis zu verankern. Rentenlückenlos.

Die Überarbeitung

**Für Kaiser-Wetter im zweiten Frühling.**

So sichern Sie sich das Extra-Geld vom Staat.

Zum Glück werden die Menschen immer älter.
Und wir sagen Ihnen auch womit.

Die gute Nachricht vorweg: Die Menschen in Deutschland leben immer länger. Zu einer rundum positiven Entwicklung in unserem Land fehlt nur eines: der Nachwuchs. Da die Geburtenrate aber nicht mitkommt, bedeutet dies: Unserem bewährten Rentensystem muss nach über 100 Jahren nachgeholfen werden. Wie reagiert der Staat? Er senkt das Rentenniveau und erhöht das Eintrittsalter in die Rente. Und wie reagieren Sie? Wir zeigen Ihnen einen Weg, wie Sie auch im Alter gut leben.

▬▬▬: Der beste Weg, um später nochmal richtig aufzublühen.

Das wissen Sie: Sie müssen selbst etwas dafür tun, wenn Sie im Alter einen angemessenen Lebensstandard halten wollen. Doch keine Angst: Die Kosten tragen Sie nicht alleine. Je nach Form der Altersvorsorge können Sie auf die Hilfe des Staates zählen. Zum Beispiel bei der Riester-Rente. Diese heißt bei uns ▬▬▬. Sie bietet Ihnen neben dem Extra-Geld vom Staat eine Menge interessanter Möglichkeiten.

▬▬▬ zum Thema ▬▬▬:

»Kennen Sie das auch? Manche Entscheidungen schiebt man gerne auf die lange Bank. Vor allem, wenn etwas finanziert werden soll. Das ist nur zu verständlich. Mehr Geld ausgeben will niemand. Ich auch nicht. Aber oft übersieht man auch die Folgen, wenn man zu lange mit einer Entscheidung wartet. Da ist die Meinung eines Dritten ganz hilfreich. Deswegen biete ich Ihnen an: Lassen Sie uns darüber reden, was heute eine private Altersvorsorge überhaupt bedeutet. Ganz unverbindlich natürlich.«

## Beispiel 7 // Einladung eines Finanz-Unternehmens an gute Kunden.
**Als Dankeschön erhalten diese VIP-Karten für ein Fußball-Länderspiel.**

`Der Originaltext`        ▬ trifft wieder auf die Niederlande

Sehr geehrter ▬,

rund ein halbes Jahr nach der Platzierung unseres letzten Immobilienfonds heißt es Anstoß – und zwar in doppelter Weise:

1. Wollen wir mit Ihnen auf den Vertriebserfolg unseres ▬ Immobilienfonds 3 anstoßen.
2. Laden wir Sie als Dankeschön für Ihr Engagement bei der Mitplatzierung des Fonds herzlich zum Anstoß des Länderspiels Deutschland–Niederlande ein.

Seien Sie dabei:
– am Dienstag, den 15. November, Anpfiff ist um 20:45 Uhr,

– in der Hamburger »Imtech-Arena«.

Erleben Sie mit uns einen spannungsreichen Abend im VIP-Bereich des Stadions. Für Ihr leibliches Wohl wird selbstverständlich gesorgt sein. Bitte schicken Sie Ihre verbindliche Zusage bis zum 26.10. per Mail an ▬@▬.de. Im Anschluss erhalten Sie Ihre persönliche Eintrittskarte und weitere Informationen zum Treffpunkt und zur Anreise.

Mit freundlichen Grüßen

**Dazu Folgendes:**

Die Überschrift »▬▬ trifft wieder auf die Niederlande« beinhaltet leichten **Wortwitz,** indem die Tätigkeit der Firma (Stichwort Hollandfonds) mit dem Besuch des Länderspiels in Zusammenhang gebracht wird. Dennoch bleibt die Überschrift »auf halber Strecke stehen«, das heißt, sie reizt die wortspielerischen Möglichkeiten nicht vollständig aus.

Die heiter-leichte Tonalität setzt sich im Anschreiben fort. So wird weiter auf Wortspielereien gesetzt, etwa durch die doppelte Bedeutung des Begriffs »Anstoß«. Muss man den Lesern das aber so ausführlich erklären? Dass ein Fußballspiel und auch mit Gläsern angestoßen wird? Wenn zu viel auf die mentalen Fähigkeiten der Leser Rücksicht genommen wird, kann auch daran Anstoß genommen werden. Zumindest aber geht der Schwung des Textes verloren.

Gar nicht mehr witzig sind die vielen **Imperative** in diesem Schreiben. »Seien Sie dabei«, »Erleben Sie mit uns«. Wer so kommuniziert, büßt eine Menge Charme ein. Diese **»Mach mal!«-Sprache** soll dazu dienen, die Empfänger der Botschaft zu aktivieren. Sie dürfte aber bei nicht wenigen zu Abwehrreflexen führen. Denn, auch wenn die Aufforderung einen positiven Inhalt transportieren soll (»Tu dir doch was Gutes«), bleibt sie dennoch eine Mitteilung im Befehlston. Merke: Der Imperativ entlarvt nicht selten eine Botschaft als Werbung – und kann zu verweigernden Trotzreaktionen führen.

Leider kommen aber nicht nur die Imperative abgedroschen daher, sondern auch einige schon zu oft gehörte Phrasen: »Erleben Sie mit uns einen spannungsreichen Abend«. Woher weiß der Absender, dass das Fußballspiel nicht in einer müden Null-Null-Nummer endet? »Für Ihr leibliches Wohl wird … gesorgt sein.« Das heißt es auch bei allen Dorffesten. Und dann gibt es heiße Würstchen. Fraglich ist auch, warum der letzte Absatz so bürokratisch daherkommen muss: »Schicken Sie Ihre verbindliche Zusage«, »Im Anschluss erhalten Sie …«.

Um es kurz zu machen. Es gibt nicht viele Gelegenheiten für Texter, aus dem starren Korsett von inhaltlichen und strukturellen Vorgaben zu entweichen. Wenn daher mal ein Freiraum für eine freie, launige Gestaltung gegeben ist, dann sollte der auch genutzt werden. Das darf dann auch mal selbstironisch sein. Und wenn man es geschickt verpackt, darf sogar ein bisschen Werbung sein. Zum Beispiel in der **PS-Zeile** versteckt.

140 // Geht doch.

Die Überarbeitung

**1974, 1988, 1990:**
**Der Fußball-Klassiker findet seine Fortsetzung.**
**Aber diesmal sind Sie dabei.**

Sehr geehrter ▬▬,

▬▬ und die Niederlande passen bestens zusammen – wenngleich wir es ausnahmsweise verstehen würden, wenn Sie diesmal gegen die Niederlande wären. Dabei sein sollten Sie aber auf jeden Fall.

Wir laden Sie ein:

In die Hamburger »Imtech-Arena«
Am Dienstag, den 15. November
Zum Fußball-Klassiker Deutschland–Niederlande

Der Anstoß auf dem Rasen ist um 20.45 Uhr. Wir möchten aber gerne schon zuvor mit Ihnen anstoßen. Und zwar im VIP-Bereich des Stadions. Als Dankeschön für Ihr Engagement bei der Mitplatzierung unseres Immobilienfonds 3 werden Sie dort auch den gesamten Abend verwöhnt – zumindest, was das Essen angeht.

Bitte schicken Sie Ihre Zusage an ▬▬@▬▬.de. Sobald sie eingegangen ist, erhalten Sie Ihre persönliche Eintrittskarte und weitere Informationen zum Treffpunkt und zur Anreise.

Wir freuen uns.

Mit freundlichen Grüßen

PS: Das Hamburger Analysehaus ▬▬ bewertet unseren Immobilienfonds 3 mit der Bestnote 1,87. Welche Noten wohl die Spieler in der Hamburger Arena erhalten? Urteilen Sie selbst live vor Ort.

Vorher/Nachher. // 141

## Beispiel 8 // Anzeige eines Kfz-Teile-Herstellers,
**die gezielt Werkstätten-Besitzer ansprechen soll.**

**Der Originaltext**

Einfach, schnell und gut:

▬▬ ▬▬

▬▬ ▬▬▬ – hohe Qualität zu attraktiven Preisen.

Kunden achten auf Qualität. Aber auch auf den Geldbeutel. Daher sind Austauschprodukte heute wichtiger Bestandteil im Angebot von Handel und Werkstätten. Neben den Klassikern im Austausch – Startern, Generatoren und Bremssätteln – sind vor allem moderne Benzin- und Diesel-Einspritzsysteme zunehmend gefragt. Das ▬▬▬ ▬▬▬ Austauschprogramm ist die Lösung für ein kontinuierlich wachsendes Werkstattgeschäft. Die Breite des Angebots für alle gängigen Typen und die von Millionen Kunden geschätzte ▬▬▬-Qualität machen ▬▬▬ ▬▬▬ zu einem internationalen Qualitätssymbol.

**Dazu Folgendes:**

Werbetexte zeigen sich gerne ausgeschmückt. Blumig formulierte Passagen kompensieren dann Inhalte. Wenn der Texter nichts mehr zu erzählen weiß, greift er auf ein paar schön klingende und massenhaft erprobte Sentenzen zurück. **Werbe-Prosa** könnte man dies nennen. Doch worauf der Texter selbst stolz ist, kommt in der Kommunikation nicht immer gut an. Vor allem dann nicht, wenn die Zielgruppe selbst aus Geschäftsleuten besteht. Das Problem ist nämlich Folgendes: Die Kunden kennen die angepriesenen Produkte oft viel besser als die Texter.

In dieser Anzeige ist genau dies der Fall. Werkstätten kennen das Angebot. Und erst recht kennen sie natürlich ihre Kunden. Wer wüsste besser als ein Werkstattbesitzer, wie sehr die Qualität seiner Arbeit entscheidend ist und wie wenig Kunden bezahlen wollen?

Alles, was hier geäußert wird, ist Werbe-Blabla. Und das noch in belehrender Form. Spätestens wenn das vollmundige Versprechen vom »kontinuierlich wachsenden Werkstattgeschäft« und das Eigenlob von der »von Millionen Kunden geschätzten Qualität« kommt, schwillt dem Leser der Kamm. Wie überhaupt auffällt, dass der Leser nicht nur nicht angesprochen wird, sondern der Text am Schluss in ein rein selbstgefälliges Geschwafel mündet. »Internationales Qualitätssymbol«. Alles klar. Und weg.

Auch innerhalb der **B-to-B-Kommunikation** gilt es Folgendes zu beachten: Rede nicht über deinen Leser, sondern mit ihm. Was aber wichtiger ist: Belehre ihn nicht, denn er ist der Experte. Und was die Textgestaltung betrifft:

Punkt 1: Ein X bleibt ein X. Und wird auch in Werbetexten zu keinem U.
Punkt 2: Fachleute kennen noch die Goldwaage. Und packen gerne Wörter drauf.
Allen Werbeliteraten sei daher gesagt: B-to-B ist nicht zu verwechseln mit To be
or not to be. Es kann aber damit zusammenhängen. Denn, wer seine Existenz als
Texter nicht gefährden möchte, verzichte auf Lyrik. B-to-B-Texte können einfach
sein und müssen einfach sein. Und so lautet der gesamte Inhalt dieser Anzeige
zusammengefasst:
»Wir wissen, du hast keine Zeit, möchten dich aber darauf hinweisen:
Dieses Angebot könnte interessant für dich sein.«
Und selbst das wird für manchen Empfänger schon zu umfangreich sein.

`Die Überarbeitung`

**Prima Tauschgeschäft anzubieten:**
▬▬ ▬

Schnell wechseln? Schnell durchlesen:

Da müssen Sie Kunden nicht viel erklären.
Original ▬▬-Qualität zu sehr günstigen Preisen:

– Starter
– Generatoren
– Bremssättel
– Benzin- und Diesel-Einspritzsysteme

Mit dem Austauschprogramm ▬▬ ▬▬ geht es
einfach schneller.

## Beispiel 9 // Akquise-Anschreiben einer Zeitschrift,

**das Unternehmen dazu anregen soll, in einer Sonderbeilage zu inserieren.**

`Der Originaltext`

Die Redaktionsbeilage zur Konferenz
Am 23. September in der ▬▬-Zeitung und am 24. September
in der ▬▬ 2-Zeitung.

Sehr geehrte Frau Muster,

demographischer Wandel, Arbeitsmarkt, Euro-Krise – um die Zukunft erfolgreich zu gestalten, muss sich Deutschland vielen Herausforderungen stellen.

Auf welche Stärken man sich dabei besinnen kann und welche Schwächen es auszugleichen gilt, darüber diskutieren Entscheidungsträger und andere kluge Köpfe auf der Konferenz »Denk ich an Deutschland« am 28. September 2012 in Berlin.

Gemeinsam mit der ▬▬-Gesellschaft veranstaltet die ▬▬-Zeitung diese Konferenz und veröffentlicht zu diesem Anlass die gleichnamige Redaktionsbeilage.

Themenauswahl:
Lebenswerte und -entwürfe: Ein Interview mit Angela Merkel
Konstanten: Lebensstationen und wie wir mit ihnen umgehen
Demographische Befunde: Was ist den Deutschen wichtig im Leben?

Erscheinungstermin
Sonntag, 23. und Montag, 24. September 2012

Anzeigenschluss
Donnerstag, 23. August 2012

Mit welchen Ideen und Innovationen gestalten Sie die Zukunft? In diesem hochkarätigen Umfeld können Sie Ihr Unternehmen optimal präsentieren.

Ihre Fragen und Wünsche besprechen wir gerne persönlich mit Ihnen.
Ein Anruf genügt.

Mit freundlichen Grüßen

Dazu Folgendes:

Das Mailing ist wirklich gut geschrieben. Es ist übersichtlich strukturiert und in mehrere lesefreundliche Absätze gegliedert. Darüber hinaus arbeitet es mit Aufzählungen und Fettungen, um Wichtiges hervorzuheben und um auch den Quer- bzw. Ergebnislesern Rechnung zu tragen. Es beginnt mit **Beispielen** aktueller, politisch brisanter Themen, die den Leser in das Mailing hineinziehen sollen. Danach folgen **Zielsetzung und Inhalte** der Veranstaltung »Denk ich an Deutschland«. Dies ist ein gelungener Aufbau für eine Einladung zu dieser Veranstaltung

Stopp!

Alles zurück. Dies ist ja gar keine Einladung für die Konferenz, dies ist die Einladung, um eine Anzeige zu schalten. Es geht hier also gar nicht in erster Linie um die Veranstaltung, sondern um die Redaktionsbeilage. Genauer: Der Empfänger dieses Mailings soll in dieser Beilage inserieren.

Das wird aber erst zu spät deutlich.

Stopp!

... werden jetzt einige rufen, das stehe doch dick in der **Betreffzeile.**

Richtig, aber: Einspruch abgelehnt.

Mit dieser Begründung könnte man sich den gesamten Brief sparen und nur auf die Kraft dieser einen Zeile vertrauen. Wer sich aber die Mühe macht, einen Brief zu verfassen, sollte die Möglichkeiten dieses Mediums auch nutzen. Und das heißt in diesem Fall: Das Mailing muss schneller auf den Punkt kommen und den Leser früher über seine Vorteile informieren.

Die entscheidende Frage lautet hier doch: Warum sollte er oder sie in dieser Beilage inserieren? Tatsächlich liefert auch das Anschreiben eine Antwort darauf: »In diesem hochkarätigen Umfeld können Sie Ihr Unternehmen optimal präsentieren.« Diese Aussage kommt jedoch zu spät.

Die Vorteile des Lesers sind nicht beiläufig zu erwähnen, sondern an prominenter Stelle hervorzuheben. Denn nur damit signalisiere ich den Lesern, dass sie mir wichtig sind. Sie stehen im Mittelpunkt.

Die Überarbeitung

**»Denk ich an Deutschland«?
Denken Sie an Ihr Unternehmen.**

Sehr geehrte Frau Muster,

demographischer Wandel, Arbeitsmarkt, Euro-Krise – eine erfolgreiche
Zukunft benötigt Antworten auf dringende Fragen.
Sicher steht auch Ihr Unternehmen vor den Fragen: Wie begegnen wir den
kommenden Herausforderungen? Auf welche Stärken können wir uns besinnen und welche Schwächen gilt es auszugleichen?

Auch andere kluge Köpfe und Entscheidungsträger diskutieren über solche
grundlegenden Themen auf der Konferenz »Denk ich an Deutschland« am
28. September 2012 in Berlin.

Diese veranstaltet die ▬▬▬-Zeitung gemeinsam mit der ▬▬▬-Gesell-
schaft. Wichtig für Sie: Zu diesem Anlass erscheint eine gleichnamige
Redaktionsbeilage, die auch Ihnen eine Plattform bietet.

– Sie können hierin Ihr Unternehmen optimal darstellen.
– Sie können Ihre Ideen präsentieren.
– Sie stehen in einem hochkarätigen Umfeld.

Nutzen Sie dieses Angebot in einer Publikation mit interessanten Inhalten.
Eine kleine Auswahl:

– Lebenswerte und -entwürfe: ein Interview mit Angela Merkel
– Konstanten: Lebensstationen und wie wir mit ihnen umgehen
– Demographische Befunde: Was ist den Deutschen wichtig im Leben?

Erscheinungstermin
Sonntag, 23. und Montag, 24. September 2012

Anzeigenschluss
Donnerstag, 23. August 2012

Haben Sie Fragen oder Wünsche? Diese besprechen wir gerne persönlich
mit Ihnen. Ein Anruf genügt.

## Beispiel 10 // Hausinterner Artikel eines Unternehmens,
### der den Messeerfolg unterhaltsam, aber überzeugend darstellen möchte.

`Der Originaltext`

interpack 2011

██████ Weltneuheit ██████ erobert interpack-Besucher

Auf der interpack, der weltweit wichtigsten Verpackungsmesse, stellten etwa 2.700 Aussteller aus ca. 60 Ländern ihre zahlreichen Neuheiten in der Verpackungsindustrie vor. 166.000 Besucher kamen, um sich die neuesten Technologien anzuschauen. Das internationale Publikum wurde auch von den Neuheiten am ██████-Stand angezogen, die ganz im Zeichen von Nachhaltigkeit standen. Sowohl das neue Verpackungskonzept ██████ wie auch die Etikettiermaschine ██████ 2 zum Verarbeiten von Stretch-Sleeve-Folien sind Entwicklungen, die enorme Einsparungen von Verpackungsmaterial und Energie bewirken.

Weniger ist mehr – so lautet das Motto von ██████, mit dem ██████ die Verpackungswelt überrascht hat. Es greift Markttrends für die Sekundärverpackung von PET-Behältern auf – vor allem hinsichtlich Umweltverträglichkeit, Ressourcen-, Energie- und Kosteneinsparung – und setzt Zeichen für ein Gebindekonzept der Zukunft.
Mit einem Band aus hochstabilem PET wird eine Sechserformation an PET-Flaschen »umreift«. Ein zweites, vertikales Band dient als Tragegriff. Die dazu nötige Technik bietet die neu entwickelte Verpackungsmaschine ██████ 3, bei der Schrumpftunnel, die bislang benötigten Transportstrecken sowie die separate Maschine zum Anbringen des Tragegriffs entfallen. ██████ 3 besteht lediglich aus einem Behältereinlaufmodul und einem Behälterumreifungsmodul. Für den Kunden bedeutet dies drastische Kosteneinsparungen durch niedrigere Verpackungsmaterialkosten sowie einen erheblich geringeren Energieverbrauch. Mit einem Minimum an Verpackungsmaterial bei gleichzeitiger Erhöhung der Gebindestabilität erfüllt ██████ so alle Anforderungen des Marktes.

An der Vielzahl der Messebesucher und deren Neugier auf ██████ zeigte sich, dass ██████ mit dieser Neuentwicklung den Bedarf der Branche getroffen hat und zugleich zahlreiche zukunftsweisende Impulse geben konnte. Vorstandsvorsitzender ██████ ██████ ist begeistert: »Für ██████ verlief die interpack, die größte internationale Verpackungsmesse, sehr erfolgreich. Einmalig in der Branche ist hier das Angebot an Verpackungsmaschinen und Neuheiten. Auch unsere Produktinnovationen im Verpackungsbereich, die Nachhaltigkeit demonstrieren, stießen bei dem internationalen Fachpublikum auf sehr großes Interesse.« (...)

**Dazu Folgendes:**

»Wer, wie, was? Wieso, weshalb, warum?« Dass erst einmal die **W-Fragen** geklärt werden müssen, kennen wir schon seit Kindertagen aus der Sesamstraße. Und auch später, in der Schule, haben wir gelernt, dass W-Fragen ein probates Mittel darstellen, um den **Inhalt eines Textes** zu erfassen. Und dass viele diesen Ratschlag ernst nehmen, sehen wir jeden Tag in der Zeitung.

Hier werden unzählige Texte eingeleitet, indem zunächst die **wichtigsten Fakten** dargelegt werden. Das ist an sich auch kein Problem. Der Leser erfährt alles Bedeutende bereits im Fett-Text und muss den Rest vielleicht gar nicht mehr lesen. Darin liegt auch der Nachteil. Eine Einleitung, die in den Text reinzieht, sieht anders aus. Sie verwendet beispielsweise **Thesen** oder **Cliffhanger,** um den Leser zu ködern. Das wäre auch hier denkbar. Was ist aber hier zu lesen? »Das internationale Publikum wurde auch von den Neuheiten am ▬▬-Stand angezogen.« Wieso »auch«? Waren die anderen am Ende doch besser? Zu viel Objektivität sollte man sich nicht leisten. Weiter geht es und – Bingo! – die unvermeidliche Nachhaltigkeit kommt ins Spiel: »von den Neuheiten…, die ganz im Zeichen von Nachhaltigkeit standen«.

Es gab sie schon immer. Wörter, die wichtig klingen und eine populäre Botschaft transportieren (sollen) und daher in keinem Text fehlen dürfen. Es sollen **Signalwörter** sein, die den Leser beeindrucken, am besten sogar beeinflussen. Aber in Wirklichkeit sind es **Modewörter,** die den Leser langweilen, im schlimmsten Fall sogar nerven. »Ökologisch« und »ökonomisch« gehören zu diesen Wörtern. Weitere **Wichtigtuer-Vokabeln** sind »visionär«, »praktikabel«, »effizient« oder »effektiv«, »rational« oder »rationell«. Mit der Unterscheidung der Begriffe wird es da oft nicht so genau genommen. Manche Wörter besitzen gar keinen (»nachvollziehbaren«!) Inhalt: »zeitnah« oder »formvollendet« – das ist dann nicht einmal mehr heiße Luft, sondern nur noch ein laues Lüftchen. Heute kommt kein Text mehr an »nachhaltig« vorbei. Ob es in den Text passt oder nicht. Nachteil: Dieses Wörtchen, einst der Forstwirtschaft entsprungen, steht heute für alles und nichts, es ist sinnentleert.

Der anschließende Text versucht die Größe und die Bedeutung der Erfindung zu transportieren. Dafür bleibt er jedoch zu sehr einem technisch-trockenen Sprachstil verhaftet. Der Text muss noch mehr für die Erfindung begeistern, indem er sie deutlich in den Mittelpunkt stellt.

Der Ansatz muss demnach nicht lauten: Es gab eine Messe, auf der unsere Erfindung vorgestellt wurde. Sondern: Es gibt eine Erfindung, die auch die Messe bewegte. In diesem Zusammenhang gilt es, den Nominalstil durch eine aktive und aktivierende Sprache zu ersetzen.

Die Überarbeitung

**Erfindung von großer Tragweite:**
**▬▬▬▬ begeistert auf der interpack 2011.**

Kann eine Erfindung gerade deshalb begeistern, weil sie auf vieles verzichtet? Ja, sie kann. Und wie. Unter rund 2.700 Ausstellern aus 60 Ländern präsentierte ▬▬▬▬ auf der interpack seine Neuheiten. Viele der 166.000 Besucher schauten da ganz genau hin. Und staunten über unser neues Verpackungskonzept ▬▬▬▬.

»Perfektion ist nicht dann erreicht, wenn man nichts mehr hinzufügen, sondern wenn man nichts mehr weglassen kann.« Antoine de Saint-Exupéry hat selbst wohl nicht daran gedacht, dass sich seine Erkenntnis auch in der Verpackungstechnologie bewahrheitet. ▬▬▬▬ hat nun jedoch den Beweis dafür erbracht. Mit dem neuen Verpackungskonzept ▬▬▬▬. Dieses erzielt seine größte Wirkung aus dem, was nicht vorhanden ist, ganz nach dem Motto: weniger leistet mehr. Lediglich zwei Bänder aus hochstabilem PET kommen in dieser Erfindung zum Tragen. Eines umreift eine Sechserpackung von PET-Flaschen. Ein zweites, vertikales Band dient als Tragegriff. Fertig.

Diese Verpackung trägt sich nicht nur leicht, sie trägt vor allem allen Anforderungen des heutigen Marktes Rechnung: Sie ist umweltverträglich, spart Rohmaterialien sowie Energie und Kosten. Und sie lässt sich für viele Produkte anwenden. Mit anderen Worten: eine phantastische Idee, die vielleicht auch Saint-Exupéry gefallen hätte.

Die Messebesucher wurden jedenfalls regelrecht gepackt. In großer Zahl schenkten sie ▬▬▬▬ ihre Aufmerksamkeit, was natürlich den Vorstandsvorsitzenden von ▬▬▬▬, ▬▬▬▬, begeisterte: »Für ▬▬▬▬ verlief die interpack, die größte internationale Verpackungsmesse, sehr erfolgreich. Einmalig in der Branche ist hier das Angebot an Verpackungsmaschinen und Neuheiten. Auch unsere Produktinnovationen im Verpackungsbereich, die Nachhaltigkeit demonstrieren, stießen bei dem internationalen Fachpublikum auf sehr großes Interesse.«

Um diese Erfindung auch in den Markt zu tragen, gibt es die neu entwickelte Verpackungsmaschine ▬▬▬▬ 2. Die besteht lediglich aus einem Behältereinlaufmodul und einem Behälterumreifungsmodul. Die bislang benötigten Transportstrecken sowie die separate Maschine zum Anbringen des Tragegriffs entfallen. Für den Kunden bedeutet dies: Er spart Kosten in großen Dimensionen ein, da er nur noch geringe Ausgaben für Verpackungsmaterial hat. Darüber hinaus sinkt sein Energieverbrauch deutlich. Das dritte Plus: Die Gebinde sind auch noch stabiler.

## Beispiel 11 // Aus der Image-Broschüre einer Soziallotterie,
**die informieren, berühren und animieren soll.**

Wir überzeugen Menschen durch unsere wegweisende und wirksame Förderung.

Arbeit bestärkt, bestätigt und stiftet Sinn. In den vielen Beschäftigungsprojekten, die ▬▬ fördert, geht es genau darum: dass Menschen mit Behinderung die Chance auf eine Arbeit bekommen, die zu ihren Fähigkeiten und zu ihrer individuellen Situation passt. Wie zum Beispiel im Integrationsunternehmen ▬▬ 2 in ▬▬. Genauso wichtig wie die aktive Teilhabe am ersten Arbeitsmarkt ist es für Menschen mit Behinderung, gemeinsam mit anderen zu lernen, gemeindenah zu wohnen und selbstbestimmt zu leben. Deshalb unterstützen wir Projekte, die entsprechende Lösungsansätze bieten und die Lebensbedingungen von Menschen mit Behinderung verbessern.

**Dazu Folgendes:**

»Arbeit bestärkt, bestätigt und stiftet Sinn«: So spricht der Leiter eines Internats zu arbeitsunwilligen Schülern. Man hört fast schon den erhobenen Zeigefinger. Möglicherweise ist er aber gar nicht belehrend gemeint, sondern soll einfach an eine allgemein bekannte Tatsache erinnern? Warum aber so nüchtern? So sieht eine politische Parole aus, nicht ein bewegendes Statement.
Dieser Text handelt von Menschen mit Behinderungen. Es geht darum, sie als gleichwertige Menschen in die Gesellschaft zu integrieren, ihnen dieselben Chancen zu geben, die Nichtbehinderte haben. In der Essenz geht es hier um nichts Geringeres als die Menschenwürde. Kann es ein emotionaleres Thema geben?
Und dennoch vermag dieser Text nicht zu berühren. Er liest sich viel zu akademisch. Dafür verantwortlich sind die vielen abstrakten Begriffe und Formulierungen: »wegweisende und wirksame Förderung«, »zu ihren Fähigkeiten und zu ihrer individuellen Situation«, »aktive Teilhabe am ersten Arbeitsmarkt«, »gemeindenah zu wohnen«, »die entsprechende Lösungsansätze bieten«.

So sprechen Behörden über Menschen, aber nicht Menschen zu Menschen.

Gegenprobe: Wer würde zu seinem Freund, Partner oder Nachbarn sagen: »Ich habe seit 20 Jahren eine aktive Teilhabe am Arbeitsmarkt«? Oder: »Ich wohne jetzt gemeindenah.« Das sind gestelzte, lebensferne Satzkonstruktionen.
Solche Texte dürfen keinen dokumentarischen Charakter haben (und selbst als Dokumentationen dürften sie nicht so getextet werden), sondern müssen bei den Menschen etwas bewegen. Wer bei Menschen ankommen möchte, darf sich nicht nach Verwaltung oder Bürokratie anhören.
Es reicht nicht aus, an die Gefühle zu sprechen. Texte müssen **mit Gefühl sprechen.**

Die Überarbeitung

**Wir helfen Menschen, Menschen zu fördern.**

Das Gefühl, etwas erreicht zu haben und dafür von der Gesellschaft ge-
achtet zu werden – das gibt uns unsere Arbeit. Jeder Mensch braucht eine
Aufgabe, mit der er sich identifizieren kann, die ihn Kontakte knüpfen lässt
und die ihn auch finanziell belohnt. Jeder Mensch verdient die Chance auf
persönlichen Erfolg. Auch Menschen mit einer Behinderung. Ausnahmslos.
Deswegen fördert ▬▬ Beschäftigungsprojekte. Wie das ▬▬ 2 in ▬▬.
Hier können Menschen mit Behinderung gemeinsam mit Menschen ohne
Behinderung arbeiten. Denn es stimmt nur in einer Gesellschaft, wenn
jeder über sich selbst bestimmen kann.

Vorher/Nachher. // 151

## Beispiel 12 // Anschreiben an den Handel,

**das die Verkäufer dazu bewegen soll, das beworbene Produkt
in das Sortiment aufzunehmen.**

*Der Originaltext*

Maximale Versorgungskompetenz:
sicher, individuell und indikationsgerecht.

▬▬ machen die Therapie so angenehm wie möglich.

Bieten Sie Ihren Kunden ein breites Spektrum an Produktvarianten und damit
die optimale Lösung für jeden Lymphpatienten. Das geschulte Fachpersonal
unseres Lymph-Services gibt Ihnen außerdem die Sicherheit, immer individuell versorgen zu können.

Langlebige Qualität von Materialien und optimale Verarbeitung dürfen Sie
bei ▬▬ voraussetzen. Modische Akzente (z.B. Farben und Muster) sowie
durchdachte Details (z.B. Komfortferse oder Zehenkappe) sind unser i-Tüp-
felchen und integrieren die Therapie perfekt in den Alltag.

Mit Ihrer Versorgungskompetenz und unseren Produkten erhalten Ihre Kunden eine besondere Vielfalt.

Das Ergebnis: indikationsgerechte Ödemversorgung, hohe Therapietreue und
damit langfristiger Therapieerfolg. Profitieren Sie von zufriedenen Kunden,
die gerne wiederkommen.

Dazu Folgendes:

Was fällt uns bei solchen Anschreiben auf? Nichts. Auf den ersten Blick. Besser gesagt: Es fällt uns nichts mehr auf. Weil wir uns schon so an diese Art der Schreiben gewöhnt haben. Es sind Musterbriefe aus dem Lehrbuch des klassischen Werbetextens. Es werden Versprechungen gemacht, die doch recht überzeugend klingen, oder nicht?

»Sicher, individuell und indikationsgerecht«: Verkäuferherz, was magst du mehr? »Breites Spektrum an Produktvarianten und damit die optimale Lösung«: Das schreiben sie zwar alle, aber okay. »Geschultes Fachpersonal«: Ist Fachpersonal nicht immer geschult? Geschenkt. »Langlebige Qualität«: Wäre es Qualität, wenn es kurzlebig wäre? Auch geschenkt.

Und so geht es weiter: »Optimale Verarbeitung«, »gibt Ihnen außerdem die Sicherheit, immer individuell versorgen zu können«. »Mit Ihrer Versorgungskompetenz und unseren Produkten erhalten Ihre Kunden eine besondere Vielfalt.« Und alles mündet in der hinlänglich bekannten Voraussage: »Profitieren Sie von zufriedenen Kunden, die gerne wiederkommen.«

Was der Brief leider nicht bedacht hat, ist eine ebenso alte wie simple Weisheit: Der Köder muss dem Fisch schmecken und nicht dem Angler. Soll heißen: Das Produkt muss letztendlich dem **Kunden gefallen** und nicht dem Verkäufer. Das wiederum heißt: Der Brief muss **Argumente aus Kundensicht** liefern.

Was hat der Kunde davon, dieses Produkt zu kaufen? Seine Wünsche, Träume und Sehnsüchte gilt es zu berücksichtigen – und in den Vordergrund zu stellen. Schnell merkt man dann: Die **emotionale Komponente** spielt eine viel größere Rolle. Mit rationalen Argumenten wie den Qualitätshinweisen ist es da alleine nicht getan.

Die Überarbeitung

**Geben Sie das, was Ihre Kunden am meisten brauchen:
ein gutes Gefühl.**

Das schönste Geschenk, das Sie Ihren Kunden machen können? Wenn Sie
dafür sorgen, dass sie »Lebensqualität« statt »Lymphproblem« sagen – wenn
sie von ihrem Alltag sprechen.

Dies erreichen Sie mit ▬▬▬, in denen sich Ihre Kunden rundum wohlfühlen.
Weil sie Maßanfertigungen sind und daher passgenau sitzen.
Weil sich ihre hochwertigen Materialien angenehm an die Haut anschmiegen.
Weil sie mit raffinierten Details wie Komfortferse oder Zehenkappe erfreuen.
Und weil sie eine schier unendliche Auswahl an Farben und Mustern
besitzen – und so modische Akzente setzen.

Medizinisch gesprochen leisten Sie damit eine indikationsgerechte Ödemversorgung. Sie bewirken eine hohe Therapietreue und sichern damit langfristig den Therapieerfolg.
Einfach ausgedrückt heißt das: Sie unterstützen Menschen so, dass sie gerne
wiederkommen.

Unser Service für Sie: Bilden Sie mit uns ein Team. Unser Fachpersonal gibt
Ihnen die Sicherheit, dass Sie Ihre Kunden immer bestmöglich versorgen
können.

# In 14 Schritten zur Corporate Language.

Was ist eine Corporate Language? Welche Vorteile bringt sie? Wie entsteht sie? Und wie lange dauert das?

Der Begriff »Corporate Language (CL)« wurde 2006 von Armin Reins geprägt. In seinem gleichnamigen Buch entwickelt er ein Modell, wie Unternehmen und Marken durch Sprache ein unverwechselbares Gesicht bekommen.

Das folgende Kapitel zeigt komprimiert, wie eine Corporate Language nach der CL-14-Schritte-Methode entsteht. 2015 wird ein überarbeitetes E-Book von »Corporate Language« erscheinen.

Der Begriff »Corporate Language« ist geschützt. Zur besseren Lesbarkeit wird wie im restlichen Buch auf das Registrated-Zeichen verzichtet.

## Die Definition

So, wie eine Marke durch ein Corporate Design ein einheitliches, visuelles Gesicht bekommt, so verleiht ihr die Corporate Language eine charakteristische, unverwechselbare Sprache. Diese berücksichtigt

1 // das »Was« im Sinne der Wortwahl
2 // das »Womit« im Sinne des Schreibstils
3 // das »Wie« im Sinne der Tonalität

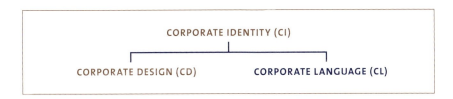

## Warum eine CL?

In Zeiten, in denen Marken und Produkte immer ähnlicher werden, wird es zunehmend wichtiger, sich zu differenzieren und zu positionieren. Heutzutage gelingt das kaum noch über Farben (70 Prozent aller B-to-B-Marken verwenden z. B. Blau als Hausfarbe!), Typografie, Layout und Bildwelten. Produktabbildungen erzeugen selten die gewünschte Emotion. Fotos, die den Kundennutzen darstellen sollen, sind meistens austauschbar. Kein Wunder, oft stammen sie aus Bildarchiven, zu denen auch die Wettbewerber Zugang haben.

Wenn jedoch Produktabbildungen, Typografie, Layout und Bildwelt austauschbar sind, wer arbeitet dann den Mehrwert der Marke A im Vergleich zur Marke B heraus? Wer erklärt mir, warum das Produkt A deutlich teurer ist als das Wettbewerbsprodukt B aus Fernost?

Sprache wird heute zum wichtigsten Differenzierungsmerkmal. Sprache hilft, scheinbar ähnliche Unternehmen, Produkte und Marken leichter zu unterscheiden.

Sprache kann ... die Frage beantworten: Wofür steht die Marke? Wer spricht mit mir?
... die Unterschiede herausarbeiten.
... den Vorsprung ausbauen. Durch eine einheitliche, verständliche und markengerechte Sprache hebt sich die Marke durch ein eigenes Profil positiv vom Wettbewerb ab.
... die Zielgruppen differenziert ansprechen.
... die Werte klammern. (Wer z.B. den Wert »einfach« an sich binden möchte, muss auch einfach – im Sinne von leicht und verständlich – kommunizieren.)

156 // 14 Schritte zur Corporate Language.                                    Teil 1

**Aber Sprache kann**   ... Sie erzählt Komplexes einfach.
**noch viel mehr:**   ... Sie »verdichtet« Informationen für Menschen, die immer weniger lesen,
aber immer mehr erfahren wollen.
... Sie verwandelt Nicht-Anfassbares in Begreifbares.
... Sie übersetzt Experten-Sprache in Konsumenten-Sprache.
... Sie gewinnt Menschen, weil sie ihre Wortwahl und ihren Tonfall trifft.
... Sie erzählt zu jedem Unternehmen, zu jedem Produkt und zu jeder Marke
eine einzigartige Story.

Häufig sieht die Realität aber so aus: Eine verwechselbare, austauschbare
Sprache mit unterschiedlichen Textqualitäten. Die Marke wird nicht als
Ganzes wahrgenommen. Der Mehrwert wird nicht erlebbar.

---

### Vielfältige Anforderungen an die Unternehmenssprache

| Viele **Texter** | Viele **Formate** | Viele **Zielgruppen** | Viele **Anlässe** |
|---|---|---|---|
| Niederlassungen | Anzeigen | Produktmanager | Motivieren |
| Agenturen | Internet-Auftritt | Neukunden | Reklamieren |
| Marketingabteilung | Angebote | Journalisten | Präsentieren |
| Vertrieb | Präsentationen | Werbeagenturen | Aktivieren |
| Vorstand | Mahnungen | Bestandskunden | Porträtieren |
| Hausanwalt | Visitenkarten | Eigene Mitarbeiter | Kommunizieren |
| Sekretärin | Geschäftsberichte | Azubis | Informieren |
| | Broschüren | | |

#### Das Ergebnis:
Eine uneigenständige Sprache mit unterschiedlichen Textqualitäten.
Die Marke wird nicht als Ganzes wahrgenommen.

# Die Vorteile einer Corporate Language

Markenwerte sind nur so gut wie ihre Vermittlung. Sie erreichen nur dann den Verbraucher, wenn sie in sämtlichen Texten deutlich, verständlich und zielgerichtet kommuniziert werden. Wenn jeder geschriebene oder gesprochene Text die Markenwerte transportiert.

Das Ziel einer Corporate Language ist es, die Markenpositionierung in eine Sprachpositionierung zu überführen. Die Sprachpositionierung enthält Sprachleitlinien, die die Sprache in sämtlichen Kommunikationsmitteln in Wortwahl, Stil und Tonalität vereinheitlichen. Einheitlichkeit und Durchgängigkeit im Text geben dem Verbraucher Orientierung und Vertrauen. Signalisieren ihm Nähe und Verständnis. »Die Marke spricht in einer und in meiner Sprache.«

Abgeleitet aus den Werten eines Unternehmens oder einer Marke sorgt eine Corporate Language für ein eigenständiges Profil. Und schafft dadurch Wiedererkennbarkeit in jedem Stück Kommunikation – von der Kundenkommunikation bis zur Produktbeschreibung. In allen Werbemitteln und Kanälen. In der schriftlichen und mündlichen Kommunikation. Extern und intern. Kurz: Erst durch Corporate Language entsteht ein stimmiges Gesamtbild eines Unternehmens oder einer Marke. Und erst durch ein stimmiges Gesamtbild kann ein Unternehmen oder eine Marke das volle Potenzial entfalten.

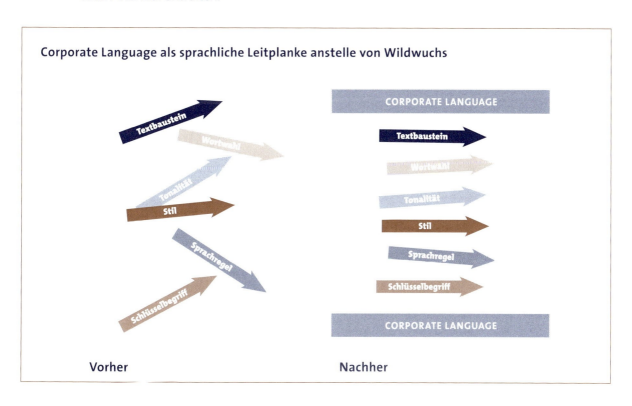

Corporate Language als sprachliche Leitplanke anstelle von Wildwuchs

Vorher — Nachher

Die Einführung einer Corporate Language bedeutet für die Textverantwortlichen:

- Die Schreibfertigkeit wird verbessert:
  Mit der Corporate Language erhalten alle Texter und Textverantwortlichen einen Leitfaden, wie sie im Sinne der Marke schreiben.
- Abstimmungen werden beschleunigt:
  Durch klare Vorgaben können Kommunikationsaufgaben schneller und einfacher erledigt werden. Lästige »Geschmacksdiskussionen« entfallen, da man sich auf einen einheitlichen Standard geeinigt hat.
- Das Markenverständnis wird erhöht:
  Eine Corporate Language schafft in kürzester Zeit bei allen textenden und textverantwortenden Mitarbeitern – intern und extern – ein gleiches Gefühl für die Markenstärken und Unternehmenswerte.

# Die 14 Schritte

## 1 // Definition der Markenpositionierung oder der Unternehmensstrategie

Als Erstes gilt es in einer Vorarbeit zu prüfen und festzulegen:

- Gibt es im Unternehmen verabschiedete Werte?
- Besitzt die Marke verabschiedete Werte?
- Auf welche Unternehmens- oder Markenwerte können wir aufbauen?
- Welche davon sind »Hygienewerte«, welche sind Differenzierungswerte?
- Welche sollen sich in Zukunft in der Sprache wiederfinden?

**Wo soll die Corporate Language zum Tragen kommen?**
- An welchen Touchpoints? Offline wie online?
- In der Kundenkommunikation?
- In der internen Kommunikation?
- Im Bereich HR?
- Im Produktmarketing?
- In der PR?
- Auf der Packung?
- In der Produktliteratur?
- Am PoS?

**Wer im Unternehmen ist am Text-Prozess beteiligt?**
- Wem soll später die Corporate Language zur Verfügung gestellt werden?
- Und in welcher Form?
- Soll die Corporate Language in andere Sprachen übertragen werden?
- Gibt es bei Tochterunternehmen in anderen Regionen oder Kategorien bereits sprachliche Guidelines?
- Gibt es auf Seiten der IT Vorschriften, die berücksichtigt werden müssen?

## 2 // Übertragung in eine CL-Sprachpositionierung (Marken-Kernwörter, Wortwahl, Definition des Schreibstils)

Nachdem wir festgelegt haben, welche Werte sich in der Sprache wiederfinden sollen, wird geprüft, welche Marken-Kernwörter, Claims und Benefit-Zeilen der Marke oder dem Unternehmen gehören. Ganz faktisch (Beispiel: »Silberpfeil« für Mercedes-Rennwagen). Oder emotional, von den Zielgruppen der Marke zugeschrieben (Beispiel: »Weekendfeeling« für ZOTT Sahne-Joghurt).

Es gilt herauszufinden: Welche Begriffe wollen wir – als Botschafter für das Markenversprechen – an uns binden? Welche Begriffe sollen in Zukunft damit nachweisbar verbunden werden?

Übergeordnetes Ziel ist, dass sich das Unternehmen oder die Marke ein One Word Capital zulegt. Also einen Begriff oder ein Wort, das in Zukunft ein Großteil der Zielgruppe mit dem Unternehmen oder der Marke eindeutig verbindet. So wie »Pflege« bei NIVEA oder »Freude« bei BMW.

Meistens steht am Anfang dieses Schritts erst einmal das Formulieren einer Word Cloud. Die sich Schritt für Schritt verdichtet. Bis nur noch wenige Wörter – und am Ende ein einzelnes Wort – übrig bleiben.

Als nächstes wird der Schreibstil in Sprachleitlinien verankert. Die Unternehmens- oder Markenwerte werden dabei in einfach praktizierbare Text-Anweisungen übertragen. Zusammen mit Formulierungsbeispielen (»bisher« vs. »besser«) wird sichergestellt, dass in Zukunft jeder Text an jedem Touchpoint auf die Markenwerte einzahlt.

## 3 // Definition der CL-Sprachstilgruppen

Im nächsten Schritt geht es darum, festzulegen, mit wem wir sprechen wollen. Die Methode der Corporate Language arbeitet mit der These, dass Menschen ein unterschiedliches Lese- und Sprachverhalten besitzen. Dass jede Zielgruppe einen typischen Sprachstil hat, den sie bevorzugt. Das heißt, die Zielgruppe spricht auf diese Sprache besonders an – fühlt sich in ihr »zuhause«. Die Corporate Language arbeitet deshalb mit dem Modell der CL-Sprachstilgruppen. Im Umkehrschluss bedeutet das: Wenn wir in unseren Texten oder Gesprächen mit den Sprachstilgruppen in »ihrer« Sprache sprechen, erreichen wir sie besser. Die CL-Sprachstilgruppen unterscheiden sich in

- Wertorientierte
- Gefühlsorientierte
- Ergebnisorientierte
- Trendorientierte
- Verweigerer

160 // 14 Schritte zur Corporate Language.

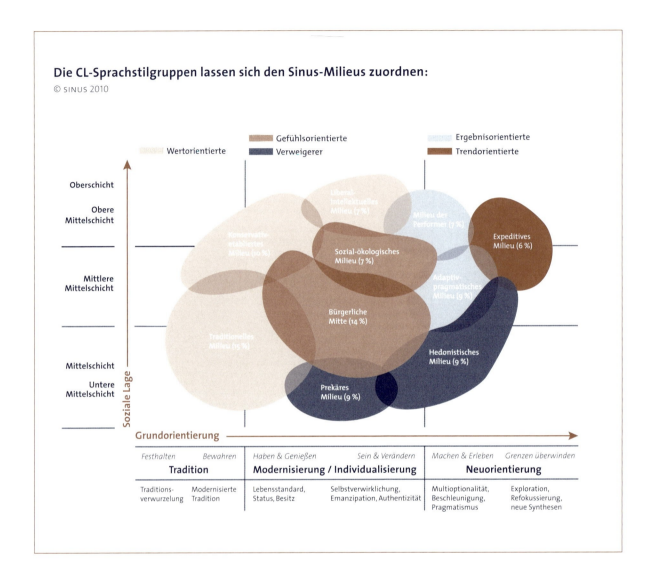

**Die Wertorientierten**

Die Corporate-Language-Methode geht davon aus, dass rund 30 Prozent der Menschen in Deutschland, Österreich und der Schweiz zu dieser CL-Sprachstilgruppe gehören.

Eine wertorientierte Zielgruppe definiert, sucht und findet sich unter anderem in folgenden Werten: Sicherheit, Qualität, Ehrlichkeit, Echtheit, Reinheit, Wahrheit, Tradition, Heimat, Solidarität. Dem widerspricht alles Schnelllebige, Aufgesetzte, Triviale.

Texte müssen bedienen, worauf diese Sprachstilgruppe gesteigerten Wert legt. Dies geschieht für den Umgang mit der Sprache folgendermaßen:

- Wertorientierte lieben einen gepflegten Umgang mit Sprache: kräftige Verben, schmückende Adjektive, visuelle und kinästhetische Sprachbilder, keine zu kurzen Sätze.
- Sie schätzen selten genutzte Worte (»manierlich«, »resolut«) und Formulierungen (»jemandem einen Fehdehandschuh hinwerfen«) und die Feinheiten der Sprache. Kennen daher den Unterschied zwischen »einen Toast bestreichen« und »einen Toast aussprechen«.
- Sie mögen es, wenn Texte Geschichten erzählen.
- Sie haben ein Faible für Wortspiele, Redensarten, Zitate, Metaphern und intelligenten Humor.
- Und sie wollen von Texten inspiriert werden. Der Text darf dabei nicht zu kurz sein, weder stakkatohaft klingen noch sich in Bulletpoints erschöpfen.

## Die Gefühlsorientierten

Die Corporate-Language-Methode geht davon aus, dass ebenso 30 Prozent der Menschen in Deutschland, Österreich und der Schweiz zu dieser CL-Sprachstilgruppe gehören.

Texte für Gefühlsorientierte sind Welten zum »Ein- bzw. Wegtauchen und Träumen«. Sie dienen der Besinnung und »Entschleunigung«. Leser ziehen sie heran, um dem Alltag zu entfliehen, um in Erinnerungen zu schwelgen oder in Träume zu versinken. Texte für Gefühlsorientierte kommen Rückzugsorten gleich.

- Die Ansprache ist emotional und nicht rational. Sie erfolgt auf allen Sinneskanälen (in der Reihenfolge: visuell – kinästhetisch – auditiv).
- Geschildert werden Gefühle, Erfahrungen und Erlebnisse.
- Sprachbilder werden gerne gelesen, müssen jedoch leicht verständlich und nachvollziehbar sein.
- Damit emotionale Texte die Leser in ihrer Lebenswelt abholen können, erscheinen sie in leichter Umgangssprache mit kurzen Sätzen und vielen Verben.
- Keine Metaphern, Abstrakta oder Fremdwörter.
- Behördenstil verbietet sich.
- Gefühlsorientierte Leser mögen kurze Texthappen und Bildunterschriften, Telegrammstil lehnen sie jedoch ab.

## Die Ergebnisorientierten

Die Corporate-Language-Methode geht davon aus, dass rund 10 Prozent der Menschen in Deutschland, Österreich und der Schweiz zu dieser CL-Sprachstilgruppe gehören.

Ergebnisorientierte stehen Werbung sehr skeptisch gegenüber. Für sie müssen Texte Sinn ergeben, also einen konkreten Vorteil beinhalten.

Werbung, aber auch andere Formen der Kommunikation, werden von den Ergebnisorientierten nur akzeptiert, wenn sie informieren und einen Nutzen versprechen. Zum Beispiel als eine Hilfe zum gelungenen Einkauf.

- Ergebnisorientierte wollen Fakten, Fakten, Fakten.
- Sie interessieren sich für Produktvorteile, Preise, Serviceleistungen.
- Sie schätzen technische Demonstrationen und Fallbeispiele.
- Ergebnisorientierte wollen in möglichst kurzer Zeit möglichst weit vorankommen. Deshalb bevorzugen sie eine reduzierte Sprache mit kurzen oder unvollständigen Sätzen.
- Oft genügen Stichworte und Aufzählungspunkte.
- Was ihnen auch gefällt: Tabellen, Grafiken, Zusammenfassungen und Schritt-für-Schritt-Pläne.
- Ergebnisorientierte überfliegen Texte. Deshalb mögen und benötigen sie Hervorhebungen.

### Die Trendorientierten

Die Corporate-Language-Methode geht davon aus, dass rund 10 Prozent der Menschen in Deutschland, Österreich und der Schweiz zu dieser CL-Sprachstilgruppe gehören.

Trendorientierte reagieren stark auf Reizwörter. Sie sind sprunghaft und verführbar. Sie mögen eher kürzere Sätze. Sie sollten stark visuell, auditiv und kinästhetisch angesprochen werden. Texte sind Stimulanz und Inspiration. Trendorientierte haben ein starkes Bedürfnis nach »in sein«.

- Kurze, provozierende, stimulierende Headlines erregen die Aufmerksamkeit. Oft durch scheinbare Disharmonien in der Aussage.
- In den knappen Copys stehen kurze Sätze mit kraftvollen Adjektiven und Verben.
- Texte sollten immer eine Neuigkeit enthalten.
- Trendbegriffe sind nicht nur erlaubt, sondern gefordert.
- Szene-Codewörter sorgen für die Identifikation des Lesers mit dem Text.
- Texte engen nicht ein, erteilen keine Ratschläge, bieten aber Alternativen.
- Erlaubt ist, was anregt. Wenn es dienlich ist, wird auch übertrieben.

### Die Verweigerer

Die Corporate-Language-Methode geht davon aus, dass rund 20 Prozent der Menschen in Deutschland, Österreich und der Schweiz zu dieser CL-Sprachstilgruppe gehören.

Sie verweigern sich der »typischen« Werbesprache. Wir erreichen sie durch Preiswerbung, pure, »neutrale« Info (wie PR-anmutende Texte) und durch Texte mit hohem Spaßfaktor. Erfolgreich ist hier Sprache, wenn sie sich der Verweigerungshaltung aktiv annimmt.

## 4 // Definition der Insights der anzusprechenden Zielgruppen

Wer Texte schreibt, die von den gewünschten Zielgruppen gelesen werden sollen, weiß, wie wichtig es ist, diese bei ihren Bedürfnissen und Meinungen abzuholen. Zu einer Corporate-Language-Entwicklung gehört deshalb auch eine Insight-Analyse. Was ist pro Zielgruppe relevant, um sie beim Lesen des Textes zustimmend nicken zu lassen? Mit dem Ansprechen welcher Träume, Hoffnungen, Wünsche, Ängste erreichen wir ihre Aufmerksamkeit? Diese Insight-Sammlung ist zukünftig für jeden Texter und Textverantwortlichen ein Nachschlagewerk, um sich schnell mit den Gewohnheiten und Erwartungen der Zielgruppe(n) vertraut zu machen.

## 5 // Definition der generellen Tonalität

Im nächsten Schritt wird definiert: In welcher Tonalität würde die Marke oder das Unternehmen mit uns sprechen, wenn sie oder es ein Mensch wäre? Das kann ein Experte, eine Instanz oder Autoritätsperson sein. Oder ein Freund, Kamerad und Partner. Oder ein Helfer oder Tröster. Wir legen dabei fest, ob die Marke oder das Unternehmen weiblich oder männlich oder sächlich ist. Und ob wir duzen oder siezen. Besonders wichtig ist dabei die Frage: Wie sprechen wir in den sozialen Netzen mit unseren Zielgruppen?

## 6 // Definition der CL-Sprachstilwelten (Sprachpositionierungskreuz)

Jetzt stellen wir uns der Frage: Wie spricht eigentlich die Konkurrenz? Dazu untersuchen wir vergleichbare Texte der Wettbewerber. Zum Beispiel ähnliche Akquisitionsschreiben oder die »Philosophie«-Texte auf den Unternehmensseiten. (Hier finden Sie übrigens meistens auch die Unternehmenswerte.)

Lassen sich in der Branche Besonderheiten feststellen? Hat ein Wettbewerber etwa schon eine wiedererkennbare Sprache installiert? Zahlen seine Texte auf die Werte ein? Wird im Sprachstil eine Persönlichkeit erkennbar? Gibt es typische, an die Marken gebundene Wörter? Wie viel Englisch und Denglisch ist erkennbar? Wird in der Branche gesiezt oder geduzt? Wie halten es die anderen mit Humor?

Gleiches unternehmen wir auch mit den relevanten Medien, in denen die untersuchte Branche präsent ist. Das können Fachzeitschriften sein. Aber auch Blogs und Social-Media-Auftritte. Welches Sprachniveau herrscht hier vor? Sind die Fachmedien in der Sprache der Artikel mutiger oder ängstlicher als die Anzeigenkunden? Wie emotional oder rational wird hier formuliert? Gibt es – wie beim Beispiel »Kernkraft« vs. »Atomkraft« – eine Befürworter-Sprache und eine Gegner-Sprache?

Am Ende dieser Betrachtung steht ein Sprachpositionierungskreuz. Es versucht, die Wettbewerber in ihrer Sprache zu clustern. Wo ordnet sich hier unser Unternehmen ein? Wo wollen wir mit unserem Unternehmen in Zukunft sprachlich hin?

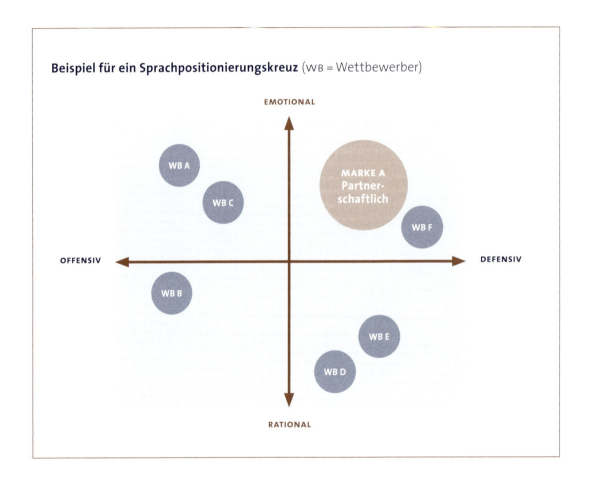

## 7 // CL-Sprachinventur

Im nächsten Schritt werden ausgewählte Texte aus unterschiedlichen Textkategorien (z. B. Kundenbrief, PR-Text, Anzeigentext, Internet-Text, Newsletter) nach zwei Kriterien analysiert:

1 // Berücksichtigen die vorhandenen Texte die gängigen Regeln der Verständlichkeit? (Einsatz des CL-Best-Copy-Index)
2 // Zahlen die vorhandenen Texte auf die Markenwerte ein? (Einsatz der CL-Farbmethode)

**Der Corporate-Language-Best-Copy-Index**

Ist der Text visuell-auditiv oder kinästhetisch?

Greift der Text Insights auf?

Vollzieht die Sprache den Wechsel vom »Wir« zum »Sie«?

Schaffen die Texte Freude, Nutzen, Vorsprung und Vertrauen?

Erzeugt die Sprache genügend positive Disharmonie?

Greift die Sprache relevante aktuelle Themen auf?

Arbeiten Headline und Copy perfekt zusammen?

Arbeitet die Sprache mit Triggern und Cliffhangern?

Sind die Texte nach der AIDA-Formel geschrieben?

Ist die Sprache einfach und leicht verständlich?

Erzählt der Text eine Geschichte?

Verwendet der Text nur eine Botschaft pro Satz?

Wird Fachchinesisch vermieden?

Wird auf überflüssige englische Ausdrücke verzichtet?

Steht das Verb möglichst weit vorne?

Verwendet der Text ein bis zwei Substantive pro Satz?

Vermeidet der Text negative Assoziationen?

Spiegelt der Text lebensnahe Erfahrung wider?

Verzichtet der Text auf Modalformen?

Berücksichtigt der Text die Anforderungen der Sprachstilgruppen?

Ist der Text nahe am O-Ton der Zielgruppe?

Gibt es im Text wenige abstrakte Begriffe?

166 // 14 Schritte zur Corporate Language.　　　　　Teil 1

## Die Corporate-Language-Farbmethode

Original

**Wir sind für Sie da – In Musterstadt und an mehr als
80 anderen Orten in Deutschland**
Als Kunde stehen Sie bei Marke immer im Mittelpunkt, ob in der Beratung
oder in der Betreuung nach dem Kauf. Uns ist wichtig, dass Sie mit Ihrer
Entscheidung für eine Lösung von Marke zufrieden sind und zufrieden bleiben. Eine kompetente und persönliche Beratung ist die Basis dafür.
Auch im Zeitalter des Internets ist für uns der persönliche Kontakt mit Ihnen
das Wichtigste. Deshalb stehen wir Ihnen mit einem starken Team von Ingenieuren, Technikern und Kaufleuten für alle Fragen rund um die Integration
unserer Produkte in Ihre Anwendung bereit.
Ob im Stammhaus in Musterstadt, unserem Vertriebsbüro in Musterort oder
mit unseren mehr als 80 Mitarbeitern im Außendienst, wir sind immer in
Ihrer Nähe. Das schafft gute Voraussetzungen für Ihre individuelle Unterstützung sowie eine intensive Partnerschaft zwischen uns.

Überarbeitung

**Ihr Kontakt zu einzigartiger Verbindungstechnik.**
Ihr Erfolg im Geschäft hängt stets von den richtigen Verbindungen ab.
Deshalb produzieren wir bei Marke wegweisende Verbindungstechnik,
Geräte-Anschlusstechnik, Überspannungsschutz, Signalanpassung und Auto-
matisierungstechnik. Mit unserer Leidenschaft und Innovationsstärke gehen
wir seit über 80 Jahren neue Wege in der Elektrotechnik – und zählen
deshalb heute weltweit zu den Marktführern in diesen Geschäftsbereichen.
Als Kunde profitieren Sie aber nicht nur von der Marktnähe, Flexibilität und
Fertigungskompetenz eines Global Players. Im Servicebereich genießen Sie
auch alle Vorzüge eines engagierten und unabhängigen mittelständischen
Betriebes. Das heißt: Sie haben immer den direkten Kontakt zu Ingenieuren,
Technikern und Kaufleuten. Die individuell für Sie gebündelten Maßnah-
menpakete aus Produkten und Dienstleistungen bieten Ihnen so reichliche
Synergieeffekte.

Beispiel Farbcodierung

Innovation  Begeisterung  Partnerschaftlichkeit
Qualität/Kompetenz  Unabhängigkeit  Internationalität

## 8 // Aufbau eines CL-Leitfadens

Der Sprach-Leitfaden umfasst neben der Übertragung der Werte in Sprach-Leitlinien (Vorgaben für Wortwahl, Sprachstil und Tonalität) auch verbindliche Angaben für:

- Struktur und Aufbau von Texten unterschiedlicher Textkategorien
- Schreibweisen und Rechtschreibung
- Formulierungshilfen
- die Ansprache unterschiedlicher Zielgruppen
- Do's und Dont's der Sprache
- gängige Abkürzungen
- geschützte Begriffe des Unternehmens oder der Marke
- erfolgreich eingesetzte Benefit-Zeilen, Claims oder Selling-Lines
- die Struktur des Namings
- Begrüßungs- und Verabschiedungsformeln
- die Nettiquette

Und das Wichtigste: Mustertexte für die gängigsten Kommunikationsmittel- und Kanäle. Der CL-Leitfaden wird Bestandteil des Corporate Identity Manuals oder Brand Books.

## 9 // Bereitstellen des CL-Leitfadens als Manual

Das Manual kann in Form einer Print-Version ausgearbeitet werden. Als PDF-Version kann es zum Beispiel ins Intranet gestellt werden. Das Ganze kann auch als CL-App erstellt werden. Sie wird passwortgeschützt allen Textern und Textverantwortlichen angeboten. Als Kurzform hat sich ein One-Pager bewährt.

## 10 // CL-Textscan

Der schnelle, einfache Weg, mit dem jeder Textverantwortliche und jeder Texter seine Texte online und mobil sprachlich und strategisch checken kann. Der CL-Textscan leistet mehr als gängige Verständlichkeits-Checks, die nur die Sprachqualität beurteilen und messen. (Diese Checks arbeiten häufig mit Indizes »von der Stange«.) Der CL-Textscan ist individuell aufgebaut auf die jeweilige Marken- bzw. Unternehmenssprache. Er gibt Antworten auf die Fragen: Sind alle Vereinbarungen aus dem CL-Leitfaden im Text umgesetzt? Zahlt der geschriebene Text auf die Markenwerte ein? Er gibt genaue Hinweise, wie jeder Text noch mehr zur Markenprofilierung beisteuern kann.

## 11 // Aufbau einer CL-Sprachdatenbank

Diese Online-Version basiert auf einer Stichwort-Suche und ist eine große Arbeitserleichterung. Sie haben quasi einen Texter zur Hand, der Ihnen Textmodule, Mustertexte, Synonyme, Abkürzungen und viele weitere Hilfen gibt, damit Sie schneller neue Texte erstellen können. Dies auf Basis von Begriffen und Textmodulen, die bereits freigegeben worden sind durch die Juristen und die Entwicklungsabteilung. Schneller und sicherer geht texten kaum.

## 12 // CL-Workshops mit allen Textverantwortlichen (intern wie extern)

Alle Texter und/oder Textverantwortlichen können durch Schulung und Coaching befähigt werden, selbstständig die CL in ihrer täglichen Arbeit einzusetzen.

Dabei gilt es sicherzustellen, dass das Erlernte konsequent zum Einsatz kommt und sprachliche Verbesserungen schnell erlebt werden.

## 13 // Implementierung der CL durch CL-E-Learning

Sie legen fest, welche Mitarbeiter mit welchen Vorkenntnissen in welchen Abteilungen in welchem Zeitfenster mit der CL vertraut gemacht werden sollen. Der ideale Weg zur spielerischen Implementierung einer CL für Kunden mit großem Mitarbeiterstamm. Der schnelle Weg, eine CL in einem multinationalen Unternehmen in diversen Ländern zu implementieren.

## 14 // CL-Leitfaden, CL-Sprachdatenbank, CL-Textscan und CL-E-Learning – im CL-Brand-Portal

Dies ist interessant für Kunden, die ein Brand-Portal pflegen oder anstreben. Dort findet sich alles zur Marke bzw. alles zum Unternehmen – die strategische Basis und wie sie erlebbar gemacht wird in Wort und Bild. Das heißt: Das Brand-Portal umfasst alle Vereinbarungen zur Corporate Identity: neben den Corporate Design Guidelines gehört dazu mindestens der CL-Leitfaden. Eine andere Möglichkeit ist, in einem CL-Brand-Portal alle Tools zur Corporate Language zusammenzufassen: CL-Leitfaden, CL-Sprachdatenbank, CL-Textscan und CL-E-Learning.

Das Ganze kann Bestandteil einer Brand Academy sein.

# Der erfolgreiche CL-Prozess

- Implementierung »von oben«: Es gilt die »Top-down«-Methode.

- Einbindung aller Verantwortlichen!

- Besetzen der Wichtigkeit des Themas »Sprache« durch die Führungskräfte

- Kick-off-Veranstaltung mit den Führungskräften

- Ziel: Akzeptanz des Projekts, Abläufe erklären, Einbindung der Verantwortlichen

- Die Führungskräfte tragen das Thema in die Fachabteilungen und wählen das Task-Force-Team »Sprache«. (Mitarbeiter aus allen Abteilungen des Unternehmens, die mit schriftlicher oder mündlicher Kommunikation beschäftigt sind.)

- Start-Workshop des Task-Force-Teams

- Gemeinsames Erarbeiten der Schritte 1–7

- Agentur und Task-Force-Team erstellen die Grundlagen für die Schritte 8–9

- Präsentation vor den Führungskräften

- Präsentation vor der GF

- Erstellen des CL-Leitfadens

- Erstellen des Leitfadens als Manual (Print-Version, PDF oder App)

- Meeting mit der IT des Unternehmens: Welche technischen Gegebenheiten sind im Unternehmen zu berücksichtigen? Wie wird die Kompatibilität sichergestellt?

- Roll-out der CL in den Schritten 10–14

- Aufbau und Programmierung einer CL-Online-Sprachdatenbank

- Einüben des Einsatzes der Sprachdatenbank und der Leitlinien des CL Manuals mit den textenden Mitarbeitern (Coaching, Seminare)

- Aufbau und Programmierung von CL-Textscan und CL-E-Learning

- Etablieren einer festen »Instanz« für die Textqualität des Hauses

- Kommunikation der CL an die Mitarbeiter

- Übertragen der CL auf weitere Textbereiche (schriftliche und mündliche Kommunikation/Standardkommunikation)

- Jährliche Text-Reviews

Der Corporate-Language-Projektplan – Die REINSCLASSEN CL-14-Schritte-Methode

## STRATEGIE

01 // Definition
Markenpositionierung

02 // Übertragung in eine
CL-Sprachpositionierung

03 // Definition der
CL-Sprachstilgruppen

04 // Definition Insights der
CL-Sprachstilgruppen

## BASISARBEIT

05 // CL-Sprachinventur:
Abgleich von vorhandenen
Texten mit der CL-Sprach-
positionierung nach der
CL-Farbmethode

06 // Definition der
CL-Sprachstilwelten

07 // Definition der generellen
Tonality über die Ver-
probung an Mustertexten

Zusammenfassung /
Grundlage für weitere
Ausarbeitung von Regel-
werk und Prio-Texten

## CL entwickeln

## REGELWERK

08 // Verabschiedung der
CL-Kriterien

09 // CL-Leitfaden (inklusive
Formulierungshilfen,
Zielgruppen-Besonder-
heiten, Schreibweisenliste,
Mustertexte) als PDF, Print-
Version oder als CL-App

10 // CL-Textscan:
Optimierter Verständlich-
keits-Check mit Messung
und Beurteilung der
Sprachqualität als

11 // Bestandteil der
CL-Sprachdatenbank

## SCHULUNG

12 // Interne CL-Workshops
mit allen Text-
verantwortlichen

13 // CL-E-Learning

14 // CL-Brand-Portal
beinhaltet alles Relevante
zum Unternehmen:

– Unternehmens-/Leitbild
– Corporate Design
– Corporate Language
– Corporate Behaviour

Erfolgskontrolle:
Zertifizierung, z. B. durch
den TÜV

**CL aufsetzen**

**CL implementieren**

# Teil 2

# Elf Corporate Language Cases.

Veronika Classen im Interview mit Jörg Grünwald und Dagmar Janke,
Global NIVEA Brand Management

# Realistische Träume.

NIVEA ist eine echte Volksmarke.
Kaum eine andere Marke gehört so
zum täglichen Leben — in der ganzen
Familie. Das seit über 100 Jahren
und weltweit. Müssen sich da die
NIVEA-Markenverantwortlichen wirklich
noch die Frage stellen: Wie bleiben
wir mit den Menschen im Gespräch?
Wie sprechen wir NIVEA? Wie spricht
die Pflege?

**Herr Grünwald, Sie sind eine Wahnsinnsaufgabe angetreten:
Eine Marke, die es schon so lange gibt, für die Menschen auf
der ganzen Welt frisch und relevant zu halten, das kann man
schon fast als Lebensaufgabe ansehen. Wenn man an NIVEA
denkt, haben viele Leute Bilder vor Augen. Frage: Sie haben ins
Marken-Manifesto die Sprache mit aufgenommen. Was hat
Sie dazu bewogen?**

Jörg Grünwald: Das Erscheinungsbild einer Marke ist einfach multisensorisch. Natürlich spielt das visuelle Bild eine große Rolle — und Farben, Formen. Auch der Duft der Marke ist wichtig. NIVEA hat ihren Charakter aus dem Duft der blauen Dose. Akustik ist ebenso relevant, Töne, die Musik. Ganz wesentlich sind natürlich auch die Worte — die Art und Weise, wie die Marke mit mir spricht. Marken sind letztendlich nichts anderes als Personen. Erstens: Wer spricht denn da mit mir – ein Lehrer, ein Professor, ein Verkäufer, ein Freund? Das muss definiert werden. Zweitens: Worüber redet die Marke mit mir: Was sie alles Tolles kann? Über Fachthemen? Was ist für mich drin? Ideen? All das ist definiert im Manifesto. Und drittens: Wie redet die Marke – in welchem Ton, mit welchen Worten, mit welcher Grammatik? Das haben wir definiert, um auch in der Sprache für die Marke eine Konsistenz zu haben. Wenn man eine Person ist, dann hat man automatisch irgendwann irgendwie seinen Stil. Die

> **Marken sind letztendlich nichts anderes als Personen.**

Marke NIVEA aber wird ja von vielen, vielen Personen gemacht: viele Kreative, viele Agenturen, viele Produktmanager bei uns im Headquarter und auch in den Ländern. Da hat jeder eigentlich so seinen eigenen individuellen Stil – im Zweifel nutzt er den für das, was er für NIVEA macht. Das führt dann zu einem großen chaotischen Potpourri. Deshalb ist es wichtig, dass man eine Art Sprach-DNA für die Marke definiert. Und zwar auf eine so einfache Art und Weise, dass die vielen unterschiedlichen Beteiligten es verstehen und dann entsprechend in die NIVEA-Sprache umsetzen oder umsetzen lassen.

**Wenn die Menschen hier oder weltweit im Unternehmen das Marken-Manifesto lesen, haben sie dann für die Marke NIVEA einen bestimmten Menschen vor Augen? Zum Beispiel: Es spricht ein Freund, eine Freundin?**

Ja. Jede Marke braucht eine Welt, in der sie lebt und geliebt wird. Diese Welt, in der NIVEA lebt und geliebt werden soll, hat seit Jahrzenten für NIVEA definierte Farben, Bilder, Worte und auch Rollenmodelle für die Menschen in dieser Welt ... also wie die Menschen sich sehen oder sich gerne sehen würden. Mit dem Produkt kaufen sie einen physischen oder funktionalen Nutzen, aber auch einen emotionalen Nutzen und ein Rollenbild.

Deshalb ist das Porträt der idealtypischen NIVEA-Frau und des idealtypischen NIVEA-Manns ganz wichtig. Wir fragen uns daher immer wieder, wer ist Frau NIVEA oder Herr NIVEA – also der Kunde? Wie grenzen wir die ab versus Frau Dove oder Herrn Dove, Frau L'Oréal oder Herrn L'Oréal? Und auf der anderen Seite fragen wir uns immer wieder: Wer sind wir und welchen Betrag leisten wir, als Marke, damit das jeweils angestrebte Rollenbild unserer Kunden erreicht wird.

**Es gab jetzt zum Muttertag und zum Vatertag Kommunikation, die die Menschen total bewegt, in der NIVEA den Nerv getroffen hat: ein Kind spricht in der Ich-Form – plötzlich ist die Marke noch mal eine ganze Dimension näher dran an einer Mutter oder an einem Vater oder**

einer Großmutter oder einer Tante. Es fällt auf, wie viel Nähe jetzt in dieser Sprache rüberkommt. Ich habe mit einigen Leuten gesprochen, denen war das wahnsinnig aufgefallen. Die haben gesagt: Da muss was stattgefunden haben. NIVEA war Menschen schon immer nah – aber das ist jetzt noch mal was, was einem so richtig einen Schauer über den Rücken laufen lässt. Das ist ja eine unglaublich persönliche, warme, nahe Sprache, die aktuell in den Muttertags-, Vatertags- und Weihnachts-TV-Spots gesprochen wird. Ist das Ihr Ziel, dass man die Menschen mit der NIVEA-Sprache so im Nerv trifft?

Da ist jetzt erst mal ein Kompliment an die Kreativen und an den Marketingmanager aus Deutschland und sein Team, die das gemacht haben. Das ist einfach sehr gut erarbeitet. Was man aber wissen muss, ist: Jede gute Kreation fängt mit einer klaren und einfachen Strategie an. Bei NIVEA spielt neben Pflege auch emotionale Nähe schon immer eine große Rolle. Und NIVEA ist nun mal die beliebteste Hautpflegemarke der Welt – und wir arbeiten hart daran, immer diese Empathie und diese gefühlte Nähe zu den Kunden herzustellen und uns da nicht zu entfernen.

Da gab es auch mal so Exkurse wie zu Zeiten, als wir »Beauty is …« gemacht haben – ein bisschen L'Oréal nachgemacht haben … als wir leicht abgewichen sind von dieser emotionalen Nähe. Da haben wir die Marke »premiumised« – mehr Beauty gemacht. Auf den ersten Blick sah man es gar nicht, auf den zweiten Blick war es in den Worten und in den Bildern eine leichte Distanzierung – von den Kunden ein bisschen abgehoben nach oben … und schwuppdiwupp hat die Marke enorm drunter gelitten. Das haben wir unglaublich im Business gemerkt … so kleine Feinheiten. Also auch wir lernen immer wieder dazu – auch aus Fehlern - und versuchen jetzt menschliche Nähe natürlich überall hinzukriegen. Da sind mit Muttertagsfilmen und Christmasfilmen ein paar kreativ sehr gelungene Sachen entstanden. Man versucht das aber auch im normalen Bodylotionfilm oder Duschgelfilm hinzukriegen. Was ich immer sage, ist: Wir verkaufen realistische Träume. Unsere Leute müssen die Kunden verstehen – nicht nur so, wie sie sind, sondern auch so, wie sie sein wollen: die Menschen, deren Tag, was sie tun, was sie machen. Es gibt natürlich auch unrealistische Träume: Ich werde ein Hollywoodstar, ich wohne in einer Riesenvilla, ich sehe aus wie Jane Fonda. Das macht die ein oder andere Marke, die verkaufen das mit viel Beauty Pressure und Social Pressure. Bei uns ist es die Suche nach den Realistic Dreams of the People. Das merkt man an der emotionalen Nähe, wenn uns das gelingt.

Was auch zum Charakter der Marke zählt, ist das große soziale Element der Marke. Familie und Familienwerte sind uns wichtig.

> **Es ist wichtig, dass man eine Art Sprach-DNA für die Marke definiert.**

Wir haben jetzt eine Zeit, in der die Familienwerte auch für die Jüngeren einen unglaublichen Stellenwert besitzen. In einer kalten Welt, in einer Welt mit viel Bedrohung. Weil den Menschen immer klarer wird, wie wichtig das ist: diese Werte, die Familie, die Freunde, Zusammensein – dass man etwas hat, das einen nicht so schrecklich alleine auf dieser Welt sein lässt. Ist das so, dass die Marke NIVEA für die Menschen noch mal eine ganz besondere Bedeutung bekommt?

Ja, das ist ganz wesentlich – wir sehen das auch. Also ich habe in der Tat auch das Gefühl, dass die Familienwerte, die eine Zeit lang als langweilig und altmodisch galten, bei der jungen Generation vielleicht sogar wichtiger sind als in den früheren. Ich merke es bei meinen Kindern.

Wichtig für uns war auch irgendwann mal die Überlegung: Es kann kein Zufall sein, dass alle Menschen rund um die Welt seit Millionen von Jahren in Familien zusammenleben. Menschen sind keine Einzelgänger. Es hat fortpflanzungstechnische Gründe (lacht). Aber es ist auf jeden Fall in unseren Genen. Wenn man mal überlegt, was einem wichtig ist ... da gibt es vieles, was theoretisch wichtig sein könnte: mein Haus, mein Boot, mein Erfolg, mein Porsche – ja, das gibt tolle Bilder, super Bilder.

Aber letztendlich, wenn man überlegt, was wirklich zählt, dann sind es: meine Freunde, meine Frau, meine Kinder, der Rückhalt, den ich im Familienkreis habe. Also es sind eigentlich die klassischen sozialen Familienwerte. Auf denen ist die Firma Beiersdorf gegründet. Das ist

**De facto sind Familienwerte nie altmodisch gewesen.**

also wirklich so, dass wir es in der Firma als Firmenkultur haben. Und auf denen ist auch die Marke NIVEA gegründet. Weil Firmenwerte und Markenwerte sehr, sehr ähnlich sind, ist das Ganze auch so »unkaputtbar« – über viele Jahrzehnte und Manager-Generationen hinweg.

Und somit ist NIVEA, wie sie ist: also eine breit aufgestellte, bodenständige Marke, die gut geerdet für die Familienwerte steht. Und die es Gott sei Dank auch immer schafft, Familienwerte nicht altmodisch wirken zu lassen. De facto sind Familienwerte nie altmodisch gewesen.

Wir haben eben gesagt, wie hellhörig Menschen sind. Als NIVEA mehr in die Richtung Beauty gegangen ist – ein bisschen, nicht viel – und ein bisschen mehr Distanz eingelegt hat, haben die Leute das rausgehört. Neurowissenschaftler sagen, dass das immer wieder unterschätzt wird, was Leute aus der Sprache unterbewusst raushören. Heißt im Umkehrschluss: Das ist eine Wahnsinnsaufgabe, weltweit Ihre Mitarbeiter im Unternehmen zu sensibilisieren, ein Gefühl dafür zu bekommen: Das ist jetzt die richtige Sprache für NIVEA!

Wichtig ist das Leitbild, in dem die Marke beschrieben ist, und die Welt, in der NIVEA lebt und geliebt wird und eben auch die Sprache spricht. Das gibt den Leuten schon ein Gefühl, den meisten. Folglich schreiben die keine Texte, die hochwissenschaftlich sind, zumindest nicht für einen externen Zweck. Denn in der Welt von NIVEA gibt es keine Weißkittel. Und dann gibt es Grundgesetze. Jede Welt, und auch jede Marke braucht ein Grundgesetz, oder eine Verfassung. Sonst gibt's Anarchie. Das Manifesto ist nichts anderes als ein Grundgesetz – eine Verfassung der Marke. Eigentlich hätte man auch Paragraphen schreiben können. In dem Kapitel über Sprache gibt es natürlich auch Paragraphen. Ein Paragraph ist eben die Frage: Wer spricht mit mir? Der nächste Paragraph ist: Worüber redet die Marke? Dann gibt es einen Paragraphen, der hat ein paar Unterpunkte: das ist dann die Tonalität der Sprache. Diese Paragraphen sind so einfach, dass man keinen Juristen braucht, um sie zu verstehen. Ein Brand Assistant in Timbuktu kann das nehmen, seinen Text nehmen und den checken. Die Menschen in unseren Marketing Offices rund um die Welt werden von uns im Headquarter nicht kontrolliert – aber sie haben die Pflicht, die Initiative zu ergreifen, gutes Marketing in ihren Ländern zu machen, und das eben im Rahmen des Grundgesetzes. Das ist ihnen auch bewusst, dass sie vieles machen können – aber Verfassungsbruch geht nicht. Die meisten versuchen mit bestem Wissen und Gewissen im Rahmen des Grundgesetzes alles zu machen. Das NIVEA-Manifesto wird schon als eisernes Grundgesetz gesehen.

Es gibt natürlich auch Workshops around the world, an denen es durchgesprochen wird. Und dann diskutieren die auch über das Language-Kapitel: Was bedeutet das für uns? Wenn sie sich damit beschäftigen, dann haben die es im Gefühl. Sie wissen das ja. Sie haben mir da geholfen, ganz wesentlich.

**Die NIVEA-Sprache kommt weltweit dadurch zum Zug,
dass Sie die Menschen bei ihrem Ehrgeiz packen,
das NIVEA-Grundgesetz anzuwenden?**

Ja, genau. Wie gesagt, die Firmenwerte sind sehr kongruent mit den Markenwerten, und die Markenwerte wieder übersetzen sich irgendwann in die Grundgesetze – auch für die Sprache, also das ist logisch, das baut aufeinander auf. Somit fällt es den meisten Leuten nicht schwer, das Grundgesetz für unsere NIVEA-Sprache zu akzeptieren und zu verstehen. Das klappt eigentlich schon. Aber die Kunst ist natürlich, dieses Grundgesetz für die Sprache zu machen und das auf einen so einfachen Nenner zu bringen, dass es auch der tausendste Marketingassistent irgendwo am anderen Ende der Welt versteht. Das war schon viel Arbeit – Sie wissen selber, im ersten Manifesto hatte ich es nicht. Da habe ich gesagt: Mist, das Kapitel fehlt. Und das war wochenlange Arbeit von Ihnen und auch von mir – und die Kunst war es letztendlich, es auf eine Seite zu bringen. Die Sprache soll ja einfach und unkompliziert sein, also musste es auch auf eine Seite passen, das Kondensat.

Das so einfach zu machen, das war die schwierige Arbeit. Also wenn ich jetzt ein 50-Seiten-Buch schreiben müsste über die Sprache von NIVEA – das wäre einfach. Das würde aber halt keiner verstehen und es würde sich keiner dran halten. Wenn ich es auf eine Seite schreibe, dann habe ich die Chance, dass die Leute rund um die Welt das lesen, sich damit beschäftigen und sich auch dran halten. Das war eigentlich die Kunst. Wir haben eine schöne Konsistenz und unseren Stil rund um den Globus. Bei uns sind es ja bis zu 70 Sprachen. Das ist der Wahnsinn.

**Sprache lebt und verändert sich.**
**Wie viel nimmt die Marke NIVEA davon auf?**

NIVEA ist eine ehrliche Marke, die schnörkellos daherkommt, sich nicht aufplustert und nicht für Mode-Schischi steht. Sprüche, die gerade nur modischer Zeitgeist sind, müssen wir nicht bringen. Da gibt es andere Marken, die können so was machen. Das sind wir nicht. Man muss aufpassen, dass man nicht seine Glaubwürdigkeit verliert, wenn man plötzlich durch Nachäffen irgendwelcher Jugendsprache versucht, schick und hip zu sein. Da lassen wir die Kirche im Dorf. Wenn Sie

**NIVEA sagt alles ehrlich und direkt raus.**

die Sprache angucken von NIVEA von 1914 und jetzt 2014 – da haben natürlich die Dekaden schon Unterschiede. Da geht NIVEA mit. Aber wir sind keine Nischen-Marke, die totaler Pionier ist – wir sind eine Mainstream-Marke. Wir sind am vorderen Teil der Welle, aber nicht the most edgy Pionier-Marke. Da muss man immer aufpassen: Wann ist es noch authentisch und echt? Wann ist es ein peinlicher Versuch, jung zu wirken? Sprüche sind auch teilweise gedrechselte Worthülsen. Das ist nicht NIVEA. NIVEA sagt alles ehrlich und direkt raus, hat eine inspirierende, aber keine reißerische, provokative Sprache. Say what you have to say – mit relativ wenig Verbal-Turnerei drumherum und erst recht nicht zu salopp. Natürlich darf die Sprache nicht steif werden, kompliziert erst recht nicht.

**Man vertraut NIVEA seine eigene Haut an und die der ganzen**
**Familie. Ist es da schwierig in einem Medium wie Facebook, in**
**dem geduzt wird, als Kompetenzmarke aufzutreten?**

Das kriegt man hin. Natürlich ist NIVEA als Marke deutlich seriöser, kompetenter, glaubwürdiger als Facebook. Eine sehr vertrauenswürdige, glaubwürdige, authentisch echte Marke taucht in einer anderen Marke

auf, die hip, modern, aber noch nicht so ganz glaubwürdig und vertrau-
enswürdig ist. Das ist ja fast ein Dialog dort. Da ist das Du angebracht, es
wirkt alles sehr persönlich. NIVEA als Marke darf auch »Du« sagen. Wie
gesagt: Solange wir jetzt nicht »voll krass« und »voll fett« sagen, also
peinlich auftreten.

**Mainstream bedeutet auch, dass man einen gesunden Bauch
hat, der Ausreißer nicht macht. Heißt für die Sprache: Vernünftig,
aber auch lebhaft sprechen. Jetzt noch eine Frage für die Zukunft:
NIVEA geht es so gut. Immer liest man »ist die beliebteste Marke
für die Menschen überhaupt«, ist denen ans Herz gewachsen – sie
wollen sich um Gottes willen nicht NIVEA wegnehmen lassen. NIVEA
macht schon alles, was man überhaupt als Marke machen kann.
Gibt es für Sie noch irgendetwas, das NIVEA noch machen kann?**

Das, was unsere Vorgänger in den letzten 100 Jahren so gut gemacht
haben, die nächsten 100 Jahre auch noch so gut machen: das ist schon mal
eine Riesen-Herausforderung. Wo gibt es schon Marken, die so alt sind
und doch nie alt geworden sind? Das ist schon faszinierend. Coca-Cola hat
das noch geschafft. Sonst fallen mir spontan nicht allzu viele ein. Das ist
aber auch jedes Jahr eine neue Challenge, nicht zur Traditionsmarke zu
retardieren.

Die beliebteste und vertrauenswürdige Marke zu sein, ist auch jeden Tag
eine neue Challenge. Wir müssen immer wieder neue, junge Kunden
rekrutieren. Denen müssen wir im Laufe der Jahre ans Herz wachsen.
Neue junge Fans rekrutieren – das fällt nicht vom Himmel. Das geht nicht
automatisch, dass die Teenager von heute die Marke gut finden, die auch
ihre Oma gut findet. Dann ... die Welt ist ja schon viel kommunikativer
geworden über das Internet. Nachrichten, Messages, Gossip, Gerüchte –
im Guten wie im Schlechten – machen die Runde rund um die Welt über
das Internet.

Fehler, die jeder macht, auch jede Marke, können sich plötzlich durch das
Internet so zu explosivem Shitstorm entwickeln. Da ist schon eine ganz
andere Sensibilität heute gefordert für das, was man macht und was man
sagt. Ja, also: Was gibt es zu tun? Also erstmal die Marke schützen und
weiter stärken. Und dann gibt es junge Generationen, die immer wieder
neu rekrutiert und zu Fans gemacht werden müssen. Und es gibt schon
auch noch viele Länder, in denen wir stark wachsen können: In ein paar
Ländern haben wir die Markenrechte erst spät nach dem Krieg wieder
zurückkaufen können – und die Pflege der Marke, also nicht nur Distribu-
tion, erst spät angefangen. Und dann sind natürlich Asien, Lateinamerika
und Afrika nach wie vor für alle in unserer Industrie spannende Wachs-
tumsmärkte. Also da gibt es noch einiges für uns zu tun.

**Haben Sie denn jetzt das Gefühl, dass die Sprache für die Marke
NIVEA so wichtig ist wie die anderen Sinne, die Sie anfangs besprochen
haben – also wie das Visuelle oder der Maiglöckchenduft?**

Man sagt ja: Ein Bild sagt mehr als tausend Worte. Nur letztendlich, wenn man denkt, denkt man ja dann doch irgendwie wieder in Worten. Wir brauchen die Worte, und die Mathematik übrigens auch, damit unser Gehirn tickt. So gesehen werden die Bilder irgendwie in Worte umgesetzt. Die Kraft der Bilder ist schon sehr wichtig bei einer Kosmetikmarke. Ergänzt um die Worte, die dazu passen müssen. Das, was wir den Menschen versprechen – auf der funktionalen Seite – kann und muss ich toll in Worte fassen. Ich brauche eigentlich immer das Bild und das Wort kombiniert. So hat die Marke in der Vergangenheit getickt – ich glaube auch, dass sie so in Zukunft tickt. Die Haptik, also das Riechen und das Fühlen, die brauche ich dann im Produkt. Also es sind schon alle Sinne für uns wichtig. Mal ist das, mal ist das wichtiger. Man muss das ganze Klavier bespielen. Und das muss dann aber auch orchestriert sein, sonst klingt es nach einer Kakofonie.

**Dann sage ich mal vielen Dank.**

Gerne, gerne.

**Liebe Frau Janke, Sie waren diejenige, die den Stein ins Rollen gebracht hat: eine Corporate Language bei NIVEA. Was waren und sind die Gründe dafür?**

Dagmar Janke: NIVEA hat eine große Verantwortung als Nr. 1 Hautpflege-marke weltweit. Jetzt gerade ist sie wieder zu einer der beliebtesten Marken in Deutschland gewählt worden. Das verpflichtet. Darum müssen wir uns fragen: Was können wir tun, um die Nähe zum Verbraucher noch intensiver zu gestalten? Tun wir schon alles, um den Dialog bestmöglich zu führen und zu pflegen?

**Wie geht man bei dem Projekt »NIVEA-Sprache« vor? Wen holt man im Unternehmen dafür ins Boot?**

Wichtig ist, von Anfang an alle dabei zu haben: alle Verantwortlichen für die Kategorien: NIVEA Visage, NIVEA Body/Hand/Soft/Creme, NIVEA Men, NIVEA Deo, NIVEA Sun, NIVEA Hair Care & Styling, NIVEA Bath Care. Alle Verantwortlichen für die nicht-markenspezifischen Abteilungen: E-Brand Management, PoS, PR, Kundenbindung (NIVEA für mich), NIVEA Verbraucherservice, NIVEA Haus. Die Leitung liegt im Global NIVEA Brand Management.

**Die Marke NIVEA wird seit Jahrzehnten für ihre exzellente Markenführung ausgezeichnet. Da gibt es doch eine durchgängige Markensprache. Oder?**

Das ist ja das Interessante! Jeder sagt: klar. Und dann sehen Sie mal alle Texte vor sich. Stellen Sie sich das vor: Sie erleben die Sprache der Marke in ihrem ganzen »Umfang«. Umfang heißt: Da hat sich einiges über die Jahre an Sprache »angesammelt«. Plus: Es sind aktuell ganz neue Sprach-Versionen hinzugekommen. Sie lesen Briefe aus dem Beschwerde-Management und Dialoge auf Facebook. Sie sehen, wie die Produktkategorien kommunizieren – von der Packung über PoS, die Massenmedien bis in die PR und in die Mails. Da kommt bei einer Weltmarke einiges zusammen.

**Dann geht es ran an den einzelnen Text. Nach welchen Kriterien?**

Da gibt es zwei Betrachtungen: Die handwerkliche. Und die Markenbetrachtung. Beides gehört ja zu einer Sprachinventur.

**Ist diese intensive Betrachtung von Einzeltexten denn auch so »augenöffnend« gewesen?**

Ja. Es ist gut zu sehen, wie ein und dasselbe Produkt in den unterschiedlichen Medien textlich behandelt wird. Für alle Markenverantwortlichen ist es wichtig, sich das mal zu »gönnen«: Wie ist die Textqualität? So intensiv beschäftigt man sich ja normalerweise nicht damit. Man sieht dann: In dem einen Medium ist es gelungen, etwas Komplexes ganz einfach zu sagen. In einem anderen Medium ist das wahnsinnig kompliziert ausgedrückt. Das bringt einem das Texter-Handwerk schon näher. Und schärft das Bewusstsein, dass es immer noch klarer, einfacher, direkter geht. Hilft dann beim Briefing und in der Textkritik.

**Was hat sich für die Marke NIVEA als wichtigstes ergeben?**

Das Ziel, die Sprache noch stärker zur Markenprofilierung zu nutzen.

**Wie werden die Marketingleute bei Ihnen im Unternehmen denn bei dieser Aufgabe unterstützt?**

Es ist ein überschaubares Regelwerk entstanden.

**Sie setzen zur Implementierung der NIVEA Corporate Language welche Hilfen ein?**

CL-Manual, CL-App. Und mit der CL-Sprachdatenbank können wir auch einfach arbeiten, quasi unsere NIVEA-Sprache googeln. In CL-Workshops haben wir uns fit gemacht.

**Wie ist der Erfolg?**

Die NIVEA Corporate Language ist jetzt fester Bestandteil der NIVEA Brand Guidelines. Die generelle Ausrichtung und die wichtigsten Umsetzungskriterien haben wir im weltweiten NIVEA Marken-Manifesto integriert. Das bildet jetzt die Basis für unsere NIVEA-Kommunikation global.

**Ist mittlerweile allen Mitarbeitern vertraut, wie wichtig die Sprache für NIVEA ist?**

Wir haben es verankert. Natürlich muss man das weiter pflegen. Mit Pflege kennen wir uns aber aus.

**Es sind nicht nur die Jüngeren, die simsen, twittern, bloggen oder facebooken. Haben Sie das Gefühl, dass die Sprache für das Brand Marketing noch wichtiger wird?**

Für unsere Verbraucher und Verbraucherinnen ist es wichtig, uns Fragen zu stellen. Und ständig einen wichtigen Hinweis oder einen guten Tipp zu bekommen. Wir geben Anregungen, wie Mann, Frau, Kind das Schönste für sich aus jedem Tag machen können. Klar, die Bilder sind wichtig. Aber ohne diesen Dialog ist NIVEA nicht NIVEA. Der Dialog macht uns erst zur Marke, die den Menschen nah ist. Ohne miteinander zu sprechen, entsteht keine Nähe.

**Frau Janke, welchen Ratschlag würden Sie Kollegen mitgeben?**

Man denkt vielleicht »das bisschen Sprache«. Dann beginnt man, sich intensiver mit der Sprache zu beschäftigen, und merkt: Da steckt für die Marke noch soooo viel drin. Wenn jeder das Gefühl hat: NIVEA spricht meine Sprache – dann liegen wir richtig.

**Was ist in Bezug auf die Sprache für die Zukunft die wichtigste Herausforderung im Bereich Global NIVEA Brand Management?**

Tägliche Pflege.

Fahrplan zum Erfolg   Jörg Grünwald & Dagmar Janke

1 NIVEA ist die weltweite Nr. 1 der Hautpflegemarken —
in der Pflege kommt es ganz stark auf die Nähe zum
Verbraucher an.

2 Nähe entsteht nur, wenn man miteinander spricht.

3 Die große Herausforderung ist es, eine NIVEA-Sprache
zu sprechen, die von den Verbrauchern als »ihre« Sprache
erlebt wird.

4 Die Sprache einer Volksmarke lebt und muss immer
aktuell gehalten werden.

5 Wer von den Menschen als Marke geliebt und geschätzt
wird, dessen Sprache wird sehr bewusst wahrgenommen.
Das verpflichtet zu großer Aufmerksamkeit.
Die NIVEA-Sprache braucht tägliche Pflege.

Der NIVEA-Case. // 185

**Zur Implementierung der Corporate Language gehören Maßnahmen wie CL-Manual, CL-App und CL-Sprachdatenbank.**

Die CL-Sprachdatenbank ist eine Suchmaschine, in der man alles findet, was das Texten leichter macht: Textbausteine aus allen Produktkategorien und quer durch alle Medien. Es werden nur die Textbausteine eingepflegt, die gute Beispiele für die Corporate Language der Marke darstellen und von der Rechts- und Entwicklungsabteilung vorher geprüft worden sind.

So spart man Zeit. Die Sprach-Suchmaschine erleichtert das Schreiben auch, weil Synonyme, nicht zur Marke passende Begriffe, Abkürzungen und Definitionen ebenfalls auf einen Click zu finden sind. Das Schreiben mit dieser Suchmaschine macht Spaß, weil es keine »Angst vor der weißen Seite« mehr gibt: durch einen schnellen Check der Textbausteine ist der Anfang gemacht.

Die Recherche zu vielen Aspekten ist schnell durchgeführt.
Jeder, der schreibt, kann sich auf die kreative Arbeit konzentrieren.

Armin Reins im Interview mit Mark Churchman und
Christoph Riechert im PHILIPS Center Amsterdam.

# Sprache als Marketing- instrument.

Wie geht ein multikultureller,
multilingualer, multianspruchsvoller
Technologiekonzern wie PHILIPS
das Thema Markensprache an?

**Christoph, als 2006 mein Buch »Corporate Language« herauskam,
trafen wir uns in Amsterdam. Ich wollte dir natürlich eine CL für
PHILIPS »verkaufen«. Doch du drücktest mir nur eine Ausgabe von
»The Brand Identity Communication Principles« in die Hand und
sagtest: »Haben wir schon! Lies mal!« Nach der Lektüre war ich sehr
beeindruckt. Sämtliche Grundaspekte der PHILIPS Corporate Identity
werden in präzisen und vor allem kurzen Sätzen zusammengefasst,
insbesondere was das Thema Sprache angeht.**

*Christoph Riechert: Besonders für Deutsche… Wir hätten mehrere hundert
Seiten über unsere Brand Language schreiben können. Als globales Unternehmen wollten wir aber kurz und knapp und so verständlich wie möglich
schreiben.*

**Deshalb sitze ich heute hier. Erste Frage: Was hat den Ausschlag dafür
gegeben, eine Corporate Language für PHILIPS zu entwickeln? Wie
und wann hat alles angefangen?**

*CR: Im Rahmen einer globalen Werbekampagne hatte PHILIPS 1995 welt-
weit den Slogan »Let's make things better« eingeführt. Zum ersten Mal
verwendeten alle Regionen eine einheitliche Wendung.*

**Mark Churchman:** Es war das erste Mal, dass weltweit derselbe Slogan benutzt wurde; vorher gab es für die einzelnen Länder immer verschiedene Redewendungen. Auch die visuelle Umsetzung war damals noch sehr unterschiedlich. Einheitlich waren nur Wordmark, Shield, Schriftarten sowie die Farben Blau und Weiß.

*CR: 2004 brachte das Unternehmen dann einen neuen Slogan heraus, der das »Brand Promise« umschreiben sollte: »Sense and Simplicity«. Damit war der nächste Schritt in der Unternehmensentwicklung getan. Ein neues Designkonzept und eine neue Sprache mussten her.*

**MC:** »Sense and Simplicity« war ein wichtiger Schritt in der Entwicklung einer Marke, bei der es hauptsächlich um den Menschen geht. Wir wollten vermitteln, dass die Technologie dazu da ist, dem Menschen zu dienen. Sie soll ihn befähigen, Dinge zu tun, die früher nicht möglich waren. Mit diesem einmaligen, äußerst spezifischen Brand Promise stand die Positionierung der Marke fest. Es war die perfekte Gelegenheit, dieser Positionierung eine stärkere, einheitliche Brand Identity zur Seite zu stellen – nämlich eine Brand Identity, die visuelle und verbale Ausdrucksmöglichkeiten gleichermaßen nutzt.

Denn neben dem Brand Design wollten wir uns auch mit der Sprache auseinandersetzen. Als Marketinginstrument erfüllt die Sprache einen ganz bestimmten Zweck: Wir treten in einen Dialog mit den Verbrauchern und wollen sie durch unser Angebot überzeugen, in der Hoffnung, dass sie unsere Produkte kaufen. Das sehen wir als sprachliche Verantwortung. Denn in Bezug auf das Gesagte und die Art, wie wir es sagen, sind wir dem Gesprächspartner gegenüber verantwortlich. Schließlich geben wir ein Leistungsversprechen ab, wenn wir unsere Produkte auf den Markt bringen. Das muss sich auch in unserer Sprache widerspiegeln. Letztlich hängt es vom Zusammenspiel aus Wort und Bild ab, ob unsere Botschaften ankommen. Bei der Kommunikationsgestaltung greift man sowohl auf

> **Wir geben ein Leistungsversprechen ab, wenn wir unsere Produkte auf den Markt bringen. Das muss sich auch in unserer Sprache widerspiegeln.**

Grafikdesign als auch auf schriftliche Gestaltungsformen zurück (nämlich lange und kurze Texte). Man gibt dem Marketing und dem Brand Management die einzelnen Bausteine des Identitätssystems an die Hand, damit die Brand effektiv repräsentiert werden kann und Produkte und Dienstleistungen erfolgreich vermarktet werden.

Das Unternehmen hatte nun ein eindeutiges Brand Promise und in allen Sektoren rund um den Globus ein und dieselbe Positionierung. Damit war der Zeitpunkt für ein einheitliches Markenidentitätsprogramm gekommen. Denn eine einheitliche Positionierung lässt sich nur durch ein gleichbleibendes Identity Design Program umsetzen, das weltweit für alle Produkte und Dienstleistungen gilt.

Nun hat PHILIPS aber ein riesiges Produktportfolio. Menschen verschiedener Kulturen rund um den Erdball kaufen unsere Produkte. Es war eine große Herausforderung, diese Vielfalt in einem einzigen Programm zu berücksichtigen. Allein die vielen verschiedenen Kombinationen von Produktmärkten waren schon ein Grund, nach neuen Ansätzen zu suchen, wie man ein solches Identitätsprogramm aufziehen könnte. Dazu schauten wir uns an, wie Menschen ihr Verhalten je nach Kontext anpassen. Wenn wir zum Beispiel bei einem Business Dinner sind, verhalten wir uns anders als beim Abendessen zu Hause. Zu offiziellen Anlässen drücken wir uns anders aus als im Gespräch mit Freunden. Wir sehen anders aus und sagen andere Dinge. Trotzdem haben wir unseren eigenen Stil. Der Mensch passt sein Verhalten dem Kontext an. Aber durch die Art, wie er das tut, wird er unverwechselbar.

Das zuständige Team für die Entwicklung der neuen Identität wusste nur zu gut, dass das Designsystem aussagekräftige Botschaften brauchte, um viele verschiedene Verbraucher und Kunden anzusprechen. Es sollte sich dem Kontext, den Kategorien und der jeweiligen Kultur anpassen können. Das war die Herausforderung und gleichzeitig das Ziel. Also konzentrierten wir uns zunächst darauf, umfassend und genau zu untersuchen, wie wir von den Verbrauchern wahrgenommen werden. Wir gingen sogar so weit, Marktforschungsmethoden in den Gestaltungsprozess aufzunehmen. Neben einem Designsystem entwickelten wir vor allem eine Arbeitsweise, durch die wir die Wirkung unseres Verhaltens im jeweiligen Kontext bewerten konnten. Wir Menschen haben ein gutes Gespür für die Wahrnehmungen anderer in einer Unterhaltung.

Analog dazu wollten wir sensibler dafür werden, wie unsere Zielgruppen uns wahrnehmen. Dadurch änderte sich auch die Arbeitsweise unserer Designer, weil wir die Ergebnisse mehrerer Marktforschungszyklen in den Schaffensprozess einfließen ließen. Sie sollten sich auf Elemente konzentrieren, durch die sich unserer Meinung nach eine Beziehung zu den Rezipienten herstellen ließ, durch die wir unsere Geschichten vermitteln könnten. Das geht zum Beispiel über die Thematik und den Stil unserer Fotos und Überschriften.

Anschließend legten wir Leistungsindikatoren für verschiedene Touchpoints mit Kunden und Verbrauchern fest. Eines unserer Lieblingsbeispiele war immer das Packaging. Schließlich spielt das Packaging für unsere Consumer Products eine bedeutende Rolle. Wir trugen die wichtigsten Touchpoints unserer am Markt erfolgreichsten Produkte zusammen. Category Experts aus den verschiedenen Marketing Teams des Unternehmens wählten Produkte und Dienstleistungen aus, die in besonders wettbewerbsintensiven Märkten sehr erfolgreich sind (Touchpoints). Dann testeten wir den neuen Brand-Identity-Ansatz parallel zu den bestehenden erfolgreichen Designs.

Damit stellten wir die neuen Designs auf eine harte Probe. Das Programm sollte nur angenommen werden, wenn die neue Aufmachung erfolgreicher wäre als die alte. Um das messen zu können, legten wir Key Performance Indicators fest. Diese bezogen sich auf die einzelnen Touchpoints. Ein Beispiel: Damit mehr Kunden unser Produkt aus dem Regal nehmen und letzten Endes auch kaufen, und nicht das der Konkurrenz, muss das Packaging aus der Masse hervorstechen und mehr Interesse wecken. Deshalb sind die vier Key Performance Indicators beim Packaging, inwieweit es sich abhebt, wie lange die Kunden es sich ansehen, die Kaufpräferenz und ob es zur Brand Positioning passt.

Das Design Research erfolgte über Kategorien und Touchpoints hinweg in verschiedenen weltweiten Regionen. Dadurch konnten wir beurteilen, ob das Programm in den unterschiedlichen Märkten und bei verschiedenen kulturellen Wahrnehmungen funktionierte. Das mit dem Management abgestimmte Ziel war, die bisher erzielten Ergebnisse zu übertreffen. Dabei war uns klar, dass wir bei PHILIPS schon auf einem sehr hohen Niveau waren und dass es schwer werden würde, neue Maßstäbe zu setzen. Daher auch die Entscheidung, das Identity Program in mehreren Zyklen zu entwickeln. Jeder Zyklus beinhaltete Marktrecherchen, über die wir genau erfahren konnten, wie die Zielgruppen unsere Kommunikation im Vergleich zur Konkurrenz aufnahmen.

Was wir uns vorgenommen hatten, war beileibe nicht einfach: die Auslieferung parallel zu bestehenden Lösungen, Touchpoint Designs auf sehr hohem Niveau – und das gegen teilweise sehr starke Konkurrenten! Um hier Erfolg zu haben, brauchten wir einen interaktiven Ansatz. Sprich, wir wollten die Leistung eines Designs messen, es dann überarbeiten, verbessern und den Zyklus erneut beginnen. Diese Methode nannten wir »zuhören, lernen, reagieren«. Erst durch diese Herangehensweise waren wir in der Lage, wichtige Erkenntnisse aus den Märkten zu erfassen und uns darauf zu konzentrieren. Runde für Runde setzten wir bei diesen Erkenntnissen an und verbesserten das Design, bis in Runde drei schließlich alle neuen Pilot-Designs in den meisten KPIs besser abschnitten als die alten. Heute wissen wir, dass es uns in der dritten Runde gelang, alles bis dato Bestehende im Hinblick auf alle vier Leistungsindikatoren zu übertreffen. Doch ungeachtet des erfolgreichen Endergebnisses sah es in der ersten Runde natürlich noch ganz anders aus. Beim ersten Performance Review war die Leistung in vielen Punkten nicht besonders gut. Aber trotz dieses Dämpfers sah das Team die erhaltene Aufmerksamkeit als Chance, noch genauer nachzuhaken und sich mit den Feinheiten der Kommunikation zu beschäftigen. Früher hätten wir vielleicht wieder von vorn angefangen und nach dem Grüne-Wiese-Prinzip alternative Konzepte mit anderen Layouts usw. entwickelt. Aber das wollten wir nicht. Stattdessen konzentrierten wir uns auf die Feinabstimmung der Designs. Eine geänderte Headline hier, ein anderes Image dort. Beim erneuten Test zeigte sich dann, dass diese höchst präzisen und scheinbar geringfügigen Anpassungen enorme Performanceunterschiede ausmachten – manchmal zum Besseren, manchmal auch zum Schlechteren.

Mit diesen Learnings ging das Team in die zweite Verbesserungsrunde und wurde in der dritten Runde schließlich mit Erfolg belohnt.

Diese Erfahrung hat gezeigt, dass man genau zuhören und aus dem Gehörten lernen muss, wenn man den Draht zu Kunden und Verbrauchern verbessern und ihre Wahrnehmung positiv beeinflussen will. Man muss mit den richtigen visuellen Mitteln und verbalen Botschaften reagieren. Außerdem ist es ganz wichtig, dass Research in den Schaffensprozess integriert ist, nicht nur eine Erfolgsmessung nach getaner Arbeit.

**Mark, du erwähntest eben visuelle und verbale Sprache …**

MC: Ja, genau. Wir haben sämtliche kommunikativen Elemente untersucht: die PHILIPS Wordmark und das Schild-Logo, das Brand Promise, Farben und Materialien, Typografie, Layouts und grafische Elemente. Doch auch das Naming sowie Content und Style der verwendeten Fotos und Formulierungen wurden analysiert. Basierend auf der Positionierung und den Werten des Unternehmens sowie den Erkenntnissen aus der Market Research wiesen wir jedem Element eine besondere Rolle zu, zum Beispiel vermitteln Wordmark und Schild-Symbol, wer wir sind. Namen helfen, sich im Produktportfolio zurechtzufinden und die Markenarchitektur abzubilden. Bilder und Headlines zeigen dagegen, was wir zu bieten haben, und zwar unterstützt durch Farben, denn Farbe spielt eine große Rolle in der Kommunikation von Werten und Nutzen. Diese drei Punkte sind für uns die zentralen Elemente unseres kreativen Schaffensprozesses. Wir nennen sie Signature Elements.

**Welche Rolle spielten dabei die verschiedenen Kulturen und Länder?**

MC: Kulturen und Länder sind von großer Bedeutung. Das ganze Projekt entstand weniger aus der Absicht, eine Corporate Language zu entwerfen, als aus der Entscheidung oder vielmehr unserer Überzeugung, dass Bilder und Worte zusammengehören. Deshalb ist es für uns auch weniger eine Corporate Language. In unserer Kultur bringen wir diese Bezeichnung oft mit Hierarchien und zentralisierten Strukturen in Verbindung. Uns geht es aber eher darum, die Personality der Marke PHILIPS zum Ausdruck zu bringen, und zwar, indem wir die Designelemente, besonders die Signature Elements, sowie Worte und Bilder in Einklang bringen.

**Ist es richtig, dass euer Kernteam die vier größten Märkte erforscht hat?**

MC: Wir haben Research in China, Europa und den USA durchgeführt. In Europa waren es Frankreich, Deutschland und Großbritannien. Für Asien untersuchten wir China und Malaysia, und dann natürlich die USA mit Städten an West- und Ostküste sowie in den zentralen Regionen.

**Also habt ihr diese Kulturen von Anfang an ganz gezielt in einem Team zusammengebracht, um alle besonderen Charakteristika zu berücksichtigen, die für die Entwicklung einer verbalen und visuellen Sprache von Belang sind?**

MC: Wir sind auf jeden Fall eine sehr international geprägte Organisation, und das Design Team selbst ist sehr multikulturell. Ich halte es für besonders wichtig, dass jeder versteht, wie unsere Zielgruppe aufnimmt, was wir tun. Gehen wir davon aus, dass sich über das Design eine emotionale Verbindung zur Zielgruppe herstellen lässt – und ich bin überzeugt, dass das der Fall ist – und dass dies das Ergebnis unserer Marketingentscheidungen ist, dann reicht es nicht aus, nur etwas zu entwickeln, das unserer Meinung nach die richtige Botschaft sendet. Wir müssen auch herausfinden, ob und wie diese Botschaft bei unserer Zielgruppe ankommt. Genau das hat uns unser Ansatz gelehrt, und das war auch entscheidend für unseren Erfolg. Als wir den Ansatz entwickelten, konnten wir noch nicht wissen, wie anders wir nun an die Identitätsgestaltung herangehen würden.

Dazu fällt mir ein gutes Beispiel ein. Unter unseren Pilotprojekten war auch ein Haartrockner. Ein simples, aber sehr wichtiges Produkt mit einer Zielgruppe, die sich genau auskennt: Frauen. Wir waren der Meinung, dass hier ein Verkaufsargument in Richtung Schönheit, Weiblichkeit und Sinnlichkeit passend wäre und dass wir diese Aspekte direkt ansprechen sollten. Dabei kam dann eine Headline im Sinne von »für geschmeidiges, seidiges, glänzendes, gesundes Haar« heraus. Wir waren überrascht, als die Marktforschung ergab, dass diese Headline überhaupt nicht funktionierte. Also analysierten wir das Projekt erneut und entschieden uns, das Design so zu lassen und nur das Product Promise umzuformulieren. Statt »geschmeidiges, seidiges, glänzendes, gesundes Haar« schrieben wir »2.100 Watt«.

> **Nur die Headline gab deutlich Auskunft über die Leistung. Dafür wurden wir mit einer enormen Zunahme der Kaufpräferenz belohnt.**

Denn bei näherer Betrachtung hatten wir gemerkt, dass unsere Zielgruppe für diese Haartrocknerkategorie eine Art »Code« verwendet. Aus der Wattleistung eines Produkts leiten die Kundinnen die relative Trockenleistung ab und vergleichen sie mit der anderer Produkte im Regal. Je stärker das Gebläse, desto mehr »Volumen« lässt sich erzielen und desto mehr Stylingmöglichkeiten hat man beim Haaretrocknen. Alles zentrale Bedürfnisse der Verbraucher. Am Design änderten wir also nichts. Nur die Headline gab jetzt deutlich Auskunft über die Leistung. Dafür wurden wir mit einer enormen Zunahme der Kaufpräferenz belohnt.

*CR: Auch über die Unterschiede in der weiblichen und männlichen Wahrnehmung von Schönheit haben wir eine Menge gelernt. Lateinamerika unterscheidet sich in der Hinsicht stark von Nordeuropa, während Russland hier eher wie Lateinamerika ist, nicht wie der Rest Europas.*

**Und was macht ihr nun mit euren Erkenntnissen?**

MC: Ich glaube nicht, dass es da ein Geheimrezept gibt. Man muss den Markt nach und nach kennenlernen und braucht dazu die entsprechenden Daten sowie Kreativität und Intuition. Die Erkenntnisse müssen sorgfältig ausgewertet werden, indem man sein Augenmerk auf die Kunden legt und versucht herauszufinden, ob ihre Wahrnehmung unseren Absichten entspricht. Der Mensch kann aus dem Verhalten anderer lesen. In dem Sinne möchten wir aus den Signalen lesen, die wir von unseren »Rezipienten« erhalten. Ob sie sich für uns und für das interessieren, was wir zu sagen haben. Wenn möglich, passen wir unsere Art oder unser Verhalten an, um die Kundenbindung zu stärken und Interesse zu wecken. Das ist meiner Meinung nach der Kern unseres Brand Identity Programs.

Zu unserer Markenidentität gehört Einfachheit; unsere Produkte sollen »einfach erlebbar« sein. Deshalb ist auch unsere Sprache einfach und direkt. Vielleicht sagt dir die »Plain English Society« etwas. Seit 30 Jahren oder noch länger ist das ihr erklärtes Ziel.

**In Frankreich gibt es auch etwas in der Art.**

MC: Genau. Deshalb bedienen wir uns einer einfachen, direkten Sprache. Ich glaube, viele von uns sind der Meinung, dass ein einfacher Sprachgebrauch oft kreativer und geschickter ist.

**Wenn ich dich richtig verstanden habe, Mark, geht es einerseits um Unternehmenswerte, andererseits aber darum, Kunden, Verbraucher und Märkte bzw. lokale Märkte genau zu kennen. Du sagtest, dass alle diese Aspekte gemeinsam betrachtet werden sollten, mit dem Kunden im Mittelpunkt. Das heißt, wenn der Kunde sich in seiner Qualitätsgeschichte oder Entwicklung auf Stufe zwei befindet, kannst du nicht auf Stufe zehn einsteigen und sagen: Wir kommen aus einem hochentwickelten Markt wie Deutschland und gehen jetzt nach Brasilien?**

MC: Ich glaube nicht, dass die Entwicklung von Märkten hier eine Rolle spielt – die Menschen treiben seit Jahrtausenden Handel untereinander und niemand ist dem anderen überlegen. Es geht eher um kulturelle Unterschiede. Keiner dieser Märkte ist fortschrittlicher als andere. Um eine wahre Verbindung herzustellen, musst du genau wissen, wer du in Wirklichkeit bist – und wer deine Zielgruppe ist. Welche Bedürfnisse haben diese Menschen und wie kannst du ihnen helfen? Und wie nehmen diese Menschen dich wahr? Nordwesteuropa wird oft als calvinistisch im Sinne von bodenständig und sachlich beschrieben. Wir, und als Engländer schließe ich mich da ein, schätzen Objektivität, Direktheit und Aufrichtigkeit. In anderen Kulturen wie zum Beispiel Südamerika wird viel mehr Wert auf poetische Metaphern gelegt. Um unsere Markenwerte wie beabsichtigt zu kommunizieren, mussten wir die Kultur der Menschen, an die wir uns richten, kennen, sie respektieren und auf sie eingehen können.

**Um ihre Aufmerksamkeit zu gewinnen, müssen wir uns klar und verbindlich ausdrücken.**

**Und der Schlüssel dazu sind Customer Needs, Insights.**

*CR: Ja, wir müssen uns in die Lage unserer Kunden versetzen und sie an dem Punkt abholen, an dem sie sich gerade befinden. Um ihre Aufmerksamkeit zu gewinnen, müssen wir uns klar und verbindlich ausdrücken. Das ist die Grundlage dafür, sie im nächsten Schritt hoffentlich davon zu überzeugen, dass wir sie zu Dingen befähigen können, die ihnen vorher nicht möglich waren. Denn das ist es, was wir eigentlich wollen (lacht).*

**Also sind die PHILIPS Brand Values weltweit die gleichen?**

*Absolut identisch.*

**Christoph, bist du der Ansicht, dass die Brand PHILIPS weltweit überall gleich wahrgenommen wird?**

*CR: Ich weiß nicht, inwieweit es so etwas wie eine weltweit einheitliche Wahrnehmung überhaupt geben kann. Aber unser Ziel ist es auf jeden Fall, das Unternehmen unter einer einheitlichen Brand PHILIPS darzustellen. Wir haben es mit vielen verschiedenen Menschen und Kulturen in unterschiedlichen Produktkategorien zu tun. Wenn wir zum Beispiel Frauen zum Thema Schönheit ansprechen, gehen wir das Thema auf eine bestimmte Weise an. Sind es Männer und die Rasur, haben wir eine andere Herangehensweise. Und natürlich muss man Krankenhausleitungen zum Thema Health Care wieder ganz anders ansprechen. Aber selbst wenn unser Ansatz variiert, bleiben wir unseren Werten und unserer Persönlichkeit immer treu. Wie vorhin bereits gesagt: Der Mensch passt sich auch instinktiv dem Kontext und seinen Gesprächspartnern an. Wenn wir geschäftlich oder im Urlaub fremde Kulturen besuchen, streichen wir auch bestimmte Charakterzüge stärker heraus oder unterdrücken sie, je nachdem, was uns passend erscheint.*

*MC: In all diesen unterschiedlichen Kommunikationssituationen spielt die Sprache eine bedeutende Rolle. Wir bemühen uns sehr, unsere Worte auf* den Kontext und das Zielpublikum zuzuschneiden. Dabei bleiben wir aber uns selbst und unseren Werten treu. Alles andere würde unserer Integrität schaden.

**Dann verwendet ihr also weltweit den gleichen Slogan?**

MC: Wir nennen es lieber unser Brand Promise.

**Als der Slogan noch »Sense and Simplicity« lautete, wurde er da weltweit gleich aufgefasst?**

MC: Als wir Simplicity erfanden, stand der Slogan für benutzerfreundliche Technologie. Zu der Zeit war das ein hehres Ziel, da die Technik in der Regel alles andere als leicht zu bedienen war. Doch mit der Zeit ergab sich dieses Konzept zunehmend aus den Kategorien selber, so dass wir der Idee der »Simplicity« mehr Bedeutung geben mussten. Wir sprachen mit Menschen aus der ganzen Welt darüber, wie Simplicity hinsichtlich ihrer Familien, ihres Umfelds und in Bezug auf sie selbst in den Kontext ihres Lebens passte – im Arbeitsleben wie auch privat. Es überraschte uns, dass Menschen verschiedener Backgrounds allesamt großen Wert auf Simplicity legten. Sie erzählten uns, wie schwer es ihnen falle, die Komplexität ihres Alltags zu meistern.

Bei Menschen aus Entwicklungsländern lagen die Probleme in der schlechten Infrastruktur, durch die selbst einfache Aufgaben schwierig und zeitraubend sind. In den entwickelten Ländern klagten die Menschen eher über die Schwierigkeit, das richtige Gleichgewicht zwischen Arbeit und Privatleben zu finden. Manche brachten Gegenstände, Bilder oder Worte mit, die illustrieren sollten, was Einfachheit im Grunde für sie bedeutet. Bei manchen waren das Bilder, die ihre Kinder gemalt hatten, andere wiederum brachten Zeitungsartikel mit und sehr viele brachten Dinge aus der Natur. Diese »Geschenke« inspirierten uns dazu, eine große Collage dieser Weltsicht der Einfachheit anzufertigen. Und auch die Erkenntnis, dass Einfachheit nicht nur bedeutet, einfach zu bedienende Technologien zu haben, sondern dass unser Leben generell einfacher werden sollte, war eine Inspiration für uns. Wir wollen Menschen dabei helfen, das zu erreichen, was sie sich wünschen. Wie Anton PHILIPS schon 1934 erkannte: »Technologie ist dazu da, der Menschheit zu dienen.«

**Zu welchem Grad ist die PHILIPS Brand Language in eurem Arbeitsalltag verankert? Ich meine damit die Entwicklung von Packaging Designs, Broschüren, Beschreibungen medizinischer Geräte usw. Wie weit greift euer Ansatz?**

MC: Auch hier möchte ich von der Unterscheidung zwischen verbaler und visueller Sprache wegkommen, weil beide Aspekte zusammengehören. Momentan liegt unsere Herausforderung darin, die Marke PHILIPS einheitlich zu präsentieren – eine Marke mit Wiedererkennungswert, die sich selbst treu bleibt und hält, was sie verspricht. Trotz allem müssen wir aber immer wieder neue Wege finden, diese Werte in unterschiedlichem Kontext und für verschiedene Zielgruppen auszudrücken. Zudem muss dies auf eine Art geschehen, die über alle Kontaktpunkte im Entscheidungsprozess eines Kunden hinweg funktioniert. Diesen Entscheidungsprozess nennt man heute Customer Journey.

Stellen wir uns eine Mutter vor, die in Düsseldorf wohnt und einen stressigen Job hat. Sie kommt nach einem anstrengenden Tag um 18 Uhr nach Hause und auch der nächste Tag ist schon wieder komplett verplant. Sie hat zwei Kinder und einen ebenfalls vielbeschäftigten Mann, der zur gleichen Zeit heimkommt. Trotzdem möchten sie sich gern gut um ihre Kinder kümmern, und dazu gehört auch die richtige Ernährung, das Essen genießen, ein fester Ablauf, Tischmanieren, und dass man sich gemeinsam als Familie Zeit für das Abendessen nimmt. Sie möchte nicht, dass vor der Bettzeit nur schnell etwas hinuntergeschlungen wird. Wenn wir dieses Dilemma, diese versteckten Bedürfnisse erkennen, können wir uns als Marke hervorheben – wenn wir uns überlegen, wie wir dieser Frau, ihrem Mann und ihrer Familie helfen können. Wir verfügen über die Technologien, passende Lösungen zu entwickeln, aber wo sollen wir ansetzen? Wie können wir mehr über diese Bedürfnisse herausfinden, ohne davon auszugehen, dass wir schon alles wissen? Vielleicht in den Social Networks und Social Media, in denen wir Unterhaltungen verfolgen und manchmal auch daran teilnehmen.

Unsere Sprache beginnt bereits hier und setzt sich bis zu unseren Produkten fort. Das schließt auch die Formensprache unserer Produkte genauso wie die Sprache der Benutzeroberfläche und der Symbole auf unseren Produkten ein, die Sprache, die wir auf unserer Website verwenden, in unseren Shops, die Sprache, die wir in anderen Onlineshops benutzen und auf unserem Packaging. Also eine wirklich nahtlose Kette von Interaktionspunkten. Das ist es, womit wir uns hauptsächlich befassen – theoretisch für all die mehr als 200 000 Verkaufsargumente, die wir herausgebracht haben. Erreichen wir stets eine nahtlose Integration? Sicher nicht, denn das ist nicht einfach. Doch wenn wir immer besser darin werden, ist das schon eine gute Motivation für das gesamte Team.

**Da habt ihr aber einen langen Weg vor euch. Wie weit entfernt ist PHILIPS denn jetzt von den 100 %, wenn du es in Zahlen ausdrücken müsstest?**

MC: (lacht) Also da müsste ich lügen! Ich glaube aber, dass das Verständnis und das Bewusstsein für diese Dinge im gesamten Unternehmen sehr ausgeprägt sind. Es geht natürlich immer noch besser. Klar ist, dass die gesamte Organisation äußerst kundenorientiert und markenzentriert denkt. Die Disziplin, mit der bei uns Verkaufsargumente erarbeitet werden, ist schon beeindruckend. Wir haben uns mit der Aufgabe, die gesamte Kommunikation für alle Zielgruppen und Kategorien zu optimieren, natürlich viel vorgenommen. Aber wir sind auf dem Weg dorthin. Wahrscheinlich wird man bei einer derartigen Zielstellung niemals an einen Punkt kommen, an dem man sagen kann, dass das Ziel jetzt erreicht ist. Es wird immer etwas zu verbessern geben und man lernt nie aus. Aber man wird geübter und der Prozess geht schneller von der Hand.

*CR: Hier gibt es auch sehr hilfreiche Tools; für Übersetzungen haben wir zum Beispiel einen festen Ablauf mit Punkten zur Abnahme und einen zentralen Vertrieb eingerichtet, so dass weltweit alle Produktvermarkter Zugriff auf die richtigen Ressourcen haben: Headings, Subheads, Features und Benefits usw. ...*

**Welche Kontaktpunkte sind eurer Meinung nach die wichtigsten?**

MC: Wenn wir darüber sprechen, wodurch unsere Marke zum Ausdruck kommt, dann sprechen wir über Produkte, aber auch über die Benutzeroberfläche. Es geht um Kommunikation in Form von Packaging, Broschüren, Onlineshops usw., aber auch um das reale Umfeld – Messen und Ausstellungen, Geschäfte und Büros. Und hinsichtlich B-to-B – und 70 % unseres derzeitigen Business ist B-to-B – geht es vor allem um eines, nämlich unsere Mitarbeiter. Dann ist da noch das B-to-C Business. Hier haben wir es mit Menschen mit einem bestimmten Bedarf zu tun, und wir glauben, dass wir haben, was sie brauchen. Im Geschäft kommunizieren wir mit ihnen über das Produkt, PoS und des Packaging. Online kommunizieren wir mit ihnen über unsere Website und inzwischen verstärkt über Retailer Websites. Früher sagten wir immer, dass unsere Interessenten sich erst online informieren und sich dann im Geschäft selbst überzeugen wollen. Jetzt sind sie online bereits in den Geschäften (lacht).

*CR: 2010, nach dem Redesign, war die PHILIPS-Website auf Platz 1 in ihrer Kategorie und auf Platz 4 aller Global Brands, gleich nach Google, Facebook und Cisco (Quelle: 2010 Web Globalization Report, Byte Level Research. 2014 weltweit Nr. 7.)*

**Wie setzt PHILIPS die erarbeiteten Regeln in gesprochene Sprache um, zum Beispiel bei medizinischen Geräten?**

MC: An diesem Bereich arbeiten wir momentan intensiv. Ich bin der Meinung, dass man den Mitarbeitern auch hier nicht vorschreiben kann, wie sie zu reden haben. Man kann ihnen natürlich Hilfestellungen dazu an die Hand geben, wie man sich klar ausdrückt, welche Formulierungen Einfühlungsvermögen erkennen lassen und wie man sich dem Gesprächspartner gegenüber verständlich macht. Zusätzlich helfen Schulungen und Erfahrungsaustausch. Aber viel wichtiger ist es, dass sie unsere Werte vermitteln können. Wenn ich ans Telefon gehe, wer oder was bin ich dann für die

Person am anderen Ende der Leitung, und bin ich einfühlsam und verständnisvoll genug? Christoph würde sich vielleicht anders ausdrücken als ich, doch solange wir beide wirklich meinen, was wir sagen, und die gewünschte Message herüberbringen können, haben wir beide unseren Job gut gemacht. Das ist wichtiger, als Gesprächsguidelines auszuarbeiten. Unsere Mitarbeiter spielen nicht nur eine Rolle. Sie sind ein Teil des Unternehmens und unserer Brand.

*CR: Auch ich musste erst einmal lernen, mich kürzer zu fassen. Meine Sätze waren bestimmt eine halbe Seite lang, wie ich es in der Schule gelernt hatte. Typisch deutsch eben. Ich musste meine Satzstrukturen vereinfachen und von der »Management Language« wegkommen, Deutsch oder Niederländisch mit vielen englischen Wörtern und Abkürzungen usw.*

**Und wie reagieren Agentur-Copywriter auf eure Corporate Language? Manche Unternehmen haben das Problem, dass sich Agenturen beschweren, man »zwinge« ihnen ein Konzept auf, oder dass die Regeln zu starr seien ...**

MC: Wir sind inzwischen an einem Punkt, an dem wir nicht mehr bis zum letzten Punkt oder Komma alles vorschreiben müssen. Es geht eher darum, wie man verständliche Texte schreibt. Mit diesem Ansatz kann man dann arbeiten. Dabei fällt mir besonders einer der Grundpfeiler unserer Markenidentität ein, »designed around you«, also für den Kunden entworfen. Man muss aus der Perspektive der Zielgruppe schreiben und sich überlegen, was in dem Fall die richtigen Argumente sind.

> **Eine Corporate Language hilft ihnen, in ihrem Schaffensprozess die bestmöglichen Ergebnisse zu erzielen.**

**Ein weiterer Punkt, der oft zur Sprache kommt: Schränkt Corporate Language nicht die Kreativität ein?**

*CR: Das glaube ich nicht, vorausgesetzt, man sieht sie nur als Guideline. Wenn man diese Guideline »mechanisch« anwendet, ist das der Kreativität natürlich abträglich. Für Gestalter und Textschaffende, die Aufgabe und Bedeutung dieser Richtschnur verstanden haben, kann sie dagegen als »Fokus« für ihre Kreativität dienen. Eine Corporate Language hilft ihnen, in ihrem Schaffensprozess die bestmöglichen Ergebnisse zu erzielen. Ich glaube, dass man den Textern vor allem vermitteln muss, dass es sich um einen Wettbewerbsvorteil handelt, der ihnen die Arbeit erleichtert. Gleichzeitig stärkt er auch die Brand und den Ton und bietet dadurch Mehrwert.*

**Wenn ihr das mit der Zeit vor der Corporate Language vergleicht: Was hat sich seit der Einführung der Guidelines in Bezug auf das Ergebnis sowie den zwischenmenschlichen Aspekt geändert?**

MC: Hier kann man nicht zwischen der tatsächlichen Sprache und der allgemeinen Brand Identity unterscheiden. Und auch diese ist Teil eines größeren Ganzen, nämlich des gesamten Global Marketing und der Marken-bildung. Alles in allem können wir sagen, dass all diese Aktivitäten zusam-mengenommen zu Verbesserungen bei den Leistungsindikatoren geführt haben. Zum Beispiel hat sich die Brand im Interbrand Brand Index von 2004 bis 2013 von Position 65 auf 40 verbessert.

*CR: Als Designer habe ich dadurch eine Diskussionsgrundlage, die auf unse-rer Identity und unserer Sprache beruht. Sie stellt einen Rahmen dar, in dem ich gemeinsam mit Kollegen und Partnern bewerten und diskutieren kann, wie treffend und erfolgversprechend die von uns entwickelten Worte und Bilder wirklich sind. Anstatt eine Headline von einem Copywriter einfach so zu akzeptieren, kann ich sagen: »Nein, wenn es etwas kürzer wäre, könnte man es besser lesen.«*

MC: Ich will ehrlich mit dir sein. Natürlich ist nicht immer alles eitel Son-nenschein und es gibt Unstimmigkeiten. Doch wenn das der Fall ist, geht es heute in der Regel nicht mehr um die Sprache. Jetzt streiten wir eher über Fotos, Layouts, Fonts und Raster – die klassischen Grafikdesign-Ele-mente. Wann immer Kreativität im Spiel ist, wird es hitzige Debatten und Herausforderungen geben. Das lässt sich nun einmal nicht vermeiden, wenn viele intelligente, kreative und selbstständige Menschen an einem globalen Prozess beteiligt sind. Der Schlüssel zum Erfolg liegt darin, in unserem Umgang mit all diesen Menschen die Brand zu leben und die Sprache unserer »Guidelines« dem jeweiligen Kontext und ihren Interes-sen anzupassen.

*CR: Und das allein ist schon Herausforderung genug …*

Seit diesem Interview aus dem Jahr 2012 ist Mark Churchman zu einer neuen Arbeitsstelle außerhalb von PHILIPS ge-wechselt. Sein Nachfolger als Leiter des Brand Design ist Thomas Marzano. Er und sein Team arbeiten weiterhin am PHILIPS Brand Identity Program und führten die nächste Generation im Frühling 2014 ein.

**Fahrplan zum Erfolg**  Mark Churchman & Christoph Riechert

1 Wenn die Technik so wie bei PHILIPS dem Menschen dient, dann sollte das die Sprache erst recht tun.

2 Wenn das Leistungsversprechen Einfachheit verspricht, dann darf die Sprache nicht umständlich sein.

3 Man muss genau zuhören und aus dem Gehörten lernen, wenn man den Draht zu den Verbrauchern verbessern und ihre Wahrnehmung positiv beeinflussen will.

4 Es reicht nicht aus, nur etwas zu entwickeln, was die richtige Botschaft sendet. Es ist ebenso wichtig, herauszufinden, ob und wie diese Botschaft bei unserer Zielgruppe ankommt.

5 Um Markenwerte international zu kommunizieren, muss man die (Sprach-)Kultur der Menschen, an die man sich richtet, kennen, respektieren und auf sie eingehen.

200 // Sprache als Marketinginstrument.                                    Teil 2

**Die Corporate Language von PHILIPS
ist Bestandteil der Communication Principles.**

Hier wird definiert, wie auf der Welt eine PHILIPS Headline und Copy getextet werden müssen. Und das heruntergebrochen auf alle Medien und Touchpoints.

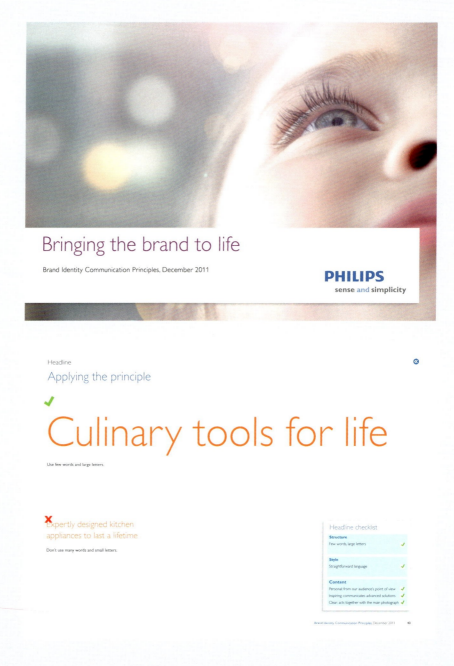

# Der PHILIPS-Case. // 201

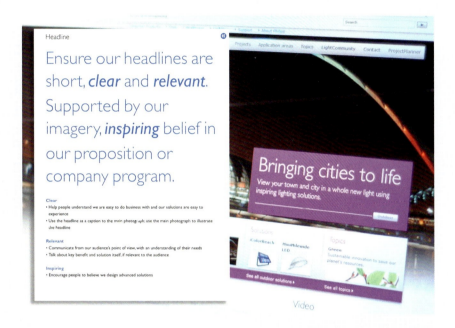

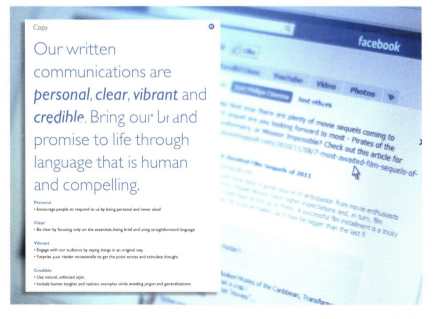

Armin Reins im Interview mit Jörg Frey, Geschäftsführer der Haufe-Lexware GmbH & Co. KG

# Die B-to-B-Glaubens-bekenntnisse geraten ins Wanken.

Bei »Finanzen« denken Selbstständige meist an die Qual mit Quittungen, Quotierungen, Quartalsabrechnungen und Quellensteuer. Und dann entdecken sie irgendwann ein Stück Kommunikation von Lexware und erfahren quietschvergnügt wie quick der ganze Quatsch gehen kann. Wie konnte das nur passieren?

**Jörg, warum bist du ein B-to-B-Marketer geworden und kein B-to-C-Marketer? Hat dich Marketing für Langnese Eiscreme, Ferrero Küsschen oder das Golf Cabrio nie gereizt?**

Jörg Frey: Die Frage habe ich so noch nie gestellt bekommen. Um ehrlich zu sein, sehe ich nicht so große, gravierende Unterschiede zwischen B-to-B und B-to-C. Besonders dann nicht, wenn man so eine Zielgruppe hat, wie wir sie bei Lexware haben. B-to-B-Kommunikation für Selbstständige, Kleinunternehmer und Freiberufler unterscheidet sich in meinen Augen kaum vom Consumer Market. Ich sehe da ein analoges Verhalten, insbesondere bei der Wahrnehmung und beim Kauf.

**Aber deine lieben Kollegen machen einen großen Unterschied zwischen B-to-B und B-to-C. Für die meisten ist B-to-B eher die unangenehmere, schwierigere, langweiligere Fraktion und B-to-C die spannende, aufregende. Siehst du da als Kunde wirklich keine Unterschiede?**

B-to-C hat sicherlich einen Vorteil: Wenn man B-to-C verantwortet, dann hat man es mit einer wesentlich größeren Zielgruppe zu tun. Man steht mehr in der öffentlichen Diskussion. Über das Thema wird mehr gesprochen, man bekommt qualitativ und quantitativ mehr Feedback. Aber spannender ist B-to-C sicherlich nicht. B-to-B ist in meinen Augen für Marketer viel spannender, herausfordernder. Denn hier ist die Chance wesentlich größer, und die Notwendigkeit wesentlich höher, die alten Gewohnheiten der Kommunikation aufzubrechen. Ich

> **B-to-B ist in meinen Augen für Marketer viel spannender, herausfordernder. Denn hier ist die Chance wesentlich größer, und die Notwendigkeit wesentlich höher, die alten Gewohnheiten der Kommunikation aufzubrechen.**

nehme jetzt mal Investitionsgütermarketing heraus. Da herrschen de facto andere Regeln. Weil man da mit sehr langen Entscheidungsprozessen über Jahre hinweg zu tun hat. Da hat Marketing sicherlich eine ganz andere Rolle, da hat der Vertrieb meistens die zentrale Rolle. Aber die Massenkommunikation im ganz normalen B-to-B, im One-to-many-Marketing, hat genauso viel Inspiration nötig wie im B-to-C.

**Lexware hat fast alles gewonnen, was es an Effizienz- und Kreativpreisen zu gewinnen gibt. Ich glaube, ihr seid sogar die am häufigsten ausgezeichnete B-to-B-Marke in Deutschland. Wie kam es dazu, dass Lexware sich entschieden hat, im Bereich B-to-B einen kreativen Weg zu gehen?**

Darauf gibt es eine triviale Antwort. Lexware gibt es seit 20 Jahren. Irgendwann haben wir erkannt, dass wir mit den klassischen B-to-B-Marketing-Mechanismen an unsere Grenzen stoßen. Klassisches B-to-B, wie es die meisten kennen, bedeutet: in wenigen Worten Facts, Figures & Functions darstellen und damit versuchen, den Markt und den Kunden zu überzeugen. Und damit gewinnt man, und das war auch meine schmerzhafte Erfahrung, nur die technikaffinen Kunden. Da ist man ganz einfach irgendwann am Ende. Denn die Majorität des Marktes bekommt man mit so einer Ansprache überhaupt nicht gegriffen, weder in der Aufmerksamkeit noch im Interesse. Darum war es vonnöten, sich mit einer professionellen Agentur des Themas anzunehmen. Und das mit einem hohen kreativen, aber auch qualitativ sehr, sehr hochwertigen Anspruch anzugehen.

**Bist du für so einen Weg am Anfang von Wettbewerbern oder sogar im eigenen Haus belächelt worden?**

Belächelt wäre eine Beschönigung. Ausgelacht trifft es eher. Gerade vom Wettbewerb. Auch von großen US-Wettbewerbern. Ich nenne sie jetzt mal nicht beim Namen, aber jeder hat deren Software auf seinem Rechner. Die haben mit ihrer Agentur aus München ein klares Credo, wirklich so viel wie möglich des Leistungsspektrums zu transportieren. Und sich nicht die klassische Frage, what's in for me, zu stellen. Auch im eigenen Hause gab es unterschiedliche Meinungen dazu. Zweifelsohne.

**Und wie hast du dich durchgesetzt?**

Wenn man an etwas ganz fest glaubt, wenn man sich gleichzeitig Ziele für Jahre setzt, dann kann man das mit einem Augenzwinkern ertragen.

**Lexware ist konsequent seinen Weg gegangen – in guten wie weniger guten Jahren. Die Kampagne ist nun im achten Jahr. Würdest du sagen, dass es wichtig ist im B-to-B-Bereich, auch in schwierigen Zeiten eine Kampagne langfristig beizubehalten? Ich sehe häufig B-to-B-Kunden mit kurzfristigen Kampagnen. Da erscheinen ein, zwei Motive maximal ein Jahr lang – und schon gibt es wieder eine neue Kampagne.**

Gut, jetzt komme ich mit einem bekannten Zitat, aber ich glaube, in diesem Moment ist es vielleicht angebracht: »50 % des Marketingbudgets sind aus dem Fenster rausgeschmissen, man weiß nur nie, welche.« Ich glaube, wenn man nur sehr zyklisch und spitz ab und an eine Kampagne ausrollt, schmeißt man 100 % des Marketingbudgets raus und nicht nur 50 %. Man schafft es nicht, die eine entscheidende Botschaft in den Markt zu transportieren. Man verliert im Markt die Antwort auf die Frage, was einen von Wettbewerbern differenziert. Dafür benötigt man eine kontinuierliche Kommunikation. Die Grundaussage über den Markenkern muss identisch bleiben. Man darf nie den Kern in Frage stellen, nur die Variation oder die Ausprägung. Was auch bedeutet, dass man die Kommunikation auf gleich hohem kreativen und medialen Niveau aufrecht erhält. Sicherlich immer wieder mal anders inszeniert, anders verpackt, aber die Markenstory muss inhaltlich gleich bleiben. Sonst wird man im Markt nicht bemerkt. Aber vor allem, die Zielgruppe merkt sich nicht, was man zu sagen hat. Bei Lexware erzählen wir unsere Kernstory »Lexware schafft Ordnung« nun schon im achten Jahr. Zuerst ganz plakativ mit der Aussage »Ist die Buchhaltung in Ordnung, ist das ganze Unternehmen in Ordnung«. Dann sind wir konkreter geworden mit der Aussage »Mit Lexware bekommt man Ordnung in die Buchhaltung, in nur fünf Minuten am Tag

> **Die Grundaussage über den Markenkern muss identisch bleiben. Man darf nie den Kern in Frage stellen, nur die Variation oder die Ausprägung.**

– fertig!«. Und jetzt – in der dritten Phase der Kampagne – machen wir klar, dass man sich als Selbstständiger um die Ordnung in seinen Finanzen am besten selbst kümmert und das nicht anderen überlässt.

**Das klingt alles so richtig und so logisch und ich gebe dir da in allen Punkten recht. Aber warum sind so wenige im B-to-B-Bereich bereit, so zu denken wie Lexware?**

Ehrlich gesagt, ist es doch schön, dass die anderen anders denken. Umso mehr können wir uns davon abheben. Aber man spürt schon in einigen Branchen, dass umgedacht wird. Vor zehn Jahren hat man in B-to-B-Magazinen nur dröge Anzeigen gefunden, egal aus welcher Branche, egal in welcher Größenordnung. Ich sehe da schon eine Veränderung. Klar, es gibt immer noch diese B-to-B-Glaubensbekenntnisse. Aber die Glaubensbekenntnisse geraten ins Wanken. Ich vergleiche es mal mit einem Auto. Da gibt es immer noch Manager mit dem Glaubensbekenntnis, nicht nur den Hubraum, sondern alle technischen Details gleichzeitig beschreiben zu müssen. Und dann gibt es die, die einfach sagen: Habt Freude am Fahren.

**Ja, es gibt leider immer noch die, die mit Features nur so um sich werfen. Immer noch nach dem Motto: Viel hilft viel. Und dann gibt es die, die beschlossen haben, den Kundennutzen herauszufinden und den zu bewerben. Wie habt ihr herausgefunden, was der Kundennutzen für eine Buchhaltungssoftware ist? War das reines Bauchgefühl oder hattest du irgendwann das Gefühl, ich weiß jetzt, dass ein Ordnungsversprechen besser ist als alle tausend Features dieser Erde?**

Das ist eine gute Frage. Ich habe lange nach einer Antwort gesucht, die richtig sexy klingt, die man richtig, wow, toll inszenieren kann. Und um ehrlich zu sein, ich weiß heute: Diese eine Antwort gibt es wahrscheinlich gar nicht. Es gibt durchaus Leute, die uns schreiben, sie hätten gerne Poster von unseren Anzeigenmotiven.

> **Ich habe lange nach einer Antwort gesucht, die richtig sexy klingt, die man richtig, wow, toll inszenieren kann.**

Oder die schreiben, wie erfrischend andersartig sie unsere Kampagne finden. Aber wir sind noch weit davon entfernt, eine Love-Brand zu werden. Und wahrscheinlich kann man das in einem so drögen Themenbereich wie Buchhaltung und Lohn- und Gehaltsabrechnung auch gar nicht werden. Man kann aber, und das ist eigentlich das Wesentliche, sehr authentisch aus der Zielgruppe herausfinden: Was hat der Kunde davon, wenn er seine Themengebiete mit einer Software abwickelt. Was man da herausfindet, ist dann nicht sexy, es ist auch nicht unbedingt spannend, aber es trifft die Wahrheit, es trifft den Kern.

**Als ihr endlich wusstet, was sich die Zielgruppe wirklich wünscht, was war dann der nächste Schritt?**

Ja, dann kommt eigentlich erst die richtig große Aufgabe. Aus einem relativ banalen Kern was Großes zu inszenieren. Was die Kommunikation spannend macht und was draußen wahrgenommen wird. Und das auch noch glaubwürdig, wohlgemerkt.

**Es war also eine bewusste Entscheidung im Set der Zielgruppe, eine sympathische Marke zu werden? Neben den seriös, solide auftretenden Autoritätsmarken wie zum Beispiel DATEV eine Marke zu setzen, die menschlich, bunt, fröhlich, frech daherkommt?**

Das war eine bewusste Entscheidung. Aber die bewusste Entscheidung kam nicht dadurch zustande, weil man anders sein wollte als die anderen, sondern weil wir mit der Agentur zusammen davon überzeugt waren. Und die Insight-Studien, die wir im Markt gemacht haben, haben das bestätigt: Auch trockene Buchhaltungssoftware, auch trockene Themen, die wir in unserem Portfolio haben, kann man augenzwinkernd, intelligent, auch laut, auch bunt, aber dabei immer authentisch inszenieren. Das gibt uns die Chance der Differenzierung. Die erste Frage, die sich eine Marke stellt, muss immer sein: Was hat mein Kunde davon, wenn er so eine Software einsetzt? Das zweite Kriterium in dem Themenbereich Buchhaltung ist sicherlich Qualität, absolut notwendig, aber Hygienefaktor. Das Dritte ist, und das ist das Wichtigste, die Sympathie. Eine Marke verhält sich da nicht anders als ein Mensch. Wenn man ihn nicht sympathisch findet, will man nichts mit ihm zu tun haben. Deshalb ist Sympathie zu erzeugen eine ganz wesentliche Aufgabe bei der Kommunikation einer Marke. Eine Marke muss sympathisch sein, man muss sie mögen. Dann ist die Wahrscheinlichkeit deutlich höher, dass man sie kauft. Das gilt für B-to-B-Marken genauso wie für B-to-C-Marken.

> Eine Marke verhält sich da nicht anders als ein Mensch. Wenn man ihn nicht sympathisch findet, will man nichts mit ihm zu tun haben.

**Vorausgesetzt, man will als B-to-B-Unternehmen überhaupt eine Marke sein. Mein Eindruck ist: Viele deiner Kollegen B-to-B-Marketer müssen sich in ihren Unternehmen erst damit durchsetzen, Markenkommunikation überhaupt betreiben zu dürfen.**

Ich weiß, der alte Kampf mit dem Vertrieb. Deren Tenor: Warum müssen wir überhaupt eine Marke sein? Unser Produkt hat doch ganz viele tolle Features. Unser Produkt verkauft sich doch von allein. Und dann kommt plötzlich ein Wettbewerber daher und hat ein ähnlich gutes Produkt zu einem weitaus günstigeren Preis. Wer dann noch schnell versucht, das Steuer durch ein bisschen Markenwerbung herumzureißen, hat meistens keine Chance mehr. Wer nicht von Anfang an eine Marke ist, also den rationalen uniquen und emotionalen Mehrwert kommuniziert, hat dann meistens verloren. Und das gerade im B-to-B-Bereich. Ich kann nur sagen: Wer das nicht versteht, soll so weitermachen. Irgendwann wird seine

Marke oder sein Unternehmen die Quittung bekommen. Außer Sie sind eine Monopolmacht oder dem Staat angehörend, das ist natürlich auch eine Möglichkeit. Ansonsten ist es doch relativ einfach: Gerade in Zeiten der Orientierungslosigkeit, in der immer mehr Unsicherheiten kommen, weltweit, ökonomisch, desto mehr sucht der Mensch wieder die Orientierung. Und was macht eine Marke? Eine Marke gibt mir die notwendige Orientierung.

**Eine Marke gibt mir die notwendige Orientierung.**

**Eine Love-Brand zu werden ist ein guter Weg. Gibt es nicht auch den Weg, zu sagen, ich mache mich zur absoluten Autorität? Ich muss nicht geliebt werden, denn ich bin eine akzeptierte Qualitätsinstanz. Eine IBM hat das in meinen Augen lange getan.**

IBM hat sich in meinen Augen gravierend geändert. Nicht nur, dass sie ihr ganzes Unternehmen sehr erfolgreich umstrukturiert haben. Sie gehörten ja zu den absoluten Marktführern. Aber sie waren am Scheideweg und sie haben gleichzeitig auch ihre komplette Positionierung und ihre Kommunikation verändert. Sie haben sich von einer Autoritätsperson in jemanden verwandelt, den man mag. Sie gehen in Massenmedien, was Oracle zum Beispiel nicht tut. Und sie inszenieren die Zielgruppe auf eine unheimlich sympathische, augenzwinkernde Art und Weise, was man so einer großen Marke vor Jahren niemals zugetraut hätte. Microsoft macht mal hü, mal hott. Mal mag man sie, mal sind sie autoritär. Die hatten mal einen tollen Ansatz, aus ihrem Leitbild heraus geprägt, eine Worldwide-Kampagne, die ich persönlich sehr spannend fand, die auch gut inszeniert war, aber sie hatten, aus welchen Gründen auch immer, nicht das Durchhaltevermögen.

**Welche Bedeutung hatte in dem beschriebenen Prozess der Marke Lexware die Sprache? Wie wichtig nehmt ihr heute Sprache?**

Ich habe ja schon geschildert, wie wichtig es für eine Marke ist, den Mehrwert zu kommunizieren. Sprache ist dabei das differenzierende, entscheidende Merkmal. Die Sprache bringt Bilder zum Leben. Die Sprache hat die Chance, über die ganz normalen Wahrnehmungen hinweg, Bedeutung in Dinge zu geben.

**Ist es schwierig, in einer nicht ganz so kleinen Company, wie ihr es seid, Sprache für Zielgruppen durchgängig, über alle Touchpoints hinweg, auf Qualität zu halten?**

One-to-many gelingt es uns gut, weil es da von der Agentur gesteuert wird. Aber kaum ruft bei uns jemand an oder schreibt eine E-Mail, wird es enorm schwierig, diesen typischen Lexware-Sprachstil in dieser Güte beizubehalten. Denn die Lexware-Sprache muss immer auf die jeweilige Zielgruppe der unterschiedlichen Produkte zugeschnitten sein. Das ist ganz wichtig und wesentlich, denn diese unterschiedlichen Menschen müssen uns verstehen, wir müssen sie verstehen. Das durchzuhalten, das ist manchmal eine große Herausforderung. Ganz geschafft haben wir es sicherlich noch nicht. Ich glaube auch, das ist eine Reise, da wird man nie ganz ans Ziel kommen, weil sich auch Sprache verändert, weil sich auch die Zielgruppen verändern. Eine eigene Sprache muss sich immer anpassen, aber dabei immer aus dem gleichen Kern der Marke heraus. Damit wir diese sehr wichtige, differenzierende Eigenschaft unserer Lexware-Sprache beibehalten und weiter optimieren, haben wir uns eine Corporate Language gegeben. Das hilft schon enorm.

**Was muss eine Sprache für so ein komplexes und zugleich eigentlich uninteressantes Produkt wie eine Buchhaltungssoftware eigentlich leisten?**

Die Frage hast du damit eigentlich schon beantwortet. Sie muss das komplexe Produkt so einfach darstellen, dass die wichtigen und wesentlichen Fragen des Kunden beantwortet werden. Und sie muss auch diese Sympathie, die Authentizität und das Augenzwinkern reinbringen. Das kann eigentlich nur Sprache. Das machen Bilder selten alleine, weil die doch dann zu austauschbar werden.

**Corporate Language stellt ja die These auf: Sprache ist die eigentliche Visitenkarte eines Produktes oder Unternehmens. Würdest du zustimmen, dass man von der Sprache einer Marke auf die Qualität einer Marke schließen kann?**

Ein klares Ja, wenn man es gut macht, wenn man es auch durchhält, durch Kontinuität, Kontinuität, Kontinuität. Dann ist Sprache die Visitenkarte einer Marke oder eines Unternehmens. Das sieht man im B-to-C-Markt natürlich noch wesentlich stärker als im B-to-B-Markt. Im B-to-B-Bereich ist das noch nicht so angekommen, aber das ist eine Frage der Zeit. Auch da gibt es schon einige gute Beispiele, wie es Marken schaffen, ihre Werte, ihre Einzigartigkeit durch Sprache erlebbar zu machen.

**Einer der Werte von Lexware ist die Einfachheit.**

Das ist die ganz, ganz große und bleibende Herausforderung. Es gibt in meinen Augen nichts Schwierigeres, als komplizierte Sachverhalte wirklich einfach zu kommunizieren. Und ich weiß nicht, ob es Goethe war, der es so schön gesagt hat: »Gesagt ist nicht gehört, gehört ist nicht verstanden und verstanden ist nicht einverstanden.« Darauf stößt man sehr oft, gerade zwischen Anbieter und Nachfrager.

**Aber ist das nicht eigentlich fast ausgeschlossen, Buchhaltung einfach zu erzählen, in einfacher Sprache?**

Da mache ich es mir eigentlich ganz einfach. Da nehme ich mich selbst als n = 1, als meine Zielgruppe, und sage: Erst wenn ich es verstehe, kann ich das so drucken. Nicht ich, geschweige denn unsere Entwickler oder anderen Angestellten dürfen das bewerten, ob es verständlich ist, sondern die Zielgruppe muss es bewerten. Und erst wenn die es verstehen, dann haben wir es gut gemacht. Es geht nicht darum, dass es uns gefällt, es geht nicht darum, dass wir es verstehen. Die Zielgruppe muss es verstehen. Und das ist eine sehr heterogene Zielgruppe, darum muss man auch versuchen, das mit wenigen, sehr, sehr klaren Worten rüberzubringen.

> **Es gibt in meinen Augen nichts Schwierigeres, als komplizierte Sachverhalte wirklich einfach zu kommunizieren.**

**Ist es nicht schwer, diese Einstellung in Mitarbeiter reinzukriegen, die ja meistens von einer Hochschule kommen oder die aus einer Welt kommen, in der man als intelligent und kompetent gilt, wenn man sich kompliziert ausdrückt?**

Das ist nicht nur schwer, das ist teilweise unmöglich, um ehrlich zu sein. Aber aus dem Grund gibt es ja auch unterschiedliche Aufgaben in der Organisation, mit unterschiedlichen Verantwortlichkeiten. Nimm zum Beispiel ein Vorstellungsgespräch. Wenn unser Entwicklungsgeschäftsführer einen Entwickler für die Cloud-Technologie sucht, dann werden die beiden sicher eines vermeiden, nämlich einfach zu sprechen. Da werden sie sich sicher jede Menge komplizierte Fachbegriffe um die Ohren hauen, um so gegenseitig ihre Kompetenz zu beweisen. Im Bereich Marketingkommunikation liefe das bestimmt anders. Wer selbst nicht einfach und bildhaft spricht, schafft das auch nicht für seine Zielgruppe.

> **Wer selbst nicht einfach und bildhaft spricht, schafft das auch nicht für seine Zielgruppe.**

**Du bist da ja das leuchtende Vorbild.**

Wieso?

**Ich kenne niemanden, der kürzere E-Mails schreibt als du.**

**Das weißt du wahrscheinlich gar nicht, oder?**

Doch, das weiß ich. Das sagen mir viele Leute, typisch Jörg. Ich bin kein Freund von E-Mails. Ich bin ein Freund des Wortes, der Diskussion, der Kommunikation. Weil E-Mails einfach zu viel Interpretationsmöglichkeiten offen lassen.

**Aber diese Kürze, diese Klarheit in der Sprache scheint mir Teil der jetzigen DNA von Lexware zu sein.**

Das mit Sicherheit. Es gibt eine alte Marketingregel, die heißt KISS – *keep it simple and short*. Andere sagen auch *keep it simple and stupid*, je nachdem, wie man es auslegen will. Die ist, ich glaube, 70 Jahre alt. Aber das hat nach wie vor für mich ganz hohe Wichtigkeit. Deshalb gehört das bei uns zur Kultur. Das gehört zur DNA der Marke Lexware. Eine Sprachkultur ergibt sich aus den handelnden Personen. Und wenn jetzt außer mir noch ein, zwei, drei Personen so ähnliche DNAs haben, was unsere Sprache betrifft, dann setzt sich die automatisch durch, das wird dann zum gelebten Prinzip. So einfach ist das. Und so schwer.

**Was an eurer Sprache noch auffällt, ist der hohe Grad an bildhafter Sprache.**

Das war eine absolut bewusste Entscheidung. Bilder, wenn sie nicht gerade aus dem Stock-Archiv sind, was ich seit Jahrzehnten versuche zu vermeiden, haben eine Authentizität, differenzieren und können die Zielgruppe inszenieren. Das gilt erst recht für Bilder in der Sprache. Mit bildhafter Sprache muss sich der Empfänger intensiver auseinandersetzen. Und dadurch länger. Die Kombination aus starken, ungesehenen fotografischen Bildern und bildhafter Sprache unterstützt das unglaublich. Letztendlich wird damit auch die emotionale Ebene angesprochen und nicht nur die rationale Ebene. Es gibt ja völlig unterschiedliche Verhaltenstypen. Der eine steigt über den Text ein, über die Headline, der andere über das Bild, der Dritte braucht de facto die Kombination von beidem. Darum darf sich das niemals widersprechen. Bild und Text müssen sich perfekt ergänzen.

> **Eine Sprachkultur ergibt sich aus den handelnden Personen.**

**Du verantwortest Lexware schon 20 Jahre. Haben sich die Menschen durch das Nutzen des Internets in ihrem Leseverhalten verändert?**

Ich drücke es mal vorsichtig aus: Momentan versuchen sehr viele, auch gerade Online-Agenturen, den Sachverhalt zu unterstellen, dass sich unsere Kommunikationswahrnehmung durch das Internet enorm verändert hat und dass der nächste Wettbewerber nur einen Klick away ist. So dramatisch, wie es dargestellt wird, ist es in meinen Augen nicht. Es geht immer noch darum, Relevanz zu schaffen. Dazu braucht man eine Bekanntheit, das ist absolute Voraussetzung, und das Nächstwichtige ist, man braucht diesen Sympathie-Faktor, von dem wir gesprochen haben. Das alles müssen immer noch die Bestandteile einer Marke sein. Das heißt, ohne Markenkommunikation kann ich so lange und so toll im Internet sein, kann auch nur einen Klick weg sein, aber ich werde nicht angeklickt. Das ist eigentlich eine ganz wesentliche Erkenntnis. Und die haben wir uns auch durch sehr große und auch nicht günstige Studien bestätigen lassen.

> **Mit bildhafter Sprache muss sich der Empfänger intensiver auseinandersetzen. Und dadurch länger. Bild und Text müssen sich perfekt ergänzen.**

**Der i-Punkt einer Corporate Language ist ja ein One Word Capital, also dass man sich einen Begriff sichert. NIVEA hat Pflege. Audi hat Technik und Melitta Toppits hat den Gefrierbrand. Kann Lexware behaupten, ein Wort an sich gekoppelt zu haben?**

Buchhaltung…

**Wollen wir das überhaupt?**

Das ist eine gute Frage. Obwohl ich sage, Buchhaltung ist im weitesten Sinne (so, wie unsere Zielgruppe Buchhaltung definiert) alles, was ich so am Schreibtisch zu tun habe. Eine Rechnung, eine Mahnung und auch die Finanzbuchhaltung. Ja, da sind wir sehr, sehr gut, das verbindet man sehr, sehr schnell mit Lexware. Ich bin fest überzeugt, dass dieses Thema Ordnung im Büro, wie gesagt, nicht sexy ist, aber es ist richtig, es ist das, was unsere Zielgruppe eigentlich davon hat. Und das haben wir an uns ganz klar gebrandet. Damit wird die Marke Lexware inzwischen verbunden.

**Wonach beurteilst du Texte? Wie gehst du dabei vor?**

Ich habe eine Art innere Checkliste. Die Headline muss relativ schnell erklären, was habe ich davon, das Produkt zu nutzen, muss mich animieren weiterzulesen. In der Copy müssen dann die entscheidenden Fragen, die man sich stellt,

> **Die Zielgruppe ist der Hauptdarsteller und das Produkt ist der Nebendarsteller.**

beantwortet werden. Das ist eigentlich nichts anderes, als wenn ein großer Film vorgestellt wird. Die Zielgruppe ist der Hauptdarsteller und das Produkt ist der Nebendarsteller. Und das muss ein Text rüberbringen. Und zwar in einfachen, klaren, authentischen Worten.

**Ich finde es immer wieder erstaunlich, dass du die Sachen, die wir euch präsentieren, mit den Augen eines Verbrauchers sehen kannst. Die meisten Kunden, die wir kennenlernen, sehen das immer durch die Augen des Vertriebs, mit den Augen des Marketings, durch die Augen des Produktentwicklers. Aber die Kunst ist es ja, die Sachen sich anzuschauen mit den Augen seiner Kunden. Wie bewahrst du dir das? Oder zwingst du dich dazu? Oder ist das automatisch bei dir?**

Es ist ein Automatismus. Um Gottes willen. Letztendlich ist es die Erkenntnis, die schon vor langen Jahren gereift ist, dass es nicht um mich geht, es geht nicht um die Firma, es geht nicht um das Produkt, es geht schlicht und ergreifend einfach darum, dem Kunden ein Problem zu lösen oder dem Kunden bei irgendwas zu helfen. Es geht um sein Befinden, um seine Bedürfnisse, nicht um uns.

**Ich habe nur noch zwei Fragen. Die vorletzte ist eine generelle Frage: Wenn man wie du jeden Tag 14 Stunden arbeitet ...**

Sonntags nicht, nein.

**Okay, Sonntag nicht. Wenn man wie du von Montag bis Samstag 14 Stunden arbeitet: Was treibt dich an bei deiner Arbeit?**

Ich habe mir vor vielen Jahren ein Ziel gesetzt. Ich möchte es nicht Vision nennen, weil Vision immer so hochtrabend klingt und auch schnell zur Utopie werden kann. Ich habe mir sehr hohe Ziele gesetzt. Die habe ich mit der Firma, mit der Marke noch nicht erreicht. Die will ich erreichen. Da bleibe ich hartnäckig. Und es ist einfach eine spannende Aufgabe, in so einem Markt, der eigentlich ganz klar dominiert wird, und zwar nicht von Lösungen, wie wir sie anbieten, sondern von einer Dienstleistung, die der Steuerberater anbietet, sich da zu behaupten und Marktanteile zu gewinnen. Das inspiriert mich und spornt mich an. Und ich freue mich immer, wenn wir da mit der Kommunikation und der Marke in die Richtung meines Ziels kommen.

**Du glaubst an Wachstum. Aber es gibt viele Menschen, sogar Marketer, die das Thema Wachstum generell in Frage stellen. Also Wachstum nicht mehr als Antrieb nehmen für ihre Arbeit. Wie stehst du dazu? Kannst du dir das überhaupt vorstellen, ein Marketing ohne den Glauben an Wachstum?**

Wenn ich nicht daran glauben würde, würde ich nicht hier sitzen. Wenn eine Pflanze nicht wachsen würde, wenn ein Baum nicht wachsen würde,

> Man muss immer nach der Perfektion suchen, man wird sie nie finden, aber man muss sie suchen.

wenn ein Mensch nicht wachsen würde, das wäre Stillstand und das wäre Rückschritt. Nein, ich könnte mir das nicht vorstellen. Man muss immer nach der Perfektion suchen, man wird sie nie finden, aber man muss sie suchen.

**Letzte Frage: Was würdest du anderen Marketern mit auf den Weg geben?**

Haltet so lange durch und haltet noch viel, viel länger durch, auch wenn ihr selber die Sachen, die ihr gemacht habt, nicht mehr sehen könnt, weil alle zu euch sagen, ich kann es nicht mehr sehen, dann erst fängt es an, draußen zu wirken, und erst dann seid ihr auf dem richtigen Weg.

**Fahrplan zum Erfolg**  Jörg Frey

1 Eine Marke ist wie ein Mensch. Nur wenn ich sie sympathisch finde, will ich mit ihr was zu tun haben.

2 Nur durch bildhafte Sprache schafft man es, dass sich der Empfänger länger mit einem beschäftigt.

3 In einem Unternehmen entwickelt sich die Sprachkultur durch die handelnden Personen.

4 Auch in schwierigen Zeiten: Man darf nie den Markenkern in Frage stellen. Höchstens in der Variation oder der Ausprägung.

5 Halten Sie die Kommunikation immer auf gleich hohem kreativen und medialen Niveau!

**214 //** Die B-to-B-Glaubensbekenntnisse geraten ins Wanken.                    Teil 2

Am Anfang ging es um Ordnung.
Dann um Ordnung in kürzester Zeit.
Und jetzt um Ordnung selber machen.

Phase 1 // Die Lexware-Kommunikation nimmt in der Sprache den relevanten Kunden-Insight auf: Am Anfang steht der Insight »Ist die Buchhaltung in Ordnung, ist das ganze Unternehmen in Ordnung.« Lexware wird so zum Synonym für Ordnung.

Der Claim heißt folgerichtig: »Hier herrscht Lexware.«

Phase 2 // Der Ordnungsgedanke wird weiterentwickelt: Lexware schafft Ordnung in kürzester Zeit. Das Versprechen: »In einer Welt mit Lexware dauert der Bürokram nur 5 Minuten am Tag.«

Auf ein Wort gebracht heißt der glückliche Ausruf der Kunden daher: »Fertig!« Und der Claim: »Alles in Ordnung.«

Phase 3 // Die nächste Weiterentwicklung in der Markenführung basiert auf dem Selbstständigen-Insight schlechthin: »Wenn es wichtig ist, mach' ich es selbst!«
Selbstständige brauchen immer und zu jeder Zeit Transparenz. Warum sollte man also ausgerechnet die Finanz-Übersicht aus der Hand geben, wo es doch mit Lexware so einfach selbst zu regeln ist?

Der Claim heißt jetzt kurz und bündig: »Einfach erfolgreich.«

Der Lexware-Case. // 215

Armin Reins im Interview mit Robert Ader, Leiter Marketing Kommunikation
bei der Dr. Ing h.c. F. Porsche AG in Stuttgart.

# Die Marke Porsche redet in der Sprache ihrer Kunden.

Spricht ein Bild von einem Porsche nicht für sich?
Braucht es da noch Worte? So eine Frage kann nur stellen,
wer noch nie einen gefahren hat.
Der 911 Targa 4S sprintet in nur 4,6 s von 0 auf 100 km/h.
Um einen Text als Porsche-Text zu erkennen,
brauchen Sie nicht viel länger.

**Ist die Marke Porsche an ihrem Sprachstil zu erkennen?**
**Und wenn ja, wodurch?**

Robert Ader: Eindeutig ja. Die Sprache ist prägnant und effizient. Und sie ist sachlich. Mit einem ruhigen, klaren Stil und ohne werbliche Phrasen oder Kalauer. Dabei soll sie fast immer Understatement ausdrücken. Hier und da darf aber auch sprachlicher Witz oder leichte Ironie eingesetzt werden. Deshalb sind besonders Werbeanzeigen oft mit einem kleinen Augenzwinkern versehen.

**Wie findet sich Ihre propagierte »verstärkte Kunden-**
**orientierung« in der Sprache wieder?**

Die Marke Porsche redet in der Sprache ihrer Kunden. In verständlichem Stil, mit kurzen Sätzen und in präziser, logischer Abfolge. Und wir sprechen und schreiben über ihre Themen. Schließlich erklären wir faszinierende Technik für eine technikbegeisterte Zielgruppe. Unsere Texte und Werbemaßnahmen sind dadurch eine direkte Identifikationsbasis für unsere Zielgruppen.

**Menschen sind sehr sensibel, wenn es um die Sprache ihrer**
**liebsten Marken geht. Porsche gehört dazu. Wird das ständig**
**beobachtet, wie die Sprache für die Marke Porsche bei den**
**Kunden, Betrachtern, Lesern ankommt?**

Regelmäßig befragen wir unsere Kunden zu unserer Werbung und zur Optimierung der Verkaufsliteratur. Dabei holen wir uns natürlich auch die Stimmungslage in Bezug auf Verständlichkeit und Attraktivität der Sprache ein. Mindestens ebenso wichtig sind aber direkte Rückmeldungen. Unsere Marke ist vielen Kunden und Fans sehr wichtig. Und deswegen haben sie ein feines Gespür dafür, ob wir den richti-

> **Unsere Texte und Werbemaßnahmen sind eine direkte Identifikationsbasis für unsere Zielgruppen.**

gen Ton anschlagen. Das heißt auch, dass wir im internationalen Geschäft die kulturellen Gepflogenheiten in den einzelnen Ländern berücksichtigen. Eine internationale Vertriebsorganisation ist hierfür essenziell.

**Wie wichtig ist es für Porsche, als deutsche Marke**
**wahrgenommen zu werden und Deutsch zu sprechen?**

Sehr wichtig. Unsere Wurzeln liegen in Deutschland und die Entwicklung unserer Fahrzeuge findet in Deutschland statt. Die Herkunftsbezeichnung »Stuttgart« findet sich sogar in unserem Markenwappen. Deutsche Ingenieurskunst ist auf der ganzen Welt angesehen. Das ist auch ein Gütesiegel für unsere Marke. Wir gehen sogar so weit, deutsche Begriffe auch in anderen Sprachen zu verwenden. Weltweit sagen wir zum Beispiel »Porsche Doppelkupplung«.

**Es gibt viele Kanäle, in denen die Marke Porsche kommuniziert.**
**Ist die Sprache durchgängig?**

Ein einheitlicher Markenauftritt ist uns sehr wichtig. Deshalb nutzt Porsche im Grunde in allen Kanälen eine durchgängige Sprache. Das garantiert zum einen ein gut gepflegtes, simples Regelwerk zu unserer Sprache. Zum anderen sorgen unsere effiziente Struktur und die sehr langfristigen Agenturbeziehungen dafür, dass alle Personen, die an unserer Marke mitarbeiten, ein gutes Gespür für die richtige Tonalität haben.

**Sprechen alle Porsche-Modelle die gleiche Sprache? Oder differenzieren sich die Modelle auch über die Sprache?**

Die einzelnen Modelle werden über die Geschichte differenziert, die sie erzählen. Weniger über die Sprache. Dadurch entsteht eine modellspezifische Tonalität. Texte zum 911 Turbo werden daher immer eher gelassen klingen und viel Souveränität ausstrahlen. Eine Vorstellung der Cayman-Modelle kommt deutlich frecher daher. Formal ist der sprachliche Unterschied also eher gering. Der Inhalt macht den Unterschied.

> **Ein einheitlicher Markenauftritt ist uns sehr wichtig. Deshalb nutzt Porsche in allen Kanälen eine durchgängige Sprache.**

**Können Sie uns eine Überschrift nennen, von der Sie sagen würden: Das ist typisch Porsche, das macht Porsche unverwechselbar?**

Da fällt mir zum Beispiel eine aktuelle Headline zum neuen 911 Targa ein, der mit seinem innovativen Dachkonzept und der Rückkehr des klassischen Targa-Bügels optisch an den Ur-Targa von 1965 erinnert: »Stellen Sie sich vor, Sie treffen Ihre Jugendliebe wieder. Und alles ist wie früher. Der neue 911 Targa.« Ein anderes Beispiel wäre die Kommunikation zum 911 Turbo, die immer eher souverän, überlegen, zeitlos ist und sich damit – so wie das Produkt selbst – vom Wettbewerb differenziert: »Ein Epos in einer Welt voller Kurzgeschichten. Der neue 911 Turbo.«

**Worin sehen Sie die größte sprachliche Herausforderung von Porsche in der Zukunft?**

Die neuen Herausforderungen sind die alten. Sie werden nur größer. Sprache verändert sich stetig und verschiedene Sprachen entwickeln sich in unterschiedliche Richtungen weiter. Es ist denkbar, dass unsere Tonalität zwar in den USA auch morgen noch geeignet ist, in China oder Russland aber vielleicht nicht mehr. Zugleich wird der Anteil von Sprache in vielen Medien immer kleiner. Auf den Bildschirm eines Smartphones passt deutlich weniger Text als auf eine Zeitungsseite. Bei Twitter stehen Ihnen gerade einmal 140 Zeichen zur Verfügung. Hier

> **Perfektion entsteht eben nicht dann, wenn man nichts mehr hinzufügen kann. Sondern wenn man nichts mehr weglassen kann.**

müssen wir mit der Zeit gehen, ohne unseren Wiedererkennungswert zu verlieren. Aber Perfektion entsteht eben nicht dann, wenn man nichts mehr hinzufügen kann. Sondern wenn man nichts mehr weglassen kann.

Der Porsche-Case. // 219

Fahrplan zum Erfolg    Robert Ader

1 Unterscheiden Sie sich in Ihrer Sprache
  nicht von der Sprache Ihrer Kunden.

2 Fragen Sie Ihre Kunden, ob Sie verstanden werden.

3 Trauen Sie sich, deutsche Begriffe auch
  international einzusetzen.

4 Sprechen Sie in jedem Kommunikationskanal
  die gleiche Sprache.

5 Sprache verändert sich stetig.

220 // Die Marke Porsche redet in der Sprache ihrer Kunden. Teil 2

**Ein Epos in einer Welt voller Kurzgeschichten.**

**Der neue 911 Turbo.**

**Porsche ist es gelungen, seine Sprache eindeutig und durchgängig zu definieren.**

Präzision, Understatement und ein gewisser Grad von Humor erreichen so immer die gleiche Fallhöhe. Das erleben potenzielle und bestehende Kunden an allen Touchpoints. So wie hier – in den klassischen Anzeigen. Oder – für Porsche weitaus wichtiger – in der Kundenkommunikation.

**Zwei Kindersitze,
vorn.**

**Porsche Zentrum
Hamburg Nord-West**

Raffay Automobil-Handelsges.
Nord-West mbH & Co.
Nedderfeld 2 · 22529 Hamburg
Tel.: 040/55 77 68 0
Fax: 040/55 77 68 22
www.porsche-hamburgnordwest.de
servicenw@raffay.de

Veronika Classen im Interview mit Gregor Gründgens,
Director Brand Marketing, Vodafone

# Sprache ist das durchgängigste Element durch alle Touchpoints.

Vodafone hat die Kommunikation für die Telekommunikationsbranche neu erfunden: emotional, mit Musik — Werbung wie
für einen Softdrink. Die Company hat in Deutschland über
32 Millionen Kunden im Bereich Mobilfunk (1. Quartal 2013/14).
Jetzt sagt Gregor Gründgens als Verantwortlicher für das
Brand Marketing: Je emotionaler die Werbung, desto explosiver
die Schnittstelle mit der Marke, wenn die Sprache nicht
stimmt. Was unternimmt er nun — in Sachen Sprache?

**Lieber Herr Gründgens, Sie haben dafür gesorgt, dass Vodafone ein neues Corporate Design bekommen hat. Jetzt gehen Sie auch an die Sprache ran. Warum?**

Gregor Gründgens: Wenn man sich eine Markenpersönlichkeit als menschliche Person veranschaulicht, dann muss man sich ja auch konsequenterweise fragen: Wie spricht die – wie schreibt die? Generell haben wir aber von jeher das Problem, dass viele nicht miteinander kommunizierende Röhren Kundenkommunikation betreiben. Klar ist: Sprache ist das durchgängigste Element durch alle Touchpoints. Ob das eine SMS ist, ein Brief, eine Werbung, ein Plakat – bis hin zu zwei Buchstaben, die OK sagen: Sprache ist horizontal die beste Möglichkeit, für ein konsistentes Markenerlebnis zu sorgen.

**Gibt es ein Unternehmen, von dem Sie sagen: Da gefällt mir die Unternehmenssprache – die machen das besser?**

Es gibt erstmal die konsistente Anwendung, unabhängig davon, ob die jetzt gut oder schlecht ist. Dann gibt es die nächste Stufe: die Markenpassung. Was mir schon lange und gut aufgefallen ist, ist das Erlebnis, das man in einem Hotel hat. Die haben einen bestimmten Kodex in der Sprache: Hatten Sie eine gute Anreise? Oder bei McDonald's: Mini oder Maxi, Ketchup

> **Sprache ist horizontal die beste Möglichkeit, für ein konsistentes Markenerlebnis zu sorgen.**

oder Mayo. Das finde ich auffällig und bemerkenswert, dass man das eben macht oder nicht. Immer natürlich mit einem kommerziellen Gedanken. Der nächste Schritt ist: Was muss McDonald's sagen, wenn sie sich über ihre Markenpersönlichkeit noch mehr Gedanken machen? Jetzt kann man sagen: Ein Fast-Food-Restaurant macht nicht viele Worte – vielleicht richtig. Ich glaube aber, dass solche Redewendungen – auch wenn sie sehr amerikanisch sind und oft als oberflächlich abgetan werden – einen Markeneindruck hinterlassen. Eine Marke oder ein Service oder ein Dienstleistungsbereich, bei dem mir das sprachlich auffällt, vermittelt mir ein Gefühl von: die kümmern sich, die interessieren sich – die denken an Dinge, an die ich nicht denke.

**Habe gerade über das Ritz Carlton in Berlin gelesen, dass die Schulungen mit allen Mitarbeitern machen – wir würden sagen »Corporate-Language-Schulungen«. Ist das sprachliche Sich-zuhause-Fühlen für die Leute genauso viel wert wie die Einrichtung?**

Ja. Corporate Language, Corporate Behaviour, Corporate Identity – das sind Vereinbarungen, mit denen man ein Mindestmaß an Markenqualität und -erlebnis garantieren kann. Es gibt ja das Sprichwort: Viele sind berufen, aber nur wenige sind auserwählt. Manche Menschen können das einfach, ihre Marke repräsentieren – ob das ein Friseur ist, ein Restaurantbesitzer, ein Kellner, ein Hotelier oder Doorman. Einfach so. Nur: Diese menschliche Schnittstelle, um die es ja bei Sprache geht, die ist halt sehr volatil, da gibt es halt alles. Es gibt auch unfreundliche Callcenter-Mitarbeiter.

Je größer das Unternehmen wird, umso schwieriger ist es, das Herzliche allen Leuten auf die Zunge zu legen. Was das Unternehmen den Kunden an Gefühl vermitteln möchte, zu wahren und weiterzugeben.

**Wir sind beim Thema: Wie erlebt der Kunde die Marke? Da haben Sie eine Einrichtung bei Vodafone – eine sehr fortschrittliche Art, das Markenerlebnis aus Kundensicht darzustellen: die Customer Journey als Wall Walk. Wie sind Ihre Erfahrungen damit?**

Der Wall Walk ist eine Institution, die im Kern erstmal eine traurige Angelegenheit ist. Es ist traurig, dass man das überhaupt braucht! Weil man mittlerweile in einer so großen Organisation mit 32 Millionen Kunden und sehr komplexen Strukturen, Tarifen und Abläufen den Blick dafür verlieren kann: Wie fühlt sich das eigentlich aus der Kundenperspektive an? Und nicht nur in dem Bereich, für den ich zuständig bin. Da haben wir uns vorgenommen, diese Customer Journey nachzuempfinden – so gut das geht. Wir kleben jetzt die Manifestation dieses Kundenerlebnisses an eine Wand und gehen der nach. Wir stehen alle davor als Managementteam und wundern uns über die Sollbruchstellen. Sollbruchstellen, an denen die Erlebniskette abreißt. Das Ganze wird gepaart mit »Beobachtungen in der freien Wildbahn«: wenn wir Shop-Dienste machen, oder die Maßnahme »listen to the customer« – wenn wir also eine Callcenter-Hotline mithören. Also versuchen, als Manager an das Markenerlebnis des Kunden ranzukommen. Wir haben jetzt beispielsweise auch unsere Dienstkarten auf Privatkundenverträge umgestellt, damit wir auch hier das echte Kundenerlebnis haben und nicht das eines Mitarbeiters.

> **Corporate Language, Corporate Behaviour, Corporate Identity – das sind Vereinbarungen, mit denen man ein Mindestmaß an Markenqualität und -erlebnis garantieren kann.**

So versuchen wir, uns wieder dem Zustand zu nähern, den man als Tante-Emma-Laden-Besitzer von Haus aus hat: dass man seine Kunden kennt. Dass man weiß: die ist schwanger, der ist arbeitslos und der hat eine Laktose-Allergie. Das wissen wir leider nicht mehr. Deswegen ist dieser Wall Walk eigentlich eine ganz anschauliche Möglichkeit, über alle Bereiche hinweg das Kundenerlebnis nachzuvollziehen.

**Wie oft findet ein Wall Walk statt?**

Wir widmen uns der Frage einmal im Monat, im Customer Experience Committee. Aber es gibt mittlerweile in den Bereichen selbst auch Wall Walks. Wir machen es auch hier in der Markenkommunikation, dass wir sagen: Okay, was sieht der Kunde zuerst, was kommt dann? Also im Prinzip versuchen wir, das an allen Stellen einzubauen.

**Es wird immer komplexer. Die Erfahrung, die Kunden machen, am eigenen Leib zu spüren, ist sehr wichtig. Damit man sich selber auch immer wieder die Frage stellt: Gefällt uns das noch so, wie es ist? An welchen Schrauben können und müssen wir drehen? Wissen Sie, wie viele Touchpoints es für Ihre Kunden gibt?**

Es gibt unendlich viele. Wir entdecken immer wieder neue. Wie viele – das kann ich nicht beantworten. Potenziell ist alles ein Touchpoint. Man muss sich ganz, ganz viel anschauen. Und ist immer wieder überrascht – natürlich auch durch die Allgegenwärtigkeit der Technologie oder der Kommunikationsprodukte. Da entstehen natürlich alle naselang neue.

**Wir sind eigentlich immer »on«. Wenn Sie diese Erfahrung machen mit dem Wall Walk, haben Sie das Gefühl, dass Sprache für die Marke Vodafone genauso wichtig ist wie das Visuelle?**

Eben noch nicht! Da haben wir als Unternehmen Nachholbedarf. Auf das jeweilige Werbemittel oder den Touchpoint bezogen nicht – da gibt es überall gute Intentionen. Es schreibt ja jetzt keiner irgendeinen Brief mit Absicht so, dass der, der ihn bekommt, nichts damit anfangen kann. Nur leider passen die Dinge eben teilweise nicht zusammen. Aber sie manifestieren sich alle bei einem Kunden. Der muss es halt irgendwie zusammenkriegen. Und das gelingt ihm oft nicht.

**Sie haben 5.000 Mitarbeiter am Standort Düsseldorf. Wie wollen Sie die Corporate Language angehen?**

Das muss man in Schritten abarbeiten. Wahrscheinlich sind die wichtigsten Menschen diejenigen, die direkt an der Kundenschnittstelle arbeiten, sprich die Callcenter-Agents, dann die Shop-Mitarbeiter. Danach die, die schriftliche Reklamationen bearbeiten. Dann folgen die, die SMS-Texte verfassen. Dann sind es sicherlich auch Kollegen in der Markenkommunikation, PR- oder Unternehmenskommunikation; und erst dann wird natürlich auch jeder andere zum Botschafter. Indem er die Sprachvereinbarungen, die dann einer eindeutigen Leitlinie folgen, selber wahrnimmt. Ob das bis zur Menükarte im Betriebsrestaurant geht, weiß ich jetzt noch nicht. Aber ich würde hoffen und vermuten, dass es einen Effekt hat, wenn man merkt: Kollegen fangen an, bestimmte Dinge anders zu sagen. So, wie wir heute irgendwelche Begriffe einfach nutzen, so kann man davon ausgehen, dass die Verbreitung der Corporate Language funktioniert.

**Wir haben öfter gesehen, dass die Mitarbeiter selber kreativ werden. Ein Beispiel: Bei einem unserer Kunden haben sie »Schwafelschweine« aufgestellt. Einer, der in der Wahrnehmung der anderen zu viel schwafelt, muss etwas reinwerfen. Wie finden Sie das?**

Ideal. Das führt dazu, dass die Wahrnehmung der Sprache auf eine populäre Ebene getragen wird.

**Sie haben 2012 von einer Kopernikanischen Wende im Marketing gesprochen: der Kunde rückt ins Zentrum des Marketing und wird zum wichtigsten Medienkanal. Ist es deshalb so wichtig, mit dem Kunden bewusster zu sprechen?**

Das muss man als Marke für sich selber machen. Je glaubwürdiger und authentischer man das tut, desto mehr Credit gibt dir der Kunde dafür. Der sich ja bewusst entscheidet oder eben nicht, dein Kunde zu sein. Das ist eine Bringschuld der Marke: auszudrücken, wer sie ist und wie sie ist.

**Wir teilen uns heute mehr und mehr über das geschriebene Wort mit – so zwanglos und häufig wie früher über das gesprochene. Haben Sie das Gefühl, dass das noch mal eine neue Herausforderung für Vodafone ist – dieser lockere und ständige Einsatz der Schriftsprache, die sich dadurch verändert?**

Ja, absolut. Ich glaube, dass das ganze digitale Leben und die Kürze, die in den Interaktionen liegt, die Sprache sehr verändert. Wir sind da Protagonist. Von daher glaube ich, dass das Thema geschriebene Sprache auch für uns eine größere Bedeutung bekommt – so, wie das Mündliche sie heute noch hat. Nehmen Sie das Thema Self Service. Jeder unserer Kunden hat einen Supercomputer in der Hosentasche. Warum sollen die uns eigentlich noch anrufen? Wenn die ihre Adresse ändern wollen, dann können sie das am Smartphone machen – mit der Vodafone-App. Da ist dann das geschriebene Wort wie das gesprochene – in Bezug auf Verständlichkeit, Tonalität und Terminologie, die man anwendet. Von daher würde ich sagen, dass das, was in der Gesellschaft als Entwicklung zu sehen ist, auf uns noch mehr zutrifft. Das wird sich weiter steigern. Twitter, Social Media – viele dieser Dinge laufen eben nicht mehr über mündliche Kommunikation, sondern über die schriftliche.

> **Ich hoffe und vermute, dass es einen Effekt hat, wenn man merkt: Kollegen fangen an, bestimmte Dinge anders zu sagen.**

Wie sich Sprache verändert und welchen Beitrag wir dazu leisten, das wird man sehen. Ob das Anglizismen sind oder Abkürzungen oder Jargon. Ich finde das gar nicht verkehrt, dass sich die Sprache dem Milieu anpasst, in dem sie existieren muss. Mit der Konsequenz, dass ich dann eben »btw« schreibe anstatt »by the way«, wenn ich twittere.

**Reich-Ranicki, der ein sehr zukunftsorientierter Mensch war, hat gesagt: Ist doch wunderbar, wenn sich die Sprache verändert – was soll sie denn sonst tun? Es gibt jetzt einen Twitter-Roman. Es gibt neue Formen, wie Blogs in der Literatur angewandt werden. Wir merken, dass die Sprache sich dahingehend verändert, dass sie visueller wird. Viele Menschen bauen Emoticons ein. Oder versuchen,**

ihre Sprache durch entsprechende ausgeschriebene Kommentare anzureichern und wie ein Drehbuch ablaufen zu lassen. Sie schreiben zum Beispiel \*grins\* aus oder nur \*g\*. Das sind neue Formen. Die werden wahrscheinlich auch in die Vodafone-Sprache Einzug halten?

Gut denkbar. Sprache lebt und verändert sich stark. Ich lese gerade »Der letzte Mohikaner«. Da gibt es seit letztem Jahr eine neue Übersetzung von Karin Lauer, die dem Sprachstil des Originals nachempfunden ist. Das Buch ist von 18-Piependeckel. Es ist hochinteressant, wie der Autor James Fenimore Cooper schreibt, wie die Indianersprache übersetzt ist. Da merkst du: Das ist eine ganz andere Sprache, das läuft

**Ich finde das gar nicht verkehrt, dass sich die Sprache dem Milieu anpasst, in dem sie existieren muss.**

für uns heute überhaupt nicht rund. Man muss sich konzentrieren. Das Lesen ist anstrengend wie Schwitzen im Fitnessstudio. Daran sieht man, wie dramatisch sich Sprache verändert – wie alte Sprache fast nicht mehr verdaubar ist – kaum noch verstanden wird.

**Wie sich unsere Sprache verändert – das wird in den nächsten Jahren also eine schöne Herausforderung für uns alle werden. Vielleicht müssen unsere Klassiker in eine andere Form gebracht werden?! Inhalte an die nächste Generation heranzuführen, ohne dass deren Aufmerksamkeit nachlässt – puh. Was man dabei lernt, wird dann sicherlich auch wichtig sein für die Sprache zwischen Firmen und ihren Kunden. Was ist für Sie das Spannende, wenn Sie an das Brand Marketing von Vodafone denken?**

Ich finde, als Marketer hat man noch nie so viele Möglichkeiten gehabt wie heute. Ist doch klasse, sich immer in die Situation oder die Position des Kunden zu begeben und sich zu fragen: Was muss ich tun, um ihm zu gefallen, ihm nützlich zu sein? Und das über die gesamte Erlebniskette einer Marke hinweg. Das ist ein schönes Betätigungsfeld. Das wenden wir eben jetzt auch auf die Sprache an. Endlich. Diese Ganzheitlichkeit von Marketing im Hinblick auf ein gutes Erlebnis für den Kunden: Das ist immer schon die Herausforderung fürs Marketing gewesen.

**Man macht sich als Marke auch durch die Sprache attraktiv für diejenigen, denen man positiv auffallen möchte?**

Genau. Das ist ja eine freie Wahl. Da möchte man Merkmale ausprägen, weshalb man gewählt wird. Auch wenn man sich bewusst dagegen entscheidet, ist das eine Entscheidung – dann eben, nicht gewählt werden zu wollen. Sich attraktiv machen – das ist es im Kern. Wir vergessen es nur oft, weil wir in irgendwelchen Modellen oder Theorien stecken. Die Ganzheitlichkeit ist die Aufgabe. Es geht nicht mehr um das Massenmedium. Früher konnte man ja noch argumentieren: Wie soll ich denn die und die erreichen – da mache ich halt Fernsehwerbung. Jetzt hat man die Möglichkeit, jeden Einzelnen individuell in seinen Bedürfnissen und in seiner Situation anzusprechen. Das macht natürlich erstmal Angst: Wie soll man das schaffen? Auf der anderen Seite: So, wie sich die Sprache verändert, verändert sich die Technologie. Die versetzt einen eben doch in die Lage, das dann doch zu erreichen. Google schafft das ja auch. Von daher ist der Job des Marketers ein toller Job.

**Jetzt was Persönliches: Ist Ihnen in der Familie Gründgens die Sprache besonders ans Herz gelegt worden?**

Gustaf Gründgens und mein Vater sind Halbbrüder. Mein Vater ist Kaufmann. Da gab es keine Verbindung. Trotzdem habe ich mich natürlich immer dafür interessiert. Habe natürlich auch den Faust mehrmals gelesen. Ich muss sagen: Wenn man dieses Buch gelesen hat, dann weiß man alles.

**Was die Welt im Innersten zusammenhält?**

Das begleitet mich. Deswegen bin ich wahrscheinlich auch im Marketing und nicht in der Buchhaltung gelandet.

**Bei dem Namen eilt Ihnen einfach die Zuständigkeit für Sprache voraus. Gibt es noch irgendetwas, was Sie sich persönlich bei Vodafone vorgenommen haben? Sie haben ja schon gesagt, die Musik ist ganz wichtig. Sie wird von den Leuten sofort erwähnt. Ist das etwas, das Ihnen persönlich am Herzen liegt?**

Ich komme ja in meiner Marketing-Sozialisierung aus dem Coca-Cola-Land. Auch da hat die Musik natürlich immer eine riesige Rolle gespielt, um die Emotionen, die das Produkt verkörpern wollte, zu transportieren. Und ehrlich gesagt, das war hier auch so. Die Inauguration von Vodafone mit dem The-Dandy-Warhols-Song »Bohemian like you« für unseren »How are you«-Spot – das war ein Bruch von Konventionen in der Telekommunikationskategorie. Auf einmal warb eine Telekommunikationsmarke wie ein Softdrink. Mit Tränen und Lebensgefühl und Party und Emotionen – und was man alles transportieren kann über Mobilfunk. Das ist in der Marke drin. Lag so ein bisschen brach, würde ich sagen. Ich habe mich natürlich damit befasst, wie man das reaktivieren kann. Allerdings nicht, weil ich so ein Music Lover bin. Im Gegenteil. Ich höre gerne Musik. Aber Sie wären enttäuscht, wenn Sie meine Hi-Fi-Ausstattung oder meine CD-Sammlung sehen würden. Die Musik bewegt mich, berührt mich. Aber wir haben das aus markengetriebenen Erwägungen gemacht. Da war ein Nerv, der ja maximal potent ist – der aber nicht angesteuert wurde in der Marken-CI. Das haben wir geändert. Wir leiden ja darunter, dass die Telekom drei- oder viermal so viel Geld hat wie wir. Trotzdem haben wir es geschafft, in den letzten vier Jahren eine doppelt so hohe ungestützte

Werbeerinnerung zu erreichen. Das liegt an der Musik. Das liegt ausschließlich an der Musik. Abgesehen davon transportiert sie eben die Jugendlichkeit, die Modernität, Urbanität und auch die Aufgewecktheit der Marke Vodafone. Wir haben eine Musikstrategie gemacht, haben uns Musikgenres angesehen: wofür stehen die, welche passen zu uns, welche nicht – was nutzen unsere Wettbewerber. Ich habe jetzt … ich glaube … die fünfte Goldene Schallplatte hier erarbeitet – das ist kein Zufall. Weil wir viel Werbedruck machen. Aber wir haben uns als Marke auch eine Kredibilität aufgebaut – und wir suchen das eben auch so aus, dass es passt.

**Sie haben dadurch die Kommunikation für die Branche neu erfunden. Plötzlich geht einer hin – und Telekommunikation wird zu einem Feld der Emotionen. Musik ist etwas, was unter die Haut geht und den Menschen so berührt wie kaum etwas anderes. Kaum zu toppen, oder?**

Ja, mit Musik berühren wir die Menschen. Jetzt müssen wir nur zusehen, dass wir diese Emotion auch in der Produktleistung beweisen – und eben auch in dieser besagten gesamten Erlebniskette. Das darf nicht abreißen.

Gerade wenn es durch die Musik sehr emotional und positiv ist, dann wird die Schnittstelle, an der es nicht mehr passt, umso explosiver. Deshalb der Wall Walk, deshalb jetzt endlich die Sprache: die Integrität muss gewahrt bleiben! Man kann nicht draußen irrsinnig emotionale Werbung machen und sagen: Ich bin total supermodern und cool und »have fun with me« … und dann haben die Leute überhaupt keinen Spaß mit uns, wenn der Servicetechniker den Mund aufmacht oder wenn wir sonst mit ihnen sprechen.

> **Man kann nicht draußen irrsinnig emotionale Werbung machen und sagen: Ich bin total supermodern und cool und »have fun with me« … und dann haben die Leute überhaupt keinen Spaß mit uns, wenn der Servicetechniker den Mund aufmacht.**

**Wir haben viele Texter ausgebildet – ich habe über mehr als zehn Jahre gefragt, was die frühkindliche Prägung in der Werbung war. Es ist Musik und Sprache – Jingles und Claims. Nichts geht über Bärenmarke, Bärenmarke zum Kaffee. Die Bilder entstehen durch das gesungene Wort – dann läuft der Film ab. Musik und Sprache – wodurch sollte eine Verbindung mit Marken stärker geprägt werden?**

Eben. Musik und nun Sprache – wir machen es jetzt hundertprozentig bei Vodafone.

**Fahrplan zum Erfolg**      Gregor Gründgens

1 Tante Emma kannte ihre Kunden — Unternehmen müssen ihre Kunden heute noch genauso kennen.

2 Dafür muss man sich als Marketingverantwortlicher etwas einfallen lassen — zum Beispiel die Customer Journey.

3 Die große Herausforderung ist das durchgängige Markenerlebnis.

4 Es gibt immer mehr Touchpoints — es gibt keinen, der nicht wichtig ist. Sprache verbindet alle.

5 Eine Marke, die für Emotion steht, darf diese Emotion nie verspielen — die Erwartung der Kunden an die Sprache ist deshalb enorm hoch.

## So spricht Vodafone

»Es ist einfach, ich verstehe es« – das sagt ein unabhängiges Test-Institut über den Online-Context von Vodafone.
Und gibt eine sehr gute Note für »verständliche Internet-Kommunikation«.

Nach nur zwölf Monaten Einsatz der Corporate Language eine tolle Bestätigung für Vodafone! Für das ständige Bemühen, die Kundenkommunikation immer einfacher, verständlicher und mit der neuen Corporate Language auch deutlich als »Voice of Vodafone« erkennbar zu machen.

Veronika Classen im Interview mit Werner Geissler,
Vice Chairman, Global Operations, Procter & Gamble (P&G)

# Bilder traveln, Worte auch.

**Werner Geissler ist verantwortlich für das globale Geschäft von Procter & Gamble, einem der weltweit führenden Konsumgüterunternehmen. Er ist zuständig für die Firmensitze in rund 75 Ländern und das Netzwerk von mehr als 500 Händlern, die jeden Monat über 4 Millionen Geschäfte beliefern. Der Umsatz von P&G betrug im Geschäftsjahr 2012/13 weltweit 84,2 Milliarden US-Dollar. Die P&G-Produkte aus den Bereichen Beauty, Hygiene, Babypflege, Gesundheit, Haushalt, Friseurprodukte und Tiernahrung kennt jeder. Zu den Weltmarken gehören Gillette, Pampers, Always und Alldays, Wick, Ariel, Dash, Wella und viele andere.**

Werner Geissler und Veronika Classen kennen sich aus der Zeit, als beide »Ellen Betrix – The Care Company« aus der Taufe gehoben haben. Von Anfang an war die Sprache beim Markenaufbau ausschlaggebend. Die Marke »Ellen Betrix« war eine »sleeping beauty«. Über den Claim »The Care Company« haben sie die Marke neu positioniert und wieder relevant gemacht. Die Sprache war auffällig anders als in der Kosmetik-Sparte üblich: nicht »nett«, sondern sehr mündig, sehr erwachsen. Der Markenauftritt wurde als Erfolgsmodell in viele Länder exportiert, sogar in die USA. Was liegt näher, als mit Werner Geissler das Thema aufzunehmen: »Sprache als Erfolgsfaktor« für Marken und Unternehmen.

**Glaubst du, was einige Marketer sagen, dass nur Bilder von Land
zu Land wandern? Oder kann auch die Markensprache wandern?**

Werner Geissler: Klar. Bilder traveln, Worte auch. Dafür gibt es viele Beispiele. Nimm doch »The Care Company«. Das ist universell und sprachenunabhängig. Die Menschen verstehen gleich, was es bedeutet. Das hat sich schnell in die Länder übertragen lassen. In Europa von Schweden bis Spanien. Frauen haben den Grundgedanken sofort verstanden: Du hast nur eine Haut, du kannst sie nicht wechseln wie ein Kleid. Sie haben gesagt: das ist wahr. Viele haben gelobt: eine der besten Kosmetikkampagnen – so universell, so menschlich. Informativ und emotional.

**Wir haben sehr viel mit Insights gearbeitet, ohne dass wir damals viel
über Insights gesprochen haben. Wo liegen denn die Schwierigkeiten
bei Marken, wenn sie aus einer Kulturzone in die nächste gehen?**

Schwierigkeiten gibt es nur dann, wenn es nicht gelungen ist, den Kerngedanken zu identifizieren. Wenn stattdessen versucht wird, die Peripherie auszudrücken.

In dem Moment, in dem der Kerngedanke klar ausgedrückt und ein

> **In dem Moment, in dem der Kerngedanke
> klar ausgedrückt und eindeutig zu verstehen ist,
> kann die Kampagne in jeder Sprache
> um die Welt gehen.**

deutig zu verstehen ist, kann die Kampagne in jeder Sprache um die Welt gehen. Beispiel Gillette: »The best a man can get«. Weil es die essenzielle Idee zum Ausdruck bringt, ist sie weltweit effektiv.

**Von Maurice Saatchi haben wir den Begriff des »One Word Capital«
übernommen: heißt, die großen Marken haben alle dieses eine Wort,
auf das man die Marke im Kern kondensieren kann. Was sagst du
zum »One Word Capital«?**

Ja, es ist der Idealzustand. Pampers ist es gelungen, wenn auch in zwei Worten: »Golden Sleep«. Eltern und Kinder können durchschlafen. Und dann die weitergehende Idee, dass eine Nacht mit ruhigem Schlaf gut für die Entwicklung des Kindes ist.

**Ist das die Grundvoraussetzung für eine große Marke: dass man den
Menschen versteht? Dann findet man auch eine entsprechende
Sprache, richtig?**

Richtig, die exekutionelle Ausgestaltung liegt dann auf der Hand.

**Die großen Marken haben fast philosophische Erkenntnisse im Kern?**

Ja. Wobei es allerdings auch darauf ankommt, dass die Marke den funktionalen Benefit liefert. Es reicht nicht, dass man nur über die emotionale Schiene versucht, Loyalität zu einer Marke aufzubauen.

**Emotion und funktionalen Benefit muss man schlau miteinander
verbinden. Laufend?**

Genau so, dass die verschiedenen Produktverbesserungen, die im Laufe eines Markenlebens entwickelt werden, auch alle diesen Ur-Gedanken haben. Und bloß nicht jedes Mal etwas völlig Neues kommunizieren! Das war natürlich auch wieder die Power von »The Care Company«, dass das alles in dieses Gesamtmosaik hineingepasst hat, jedes Steinchen.

**Ist es dir in deinen vielen Stationen denn auch mal passiert, dass ein Markengedanke schlecht in eine Kultur zu integrieren war?**

Es gibt halt Sachen, die auf groben Missverständnissen beruhen, Beispiel Pampers. Wir hatten eine Kampagne in Japan, die hieß Pampa. Pampa bedeutet Elefant. Die Kampagne hat in Japan gearbeitet. Dann musste plötzlich jedes andere Land den Charakter übernehmen: Elefant. Was die Leute nicht berücksichtigt haben, ist, dass in Japan das erste Wort, das Babys aussprechen können, Pampa ist.

**So wie Papa – nur Pampa.**

Ja. Pampa – es war halt zufälligerweise ein Elefant! Wichtig war der Ausdruck in der Entwicklung des Babys, nicht dass ein Elefant im Kontext von Pampers eine Rolle spielt. Das wirkliche Äquivalent wäre gewesen: Was ist das erste Wort, das ein Baby in der Lage ist auszusprechen? Und dann ist es wahrscheinlich Mama, Papa, was auch immer, nicht Elefant.

**Pampers ist ja auch ein gutes Beispiel für die heutige Art, wie man mit bestimmten Begriffen ganze Branchen bezeichnen kann. Google – man googelt. Twitter – man twittert. Im Deutschen gab es das Wort »pampern« vorher nicht. Jetzt ist »pampern« kein Fremdwort mehr. Könnte von Pampers kommen. Würdest du das noch weiter treiben wollen bei Pampers?**

Ich glaube, es ist auf einer anderen Ebene als Google.

**Was braucht eine Marke, um weltweit erfolgreich zu sein?**

Voraussetzung ist diese Erkenntnis, was den Menschen oder Konsumenten wichtig ist, in Kombination mit sehr guter Produktperformance. Das ist es. Zunächst mal. Und dann natürlich ein kontinuierlicher Innovationsstrom, der die Marke frisch hält und dafür sorgt, dass sie der Konkurrenz zu jedem Zeitpunkt voraus ist.

**Wie wird das mit den Innovationen bei Procter & Gamble gemacht? Gibt es Innovationsmanager? Gibt es für große Marken immer einen Vater oder eine Mutter, bei dem oder der alles zusammenläuft?**

Im Prinzip ja. Wir unterteilen die Welt in Global Business Units und Market Development Organizations. Ich bin für das ganze Market Development verantwortlich. Wir nennen das: die go-to-market organizations. Die Global Business Units – kurz GBU – sind für die Markenführung da. Es gibt einen Brand Franchise Leader für jede unserer größeren Brands. Der sorgt dafür, dass die Kommunikation frisch, aber konsistent bleibt. Er ist auch dafür verantwortlich, dass ein Innovationsprogramm existiert: die Marke muss ihren Vorsprung gegenüber der Konkurrenz beibehalten – unter funktionalen, Benefit-Delivery-Aspekten. Aber letztendlich ist der Leiter der Global Business Unit, der GBU President, verantwortlich.

**Wird laufend an Verbesserungen gearbeitet?**

Ja. Wir unterscheiden zwischen einer »Discontinuous Innovation«, die einen Benefit neu bestimmt. Beispiel: die Einführung von Mach 3 von Gillette, die das Rasieren auf noch nicht gesehene Weise definiert hat. Dazwischen dann die sogenannte »Maintenance Innovation«, also kontinuierliche, graduelle Verbesserungen: weißer, bessere Fleckentfernung und so weiter.

**Du warst in so vielen Ländern, Kontinenten: Wenn du in eine neue Umgebung gekommen bist, was war dir besonders wichtig, um gleich eine Brücke zu den Menschen zu schlagen?**

Das Wichtige ist, zunächst mal zu verstehen, dass es erhebliche kulturelle Unterschiede gibt. Das kann man jetzt verschieden ausdrücken. Ich mach es mal plakativ. Wenn man das auf einer globalen Ebene sieht und versucht, die Kulturen zu definieren, könnte man in sehr groben Zügen sagen: In den USA ist alles entweder schwarz oder weiß. Ist gut oder böse. In Europa ist alles grau. In Asien, in Japan, ist alles schwarz und weiß. Asiaten können Gegensätze kombinieren, haben kein Problem damit. Das sind in groben Zügen die wesentlichen Unterschiede zwischen den Kulturkreisen.

**Das kann man sich gut merken mit dem Bild.**

Als Manager muss man bestimmte Unterschiede verstehen, die für die Zusammenarbeit wichtig sind. Wenn die Leute in den USA einen guten Job gemacht hatten, war mein Kommentar: »Good Job«. Die waren dann erschüttert. Weil sie der Ansicht waren, dass ich ihre Leistung nicht würdige. »Good Job!« in ihrem Verständnis meint, dass es eigentlich ein schlechter Job war. Ich hätte sagen müssen: »Fantastisch. Super Job!«

**Also »good« ist zu banal.**

Good ist schlecht. In Europa ist good good. Von den USA bin ich nach Japan gegangen. Da habe ich dann gesagt: »Fantastisch, super Arbeit!« Da haben die Japaner gleich spekuliert: Was meint der wirklich? Die haben da das Konzept von »tatemae« und »honne«. »Tatemae« ist die oberflächliche Bedeutung und »honne« steht für die tiefgründige, wahre Bedeutung. Das ist ihre Vermutung, was wirklich dahintersteckt. Aufgrund des Schamkonzeptes ist es nahezu unmöglich, Japanern offen die Wahrheit zu sagen. Darum – wie erwähnt – die permanente Spekulation, was die wirkliche Bedeutung ist. Deswegen auch diese Drink-outs, in denen ein Boss mit seinen Untergebenen abends ausgehen muss, um nach dem vierten oder fünften Bier »honne«, die Wahrheit, rauszufinden. Die gilt dann aber am nächsten Tag nicht, die wird tagsüber ignoriert.

**Kann man gegen diese anstrengende Arbeitssituation
in Japan etwas machen?**

Ja. Bevor ich nach Japan ging, wurde mir das auch so dargestellt und im Rahmen eines Kulturtrainings beigebracht. Das habe ich dann auch ein- oder zweimal gemacht. Dann habe ich den Leuten gesagt: Wir arbeiten alle hart, wir reisen viel. Alkohol in diesen Mengen ist sowieso nicht gesund. Wir haben zwei Möglichkeiten. Möglichkeit eins: Wir servieren Alkohol zum Frühstück und um zehn Uhr morgens kennen wir die Wahrheit. Oder wir sagen immer offen und ehrlich, was wir voneinander halten, wie wir über gewisse Sachen denken. Alle haben die zweite Option präferiert – und hatten damit auch keine Probleme zu unterscheiden zwischen »tatemae« und »honne«. Deswegen denke ich auch, dass Europäer oder Deutsche in Japan generell eine höhere Erfolgschance haben als Amerikaner.

**Ohne diesen Klartext und das Entweder-oder hätte es nicht
geklappt. Ob das jeder kann? Wer ist denn für Europäer die
größte Herausforderung?**

Ich glaube, die Amerikaner.

**Ja? Die Antwort überrascht mich.**

Wir sind kulturell anders, auch wenn wir alle denken, wir wären gleich.

**Kannst du das mal erklären, mit den kulturellen Unterschieden
zwischen den Amerikanern und den Europäern?**

Es ist dieses »black or white«. Die Amerikaner sind sehr von sich überzeugt. Amerika ist für sie die Benchmark – in jeder Hinsicht. Als Ergebnis droht allerdings die Gefahr, dass Amerika zunehmend in Bereichen zurückfällt, in denen der Rest der Welt sich schneller bewegt.

In Amerika sind viele davon überzeugt, dass man – überspitzt gesagt – Gottes auserwähltes Volk ist und eine besondere, erfolgreichere Kultur verkörpert.

**Glaubst du denn, dass es bei einer Company wie P&G, die ja immer
noch ihre DNA aus dem Amerikanischen hat, auch globale P&G-
Marken geben kann, die in China oder in Indien oder wo auch immer
ihren Ursprung haben?**

Wir haben schon verschiedene solcher Marken. Zum Beispiel die Kosmetikmarke SK-II. Ist im Kern eine wirklich japanische, eine asiatische Marke. Wir haben einige Marken, die ursprünglich in den USA kreiert wurden, aber in China wirklich groß geworden sind. Wie Rejoice, das ist ein Shampoo. Das chinesische Konzept ist dann in anderen Ländern übernommen worden. Bei den meisten Marken versuchen wir, wirklich zum Kern der Geschichte zu kommen. Wie bei Pampers mit »Golden Sleep« oder bei Olay *(in Deutschland früher »Oil of Olaz«, jetzt »Olaz« – eine der bekanntesten Gesichtspflegemarken)* mit »Age-Defying« also Eternal Youth. Als wir Olay Pro-X eingeführt haben, geschah das auf Basis einer universellen

Idee: Die Leistung einer Department-Store-Marke für drei-, vierhundert Dollar kann man von Pro-X für 50 Dollar bekommen. Das ist überall relevant und attraktiv. Dieses Versprechen ist keine spezifisch amerikanische, sondern eine global relevante Idee.

**Ist das nicht ein Menschheitstraum?**

Stimmt. Das ist wieder so ein globaler Gedanke. Der kann entstehen, wo er will.

**Wofür steht das P&G-Leistungsversprechen – Synonym für den Anspruch auf eine absolute Qualität?**

Ja. Wir sind ja gerade dabei, unseren 175. Geburtstag als Firma zu feiern. Der Kern der Firma, der Grund für unsere Existenz als Markenartikelhersteller ist ja sehr einfach. Wir wollen »Products and Services of Superior Quality and Value« anbieten.

**Verpflichtet zu einer Nonstop-Anstrengung, oder?**

Solange wir das machen, geht es uns gut. In dem Moment, in dem wir vom Pfad abweichen, geht es der Firma nicht gut. Das ist so eindeutig, wenn man sich unsere Entwicklung über diese 175 Jahre ansieht: Jedes Mal, wenn wir überlegene, neue Technologien hatten und in der Lage waren, die Nutzen adäquat zum Ausdruck zu bringen, ging es der Firma gut. In Zeiträumen, in denen das nicht der Fall war – entweder, weil wir geschlafen haben oder weil die Konkurrenz so wach gewesen ist –, ging es uns schlecht. Das ist eine sehr einfache Sache: Products and Services of Superior Quality and Value.

**Das P&G Business Model ist also herrlich einfach: das Relevante in bester Darreichungsform?**

(lacht) Ja, wir haben ein einfaches Business Model. Es fängt an mit unserer ersten Kernkompetenz – Consumer Understanding – also die Generierung von Consumer Insights, die globale Relevanz haben. Dann die Fähigkeit, diese in Produkte umzusetzen. Durch Innovationen, R&D Efforts, dafür zu sorgen, dass die Benefits frischgehalten werden. Der Konkurrenz gegenüber eine Überlegenheit in der Produktleistung sicherstellen. Dann Werbung, Brand Management, Marketingprogramme – die dafür sorgen, dass die Nutzen adäquat ausgedrückt und effektiv kommuniziert werden. Als nächstes der Verkauf, der dafür zuständig ist, dass wir in den Läden gut aussehen. Dann die Herstellung, die zusieht, dass wir unser Qualitäts- und Value-Versprechen realisieren und den Händlern gegenüber bestmöglichen Service anbieten. Das Ganze zusammen kreiert diesen »virtuous cycle«. Ergebnis: dass wir in jeder Kategorie Nummer eins oder Nummer zwei sind. Das wiederum schafft positive »economies of scale«-Effekte. Diese wiederum ermöglichen, weiter zu investieren. Damit geht das Ganze munter weiter: wieder das Generieren von Consumer Insights, die wieder zu mehr Innovationen führen ... ein »virtuous cycle«.

**Und so läuft das Rädchen. Aber man muss immer hellwach bleiben.
P&G war sehr schnell sehr gut darin, die neuen Medien zu nutzen.
Diese Neugier, Medien einzusetzen, um Menschen auf ungewohnte
Weise zu kontakten, gehört wahrscheinlich auch zu diesem Cycle?**

Genau, wir haben Branding an sich nicht erfunden, aber wir haben es wahrscheinlich als eine der ersten Firmen systematisch eingesetzt. Das fing schon 1837 an, als es in Cincinnati viele Hersteller von Kerzen und Seifen gab, und wir praktisch durch das Kennzeichnen unserer Marke, das Branding, dafür gesorgt haben, dass da eine Qualitätsmessage dazukam. Dann die Art und Weise, wie wir eine Beziehung zu den Konsumenten herstellen. Da sind wir im Prinzip auch immer Pionier gewesen. Printwerbung, Radiowerbung, Fernsehen – wir waren praktisch die erste Firma, die Fernsehen systematisch eingesetzt und sich auch im Kontext engagiert hat: Soap Operas, in die wir unsere Waschmittel- und Seifenmarken integriert haben. Heute sind es Digital und Social Media.

**Faszinierend, wie schnell Digital und Social Media auf dem globalen
Markt von P&G eingesetzt wurden. Da wart ihr Vorreiter. Ihr habt
gleich verstanden, dass es in der Zukunft diese Transparenz gibt. Seid
ihr ins kalte Social-Media-Wasser gesprungen?**

Statt es zu perfektionieren, haben wir uns darauf geeinigt, hier einem Do-learn-Ansatz zu folgen. Das hat uns geholfen. Gleich handeln – statt lernen, lernen, lernen, bis wir es verstanden haben, und dann erst machen. Dann ist es überholt. Auf diese Art und Weise schaffen wir sehr schnelle Zyklen, wir experimentieren, wir sehen: was klappt, was klappt nicht. Und dann verändern wir es und machen es. Dann lernen wir wieder und so weiter.

**Setzt natürlich auch einen Company Spirit voraus, von der Sorte:
Man darf auch mal etwas falsch machen, richtig?**

Ja, das liegt in der Natur eines solchen Experimentier- und Optimierungsmodells. Es heißt aber nicht, dass wir chaotisch vorgehen. Es wird zum Beispiel viel drüber geredet, dass Konsumenten über die sozialen Medien praktisch die Kommunikation von Marken mitgestalten. Das stimmt. Nur, man muss nach wie vor das Rahmenwerk festlegen. Die Menschen anleiten, worüber sie in Social Media eigentlich reden sollen. Wenn es unstrukturiert, chaotisch vonstatten geht, dann hilft es der Marke nicht. Dann verliert sich der ganze Impact von Social Media.

**Ich sehe, dass viele Marken, wenn sie das nicht steuern, plötzlich ihre
Markenidentität verlieren. Das merkt man sofort an der Sprache.
Dann ist es nicht mehr die Marke, die kommuniziert. Dann wird die
Marke zu einem Kumpel. Es fehlt der Mehrwert, den die Marke**

bringt, oder auch die Kompetenz, die die Marke ausdrücken sollte.
Ist es nicht gefährlich, wenn man zulässt, dass die Marke hinter dem
Medium verschwindet?

>Absolut. Genau richtig. Deshalb haben wir jetzt auch angefangen, die
P&G-Marke zu definieren und auf breiter Basis einzusetzen. Ironischerweise hatten wir in allen Entwicklungsländern praktisch am Schluss eines
jeden Werbespots einen P&G-Disclaimer: »Dieses Produkt kommt von
Procter & Gamble.« Die Leute verstehen: P&G steht als Absender für Qualität und Wert – garantiert. Das haben wir in entwickelten Ländern nicht
gemacht. Damit fangen wir jetzt wieder an. Wir werden sehen, ob es einen
Einfluss hat, der über das, was die einzelne Marke leisten kann, hinaus-
geht. Aber es ist zum Teil auch geleitet von der Hypothese, dass die sozialen Medien die Präsenz einer Firmenmarke erfordern. Menschen wollen
wissen, wer hinter der Marke steht, wo das Produkt herkommt, sie sind
aufgeklärt! Wir haben angefangen und experimentieren.

Mit Marken ist es eben wie mit Menschen: Du unterhältst dich nur
mit einem, von dem du glaubst, dass er ein guter Gesprächspartner
ist. Bist du auch eine Marke?

>Ja, wir sind als Mensch auch Marke. Speziell, wenn man so wie ich über 30
Jahre in einer Firma ist und eine gewisse Position erreicht hat. Dann sehen
die Menschen, die Mitarbeiter, einen natürlich auch als Marke mit spezifischen Merkmalen und Nutzenversprechen an. Von daher gesehen ist die
eigene Markenführung auch wichtig.

Ich finde es wahnsinnig, sich vorzustellen: Du stehst jetzt an der
Spitze dieser globalen Company. Hast du das überhaupt mitbekom-
men oder bist du so sukzessive gewachsen, dass du plötzlich an der
Spitze warst?

>Es ist genau so, wie du es gesagt hast: wie eine Bergbesteigung. Natürlich,
wenn man unten am Fuß des Berges steht, dann kommt es einem gewaltig hoch vor. Aber wenn man im Laufe der Zeit hochsteigt, dann geht es
Schritt für Schritt. Man lernt, Komplexität zu beherrschen und sich zu
konzentrieren auf die paar Sachen, die wirklich zählen.

Lernt man effektiver zu kommunizieren? Wie geht das?

>Ich gebe dir ein Beispiel. In der Herstellung, der Product Supply Organisa-
tion, ist Customer Service extrem wichtig. Wir haben alle möglichen Kennziffern. Normalerweise versucht man, die Kennziffern so zu gestalten, dass
die Leistung permanent verbessert wird. Das ist auch der richtige Ansatz.
Nur: Kennziffern bringen nicht das Engagement und die Emotion, die dazu
erforderlich sind, dass man der Beste wird. Was ich versuche, ist, die Essenz
der Idee zu kristallisieren: Wir sagen deshalb: »Wir wollen Service ablie-

fern, der so gut ist, dass die Kunden uns Trinkgeld geben wollen.« – »Service so good that customers want to tip us.« Das ist ein Level von Service, den jeder versteht. Jeder weiß, dass es der ultimative Service ist. Dann muss man nicht über Kennziffern reden oder sich darüber unterhalten, ob das jetzt zu aggressiv ist oder nicht. Das ist eine Art und Weise, effektiv zu kommunizieren, ohne zu einengend zu sein. Eine Art, die konzeptionell in der ganzen Welt gleichermaßen relevant ist.

> **»Wir wollen Service abliefern, der so gut ist, dass die Kunden uns Trinkgeld geben wollen.«**

**Weißt du, dass du von Natur aus etwas machst, was die Neuromarketer empfehlen und das wir in unserem Buch »Corporate Language« ansprechen: Wenn du willst, dass du mit Sprache einen Menschen erreichst, musst du visuell sprechen. So bildhaft zu sprechen – das ist das Beste, um Menschen zu motivieren. Hast du noch ein Beispiel?**

Ja: »In 90 days in 90 countries.« Wenn wir eine erfolgreiche Innovation haben, die so schnell wie möglich um die ganze Welt gehen soll. Da kann man sich jetzt auch wieder über die richtigen Kennziffern unterhalten und wie wir die zugrunde liegende Agilität definieren wollen. Aber wenn man sagt, okay, unsere Vision ist es, dafür zu sorgen, dass wir in 90 Tagen in 90 Ländern präsent sind – das versteht jeder. Jeder weiß, dass es einer gewaltigen Anstrengung bedarf. Da muss man nicht über die Definition von Agilität reden, die Menschen erfassen das.

**Also klare Ansage, Klartext. Bist du ein Meister von Klartext?**

Ich versuche mich an Prioritäten zu orientieren. Es ist Teil meiner Ich-Markenführung. Meine Ansage an mich: cool head, warm heart, working hands. Ich versuche, mich daran zu halten. Wenn ich, sagen wir mal, monatelang mit meiner Antwort auf deine Mail gewartet hätte, wäre das inkompatibel gewesen mit dem Versprechen »warm heart, working hands«. Das wäre ja ein Indiz dafür gewesen, dass dein Anliegen mir egal ist. Also falsch.

**Hat Werner Geissler als Personenmarke eine eigene Sprache?**

Ich glaube schon, dass ich dazu in der Lage bin, mich so einfach wie möglich auszudrücken. Wenn man mich fragt, wieso ich bei Procter so erfolgreich gewesen bin, dann listet man verschiedene Gründe auf. Aber da gibt es einen besonderen Faktor, der mich erfolgreich gemacht hat (lacht).

**Werner, verrätst du dein Erfolgsgeheimnis?**

Es war die Sprache. Als ich bei Procter anfing, konnte ich ja kaum Englisch. Ich hatte Latein und Griechisch in meiner Klosterschule. Die Konsequenz war, dass ich praktisch kaum in der Lage war, mich aus Problemen herauszureden. Es gab für mich deshalb nur die Möglichkeit, gute Ergebnisse abzuliefern, die für sich selbst sprachen. Das war der Knackpunkt.

(lacht) Wahnsinn. Weiß das einer? Als wir zusammengearbeitet
haben, hatte ich immer dieses Gefühl, dass unsere Briefing-Situation
sehr gut war. Dass man ganz genau wusste, was das Ziel ist. Das ist
das Wichtigste überhaupt, dass man in der Umsetzung weiß: das
muss ich erreichen – und nicht diese zehn anderen Sachen da. Wie
kann man besser briefen?

> Ich versuche, eindeutig zu sein, das Ziel vor Augen zu führen, zu beschrei-
> ben. Deswegen auch diese Slogans wie: »Service so good that customers
> want to tip us.«

Ist das der Beweis, dass man ein Briefing so ausdrücken kann,
dass die Worte in der ganzen Welt verstanden werden?

> Wenn es zum Beispiel darum geht, wie wir die Beiträge unserer Verkaufs-
> organisation definieren und messen wollen – da gibt es viele Möglichkei-
> ten. Aber letztendlich kommt es drauf an, dass wir das gewinnen, was wir
> den »first moment of truth« nennen. Wir können uns lange darüber unter-
> halten, wie hoch unser Regalanteil ist –
> oder unser Handelsanzeigenanteil. Aber
> das hat eine andere Wirkung, als wenn wir

**Ich versuche, eindeutig zu sein.
Nicht theoretisieren.**

> das Ziel für unsere Präsenz in jedem Laden so definieren: »From looking
> good to looking better than competition«. Nicht theoretisieren. Man geht
> in den Laden und sieht sofort: Sehen wir auf Pantene *(eine der weltweit
> führenden Haarshampoo-Marken)* besser aus als Dove oder Garnier oder
> wer auch immer?

Das beste Briefing: Keep it simple?

> Einfache Ziele. Ziele, die man auf den ersten Blick erkennen kann. Da kann
> man nicht drumherum reden, da kann keiner sagen: Okay, du hast mir
> doch gesagt, der Regalanteil soll von 24 auf 27 Prozent steigen, das habe
> ich auch gemacht. Wenn du im Laden nicht besser aussiehst als der Wett-
> bewerb, dann ist die Mission nicht erreicht worden.

Wir hatten zuhause ein kleines Lebensmittelgeschäft. Meine Mutter
hat immer gesagt: Du musst für deine Kunden so arbeiten, als wenn
dir die Firma gehört. Nur wenn du diese Verpflichtung spürst, dann
machst du das Richtige. Einfach, ne?

> (lacht) Einfach gut!

Was ist die Marke im P&G-Reich, von der du sagst, die hat eine ganz
besondere Bedeutung für die Menschen? Ist das Pampers?

> Ja. Pampers ist eine fantastische Marke. Macht mittlerweile über zehn
> Milliarden Dollar Umsatz. Aus Konsumentensicht fängt mit Pampers auch
> die Verwendung von P&G-Produkten an. Der Nutzen ist so offensicht-
> lich. So umfassend. Es ist natürlich auch ein Elternnutzen dabei: Wenn das

Kind gut schläft, schlafen die Eltern auch gut. Aber der ultimative Nutzen ist diese Kette: Dadurch, dass das Baby trocken bleibt, schläft es besser – weil es besser schläft, hat es einen fantastischen Tag vor sich – das ist gut für die Entwicklung des Kindes. Das ist schon sehr emotional und so was von relevant, überall in der Welt.

**Willst du mal lachen? Es gibt für mich a. P. und p. P.**

Was?

**Es gibt Kinderfotos ante Pampers und welche post Pampers.**
**Das ist ein Einschnitt in der Menschheitsgeschichte.**

(lacht)

**Bist du noch mit Sanitas-Tüchern gewickelt worden oder schon ein**
**Pampers-Kid? Es gibt nicht so schrecklich viele Marken mit so einer**
**dramatischen Auswirkung, oder?**

Gillette. Vor Gillette haben die Männer sich geschnitten. Die Idee: the best a man can get – das will Mann. Wir haben ja 25 Marken, die eine Milliarde Dollar oder mehr Umsatz machen. Das ist schon ein konkretes Indiz dafür, dass es starke Marken sind, mit großer Relevanz.

**Kann es von diesen Marken, die die Menschheit verändern,**
**nur eine bestimmte Anzahl geben?**

Nein. Wir haben ungefähr weitere 20 Marken, die dahin kommen können. Zwischen 500 Millionen und einer Milliarde Dollar Umsatz. Die arbeiten sehr stark daran, demnächst auch im »Milliarden Dollar Umsatz«-Club aufgenommen zu werden.

**Ist das heute schwieriger geworden,**
**so eine Marke wie Pampers zu werden?**

Nein. Man muss nur den relevanten Insight haben, dem Menschen wirkliche Bedürfnisse erfüllen und kontinuierlich die weltbeste Produktqualität anbieten. So einfach ist es.

**Für diese ultimativ gute Markenführung: Hat die Sprache**
**da mindestens denselben Stellenwert wie das Bild?**

Eindeutig. Erst musst du ein gutes Gefühl für die kulturellen Unterschiede haben. Dann ist die Sprache sogar entscheidend für die Markenführung. Beispiel Head & Shoulders. Als Marke extrem erfolgreich, macht mittlerweile rund drei Milliarden Dollar Umsatz. Wir haben mal versucht, Head & Shoulders in Japan einzuführen. Das war ein Flop, denn kulturell wollen die Leute nicht daran erinnert werden, dass auf den Schultern Schuppen liegen. In Japan beschämt man keinen. Das ist sehr wichtig. Sein Gesicht zu verlieren ist das Schlimmste, was einem in dieser Gesellschaft passieren kann. In Japan heißt die Marke deswegen jetzt H & S – und es geht um head & scalp care. Wir zeigen keine Schuppen. Dieselbe Equity im Prinzip,

derselbe funktionale Nutzen, dieselbe Produkttechnologie, dieselbe Fla-
schenform – bis auf den Produktnamen H & S. H & S drückt den Nutzen aus,
nur nicht negativ. Das kann Sprache. Wenn man die Kultur kennt, kann
man sprachlich eine gute Lösung finden, ohne die Equity zu verwässern.

**Wir haben jetzt viele Packungstexte bearbeitet, eine andere Struktur
reingebracht. Ist das auch in deiner Wahrnehmung so, dass die
Packungen wahnsinnig wichtig sind für den Kunden?**

Packungen sind ein Teil des »first moment of truth«. Es ist im Prinzip das
erste Mal, dass die Menschen im Laden mit einer Marke in Berührung kommen. Es ist natürlich das Dilemma, dass wir auf der einen Seite Kosten-
synergien über mehrsprachige Verpackungstexte haben wollen. Und auf
der anderen Seite den Nutzen konkret beschreiben wollen. Was wir
»power claims« nennen. Es zwingt uns dazu, den Kern der Idee zu erfassen
und es so auszudrücken, dass die Sprache überall verständlich ist. Weniger
ist mehr. Das zu destillieren erfordert enorme Anstrengungen. Frei nach
Pascal: Sorry, dass ich dir so einen langen Brief geschrieben habe. Ich hatte
nicht genügend Zeit für einen kürzeren.

**Wo entwickelt sich das Marketing in den nächsten 20 Jahren hin?
Was sind die größten Unterschiede, seit du bei P&G angefangen hast
zu heute? Hast du das Gefühl, da hat sich was in den Grundfesten
erschüttert?**

Nein, es hat sich nicht wirklich was geändert. Was heute anders ist, sind
exekutionelle Aspekte, welche Medien zum Beispiel Einsatz finden. Auch
im spezifischeren Sinne von Media: die technischen Werte, Reach, Fre-
quency und so weiter. Die Möglichkeit, präziser zu ermitteln, wie effektiv
eine bestimmte Kampagne ist, ein bestimmtes Medium. Aber vom Ansatz
hat sich nichts geändert, nein. Der emotionale Nutzen – der funktionale
Nutzen – der Grund, weshalb man meiner Marke ihr Nutzenversprechen
glauben sollte – die Kunst, das
präzise und effektiv auszudrücken: das hat sich nicht geändert. Wird sich auch nicht ändern. Ich glaube auch nicht – in
die Zukunft geschaut –, dass

> **Viele machen den Fehler zu sagen:
> Social Media ändert alles. Nein,
> Social Media ist ein anderes Medium.
> Aber der Inhalt ist nach wie vor
> entscheidend.**

Marken mehr zersplittert werden, sodass man individuelle Lösungen
anbietet. Im Gegenteil. Wir sehen, dass durch die Tatsache, dass so viele
Varianten auf einer einzelnen Marke eingeführt werden, die Shopability
stark leidet. Die Leute werden konfus. Man hat gar nicht die Zeit, die Architektur einer Marke zu studieren und zu verstehen. Es muss einfach sein
– so einfach wie möglich gehalten werden. Ich glaube nicht, dass sich das

ändern wird. Viele machen halt auch den Fehler zu sagen: Social Media ändert alles. Nein, Social Media ist ein anderes Medium. Aber der Inhalt ist nach wie vor entscheidend. Was sich ändern wird, sind die Vertriebskanäle durch E-Commerce. »E« gibt jedem die Möglichkeit, weltweit zu agieren. »E« ermöglicht, etwas in Timbuktu zu entwickeln und es dann schnell global zu verkaufen. Wir sehen, dass die essenzielle Notwendigkeit besteht, dass man die eigene Marke noch präziser führt, noch homogener macht und auch über die Zeit eine Konsistenz sicherstellt.

## Man muss seine Marke als Kind auffassen.

**Muss man ein bisschen verrückt sein als Vater
oder Mutter einer Marke?**

Man muss Leidenschaft haben – Passion. Man muss seine Marke als Kind auffassen.

**Ist Leidenschaft auch das Wichtigste, wenn man so global
agieren möchte wie du?**

Absolut.

**Leidenschaft. Das lassen wir jetzt so stehen.
Werner, du musst jetzt weg.**

(lacht) Gutes Zeitmanagement!

**Fahrplan zum Erfolg**  Werner Geissler

1 Sie wollen eine Weltmarke schaffen? Man muss nur den relevanten Insight haben, dem Menschen wirkliche Bedürfnisse erfüllen und kontinuierlich die weltbeste Produktqualität anbieten. So einfach ist es.

2 Für diese ultimativ gute Markenführung hat Sprache nicht nur mindestens denselben Stellenwert wie das Bild, sie ist sogar entscheidend.

3 Nicht theoretisieren. In einer visuellen Sprache briefen:
»Service so good that customers want to tip us.«
»From looking good to looking better than competition.«

4 Viele Marken verlieren ihre Markenidentität in Social Media. Das sieht man sofort an der Sprache. Dann ist es nicht mehr die Marke, die spricht, sondern irgendwer. Wenn man das zulässt, verliert die Marke ihre Kompetenz und damit ihren Mehrwert.

5 Die Ich-Markenführung von Werner Geissler:
»Meine Ansage an mich: cool head, warm heart, working hands.«

Armin Reins im Interview mit Anthony Hammond und Simone Böhm, Besitzer von Anthony's Garage Winery

# Und dann merkt man: Huch, uns braucht man ja gar nicht!

Anthony Hammond und Simone Böhm führen ein Weingut. Um sich im hart umkämpften Markt zu behaupten, sind sie bei der Vermarktung einen revolutionären Weg gegangen. Sie haben nicht mehr und nicht weniger getan, als die »Sprache des Weins« neu zu schreiben. Was hat sie inspiriert? Wie waren und sind die Reaktionen auf eine Weinsprache, die so ganz anders ist als die, die man kennt?

**Herr Hammond, wann haben Sie zum ersten Mal in
Ihrem Leben Wein getrunken?**

Anthony Hammond: Mein erstes Weinerlebnis ... daran kann ich mich ganz
bewusst erinnern. Es war irgendwo eine Party, wir waren zwischen 13 und
14 Jahre alt. Wir haben uns aus dem Bunker unserer Eltern Wein besorgt.
Der Weinkeller war mit Rheinweinen und Rheingauer Weinen bestückt.
Mein Vater als Amerikaner hat sich das angelegt. Wir haben eine Flasche
oder drei rausgezogen und sind auf die Party gefahren. Wir hatten keinen
Korkenzieher – wir haben den Korken in die Flasche reingedrückt. Die
Flaschen haben wir dann auf ex geleert. Auf der Tanzfläche – die Wein-
flaschen haben wir wie Bierflaschen gehalten.

**Ihre deutsche Mutter war diejenige, die Sie zum Wein gebracht hat?
Wie kam die Liebe zum Wein, das Interesse für Wein, zustande?**

AH: Mein Vater war jemand, der großen Wert darauf gelegt hat, auf eine
gewisse Grunderziehung, auf Etikette. Meine Mutter natürlich auch. Für
meinen Vater war wichtig, dass wir einen schön gedeckten Tisch hatten.
Er hatte aus Amerika Silber und Kristall als Erbe mitgebracht. Da wurde
das Glas erhoben und ein Toast ausgesprochen. Auch Cocktails waren ein
wichtiges Thema. Aus dieser Tradition heraus habe ich dann den gastro-
nomischen Weg eingeschlagen, habe in einer Cocktailbar in München
gearbeitet: Regina's Cocktail Lounge, ein Tochterbetrieb von Schumann's.
Als ich in dieser Cocktailbar war, wollte ich ganz klassisch lernen, wie man
Cocktails macht. Ausgeschenkt an Wein haben wir einen roten Bordeaux
und einen Muscadet. Es gab also keinen deutschen Wein. Das war eben
eine Classic American Cocktailbar in München, so 1983/1984. Dann hat
quasi im selben Haus Eckart Witzigmann die »Aubergine« eröffnet. Das
Personal der Aubergine kam immer nach dem Service und hat das Feier-
abendbier bei uns getrunken. Wir hatten als Deal abgemacht: Wir berechnen nichts für das Bier. Im Gegenzug wurden wir zweimal im Jahr in die
Aubergine eingeladen. Da ging es dann los, dass ich gesagt habe: Wow,
was machen die denn hier?! Das waren die High Times der Nouvelle
Cuisine. Ich habe mir gedacht: Alright, da passiert doch ganz was anderes
als sonst so üblich. Irgendwann habe ich dann gefragt: Kann ich bei euch
arbeiten? Ich habe das ja nicht gelernt. Die haben gesagt: Das ist okay,
wir bringen dir das schon so bei, wie wir das gerne hätten. Dann habe ich
da angefangen, so 1985/1986, in der »Aubergine« als Commis de Rang
*(Kellner im ersten und zweiten Praxisjahr)*.
Am Schluss habe ich dem damaligen Maître d'hotel, Gesumino Pirello,
zugearbeitet. Der war quasi der Oberkellner. Den Sommelier gab es noch
nicht in der Art, wie es heute Millionen Sommeliers gibt. Das war der Oberkellner, der die Weinempfehlung ausgesprochen hat. Nach zwei Jahren

war klar: Wein ist ein Thema. Und für mich: Das will ich wissen. Als amerikanischer Staatsbürger dachte ich: Ich geh mal rüber. Ich war in San Francisco, habe da in einem Weinfachhandel gearbeitet. Von dort bin ich eingeladen worden in die verschiedenen Weingüter: Napa, Sonoma, Central
Coast. Das haben wir alles abgeklappert. Da war mir klar: Das mit dem
Wein ist etwas, das würde ich gerne lernen. In Amerika kannst du es
eigentlich nur lernen als Autodidakt oder als studierter Önologe von UC
Davis *(University of California, Davis)*. Für mich war klar: UC Davis ist ein
anderer Weg. Zufällig habe ich einen Deutschen getroffen, aus Freiburg.
Der hat zu mir gesagt: Du, mach doch eine Lehre in Deutschland, Duales
System – das ist was! Dann weißt du auch, ob du das wirklich machen
willst. Die Tradition ist ja auch wichtig.

**Wo haben Sie in Deutschland alles über Wein gelernt?**

AH: Ich habe eine Ausbildung gemacht: erstes Lehrjahr bei Armin Diel,
zweites Lehrjahr im Castell in Franken, drittes Lehrjahr in Baden bei Dr.
Heger. Danach bin ich direkt hier gelandet, bei Wegeler – gleich auf der
anderen Straßenseite.

**Bessere Adressen gibt es ja kaum. Wie ging es weiter?**

AH: Mein Vater hat zu mir gesagt: Boy, you got to know your numbers –
mach noch eine Ausbildung in Betriebswirtschaft. In Frankfurt habe ich
diese Ausbildung angehängt, bin danach hier nach Geisenheim an die
Fachhochschule. Hier haben wir beide uns kennengelernt. Jetzt übergebe
ich das Wort an Simone.

**Frau Böhm, Sie sind Sommelier. Oder gibt es den Begriff
auch in der weiblichen Endung?**

*Simone Böhm: Sommelière.*

**Erzählen Sie doch mal Ihren Ausbildungsweg zum Wein.**

*SB: Der war deutlich kürzer. Mit 19 habe ich einen Bericht über den Beruf
des Weinküfers gesehen. Sehr romantisch angehaucht, mit so einem dick-
bäuchigen Kellermeister und Kerzen auf den Holzfässern. Der stand da und
schwenkte sein Weinglas. Ich habe gedacht: Das sieht aber schön aus. Das
könnte ich doch mal versuchen. Ich habe also eine Lehre gemacht als Wein-
küferin. Es ging ausschließlich um den Weinausbau im Kellerbetrieb. Ich
war in zwei verschiedenen Lehrbetrieben. Das erste Jahr in Franken, im Bür-
gerspital zum Heiligen Geist. Das zweite Lehrjahr dann im Staatsweingut
in Meersburg am Bodensee. Dann bin ich hierher nach Geisenheim und
habe Weinbau studiert. Da haben wir uns getroffen. Während des Studi-
ums noch habe ich zusätzlich die Ausbildung zur Sommelière gemacht. Der
Grund: Es war mir zu wenig, was im Studium über die Weine gesagt wurde.
Das war mir alles zu technisch. Ich wollte mehr wissen über die Anbau-
gebiete, die anderen Länder, die Rebsorten.*

**Wie kommt man dann dazu, ein eigenes Weingut zu betreiben?**
**Die liegen doch nicht einfach so rum. Wie findet man eins?**

*SB: Das beginnt ja nicht mit einem Weingut, man fängt klein an.*

**Man schneidet irgendwo Reben.**

*SB: Und man hört vielleicht, wie die Studienkollegen von daheim erzählen. Diejenigen, die Betriebe haben. Dann lernt man jemanden kennen, der mit dem Studium fertig ist. Der sagt vielleicht: Jetzt haben wir einen Weinberg – willst du den nicht übernehmen und weitermachen? Also bei mir waren es dann vier Zeilen, mit denen ich angefangen habe. Da wird dann einfach rumgeschnippelt und ausprobiert. Man presst die Trauben dann zuhause, maischt sie in der Badewanne, hat den Glasballon neben dem Bett stehen und stellt sich dann halt so vor, wie das später in groß ist.*

**Aber an den eigenen Weinberg: Wie kommt man da ran?**

AH: Bei uns war das eine total verwahrloste Ecke, eigentlich aufgegeben. Das war kurz davor, total zu verwildern. Dann hat Simone da vier Zeilen gehabt. Ich kam von irgendwo zurück, Frankfurt, München. Da hat sie gesagt, ha, ich hab jetzt einen Weinberg. Ich hatte damals – glaube ich – auch schon einen, das Roseneck. Da hinten in der Ecke, wo sie zuerst angefangen hatte, haben wir dann gehört: Da drüben, da hört noch einer auf, da gibt es nochmal 25 Zeilen, untendrunter liegt noch ein Stück brach, das könnten wir auch noch anlegen. Dazu muss man auch sagen: Es war Ende der 90er, Anfang 2000 – da war Riesling noch nicht so der Boom. Also, es gab Reben wie Sand am Meer.

**Das kann man sich heute gar nicht mehr vorstellen.**

AH: Nein, heute ist da keine Chance mehr. Wir hatten damals innerhalb von zwei Jahren acht Hektar. So ging das zwei, drei Jahre, dann waren wir auf der Größe, auf der wir jetzt sind.

**So, und dann kam irgendwann die große Idee,**
**den Wein zu vermarkten?**

AH: Ja. Und dann merkt man: Huch, uns braucht man ja gar nicht! Wir beide haben eine ganz klassische Ausbildung, eher konservativ. Man denkt: Okay, man füllt jetzt so den Wein ab, und dann rennt man los und sagt: Probier mal. Und man hofft, dass einer antwortet: Jaja – den nehme ich. Aber man merkt sehr schnell: Erst einmal stellst du dich ganz hinten an. Die anderen haben ja auch alle Weine! Wir sind nur einer von vielen! Das ist erst einmal eine sehr ernüchternde Erkenntnis. Wir waren gar nicht auf dem Trip zu sagen: Wir müssen eine Marketing-Offensive starten.

**Lernt man Marketing in Geisenheim an der Schule?**

*SB: Schon, ja. Aber das echte Leben ist nochmal anders.*

AH: Also wir hatten damals das Problem: Fast zwei Drittel der Professoren oder Dozenten waren eigentlich kurz vor der Rente. Bei Simone, als sie ihre

Diplomarbeit geschrieben hat in der Schweiz, war ein Dozent, der war berüchtigt für Deckenhänger und Bodenkleber. So hieß er bei uns auch als Spitzname – mehr braucht man dazu nicht zu sagen.

**Wie geht man dann an die Sache mit der Vermarktung ran?**

AH: Mein Vorteil war, dass ich vorher in Amerika war. Wir waren ja beide quasi ein »Start-up« im Wein. Der gesamte Neue-Welt-Weinbau ist ja keine 30 Jahre alt. Das heißt, die Kalifornier haben ganz klar gesagt: Okay, Frankreich ist supererfolgreich – was können wir da kopieren? Und dann gab es ein paar Freaks, die gesagt haben: Weg mit diesem ganzen Traditionskram. Lasst es uns doch gleich ganz anders machen! Das habe ich mich nicht getraut. Ich wollte eigentlich das Original machen: den supertollen Riesling. Und auch so vermarkten. Ich musste aber bitter feststellen: Der Wein von mir ist eigentlich gar nicht gefragt.

**Wie ist es dann dazu gekommen, dass Sie einen ganz anderen Weg für Ihren Wein eingeschlagen haben?**

AH: Ich habe einen guten Freund aus meiner Jugend, mit dem ich früher Mopeds geschraubt habe – der unter anderem auch auf dieser Party war, bei der der Wein geköpft wurde. Bei dem saß ich in seiner Werbeagentur in Hamburg. Der hat zu mir gesagt: Du, ich habe da mal was gesehen in Orange, in Spanien. Mach was in Orange, das sieht ganz gut aus.

**So ist es zur anderen Optik für Ihren Wein gekommen. Und wie sind Sie zu den ganz neuartigen Weinnamen und der generell anderen Auslobung gekommen?**

AH: Das mit diesem Namen »Garage«? Mein Freund hat uns so ein bisschen angestupst in diese Nische, in der wir dann letztendlich gelandet sind. Wir haben einen Wein gefüllt, der hieß dann »Garage Nummer eins«. Er war in einer klaren, also quasi durchsichtigen Flasche und hatte ein orangenes Etikett, auf dem in so einer geschwungenen Schrift »Garage« stand. Die Flasche wurde noch dazu mit einem Kronenkorken verschlossen. Damals gab es diese Flasche noch mit einem Kronenkorken. Also alles war quasi anti-traditionell und anti-deutsch. Von der Aufmachung und vom Namen her. Kein Korken mehr, sondern ein Kronenkorken. Kein normales Etikett, sondern eins in Orange. Keine herkömmliche Flasche, sondern eine klare Bordeauxflasche.

**Keine normale Auslobung, sondern »Garage« – kam der Begriff von Ihnen?**

AH: Ja, das war schon so. Wobei … ein Pfälzer Kollege, der bei mir im Semester war, der hat mich mal in unserem Eiskeller hier vorne um die Ecke besucht. Dort war ein Garagentor, das man aufschiebt – und da drunter war der alte Eiskeller, sieben Meter tief, ein richtig klassischer, ganz toller Gewölbekeller. Dann kam dieser Pfälzer Kollege … und ich zieh das Tor auf – und er sagt: Mensch, das ist ja ein richtiges Garagenweingut hier!

Seitdem hatte ich das im Hinterkopf. Und dann kam schließlich der Moment, an dem ich dachte: Das ist eigentlich ein cooler Name – Garagenwein. In San Francisco hatte ich diverse »garage wineries« gesehen. Die Domain war damals auch noch frei: garagewinery.com. So kam es zum Garagenwein.

**Und wie haben Sie den Garagenwein dann in den Markt eingeführt?**

AH: Also, ich stehe auf einer Messe. Alle kommen und fragen: Was ist denn das? Garagenwein? Dann habe ich gesagt: Das ist ein Cuvée, kein reiner Riesling. Es war anscheinend für alle scheibenklar: Bremsflüssigkeit, Frostschutzmittel als Cuvée, hoho – das ist ja lustig! Ich habe mich schon gewundert, warum man bei dem Wein so zu lachen anfängt! Also, das war eigentlich genau das Gegenteil, was jeder will: jeder will sich eigentlich mit Wein profilieren.

**Ein denkwürdiger Augenblick?!**

AH: Ja. Wann fängt man schon an, bei Wein zu lachen? Außer man ist betrunken. Wenn man eine Flasche sieht, sollen die Leute eher vor Ehrfurcht erstarren und sagen: Siehe da, das große Gewächs, Spätlese, von dem Weingut Schloss Tatata.

**Und dieser Moment, in dem die Leute über den Garagenwein gelacht haben, das war der Schlüsselmoment?**

AH: Ja. Da hatte ich dann plötzlich so einen Fühler: Ist ja komisch, dass du plötzlich einen neuen Zugang findest zu Leuten, wenn sie mit Wein ein bisschen anders umgehen können. Wenn sie sich viel leichter damit tun. Normalerweise läuft das so ab: Wenn sie eine Riesling-Spätlese mit nach Hause bringen und denken, Sie haben etwas ganz Besonderes gekauft – aber das Gegenüber sagt: nein, so etwas trinke ich nicht, da kriege ich Kopfweh. Das ist dann ein Misserfolg! Konsequenz: Sie bestellen das nächste Mal lieber einen Sancerre, da kann nichts schiefgehen, oder einen Pinot Grigio.

**Also haben Sie es geschafft, über die neue Sprache einen neuen Weg zum Wein zu ebnen?**

AH: Ja. Wir haben uns gesagt: Lass uns doch da mal reingehen in die Nische. Und so kam dann eben »Rosamunde« als Rosé, dann »Sugar Babe« als süße Spätlese, dann der »Kick Starter«, dann die »Paradise Garage« und danach »Pearls & Roses«.

**Wie war die Reaktion hier im Umfeld, als Sie damit angefangen haben? Hier sind doch Östricher Lehnchen zuhause und Etiketten mit Frakturschrift. Das muss doch hier eingeschlagen haben wie eine Bombe.**

SB: *Da sind wir viel zu dicht dran, um das wirklich zu sagen. Es kommt ja keiner der Kollegen zu uns und sagt: Ich finde das total furchtbar, was ihr hier macht. Die schwätzen dann halt am Stammtisch. Aber wir wissen schon, dass es da und dort Beschwerden gab. Auch, dass Leute gesagt haben: die zerstören das Weinimage.*

**Da kommt plötzlich jemand mit so amerikanisch-englischen Namen daher, ist noch nicht einmal von hier, nennt das Ganze »Garage«, macht es orange: das ist ja fast schon eine Revolution für die Region. Richtig?**

*SB: Also, wenn wir jetzt mit fünf Hektar ein Anbaugebiet mit 3.000 Hektar durch die paar Flaschen dauerhaft beeinflussen würden, dann wäre das ja der Wahnsinn.*

AH: Es gibt Kollegen, die über den Tellerrand blicken – die habe ich im Ausland auf Messen getroffen, die haben uns bewusst mitgeteilt: Gott sei Dank, dass ihr das macht.

**Also doch Anerkennung?**

AH: Ja. Eine kleine Anekdote dazu: Vor einem halben Jahr sagt Simone zu mir: Du sollst raufkommen zum Schloss Vollrads, da ist eine Besprechung. Es geht um die Zukunft des Gebiets. Man hat sich überlegt, dass man vielleicht doch das ein oder andere mal anders anpacken oder kommunizieren will. Man würde gern mal deine Meinung dazu wissen.

**Sie werden jetzt gefragt?**

AH: Ja. Und zwar nicht von irgendjemandem. Das war initiiert vom Präsidenten des Rheingauer Weinbauverbandes! Der wiederum hat ein paar Marketingfüchse angestellt, die da mal gucken sollen, was man machen kann. Das war eine Adelung, noch dazu auf Schloss Vollrads.

**Es muss also Platz für eine Nische geben!**

AH: Ja. Wir haben das ja immer wieder: Die Kunden fahren vor, Kofferraum auf, du siehst da: Weil, Vollrads, Leitz, also diese ganzen Top-Names. Und dann kommen sie bei uns auch vorbei und sagen: eine Kiste bitte. Das ist schon so, dass du merkst, wie gedacht wird: Komm, fahren wir halt noch mal zu diesen »anderen«.

**Die Frage ist jetzt die nach der Idee.**

**Die Hamburger Agentur hat schon geholfen, oder?**

AH: Ja.

**Sind die Namensfindungen mit der Agentur gemacht worden – oder machen Sie die selbst?**

AH: So zu 25 Prozent kommt von denen. Der Rest ist beim Joggen oder irgendwo mal entstanden.

**Die fallen Ihnen zusammen ein – diese Namen?**

AH: Ja. Also der eine Name zum Beispiel, der »Paradise Garage«, das war ganz klar ihr Baby. Also erzähl du mal die Geschichte. Ich wollte halt einen halbtrockenen Wein machen.

*SB: Genau, wir haben gesagt: Wir brauchen noch einen halbtrockenen, fruchtigen Wein in dieser Garagenlinie. Wir hatten schon so die Vorstellung vor Augen, dass es ein grünes Etikett sein muss. Dann habe ich gesagt: Wir brauchen noch einen schönen Namen. Abends haben wir noch Fernsehen geschaut – und es kam ein Bericht über die »Paradise Garage« in den USA.*

**Paradise Garage – was ist das?**

AH: Also, es gibt die lange Nacht der Discomusik auf SWR 3, Themenabend. Bei Discomusik, da denkt jeder John Travolta, Studio 54, Saturday Night Fever, Bee Gees. So, wie sich die Discomusik entwickelt hat – also Discjockeys legen Scheiben auf –, so gab es eine zweite Bewegung, die hieß Housemusic. Ist ja dann über London und Berlin zur Technomusik mutiert. Die Urzelle war in New York die Paradise Garage, eins von diesen alten amerikanischen Parkhäusern, die so um den ganzen Block rumgehen. Der Laden war umgebaut zu einem Club. Da waren Freddy Mercury, Grace Jones und die ganzen coolen Leute. Ricky Lavin hieß der erste DJ, der das dann so kultiviert hat. Hat eben diesen Laden »Paradise Garage« genannt. Wir beide lagen da vor dem Fernseher, haben das gehört und: Das ist ja ein cooler Name. Dann geguckt: Ist er registriert oder nicht? Nein – war er nicht. Also haben wir ihn schützen lassen. So kam eben dieser Wein zustande.

> **Zum Oktoberfest auf den Tischen tanzen – dazu dann eher »Rosamunde«. »Old School« ist ja mehr aus der Webszene und Hip-Hop-Szene – so Grand Master Flash & the Furious Five, das ist der sogenannte Old School Style.**

**Diese Musikanlehnung gibt es noch bei weiteren Weinen. »Sugar Babe« ...**

AH: »Sugar Babe«, »Wild Thing«, »Trocks« oder »Stones« und »Old School«.

*SB: »Rosamunde« – kannst du auch noch erwähnen.*

AH: Zum Oktoberfest auf den Tischen tanzen – dazu dann eher »Rosamunde«. »Old School« ist ja mehr aus der Webszene und Hip-Hop-Szene – so Grand Master Flash & the Furious Five, das ist der sogenannte Old School Style.

**Das heißt: Ihre Anklänge, Ihre Inspiration – die kommen oft aus der Musik?**

AH: Ja.

**Sind Sie beide Musikfans?**

AH: Diese ganzen Namen, die entspringen schon immer so einem Sammelsurium an Ideen. Da spielt Amerika rein, da spielt die Cocktailzeit rein.

*SB: Da spielt alles rein, einfach alles. Gedanken im Kopf treiben lassen, hin und her denken, von oben nach unten, von vorne nach hinten.*

**Und die Etiketten, wie entstehen die?**

AH: Also das Grundetikett – mit dem Logo von der Garage und oben oder unten der Balken – das kam schon von der Agentur. Das waren so drei, vier

Leute, die maßgeblich die Grundlage geschaffen haben. Dann haben wir auch eine sehr, sehr gute Freundin, die bei einer PR-Agentur in Hamburg arbeitet.

*SB: Genau, die hat Design studiert und unterstützt uns. Aber wir geben schon so das Gefühl vor: Grüntöne möchte ich haben. Jeder von uns hat eine Vorstellung. Das sind oft heiße Kämpfe, bis es dann so weit ist, dass alle zufrieden sind.*

**Ich habe gemerkt, dass diese neue Sprache ja nicht nur auf dem Vorderetikett ist. Auch auf dem Rücketikett, auch bei den Texten im Onlineshop. Achten Sie darauf, dass die Sprache durchgezogen wird, dass dieses Garagenfeeling überall rüberkommt?**

*SB: Ja.*

**Geht das auch bis hin zu Briefen an Kunden?**

*SB: Auch. Bei Mailings – das geht auch da in einem durch.*

**Das finde ich gut, dass die neue Sprache nicht nur auf der ersten Ebene erscheint. Würden Sie sagen, dass Sie das heute konsequent durchziehen? Können Sie sagen: Unsere Briefe haben auch einen lockereren Ton als zum Beispiel die Briefe vom Kloster Eberbach Staatsweingut?**

*SB: Das zieht sich schon durch. Ich stelle mir unter Wein und Weinverkauf bei uns halt vor, dass es locker ist, dass es Spaß macht, aber dass es auch Ehrlichkeit, Bodenständigkeit, Geradlinigkeit, Ernsthaftigkeit vermittelt.*
AH: Ohne dieses Geschwülst.
*SB: Also dieses: »Lassen Sie uns mal über Wein diskutieren« – das muss ich nicht haben. Wir machen uns wahnsinnig viel Arbeit. Es macht uns Spaß. Da steckt so viel Herzblut drin. Das will ich mit meiner Sprache in den Anschreiben dann eben auch transportieren.*

**Sie haben sich ja auch bewusst entschieden, ab und zu englische Wörter einfließen zu lassen. Das ist ja eigentlich für Sommeliers ein Sakrileg, oder?**

*SB: Ach nein, das ist mittlerweile sehr offen. Da ist die Sprache wahnsinnig vielfältig geworden.*
AH: Ich sage es mal noch extremer: Wir haben ja auch Studenten hier aus Geisenheim. Das ist ja für uns immer so ein ganz guter Transponder: Was ist so los? Also da ist keiner, der nicht nach Übersee geht. Höchst selten, dass einer in Europa bleibt. Hauptsache: weit, weit weg. Die bringen von da schon einen ziemlich coolen Lifestyle mit. Also Leute, die in Südafrika waren, das merkst du sofort. Das heißt: Wir sind nicht mehr so in der Alleinstellung. Auch mit den schrägen Namen. Das wird weitergehen. Was gut ist.

**Gibt es schon eine Garage-Winery-Szene?**
**Mehrere, die sagen: Wir sind auch eine Garage Winery?**
**Oder haben Sie das noch exklusiv für sich selber?**

AH: Garagisten? Nein, das kann ich ganz klar sagen: da gibt es keine außer uns.

**Garagisten – ist das ein Ausdruck von Ihnen?**

AH: Nein, die kommen aus dem Bordelais. Es gab mal einen Beitrag von Stefan Quante vom WDR, »Hier und Heute«, ein sehr guter Redakteur, der immer foodlastige Sachen macht. Der hat mal eine Reise »Die blauen Zungen« genannt. Das waren Weinliebhaber von der oberen Ordnung, also Champions League, gut betucht und große Weinkeller. Mit denen war er im Bordelais unterwegs. Die haben die Garagenweingüter besucht – da gibt es sehr, sehr gute bis sogar absolute Top-Betriebe, die aber sehr klein sind. Die wurden Garagisten genannt. Aber das ist eine ganz andere Liga.

**Wir haben über die Gründung gesprochen, die Ideen,**
**die Optik, die Namen. Was tut man, bis es läuft?**

SB: *Man braucht einen längeren Atem, als man denkt.*

**Dann haben Sie ganz stark auf online gesetzt? Für mich als Außen-**
**stehenden kommen Sie mit einem ganz starken Onlineshop rüber.**

SB: *Ich hätte es gerne noch viel stärker. Ihre Wahrnehmung teilen viele. Wir haben viele auf dem Hof, die sagen: Sie sind ja so stark im Onlinehandel. Da denke ich: Es könnte wesentlich mehr sein. Und es könnte wesentlich extrovertierter sein. Ich mache schon jetzt viel auf Facebook. Dass ich da halt schaue, dass viel Kontakt gepflegt wird. Damit bin ich fast jeden Tag beschäftigt. Dann auch mit Meldungen oder Berichten. Aber es könnte noch mehr sein.*

AH: Die Weinkundschaft will gepflegt werden. Wir verkaufen halt nicht Elektronikteile, wir verkaufen ein Lebensgefühl.

**Meine Eltern kaufen seit 40 Jahren beim selben Weingut.**

AH: Da machen sie bestimmt nichts falsch, aber es gibt noch andere. Wir haben eine deutlich jüngere Kundschaft. Pressemitteilungen und Geschichten – da merkt man schon, dass dann, während das headbangermäßig passiert, dass dann die meiste Aufmerksamkeit kommt. Interessant ist, dass sie nicht gleich kommt.

**Hatten Sie eine Strategie?**

SB: *Also das mit der Presse kam erst relativ spät. Das hatte ich lange nicht auf meinem Plan.*

**Eine tolle Idee, mit einer eigenständigen Farbe und einem eigen-**
**ständigen Namen und eigenständigen Produkten – einerseits. Und**
**andererseits die Frage: Wie bringe ich das an meinen Kunden?**

*SB: Man hat am Anfang einen Vorteil, weil man halt neu ist. Die Journalisten suchen etwas Neues. Wenn sie dann erst einmal auf einen aufmerksam werden, dann wollen sie die Erstberichte schreiben. Danach muss man natürlich schauen, dass das am Leben erhalten wird. Von allein kommen die halt nicht mehr. Du musst denen dann schon Informationen liefern und sagen: Jetzt haben wir dies, jetzt haben wir das.*

AH: Also es gibt so einen Lebenszyklus: von unten hoch, hoch, hoch, dann schwimmst du so auf dieser Welle und merkst, da liegst du jetzt richtig. Aber du musst schon auch merken oder wahrnehmen: Achtung, jetzt kommt so ein Punkt, da flacht es wieder ab. Da kennt das Angebot halt jeder. Dann suchen die natürlich wieder etwas Neues, etwas anderes. Und darum geht's: diesen Punkt nicht zu verpassen, sondern da wieder anzuschließen.

Am Anfang war das natürlich ein Selbstläufer. Es waren dauernd Presse, Funk, Fernsehen da. Dann haben wir beide gemerkt: es wurde weniger. Dann hatten wir wieder etwas, in der Brigitte. Dann wurde es wieder ruhig. Dann kam Stuart Pigott mit dem dritten Fernsehen. Dritte Programme sind eigentlich so das Beste, was es gibt. Die senden immer wieder, zehn Jahre lang, die Sendung – irgendwo, MDR, NDR, rbb, WDR, die machen so einen Kreis. Dann kriegst du von Kunden eine Mail: Ich habe das neulich nachts da und da gesehen.

**Aber dabei geholfen hat doch wahrscheinlich das »Anderssein«? Was am Anfang eine Art Provokation war: dadurch fällt man auf, dadurch wird man wahrgenommen, dadurch kommt man dann immer weiter, oder?**

AH: Ja, das pflegen wir auch.

**Ich finde das faszinierend. Sie kommen aus einer Sommelier-Welt, die sich doch eigentlich unwahrscheinlich hochtrabend unterhält und eine Distanzsprache hat. Ich kann mir gar nicht vorstellen, dass Sie damals so eine schwülstige Sommelier-Sprache gesprochen haben. Haben Sie das, als Sie bei Witzigmann waren?**

AH: Doch. Ja.

**Sie können das?**

AH: Also ganz klar: Ich kann auch heute noch umschalten in diesen Gang. Es ist halt nur so, dass ich auch ganz überzeugt davon war, weil es halt auch Produkte vom anderen Stern waren, die dort gereicht wurden.

**Worauf ich hinauswill: Ich finde, dass Sie eine unglaublich tolle Leistung vollbracht haben. Dass Sie ein Produkt haben, das ja eigentlich sagt: günstig. Garage, orange. Dass Sie es aber trotzdem geschafft haben, einen recht hohen Preis dafür zu bekommen. Wenn ich heute einkaufen gehe, ist das doch so: Der einfachste Wein**

von Ihnen, der orangene, kostet zwölf Euro. Daneben stehen einige
Flaschen von Weingütern mit renommierten Namen für sechs,
sieben, acht Euro. Da sage ich: Das finde ich faszinierend. Dass Sie
dieses ganze Geschwülst beiseite geschoben haben, ohne dabei
den Preis zu verlieren. Wollen Sie dazu etwas sagen?

> *SB: Weil man trotzdem auf Qualität und gute Handarbeit setzt. Unser*
> *Herzblut steckt da drin, das kann jetzt nicht für drei Euro hergestellt wer-*
> *den.*

Aber das sehe ich ja nicht auf der Flasche, das Herzblut. Wie spüre ich
das trotzdem? Ist es die Story dahinter, weil man die von Ihnen erfährt?

> *SB: Es liegt daran, dass man sich interessiert und dann zu uns kommt, so,*
> *wie Sie es auch gemacht haben. Dass Sie fragen: Was ist denn das? Warum*
> *kostet das den Preis? Ich will die mal kennenlernen. Ich will sehen, was da*
> *passiert. Also ja, wenn ich drüber nachdenke, dann haben Sie recht: Es ist*
> *die ganze Story.*

Sie haben eine andere Zielgruppe für die Weine »geschaffen«, richtig?

> *SB: So ist oft der Weg: Dass viele wegen dieser bunten Weine mit den fre-*
> *chen, lustigen Namen kommen – und dann auch zu »ernsthafteren« Wei-*
> *nen überwechseln.*

Das ist auch Ihr Ziel: neue Zielgruppen mit diesem einfachen Zugang
zu holen – und dann langsam zu mehr Wissen zu erziehen?

> *SB: Also erst einmal einen leichten Einstieg schaffen, die Angst nehmen:*
> *Wie wird über Wein gesprochen? Ist Wein kompliziert?*

Das deutsche Weinmarketing könnte Ihnen dankbar sein, dass Sie die
Menschen ranführen an den Wein. Sie fangen ja eher Leute ein, die von
Cocktails oder Red Bull kommen oder von Mixgetränken – und bringen
sie langsam über die Leichtigkeit, über die Fröhlichkeit zum Wein.

> AH: Wer war am Montag da? Das Weininstitut Mainz, die sammeln ja Geld
> ein. Von den gesamten Winzern in Deutschland. Du musst da eine Abgabe
> zahlen in den Deutschen Weinfonds – pro Hektar. Es ist so, dass der Deut-
> sche Weinfonds dieses Geld verwaltet und dafür Aktionen macht.
> Die machen mittlerweile einen sehr, sehr guten Job – vor allem, was den
> Export angeht. Die haben es geschafft, das Rad zu drehen und Deutsch-
> land gut zu platzieren.

Dann sage ich: Danke, dass Sie einer neuen Zielgruppe über eine
neue Sprache einen Zugang zum Wein verschaffen.
Und danke für das Gespräch.

Fahrplan zum Erfolg    Anthony Hammond & Simone Böhm

1 Wenn man merkt, dass man schlechte Chancen im Markt hat, muss man sich ansehen, an welchen Schrauben man drehen kann.

2 Sprache ist ein wirksames Mittel. Das fällt sofort auf.

3 Wer die Sprache verändert, macht die Menschen direkt auf sich aufmerksam.
Im besten Fall gewinnt man eine neue Zielgruppe.

4 Die neue Sprache muss sich durchziehen – sie ist nur glaubhaft, wenn sie in allen Medien gesprochen und geschrieben wird.

5 Eine ungewohnte Sprache bringt so unglaublich viel Aufmerksamkeit: das ist mit Geld nicht zu bezahlen. Man muss die Diskussionen aber aushalten und einen langen Atem haben.

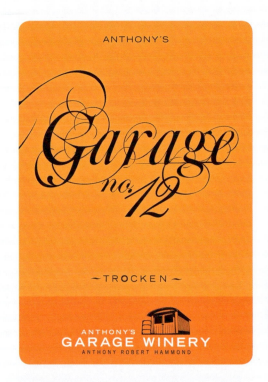
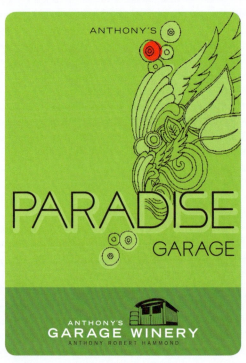
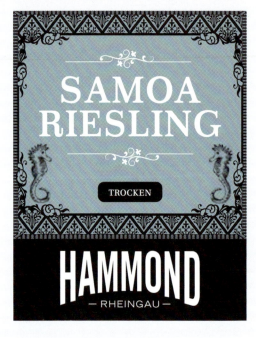
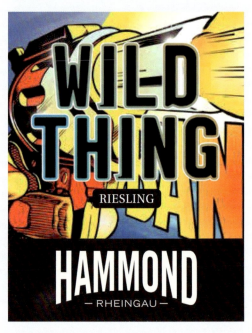

**Wer sich durch Sprache ein unverwechselbares Gesicht geben möchte, benötigt dafür kein Millionen-Budget.**

Das beweist sehr eindrucksvoll Anthony's Garage Winery in Oestrich-Winkel im Rheingau. Das konsequente Einsprengseln englischer Begriffe – von Weinnamen auf der Flasche (z. B. »Pearls & Roses«) über die Weinverkostung (»Garage Sale«) bis selbst zur Toilettentür auf dem Weingut (»Ladies« & »Gentlemen«) zeigen: Dieses Weingut ist durch seine Sprache einzigartig und dadurch über die Region hinaus eine Marke geworden.

Übrigens: Auch der Geschmack der dortigen Weine ist fabulous! Just taste it!
www.garagewinery.de

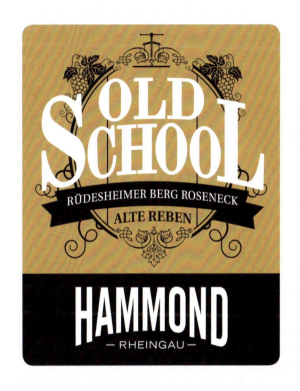

Veronika Classen im Interview mit Beate Mini,
Managerin Employer Branding, Retention & Health, IKEA

# Talk like a Friend.

Beate Mini ist verantwortlich dafür,
dass die Menschen IKEA als Arbeitgeber
wahrnehmen. Ihr Ziel ist,
dass sich genau die bewerben, die sagen:
Bei IKEA möchte ich arbeiten,
das ist richtig für mich.
Dafür geht sie gern ungewohnte Wege.
Vielleicht liegt es daran,
dass sie erst Kunst studiert hat
und dann ins Managen eingestiegen ist.
Nachdem die IKEA-Sprache im Bereich
Customer Brand so erfolgreich
für die Marke ist, hat sie eine eigene
IKEA-Sprache für den Bereich Employer Brand
schreiben lassen.
Welche Erfahrung macht sie gerade damit?
Wie gewöhnungsbedürftig ist
eine eigene HR-Sprache?
Gibt es mehr Fans oder mehr Kritiker?

**Wie sind Sie denn auf diesen Gedanken gekommen, die IKEA-Sprachtypik nicht nur in der Customer Brand einzusetzen, sondern jetzt in einem ganz neuen, größeren Rahmen – im Bereich Employer Brand?**

Beate Mini: Sprache ist für mich persönlich ganz wichtig. Deshalb war ich froh, in ein Unternehmen zu kommen, dem wiederum Sprache so wichtig ist. Sprache ist nicht nur im Kontakt zu unseren Kunden, sondern auch zu unseren Bewerbern und Kollegen von ganz großer Bedeutung. Wir sprechen, um überhaupt erstmal miteinander in Kontakt zu kommen, uns kennenzulernen, etwas übereinander zu erfahren und uns auszutauschen. Die IKEA-typische Sprache macht das einfach, weil sie alle Stilmittel nutzt, die ein Gespräch zwischen zwei Freunden auch hat. Und sie ist gleichzeitig in unserer förmlich geprägten Alltagssprache zwischen Fremden immer noch eher eine Ausnahme. Die IKEA-Sprache prägt seit vielen Jahren die Marke IKEA. Nicht nur in der Massenkommunikation, sondern durch viele Gespräche mit unseren Kunden – und mit unseren Bewerbern. Deswegen ist sie so authentisch. Deshalb lag es auf der Hand, die IKEA-Sprachtypik noch konsequenter für unsere Sprache als Arbeitgeber zu nutzen. Von der Überschrift auf einem Arbeitgeberplakat bis zur Situation, dass unsere Mitarbeiter selbst diese Sprache einsetzen, um als Botschafter der Arbeitgebermarke anderen von uns zu erzählen.

**IKEA ist damit ein Unternehmen, das diesen Bereich mit als Erstes in dieser Konsequenz sprachlich besetzt. Ist das ein gutes Gefühl, Vorreiter zu sein?**

Die IKEA-Sprache lädt geradezu dazu ein und macht es leicht. Gerade im Employer Branding wird Sprache ja häufig austauschbar eingesetzt. Aber es gibt auch Unternehmen, die großartiges Employer Branding machen und ihren Company-Sprachstil dafür einsetzen.

**Ist die Sprache im Bewerberkontakt entscheidend?**

Mit Sprache zu arbeiten gehört zur Marke IKEA, seit es die Marke gibt. Dieses »Talk like a Friend« ist lange verankert. Daher prägt unsere Sprache unsere Identität so stark. Die Art, wie wir mit unseren Kunden sprechen, ist legendär. Aber eben auch, wie wir untereinander im Arbeitsalltag reden.

Ja, die Sprache im Bewerberkontakt ist genauso wichtig wie im Kundenkontakt. Sie ist das Element, das sich durch alle Etappen einer Bewerberreise hindurchzieht und das Erlebnis der Menschen mit uns glaubwürdig macht. Wir nutzen eigens getextete Headlines, um massenmedial die Initialzündung zu setzen: Schau mal – IKEA ist nicht nur ein Unternehmen für alles rund ums Wohnen und Einrichten, IKEA ist auch Arbeitgeber! Und dann zieht sich dieser Textduktus durch. Über Ausschreibungstexte, Infotexte im Internet, unsere Bewerberkommunikation bis zur mündlichen

Sprache im Jobinterview. Gerade der Bewerbungsprozess ist ja ein sehr dialogisch aufgebauter Prozess. Da spielt Sprache die ausschlaggebende Rolle. Mit Sprache ein markenprägendes Element zu kreieren, macht allen Beteiligten Spaß und ist nicht künstlich aufgesetzt.

**Gibt es Schulungen für die Sprache im Bereich Employer Branding?**

Sprechen kann ja erstmal jeder. Die großartige Seite unserer IKEA-Sprache ist ja genau dieses »Talk like a Friend«. Die meisten Menschen haben Freunde und daher Übung. Sich möglichst einfach auszu-

> **Ich habe mich erstmal von einer ganzen Reihe einge-schliffener Formulierungen verabschieden müssen.**

drücken, emotional oder eher faktisch – wie es gerade zur Situation passt – schnell zur Sache zu kommen – das ist et-was, was uns Menschen relativ leicht von der Zunge geht. Konkret heißt das: offen zu sein, klar zu sein – keinen Wett-bewerb zu führen, wer die meisten Fremdwörter kennt. Stattdessen eher eine Lösung finden zu wollen, eine einfache Botschaft zu senden.

Gerade im Handel suchen wir Menschen, die gerne Kontakt zu anderen aufnehmen und Lust haben, lieber einen Satz mehr zu sagen als einen Satz weniger. Das Du erleichtert das.

Bevor ich zu IKEA gekommen bin, habe ich für andere Unternehmen gear-beitet: Automobilkonzerne, IT- und Industrieunternehmen. Da habe ich mir viele formale Gedanken gemacht, wie ich beispielsweise eine E-Mail an Geschäftsführende oder Managementkollegen formuliere. Das war bei IKEA von Anfang an sehr viel einfacher: sich nicht so viele Gedanken machen über die Form (außer: so kurz wie möglich), eher über den Inhalt, den man transportieren will. Ich hab gelernt: Je einfacher, desto besser.

**Ist das für Menschen, die zu IKEA kommen, eine große Erleichterung: keine »offizielle Berufssprache« sprechen zu müssen, sondern wie privat?**

Für einige ist es am Anfang ungewohnt, für andere nicht. Ich habe mich erstmal von einer ganzen Reihe eingeschliffener Formulierungen verab-schieden müssen. Und allgemein verständliche Formulierungen für die eigenen »Silo«-Ausdrücke gesucht. Für viele Marketingbegriffe zum Bei-spiel. Das war nicht einfach. Ich denke, das geht anderen Kollegen ähnlich.

**Die Neuromarketing-Wissenschaftler sagen: Nur bildhaftes Sprechen kommt an und bleibt hängen. Ist es das, was man mit der Zeit bei IKEA lernt?**

Wir arbeiten viel mit Bildern und bildhafter Sprache. In einem global agie-renden Unternehmen kann man so leichter kommunizieren.

Gleichzeitig will die Sprache als markenprägendes Element natürlich auch Bilder in den Köpfen erzeugen. Dazu braucht sie die nötige Kraft, um dazu zu inspirieren.

Wir benutzen zum Beispiel oft das Wort »Wir« statt »das Unternehmen«. Dieses Wort transportiert unseren Kulturwert »Togetherness« besser.

»Zusammensein«, »Zusammengehörigkeitsgefühl« ist ein Bild, das bei vielen Menschen entsteht, wenn sie IKEA hören.

Wir stehen für Kollegialität, Vielfalt und Gleichberechtigung – für einen kooperativen Führungsstil. All das wird durch unsere Employer-Brand-Sprache transportiert.

**Viele Unternehmen haben diese Werte auch in ihrer Strategie. Warum gehen sie nicht diesen Schritt, konsequent zu sein und es in der Sprache zum Leben zu bringen?**

Marken sind Kunstprodukte. Konstruktionen, die eine eigene Welt für einen gewünschten Nutzerkreis kreieren und oft erst bei der Entwicklung eines Markenkonzeptes eine Geschichte und Firmenwerte dazu (er)finden. Die Mehrheit unserer immens wachsenden Anzahl an Marken ist nicht aus einer Gründervision heraus entstanden. Daher haben viele Marken keine faszinierenden, leicht nacherzählbaren Geschichten. Und deshalb auch kein Vokabular, das diese Geschichten ausdrückt – das den Botschaftern der Marke leicht von den Lippen geht.

> **Wir arbeiten viel mit Bildern und bildhafter Sprache. In einem global agierenden Unternehmen kann man so leichter kommunizieren.**

Die Marke IKEA ist aus einer Geschichte entstanden und kreiert viele neue Geschichten, das animiert zum Weitererzählen. Außerdem steckt hinter der Marke IKEA ein komplexes Konzept, das die Marke lehrbar macht, ihre Werte vermittelt und daher für uns Mitarbeiter eine leicht nachzuvollziehende Orientierung bietet.

**Viele sagen: Eine große Marke hat meistens einen Vater oder eine Mutter. Einige sagen auch: Die Gesinnung von Gründern, die transportiert man mit deren Sprache. Richtig?**

Daran glaube ich zutiefst. Unser Markenvater ist Ingvar Kamprad. Wenn man ihn als Mensch im Gespräch erlebt oder wahrnimmt, wie er – auch in den letzten Jahren – die Entwicklung von IKEA mitprägt, war und ist er ein authentischer Botschafter all dieser Werte, die IKEA ausmachen. Kein Wunder – die Marke ist mit seiner Persönlichkeit eng verknüpft.

Wir haben inzwischen natürlich viele Menschen, die auf die Marke Acht geben. Und ihre Werte repräsentieren. Werte spielen bereits eine Rolle, wenn wir neue Mitarbeiter/-innen suchen und einstellen. Deshalb wollen wir im Bewerbungsprozess erfahren, in welcher Beziehung die Persönlich-

> **Es ist immer gut, wenn es Reibungsflächen gibt. Das hält die Marke lebendig.**

keit unserer Bewerber zur Persönlichkeit unserer Marke steht. Wir wollen keine Menschen, die zu allem Ja sagen. Es ist immer gut, wenn es Reibungsflächen gibt. Das hält die Marke lebendig. Das hält unsere Kultur lebendig, wenn man Dinge diskutiert. Uns ist wichtig, dass unsere Mitarbeiter/-innen unsere wesentlichen Werte teilen, sie durch ihr Verhalten prägen und mitgestalten. Sonst würde es wahrscheinlich nicht funktionieren. Das ist wie in einer Partnerschaft. Wenn wichtige Werte kollidieren, ergibt der gemeinsame Weg auf kurz oder lang keinen Sinn.

Führungskräfte und Mitarbeiter werden immer als Botschafter der Marke IKEA gesehen. Wichtig ist also, wie sie sprechen und wie sie sich verhalten. Das gilt nicht nur im Bewerbungsprozess. Dabei entstehen viele individuelle Geschichten über Entwicklungswege bei IKEA. Welche eigenen Erfahrungen Menschen mit Kultur und Werten gemacht haben. Nachdenkliche genauso wie fröhliche oder stolze Geschichten – in eigenen Worten formuliert.

**Wie schwierig ist es für IKEA, weltweit so zu sprechen?**

Die Markenwerte sind international natürlich gleich. Wie Menschen »unter Freunden« sprechen, hat international sicher viele Nuancen. Sprache muss die Menschen in ihren jeweiligen Wünschen und Bedürfnissen spiegeln und in ihrer Identität treffen.

**Für die Employer Brand durften wir ein eigenes Vokabular schreiben. Wie wird das eingesetzt?**

Unser gemeinsam kreiertes Wörter-Set beinhaltet zum Beispiel den Begriff »Mehrwerte«. Den verwenden wir als Überschrift für eine Sammlung von Argumenten, die IKEA als Arbeitgeber besonders attraktiv machen. Diese Wörter haben wir ja für unser Konzept formuliert, für die Arbeitgebermarke. Das ist der Bereich: Wie nutzen wir Sprache, um allen Kollegen das Thema nahezubringen, die dabei eine Rolle spielen?

Und dann gibt es den zweiten Bereich: Wie nutzen wir Sprache direkt im Bewerbungsprozess? Die Kommunikation mit unseren Bewerbern sieht so aus: Einfache Sätze, emotional formuliert, in der Du-Form. Botschaften wie: Du bist uns wichtig – mit allem, was dir wichtig ist.

**Es gibt so viele 08/15-Begriffe im HR-Bereich. Ist es schwer, diese austauschbare HR-Sprache nicht mehr einzusetzen?**

Wir haben natürlich unsere Versuche gemacht. Wir haben verschiedene Texte formuliert, haben sie unseren Bewerbern gezeigt und zugehört: Wie reagieren sie darauf? IKEA ist ein Unternehmen, dem wichtig ist, aus Fehlern zu lernen. Dafür probieren wir viele Dinge aus. Das finde ich sehr menschlich und großartig.

Wir reflektieren sehr, wie wir mit unseren Bewerbern sprechen, und vor allem, welche Erwartungen und Wünsche sie an Kommunikation innerhalb des Bewerbungsprozesses haben.

Um uns gut auf Kommunikationssituationen vorzubereiten, versetzen wir uns in den Bewerbungsprozess hinein und überlegen: An welcher Stelle dieses Prozesses stehen die Menschen, die wir ansprechen wollen? In welcher Gedankenwelt sind sie unterwegs? Welche Fragen bewegen sie, welche Informationen suchen sie? Dann wählen wir das Medium – passend zu dieser Etappe.

**Die großen Brands haben einen Kern. Wir nennen ihn das »One Word Capital«. Wie heißt es bei IKEA?**

Die Frage zum »One Word Capital« gefällt mir! Am Anfang habe ich gedacht: Was will sie denn jetzt mit diesem Begriff? Dann habe ich mich gefragt: Was wäre denn das bei uns? Da ist mir zuallererst »home furnishing« in den Kopf gekommen. Dann aber sehr schnell einfach nur das Wort: »home«.

Das Wort »home« hat auch in unserem Employer Branding eine eigene Geschichte bekommen. Wir haben vor zwei Jahren mit unseren Azubis einen Song gemacht. Zusammen mit der österreichischen Band Deckchair Orange. Unsere Auszubildenden haben beschrieben, was sie in ihrem Song ausdrücken wollen. Wir haben dafür keinerlei Stichwort oder Überschrift vorgeschlagen. Dieses Briefing der Azubis ging dann an die Band. Sie hat daraus einen Text kreiert und dem Lied den Titel »Home« gegeben. Aus all dem, was unsere Azubis der Band signalisiert haben, blitzte also regelrecht »home« heraus. Wir haben den Song gemeinsam mit der Band eingespielt. Da gibt es Textpassagen, in denen das Thema »home« auf uns als Arbeitgebermarke übertragbar ist: »My home is a place without compromise. Here we found a place without compromise, a place called home.«

Für die Aufnahmen haben wir alle IKEA-Azubis eingeladen, die Lust hatten, sich auf eine Bühne zu stellen und zu singen. Es war ein Novembertag. Grässliches Wetter. Wir hatten diesen einen Termin mit der Band, Ton- und Filmstudio gemietet. Unsere Azubis wollten aus ganz Deutschland anreisen. Ich dachte: Wahrscheinlich kommt nur die Hälfte. Aber: Es ist jeder gekommen, es hat kein Einziger abgesagt. Wir waren alle so heiß darauf. Haben vormittags den Song eingespielt und nachmittags das Video gedreht. Und das dann natürlich für unser Bewerbermarketing genutzt, über Facebook und so weiter.

Nach dieser Aktion sind wir im folgenden Jahr im Ranking der beliebtesten Arbeitgeber für Schüler um vier Plätze gestiegen, auf Platz 16. In diesem Jahr sind wir nochmal einen Platz gestiegen, auf Platz 15. Das hat mich sehr bestätigt, dass die Arbeitgebermarke mit dem Identitätsangebot wirklich gut funktioniert – über die Sprache den Nerv dieser jungen Menschen trifft.

**Ein One Word Capital ist wichtig, Sie bestätigen es. Berührt es sie selber?**

Die letztjährige Katalogstartkampagne beschreibt das Gefühl, wie ganz unterschiedliche Menschen abends gerne nach Hause kommen. Diesen

Spot habe ich mir 50 Mal angeguckt. Und schlucke immer noch. Das ist wirklich so ein ureigenes Bedürfnis, das jeder hat: dieses »Heimkommen«.

**Ein Riesen-Gedanke, auf der ganzen Welt. Welche Worte besetzt IKEA noch?**

Für die Arbeitgebermarke: Auch im Job ein Zuhause zu finden. Anerkennung zu bekommen in der Arbeit. Stolz auf die eigene Entwicklung zu sein. Arbeit gehört ja zu den wichtigsten Bereichen, mit denen Menschen ihre Identität beschreiben. IKEA möchte ein guter Platz zum Arbeiten sein.

**Was ist mit dem IKEA-Du?**

Wir sind ein Unternehmen, in dem durch das Du im deutschsprachigen Raum gleich viel Nähe geschaffen wird. Da muss man reinwachsen. Nähe ist gewöhnungsbedürftig. Besonders Nähe, die durch das Du ja erstmal künstlich entsteht und nicht das Resultat einer gewachsenen Beziehung ist. Das Du erleichtert es oft, eine Arbeitsbeziehung zu entwickeln.

Das Thema »Konflikte ansprechen« – das wird durch das Du allerdings eher erschwert: Wie mache ich meine Grenzen klar, spreche Unangenehmes an, was sind meine Wünsche und Erwartungen.

**Marken, die heute beliebt sind, sind »Sprungbretter, um sich auszutauschen«. Und IKEA?**

IKEA bringt Menschen schnell zusammen. Weil IKEA polarisiert. Es gibt wenige Menschen, die neutral zu IKEA stehen. Entsprechend sind die Geschichten, die fast jeder zu IKEA erzählen kann. Viele Fragen werden gestellt. Nachdenkliche Fragen zur Produktion von Produkten zum Beispiel. Viele unterschiedliche Geschichten – begeisterte oder auch kritische – zu Einkaufserfahrungen. Erinnerungen an Spots. Beschreibungen, wie toll die Küchen inzwischen sind. Ich höre ganz viele Geschichten. Ich höre sie alle gerne. Es ist die beste Möglichkeit, in Kontakt zu kommen und etwas übereinander zu erfahren.

> **Eine Arbeitgebermarke – aufgeladen mit Geschichten. Geschichten, die ihre Botschafter gerne und ganz von alleine erzählen, weil sie Teil ihrer eigenen Geschichte sind.**

**Etwas Besseres kann eine Marke doch gar nicht bieten – Gesprächsstoff für Menschen zu liefern!**

Ja. Und so etwas bauen wir auch für unsere Arbeitgebermarke auf. Eine Arbeitgebermarke – aufgeladen mit Geschichten. Geschichten, die ihre Botschafter gerne und ganz von alleine erzählen, weil sie Teil ihrer eigenen Geschichte sind. Dazu gehören zum Beispiel Geschichten, die unsere Kollegen in Vorstellungsrunden erzählen. Viele fangen nicht mit ihrer derzeitigen Position an, sondern berichten, wie lange sie bereits im Unternehmen sind. Ganz im Gegensatz zu vielen Vorstellungsgeschichten von Menschen anderer Unternehmen. Bei uns klingt das eher so: »Ich habe vor 20 Jahren bei IKEA angefangen, an der Kasse. Nebenher habe ich noch studiert. Dann habe ich mich entschieden, mein Studium abzubrechen, und bei IKEA direkt als Teamleiter in der Logistik angefangen. Nach Stationen in Japan und Schweden bin ich jetzt Einrichtungshauschefin in Köln.« Viele erzählen mit leuchtenden Augen ihre wunderbaren, ganz einzigartigen Lebenslinien, Arbeitslaufbahnen – oft mit einer Menge nationaler und internationaler Stationen.

Diese Geschichten in der eigenen Sprache zu hören – das ist doch der beste Weg, um unser Markenversprechen authentisch zu vermitteln.

Ein anderes schönes Beispiel ist unsere Visitenkarte: eine weiße Karte mit unserem Logo, einem Feld zum Eintragen der persönlichen Kontaktdaten und (wenn man will) der momentanen Funktion. Nichts Vorgedrucktes. Ich benutze sie gerne – als Anlass für eine Geschichte über IKEA und unsere Kultur. Über unseren Umgang mit Statussymbolen. Oft guckt man mich erstaunt an: Was ist das? Wer bist du eigentlich? Dann kann ich erzählen, dass wir alle – auch auf Management-Ebene – diese Karte nutzen, welche Werte damit verbunden sind. Diese Karte zeigt auf einem kleinen Stückchen Papier einen Teil der DNA von IKEA. Und lädt ein, darüber zu sprechen.

**Wir merken es an uns: Wir können noch ewig über IKEA sprechen. Ich schalte jetzt mal das Aufnahmegerät aus. Und dann reden wir weiter.**

Fahrplan zum Erfolg      Beate Mini

1 Sprache prägt die Identität einer Marke.

2 Eine Markensprache hört nirgendwo auf: Setzt man sie im Konsumentengespräch ein, dann gehört sie auch ins Mitarbeitergespräch und ins Bewerbergespräch.

3 Wenn Menschen sich Geschichten über die Marke erzählen, also die Marke Gesprächsstoff ist, dann lebt sie.

4 Ein eigenes Vokabular macht die Markensprache stark. Wenn dieses Vokabular in den Sprachschatz von Mitarbeitern und Konsumenten wandert, ist dies ein unglaublich wertvoller Schatz.

5 Das »One Word Capital« ist der allergrößte Markenschatz. Für IKEA heißt es »home«.

IKEA sucht 200 neue **Bosse** mit **Karisma** und
29,-  19,95

**Format** für die Bereiche Kommunikation & Gestaltung,
19,95

Verkauf und Logistik. **Optimal** wäre eine **Mixtur**
1,49  3,50

aus **Idealisk** und **Fantast**. Wenn du
6,-  8,-

**Lokka** und dennoch **Energisk** bist, dazu in
55,-  1.499,-

deinem **Sektor** zu den **Bestå** zählst,
2,50  425,-

passt du **Perfekt** zu uns. Kunden und Kollegen
55,-

**Behandla** du immer mit **Respekt** und sehr viel
5,-  3,50

**Charm**. Willst du dein **Debut** bei uns
1,-  2,99

geben? **Magnifik**! Mach's dir **Bekväm**
4,99  39,-

und schau **Prompt** auf www.ikea.de/jobs.
4,99

Wir **Hopen**, bald von dir zu hören.
69,-

**Mit der IKEA-typischen Sprache die richtigen IKEA-Mitarbeiter ansprechen und gewinnen.**

Mit einer Recruitment-Kampagne will sich IKEA im harten Kampf um Mitarbeiter-Talente als attraktive Arbeitgebermarke profilieren. Die einzigartige Sprache von IKEA überträgt das kreativ-frische Marken- und Produktimage auf die Arbeitgebermarke. Das Ergebnis: Neun von zehn Bewerbern entsprechen exakt dem Anforderungsprofil. In Euro ausgedrückt: pro Bewerbung durchschnittlich nur 1,52 EUR und lediglich 33 EUR pro besetzter Stelle an Media-Spendings. Die Employer-Branding-Kampagne wird mit einem Effie ausgezeichnet.

Für IKEA und REINSCLASSEN ist aber die schönste Bestätigung, wie viele Bewerber auf die Anzeigen in der IKEA-Sprache antworten. Gibt es einen besseren Beweis für: Sprache macht Marke – nicht nur im Bereich Konsumentenmarke, sondern ebenso wirkungsvoll im Bereich Arbeitgebermarke.

Veronika Classen im Interview mit Christian Stegemann,
verantwortlich für die innocent-Sprache im deutschsprachigen Raum

# Die Sprache ist eigentlich das Kräftigere. Kräftiger als das Design allemal.

innocent gilt als Erfinder der Smoothies und war von der ersten Sekunde an mit einer ganz eigenen Sprache im Markt. Das hat viele begeistert — und begeistert nach wie vor. Deshalb wollten wir wissen: Wie ist es zu dieser Sprache gekommen? Franz Bruckner, Marketing Direktor Europa, schrieb sofort zurück: Mein Kollege Christian Stegemann, die Edelfeder, ist der richtige Gesprächspartner. Wie wird man die »Edelfeder« von innocent? So: Sie kennen innocent aus England, sehen beim Einkaufen die Smoothies auch in Deutschland — Freude! Am Fläschchen hängt ein Zettel: Hast du nicht Lust, für uns zu arbeiten? Haben Sie, zerlegen ein Spiel-regel-Heftchen, erzählen darin Ihre eigene Geschichte — das gefällt, Einladung zum Gespräch, drei Monate später sitzen Sie dort im Büro. Und nun mir gegenüber.

**Wie ist es denn zu dieser wunderbaren innocent-Sprache gekommen?
Ist die Sprache einfach so gewachsen wie Obst am Baum? Oder hat
man sich überlegt: Die Marke soll ganz stark über die Sprache transportiert werden?**

Christian Stegemann: Die Sprache, die man heute mit innocent verbindet,
war eine logische Folge unserer Gründungsgeschichte. Ich versuche es
kurz zu machen: Drei Studienfreunde aus London wollten sich gemeinsam
selbstständig machen. Auf einer Urlaubsreise zum Skifahren in Davos hatten sie die zündende Idee: Smoothies aus reinen Früchten, die es Groß-
städtern mit turbulentem Leben einfach machen, sich gesund zu ernäh-
ren. Zurück zuhause haben sie dann für 500 Pfund Obst gekauft und in
ihrer Küche daraus Smoothies gemixt, um die Idee auf einem kleinen Jazz-
Festival zu testen. Nach dem Wochenende kündigten sie ihre Jobs und
gründeten 1999 innocent. Der Grundgedanke war, ein natürliches Produkt
auf natürliche Art und Weise herzustellen. Also ohne Zusatzstoffe, ohne
Konzentrate, so direkt und natürlich, wie es eben möglich ist. Daraus entstand eine ganz eigene, sehr persönliche und freie Unternehmenskultur,
wo jeder so sein kann, wie er eben ist.

Und so sollte dazu dann auch der Markenauftritt und die Sprache sein:
unschuldig eben. Also begannen die drei Gründer, mit ihren Konsumenten
zu sprechen, wie mit Freunden: höflich, direkt und einladend.

Als wir 2007 nach Deutschland kamen, war die Herausforderung, diese
Grundhaltung zu übernehmen, aber eine eigene Sprache zu finden. Das
Schöne an innocent ist, dass sich Marke und Unternehmen überschnei-
den. Wir sind keine Holding mit vielen Marken. Die Marke ist das Unternehmen und umgekehrt. Und so, wie wir nach außen hin wirken, sind wir
auch intern.

**Zur Sprache: Bevor innocent nach Deutschland kam, war die Marke ja
schon in UK erfolgreich und die typische innocent-Sprache bekannt.
Ist die innocent-Sprache im Englischen und Deutschen vergleichbar?**

Ja. Es geht letztlich darum, sich von den gelernten Marketingbotschaften
zu verabschieden und Klartext zu sprechen. Wir sprechen mit den Menschen wie mit Freunden. Das kann man in jeder Sprache machen. Das
Besondere ist, dass innocent damit einen Trend gesetzt hat und heute von
vielen Firmen kopiert wird, die versuchen, auch so zu sprechen.

**Während man liest, hat man das Gefühl: Da redet einer mit mir.
Das ist kein Schriftdeutsch, bewusst?**

Ja. Wir nehmen inzwischen die Ähs und Öhs raus. Aber sonst schreiben
wir, wie wir reden. Das ist eine sehr einfache, verständliche Sprache. Fast
schon normal. Erstaunlicherweise ist sie trotzdem vielen sofort unge-
wöhnlich und neu vorgekommen.

Es geht uns darum, uns möglichst einfach auszudrücken. Wir wollen unsere Inhalte simpel erklären. Ich denke dann: Das muss mein kleiner Bruder verstehen, der ist 13 Jahre alt. Das muss aber auch meine Großmutter verstehen. Und alle dazwischen sollen es auch verstehen.

Das ist ein sehr inkludierender Stil zu schreiben, weil er alle Leute berührt und mitnimmt. Wir vermeiden, uns hinter Fachbegriffen zu verbarrikadieren, die das Verstehen erschweren.

**Viele Marketingleute sagen: Pictures travel, words don't. Also Bilder können von Land zu Land wandern, mit der Sprache ist das eher schwierig. Bei innocent scheint die Sprache aber wunderbar von Land zu Land zu wandern. Richtig?**

Ja, das stimmt. Wir hängen uns nicht an bestimmten Phrasen auf, sondern haben den Grundsatz, mit den Menschen zu sprechen wie mit unseren Freunden und dabei Spaß zu haben. Das kann man in jeder Sprache, auch wenn das in jedem Land etwas leicht anderes bedeuten kann.

Als wir angefangen haben, war das ein wichtiger Punkt. Wir hatten in jedem Land einen Menschen sitzen, »Comms and Creative Manager« genannt, die unsere Materialien kulturell und sprachlich adaptiert und neue Materialien entwickelt haben. Es war deren Hauptaufgabe, dafür zu sorgen, dass alles, was das Haus verlässt, unsere Markenhandschrift trägt. Ich habe das nach dem Start für Deutschland gemacht, später auch für Österreich und die Schweiz. Dabei habe ich mich natürlich eng mit meinen Kollegen in Frankreich, in den Niederlanden und in Dänemark abgestimmt, vor allem aber mit dem Mutterhaus in Großbritannien. Meine Aufgabe war es, die Stimme der Marke im deutschen Sprachraum zu sein. In allen Kanälen. Alles, was in den ersten beiden Jahren getextet wurde, kam aus meiner Feder: ob das Antworten auf E-Mails waren, Facebook, jede Broschüre, jede Internetseite, jeder Folder. Das hat sehr viel Spaß gemacht, für die Ansprache von Konsumenten und Kunden gleichermaßen den richtigen Ton zu finden.

**Also sind Sie hier der Papa der Marke?**

Papa ist unser Dan. Er ist unser »Guardian Angel«. Er arbeitet noch immer in Großbritannien, ist ein alter Studienfreund der Gründer und hat bei innocent im Gründungsjahr angefangen: als Fahrer. Er hat Smoothies ausgeliefert. Nachmittags hat er E-Mail-Anfragen beantwortet und begonnen, erste Texte zu schreiben – für die Etiketten unserer Smoothies. So ist er in diese Rolle hineingewachsen. Er ist jetzt seit 14 Jahren dabei und das Sprachrohr der Marke, mittlerweile global. Wir haben natürlich in England und weiteren Ländern Personen, die die Marke lokal weiterentwickeln. Darüber hinaus liegt diese Verantwortung kollektiv bei allen Kollegen. Noch heute ist es so, dass jeder, der bei uns beginnt, eine Woche in England verbringt und einen Einblick in alle Bereiche bekommt: Was macht unser Supply Chain, was macht der Obsteinkauf, was passiert in der Küche? Wir probieren alle Smoothies durch, lernen über unsere Produktionsverfahren. Und Dan gibt eine Einführung in die Marke. Wir nennen das »innocent-ification«. Das ist ein zweistündiger Teil, bei dem sich Dan mit den Neuankömmlingen hinsetzt und ihnen erzählt: Woher kommt die Marke, was haben wir bisher gemacht, was ist das Herz der Marke und wie versuchen wir mit den Menschen umzugehen und miteinander zu sprechen.

So tragen wir den Markengedanken zu jedem Kollegen, der dann seine eigene Sprache mit den Kollegen, Lieferanten oder Kunden finden muss. Der entscheidende Schritt ist, in jedem Mitarbeiter seine beste Seite zu wecken und ihn dazu zu animieren, diese dann ständig nach außen zu tragen.

Unsere Regel für die Sprache ist: Jeder soll so freundlich und so positiv wie möglich aus seiner Mitte heraus sprechen.

**Diese Vereinbarung für die Sprache kann man einfach in alle Länder tragen? Jeder versteht, welchen Eindruck die Sprache bei den Menschen hinterlassen soll?**

Man sucht den Freund in sich, würde ich sagen. Man muss eigentlich nur man selber sein, um für innocent zu schreiben. Es ist tatsächlich so, dass wir eher versuchen, ein Gefühl zu vermitteln. Das Gefühl einer humorvollen, sympathischen, freundlichen, glücklichen, natürlichen Marke.

Für Deutschland habe ich dann ein kleines Regelwerk erstellt. Ich habe mich gefragt: Okay, was heißt das für mich? Dazu haben wir auch im Team gesprochen. Wir haben dann vereinbart, Anglizismen zu vermeiden und uns in der deutschen Sprache zu bewegen – abgesehen von »innocent Smoothies« natürlich. Wir haben uns im Weiteren dazu entschlossen, das »Du« großzuschreiben, weil wir es freundlicher fanden. Heute sind wir weniger strikt und müssen manchmal Kompromisse machen, zum Beispiel wenn wir Smoothies in der gleichen Packung in mehreren Ländern verkaufen.

**Die Markensprache ist also aus der Überlegung heraus entstanden: Wie spricht ein Mensch mit unseren Werten? Und mit der Zeit werden laufend neue Erfahrungen berücksichtigt?**

Ja, wir hatten natürlich einen Erfahrungsschatz aus England: Was bringen die rüber, wie funktioniert die Sprache, wie reagieren die Leute darauf, die unsere Smoothies kaufen? Und wir fragten uns: Wie möchten wir das in Deutschland umsetzen? Es gibt immer wieder Diskussionen dazu.

Ein Beispiel: Als wir angefangen haben, E-Mails und unseren Newsletter zu schreiben, war die Ansprache immer ein direktes »Du«. Irgendwann kam Facebook auf den Plan – und wir standen vor der Situation, mit mehreren Personen gleichzeitig zu sprechen. Wir hatten vorher noch nie eine Gruppe angesprochen. Wir hatten immer die einzelne Person, die zum Beispiel das Plakat liest, direkt angesprochen. Was macht man jetzt auf Facebook? Das hat natürlich zu Diskussionen geführt.

Wir haben uns dann für »Ihr« und »Euch« entschieden, weiterhin großge-schrieben. Weil Facebook sich eher wie ein Raum anfühlt, in dem man mit mehreren spricht, und sich »Du« einfach verkehrt anfühlen würde. Und auch auf Facebook gibt es Ausnahmen, wenn wir zum Beispiel Grafiken erstellen, die nur an eine Einzelperson gerichtet Sinn machen. Das hat sehr viel mit Sprach- und Bauchgefühl zu tun. Und es ist in diesem Fall ein deutsches Problem. Im Englischen gibt es das Problem nicht – das ist immer »you« – ganz gleich, ob man mit einem oder mehreren spricht.

Die Franzosen verwenden bis heute in Frankreich das »vous« – also die förmliche Ansprache. Zum einen lässt sich das in das deutsche »Sie« über-setzen, ist in Frankreich aber auch eine sehr höfliche Art und Weise, mit Freunden oder Familie umzugehen. Die wollen dort manchmal einfach sehr höflich sein. Wenn wir da gesagt hätten, wir müssen jetzt immer duzen – das wäre vielleicht sogar zu progressiv und unhöflich aufgenom-men worden.

Auch in Österreich haben wir im ersten Jahr die Leute gesiezt. Wir hatten das Gefühl, Österreich sei ein wenig konservativer und förmlicher. Da brauchten wir etwas Zeit, uns zu etablieren, bevor wir komplett auf duzen umgestiegen sind. Eine Zeit lang lief beides parallel: Da haben wir die Leute auf den Flaschen und im Newsletter geduzt. Aber in der Werbung, in Flyern und Broschüren haben wir »Sie« verwandt. Wir wollten etwas höflicher und distanzierter auftreten – so lange, bis die Leute unsere Smoothies das erste Mal kaufen. Ab dann dürfen wir auch duzen.

**Abwesenheits-meldungen bei innocent**

Gone fishing and
dropped my phone in the lake.

Back on August 5th.

In case of any emergencies
call the banana phone
+43 662 882 883.

Have gone fishing again,
dropped my phone in the lake
and a shark did eat my laptop.

Back on September 3rd
(shark permitting).

In case of any emergencies call
the banana phone +43 662 882 883
or the red cross.

**Ist das wie bei einer Freundschaft: Man muss sich zuerst mal ein bisschen kennenlernen und dann kann man das Du anbieten?**

Genau so. Es geht wie gesagt darum, freundlich zu sein und für jeden Markt und jede Situation die richtige Sprache zu finden. Uns leitet dabei unser Gefühl, und wir machen uns viele Gedanken zur Sprache.

**Sie rücken immer in den Fokus: Was fühlt einer, der die Texte liest? Was nimmt er mit? Welchen Eindruck bekommt er von dem, der spricht? So gibt es keine Ländergrenzen für die Markensprache?**

Stimmt. Ein Text enthält Information, aber das Gefühl erweckt ihn zum Leben. Das muss man richtig transportieren, und dazu braucht es einen Rahmen.

Ich gebe mal ein Beispiel: Wenn ich eine Einladung zu meiner Geburtstagsfeier schreiben möchte, aber mich gerade eben am Telefon über den schlechten Service einer Hotline geärgert habe, dann ist das nicht der richtige Moment. Da wird kein positiver Text entstehen – oder besser: nicht der beste Text entstehen.

Mir steht die Sprache als Werkzeug zur Verfügung. Und das Werkzeug ist immer nur so gut, wie die Erfahrung und Konzentration des Handwerkers. Vor dem Texten muss ich mich also in die richtige Stimmung bringen, um beim Leser die erwünschte Wirkung zu erzeugen. Wenn man so richtig gestresst ist, und dann soll man noch mal fix einen Newsletter aus dem Ärmel schütteln – das geht für innocent einfach nicht. Da muss man halt eine Nacht warten und am nächsten Morgen frisch rangehen.

**Sehr menschlich. Hier in dem kleinen innocent-Flyer steht: »Wenn wir 100 Prozent sagen, dann meinen wir nicht 99,99 Prozent.« So spricht man ja nicht unbedingt von Firma zu Mensch, aber von Mensch zu Mensch. Fällt das allen auf?**

Ja. Den meisten.

Hello,

you have missed me.
I have taken some days off to
relax / party / read /
ride a rollercoaster.

I will be back on 15 August 2013.
Speak then.
Bye for now.

I'm away today.

Seat empty.

Return Monday.

Hello,
I am spending my Friday
buying a sofa and
some power tools.

I'm excited.

Speak Monday.
Bye for now.

**»Sollte Ihnen im nächsten Urlaub etwas begegnen, das unwidersteh-
lich ist – so süß, dass Sie es am liebsten jeden Tag vernaschen würden
– und weder Kellner noch Strandschönheit ist, dann sagen Sie es
uns.« Da schmunzelt jeder?**

(grinst) Ein wichtiger Aspekt der Marke ist eben, dass wir uns selber nicht so ernst nehmen. Wir lassen politische und religiöse Themen außen vor – also alles, was sehr stark polarisiert. Wenn wir uns über etwas lustig machen, dann über uns selbst.

Das ist oft genau das, was andere falsch machen, wenn sie versuchen, so zu schreiben wie wir. Wir bekommen viel von Textern oder von Studenten zugeschickt, die für uns arbeiten oder ein Projekt machen möchten. Wenn die sich dann über das schlechte Fernsehprogramm auslassen oder meinen, sie müssten über alles Mögliche motzen, merken wir, dass sie uns nicht verstanden haben. Das ist zynisch, gehört in den Bereich Stand-up-Comedy oder Kabarett. Da darf man dann über die Missstände der Gesellschaft lachen.

Aber wir lachen nicht über die Gesellschaft, sondern nehmen uns einfach selbst nicht so ernst. Wir arbeiten mit 100 % Obst und machen keinen Schweinkram damit – da sind wir ganz strikt und verstehen keinen Spaß. Alles andere kann man mit Humor nehmen. Und das kommt bei den Leuten an. Das ist mehr als nur zu sagen: Wir sind witzig oder lustig. Wir gehen humorvoll durchs Leben und versuchen in jeder Situation die Komik zu finden.

Natürlich bedeutet das auch, charmant auf den ein oder anderen Zug aufzuspringen. Vor ein paar Jahren ging im Internet ein Clip herum, der den Beginn eines Pornofilms auf die Schippe nahm. Darin sieht man eine Frau, die einem maskierten Mann die Tür öffnet und ihn in einen Raum mit einem Sicherungskasten führt, unter dem ein Haufen Stroh liegt. Der Dialog zwischen den beiden ging dann so: Das ist der Sicherungskasten, mit dem wir immer Probleme haben. – Wieso liegt denn da Stroh? – Wieso hast du denn 'ne Maske auf? – Na dann blas mir doch einen. Der Film hieß: Sinnlose Dialoge in Pornos – und ich habe den Link dazu mindestens fünfmal von unterschiedlichen Leute geschickt bekommen. Die Frage »Warum liegt denn da überhaupt Stroh?« war kurzfristig wie ein geflügeltes Wort unter jungen, internetaffinen Menschen.

Ich habe dann einen Text für unsere Etiketten geschrieben, der ging etwa so: »Ein Sack voller Fragen: Warum ist die Erde rund? Wieso muss auf Sonne immer Regen folgen? Warum liegt denn da Stroh? Wie bekommen wir zwei Portionen Obst mundgerecht in eine kleine Flasche?« Und so weiter. Der Text endete mit: »Auf eine dieser Fragen haben wir eine Antwort – Du kannst Dir sicher denken, auf welche.«

> **Ein wichtiger Aspekt der Marke ist, dass wir uns selber nicht so ernst nehmen**

Wir hatten unsere Botschaft mit den zwei Portionen Obst drin – aber auch ein Detail, das 95 % sicher nicht aufgefallen ist, aber den 5 % der Eingeweihten gezeigt hat: Wir sind Menschen wie ihr. Wir haben daraufhin tatsächlich Fanpost bekommen – von Leuten, die den Hintergrund dieses Spruchs kannten.

**So entsteht Kult?!**

(lacht) Also – ich mag so was ja. Wir haben viel versucht – sprachlich, aber auch thematisch: Dinge einzufügen, die sich vielleicht nur wenigen Leuten erschließen und trotzdem niemanden ausgrenzen – einfach um den Menschen das Gefühl zu geben: Wir sind ganz bei dir und bei dem, was dich gerade bewegt und dir Spaß macht.

Natürlich hatten wir auch immer das Bewusstsein, dass uns die Menschen noch nicht wirklich kennen und uns das erste Mal im Supermarkt oder Café begegnen.

Sie erwarten, dass sie – wenn sie uns anrufen – bei einer Hotline landen. Dass hinter unseren Smoothies ein riesiges Unternehmen steht. Und dann haben wir uns als Marke herausgenommen, ganz persönlich und abseits der gelernten Formen mit den Menschen zu sprechen – und sie zu unterhalten! Aber immer so, dass wir niemanden vor den Kopf stoßen.

Das ist ein Teil unserer Unternehmenskultur. Wer uns anruft, landet nicht in der Warteschleife oder in einem Callcenter. Das Bananafon klingelt auf allen Plätzen im Büro. Wer am Schnellsten ist, nimmt ab. Unsere Kunden, Konsumenten und Lieferanten rufen an und können vom Praktikanten bis zum Geschäftsführer jeden am Telefon haben. Wir versuchen dann so gut es geht zu helfen oder den Anruf an die entsprechende Stelle weiterzuleiten.

Wichtig ist, dass jeder auf der gleichen Nummer anruft – ob ein einzelner Smoothie mal nicht geschmeckt hat oder ein Kunde noch zwei Paletten ordern möchte. Das ist natürlich gerade für neue Kollegen eine Herausforderung. Ich habe zwei Monate gebraucht, bis ich mich daran gewohnt hatte, das Bananafon zu beantworten.

**Schön schlau – Sie kreieren also die unentwegte Gründersituation?**

Ganz genau! Das versuchen wir so gut es geht zu erhalten. Die wenigsten Teams sitzen gemeinsam. Jemand aus der Buchhaltung sitzt vielleicht neben einem Kollegen aus dem Einkauf – das fördert den Austausch. Die Firma versucht, allen Mitarbeitern ein Gefühl dafür zu geben, was gerade insgesamt bei uns los ist.

**Das Geheimnis, wie sich die Sprache ganz natürlich in das ganze Unternehmen trägt?**

Da gibt es Beispiele an jeder Stelle: Wir haben eine Steueranlage für die Klimaanlage, da sind lauter Lämpchen drauf – und es steht in Riesen-Buchstaben geschrieben: »If the green light is on, run for your life.«

In unseren Überweisungen an Lieferanten steht in der Betreffzeile »Love from innocent«. Wenn man einmal gelernt hat, mit Sprache zu spielen, können alle Spaß damit haben.

**Marken hatten vor innocent eine »offizielle« Art zu sprechen. Sie sprechen mehr wie Menschen sprechen. Richtig?**

Genau das. Was wir uns als Marke erlaubt haben, ist: normal zu reden. Da waren wir die Ersten. Nach vielen Jahren dieser »offiziellen Sprache«. Wir haben die ganzen Floskeln weggelassen und begonnen, uns normal zu unterhalten. Ich habe schon den Eindruck, dass alle Kollegen versuchen, sich einfach, direkt und freundlich auszudrücken.

**Eine Frage zum Thema Humor. Manche Marketer sagen: Food ist schlecht mit Humor zu verkaufen. Stimmt das?**

Wir als Marke sind ausgezogen, das Leben für die Menschen ein bisschen besser zu machen. Das heißt, wir wollen vor allem, dass es einfacher ist, sich unkompliziert mit gesundem Essen zu versorgen. Das Thema »Wir tun den Menschen was Gutes« lässt auch den Spielraum, die Menschen zu erheitern. Dazu gehören unter anderem die Texte auf den Flaschen. Das hat etwas Heiteres, Gelöstes, Unbeschwertes. Ich finde es oft gar nicht lustig – es ist einfach nur locker.

Wir können uns diese direkte Art erlauben, denn wir müssen uns nicht verstecken: Wir haben ein Produkt, das 100 % natürlich ist. Obst. Keine Bindemittel, keine Konservierungsstoffe, keine Konzentrate, keine Zusätze. Das ist schon vom Produkt her unschuldig.

Entsprechend laden wir die Leute auch ein, uns im Büro zu besuchen – nicht ohne die Aufforderung, Kuchen mitzubringen. Wir sind da ganz offen, auch für Kritik und Anregungen. Jedes Jahr laden wir 100 Menschen, die gerne unsere Produkte kaufen, ins Büro ein. Wir arbeiten einen Tag lang mit ihnen, diskutieren, stellen Fragen und sammeln neue Anregungen. Wenn man nichts zu verbergen hat, dann muss man sich auch nicht hinter Phrasen verstecken. Das eine bedingt das andere.

> **Was wir uns als Marke erlaubt haben, ist: normal zu reden.**

**Oft ist Sprache ein Schutzschild. Bei Ihnen nicht, weil Sie es nicht brauchen?**

Ja. Das ist eine gute Beschreibung. Ich möchte, dass ich auf eine Frage mit der Wahrheit antworten kann. Da habe ich mit einem Produkt wie unseren Smoothies oder unseren Säften überhaupt kein Problem. Da kann ich ganz offen sein. Dann macht es natürlich auch Spaß, so zu sprechen.

**Diese Kombination aus Produktqualität und Umsetzungsqualität – ist es das, was Marken haben müssen, um erfolgreich zu sein?**

Auf unseren Smoothies und Säften haben wir Geschichten und Witze drauf – das ist ein Teil des Produkts. Wenn das Produkt hochwertig ist und mir etwas Gutes erzählt, dann hat das natürlich eine ganz andere Strahlkraft als ein mittelmäßiges Produkt ohne Geschichte. Der Witz ist ja: alle Smoothie-Marken, die nach uns kamen, haben versucht, sich daran zu orientieren. Auf einmal waren Smoothies die Produkte, die verrückt geredet haben. Kurz darauf glaubten auch andere Marken, sie könnten das. Und heute sprechen in England Versicherungen und Banken wie wir. Aber eigentlich macht es nur Sinn, wenn Produkt und Sprache Hand in Hand arbeiten.

**Zieht sich der visuelle Auftritt der Marke auch einheitlich durch?**

Wenn Sie sich die Marke über die letzten Jahre anschauen: da gibt es keine einheitliche Handschrift. Wir benutzen Fotografien, wir benutzen Buntstiftzeichnungen, wir benutzen Schwarz/Weiß-Zeichnungen. Das ist ein Konvolut von unglaublich vielen Dingen. Mittlerweile machen wir sehr viel mit Vektorgrafiken. Der visuelle Auftritt ist total unterschiedlich und vielfältig. Aber das Gefühl bleibt immer das gleiche. Das ist die Stärke von innocent. Man hat das Gefühl dieser einheitlichen Markensprache.

**Weltmarken haben fast alle eins gemeinsam – einen Menschheitstraum, den sie erfüllen. innocent auch?**

Ich sage es auf Englisch, weil es im Original so einfach und gut ist: »To make natural, delicious food and drink that helps people live well and die old.«

**Und die Markenwerte?**

Wir haben fünf, an denen wir unser Handeln orientieren: natural, entrepreneurial, responsible, commercial, generous.

**Wenn Dan die Leute auf die innocent-Sprache schult, ist er der Corporate-Language-Multiplikator auf zwei Beinen. Gibt es auch etwas Geschriebenes?**

Ja, er hat eine Präsentation dazu, die die Geschichte der Marke erläutert. Dabei geht es vor allem um das Markengespür. Wir sagen bei Vorschlägen für Texte oder Kampagnen »it feels innocent«. Dan hat immer das Recht, bei Vorschlägen ein Veto einzulegen und zu sagen »it doesn't feel innocent«.

**Ist es schwierig, die richtigen Leute zu finden, die für innocent schreiben?**

Die Leute finden eher uns. Wir bekommen eine große Zahl an Bewerbungen, weil Menschen uns interessant und spannend finden – Lust haben, ein Teil davon zu werden. Wir haben die gute Situation, uns neue Mitarbeiter aussuchen zu können. Das ist schön. Aber natürlich gehen auch wir bisweilen auf die Suche.

**Der Grundgedanke müsste Menschen überall erreichen können, oder?**

Das denke ich auch. Gut leben möchten alle – und spät sterben. Der Kern einer positiven, freundlichen Grundhaltung lässt sich in alle Kulturkreise übertragen. Das bedeutet vielleicht in Asien etwas anderes als in Europa. Aber auch dort wird man diese Grundhaltung wertschätzen.

**Haben Menschen ein untrügliches Gespür für die Sprache einer Marke?**

Ja. Sprache muss man ernst nehmen. Und pflegen. Ganz stringent. Mittelständische und kleinere Unternehmen haben oft keine professionellen Leute dafür. Wenn mal der eine, mal der andere Texte für die Website schreibt, dann wirkt das nicht gut. Da wechselt die Art der Ansprache. Mal wird vom Unternehmen als »Wir« gesprochen, mal in der dritten Person. Es wirkt substanzlos. Wie ein Flickenteppich.

Als Firma tut man gut daran, jemanden zu haben, der die Kommunikation im Ganzen überblickt und formt. Man sollte Grundregeln festlegen, um Stringenz in der Sprache zu erreichen. Da ist ein Regelwerk wichtig.

Manchmal denke ich: Sie wollen mir doch nur sagen, dass ich Sie anrufen kann. Warum brauchen Sie dafür einen vier Zeilen langen Satz? Das wirkt hilflos und inkompetent. Um das zu merken, muss man nicht Texter sein.

**Wir haben in Deutschland viele Firmen, die ein Corporate Design haben. Was sagen Sie dazu, dass sich wenige Gedanken über die Sprache machen?**

Dabei ist die Sprache eigentlich das Kräftigere. Kräftiger als das Design allemal.

Wir wollen, dass unsere Marke spricht: in jeder E-Mail, in jeder Abwesenheitsnotiz, jeder Broschüre, in jeder Anzeige, in jedem Stück Text – authentisch und stringent.

Ich glaube daran, dass man Mitarbeitern auf jeden Fall vermitteln kann, darauf zu achten. Sie merken, wenn die Sprache für das Unternehmen und sie selbst passend ist. Es geht auch um den Wohlfühlfaktor: Man muss sich mit dem, was man für das Unternehmen sagt und schreibt, wohlfühlen.

**Wie viel verändert sich denn im Laufe der Zeit an der innocent-Sprache?**

Die Sprache lebt und ändert sich deshalb. Die Kunst ist, ein Spielfeld abzustecken und den Leuten darin die Möglichkeit zu geben, sich zu entwickeln. Das ist eine Herausforderung.

Dann schaut man nach einem Jahr zurück und denkt: Das war gut. Oder: Wir sind ein bisschen zu weit gegangen. Dann justiert man nach. Solange man aber die vereinbarten Absichten verfolgt und die gleiche Liebe zur Marke hat, kann das so schief nicht laufen.

**Nehmen die Menschen außerhalb des Unternehmens die innocent-Sprache an?**

Wir kriegen tatsächlich relativ viele Bewerbungen von Leuten, die sich unsere Verpackung oder Flyer als Basis nehmen. Das ist schon erstaunlich.

Wir bekommen auch sehr viel Post von Leuten. Ich weiß nicht, wie wir da im Vergleich zu anderen Unternehmen stehen. Auf fünfmal Lob bekommen wir etwa einmal Kritik. Ich denke, das ist ein Schnitt, mit dem wir gut leben können.

Kritik sehen wir als Chance. Ein hoher Anteil der Kontakte aufgrund von Problemen endet im Dialog mit uns in einer positiven Stimmung. Wir geben das Gefühl, dass wir zuhören, Probleme ernst nehmen.

**Wir wissen von IKEA, dass bei der Einführung des Du in Deutschland viele Menschen gesagt haben: Wer hat Ihnen eigentlich erlaubt, mich zu duzen? Das musste IKEA erstmal aushalten.**

Es ist so. Wenn man freundlich auftreten will, ist das auch eine Verpflichtung.

Ein Beispiel: Wir bekommen ein Anschreiben von jemandem, der sich über ein Plakat von uns tierisch aufregt. Das ist der Herr Magister Staatsrat, der ganz förmlich an uns herantritt. Da werde ich einen Teufel tun, ihn zu duzen. Das geht einfach nicht, das verbietet sich.

Wir machen jedes Jahr unsere Kampagne »Das Große Stricken«. Da machen sehr viele ältere Menschen mit. Auch da gehört sich der Respekt für eine Generation, die von einem Unternehmen nicht geduzt werden möchte.

Unser Unternehmen und unsere Marke wurde von drei jungen Freunden geschaffen. Und die haben innocent so geschaffen, wie es für sie richtig war.

Aber wir müssen auch respektieren, dass es Menschen gibt, die das nicht gut finden. Bei denen können wir uns nur entschuldigen, wenn wir ihnen zu nahe getreten sind. Das tun wir auch. Deswegen werden wir uns nicht verändern. Das ist eine Frage von gegenseitigem Respekt.

**Bleibt eine Marke oder ein Mensch sich treu, wenn man mit unterschiedlichen Zielgruppen unterschiedlich spricht?**

Ich habe meine eigene Sprache – aber ich rede natürlich mit meinen Eltern anders als mit meinem Bankberater. Trotzdem bin ich kein anderer Mensch und bleibe mir selbst treu. Diese Flexibilität in der Sprache braucht man. Als Mensch. Als Marke.

**Zahlt es sich für innocent aus – dieser sorgfältige Umgang mit der Sprache?**

Mehr als alles andere. Zum Schluss ein extremes Beispiel: AGB texten mit dem Rechtsanwalt.

Wir hatten eine Aktion, bei der man im Januar Kassenbons für den täglichen innocent Smoothie einsenden konnte und den Kaufpreis von uns erstattet bekam. Damit wollten wir die Menschen gesund durch den Januar bringen. Die Teilnahmebedingungen wurden von unserem Anwalt erstellt, der uns ein ziemlich wasserfestes Regelwerk lieferte. Weil wir verhindern wollten, dass sich Leute jeden Tag 40 Flaschen statt einer kaufen. Den Vorschlag des Anwalts haben wir dann komplett aufgebrochen und nach Gusto umgeschrieben. Er sagte uns, dass es so nicht ginge. Letztlich haben wir den Text gemeinsam erarbeitet: wir mit Blick auf die Marke, er mit seinem Rechtsverständnis. Zum Schluss standen da Sätze drin wie: »Wir erstatten Dir einen Smoothie pro Tag. Du kannst also leider nicht Deine Fußballmannschaft einladen, aber Du darfst Dir jeden Tag einen Smoothie gönnen.« Die Teilnahmebedingungen wurden länger, aber verständlicher. An einigen Stellen witzig, weil unerwartet. Auf zwei Blogs, die sich mit dem Thema Sprache und Marketing befassen, wurden diese Teilnahmebedingungen als besonders herausragend gewürdigt. Von Kunden haben wir viel Lob bekommen. Wer kann das schon von sich behaupten – für AGB! Da hab ich mich sehr gefreut. Man denkt, man macht den Menschen mit einem Gratis-Smoothie eine Freude – und am Ende bleiben die AGB im Gedächtnis. Ich kann nur sagen, es lohnt sich: Teilnahmebedingungen so zu formulieren, dass sie Spaß machen. Die Sprache ist das, was hängen bleibt.

Ich zitiere nochmal aus Ihrem Flyer:
Wenn wir 100 % sagen, meinen wir nicht 99,99.
Ich sage 100 % danke.

## Langweilige Teilnahmebedingungen
## für die innocent Starthilfe Geld-Zurück-Aktion (Ausschnitt)

Unser Anwalt hat uns geraten, diese Teilnahmebedingungen hier einzustellen. Hier erklären wir Dir nochmal ganz genau, wie die Aktion funktioniert und wer alles mitmachen kann. Wir haben auf Paragraphen verzichtet und zeigen stattdessen einfach ein paar Früchte.

[**Erdbeere**] Unsere Geld-Zurück-Aktion
Wer in der Zeit von 18. Januar bis 14. Februar innocent Smoothies kauft, kann den Kaufpreis unter den folgenden Bedingungen von uns zurückbekommen.
• Um es gleich klarzustellen: Wir erstatten pro Tag im angegebenen Zeitraum einen von Dir selbst gekauften Smoothie. Wenn Du also Montag losläufst und Dein Lieblingscafé leer kaufst, um uns dann zu erzählen, Du hättest jeden Tag nur einen davon getrunken, gilt das nicht. Du kannst Dir aber jeden Tag einen Smoothie kaufen, und wir überweisen Dir den Kaufbetrag.
• Du kannst Deine Smoothies so oft einreichen, wie Du willst. Also etwa nach jeder Woche oder nachdem die ganze Aktion vorbei ist.
• Einsendeschluss ist der 28. Februar. Weil Du wie wir viele Dinge auf den letzten Drücker machst, gilt das Datum des Poststempels.

[**Apfel**] Teilnehmer
Mitmachen darf grundsätzlich jeder, der in Deutschland wohnt und gerne Smoothies trinkt. Damit meinen wir Menschen. Dein Hund oder Deine Goldfische dürfen nicht mitmachen. Nur Du. Als Teilnehmer musst Du ein eigenes deutsches Girokonto haben, auf das wir den Kaufbetrag überweisen können.

[**Banane**] Teilnahme an unserer Aktion
Um mitzumachen, musst Du Deine Kaufbelege sammeln. Die Einreichung erfolgt über eine Online-Maske auf unserer Homepage unter www.innocentdrinks.de. Dort musst Du Deinen Namen, Deine Kontaktdaten, Deine Bankverbindung und den Gesamtbetrag Deiner Kaufbelege (einen Smoothie pro Tag und Kaufbeleg) eintragen und einen Kommentar hinterlassen. Das Ganze speicherst und druckst Du dann aus und schickst es zusammen mit Deinen Kassenbons in einem ausreichend frankierten Umschlag per Post zu uns.
Die Adresse ist: innocent GmbH, Fruit Towers, Stadtdeich 7, 20097 Hamburg

Du kannst auch alternativ teilnehmen, wenn Du uns anrufst und Deine Adresse durchgibst. Wir senden Dir dann einen Teilnahmebogen zu, den Du leserlich ausfüllen und uns mit Deinen Kassenbons schicken kannst. Der Rest läuft dann genauso wie oben beschrieben.
Wir sagen nochmal, dass wir pro Tag genau einen von Dir selbst gekauften Smoothie erstatten. Dafür musst Du aber auch selbst zur Kasse gehen. Wenn Du allein für Deine ganze Fußballmannschaft einkaufst, könnt Ihr den Kassenbon weder zehnmal kopieren noch in elf Stücke schneiden.

286 // Die Sprache ist eigentlich das Kräftigere. Kräftiger als das Design allemal. Teil 2

Fahrplan zum Erfolg    Christian Stegemann

1 Es lohnt sich, die Sprache einer Marke sehr sorgfältig
zu pflegen. Menschen haben dafür ein Ohr.

2 Sprache bleibt als Eindruck hängen. Sprache verbindet.

3 Das Design kann vielfältige Formen annehmen —
die Markensprache zieht sich durch.

4 Wenn die Sprache aus einer Haltung heraus kommt,
kennt sie keine Ländergrenzen.

5 Produktqualität und Sprachqualität gehen Hand in Hand.
Die Qualität der Sprache ist genauso wichtig für den
Genuss wie die anderen Zutaten.

Ein Kopf voller Fragen: Was denkt er gerade?
Wo ist Norden? Was ziehe ich heute an? Wie kriege
ich zwei gesunde Portionen Obst ganz bequem in
meinen Körper? Soll ich? Warum habe ich in den
80ern diese Frisur gehabt? Wo kommt der Fleck her?
Was macht jetzt eigentlich der Dings … der …?
Wer hat die Polizei gerufen? Warum ich? Wieso liegt
denn da Stroh? Wer hat meinen Schokoriegel
gegessen? Was?
Auf eine dieser Fragen haben wir eine Antwort.
Du kannst Dir sicher denken, auf welche.

Das innocent-Versprechen
Wir versprechen, dass unsere Smoothies Dir immer gut
schmecken werden. Wir versprechen, dass wir niemals
Konzentrate in unsere Smoothies mischen. Sonst kannst
Du es unseren Müttern verraten.

Besuch uns in Fruit Towers oder im Internet, ruf an
oder schreib uns eine E-Mail: innocent GmbH,
Stadtdeich 7, 20097 Hamburg, 040 7029960
hallo@innocentdrinks.de, www.innocentdrinks.de
Lasserstrasse 17, 5020 Salzburg, 0662 882883
und in der Schweiz: 0712 446076

Diese Flasche besteht zu 100% aus recyceltem
Plastik. Bitte recycel auch Du sie wieder.

® = Raten

»Ein Kopf voller Fragen:
Was denkt er gerade? Wo ist Norden? Was ziehe
ich heute an? Wie kriege ich zwei gesunde Portionen Obst ganz bequem in meinen Körper? Soll ich?
Warum habe ich in den 80ern diese Frisur gehabt?
Wo kommt der Fleck her? Was macht jetzt eigentlich
der Dings … der …? Wer hat die Polizei gerufen?
Warum ich? Wieso liegt denn da Stroh? Wer hat
meinen Schokoriegel gegessen? Was?

Auf eine dieser Fragen haben wir eine Antwort.
Du kannst Dir sicher denken, auf welche.«

»Wenn wir 100 % sagen, meinen wir nicht 99,99.«

Stimmt! Die Corporate Language zieht sich durch.
Die Marke ist überall und jederzeit an der Sprache erkennbar.

Veronika Classen im Interview mit Thomas Steck,
Direktor Kundenservice & Logistik, OTTO

# Über Distanz verkaufen – aber den Menschen nah sein.

Wie verkauft man? Über Sprache. Thomas Steck ist verantwortlich für die direkten Verkaufsgespräche bei OTTO. Verkaufsgespräche am Telefon. Verkaufsgespräche in Kundenbriefen. Verkaufsgespräche in E-Mails. Wenn man sich nur mal vor Augen führt, dass OTTO zwei Millionen Briefe pro Jahr versendet, kann man sich leicht vorstellen, welchen Stellenwert die Sprache hat. Natürlich kennen wir alle die TV-Spots. Aber der direkte Dialog ist den Kunden enorm wichtig. Da wird jedes Wort, jede Zeile auf die Goldwaage gelegt. Denn für die Kunden ist der Brief, die E-Mail und das Telefonat der direkteste Kontakt. Diese gewaltige Sprachaufgabe hat Thomas Steck zu meistern. Er ist begeistert von dieser Herausforderung. Er ist Vater des Projekts »Jetzt sprech' ich OTTO!«. Spiegel Online hat über diese Corporate Language von OTTO berichtet und als große positive Ausnahme dargestellt: »OTTO geht mit so viel Akribie und Fingerspitzengefühl an die Sprache – das ist ein Vorbild für andere Marken und Unternehmen!« Was kann Thomas Steck aus seiner Erfahrung heraus an Ratschlägen mitgeben?

Der OTTO-Case. // 289

**Ist OTTO die große Ausnahme oder sehen Sie andere Unternehmen, die auch mit so viel Liebe an die Unternehmenssprache rangehen?**

Thomas Steck: Positiv fällt sicherlich IKEA ins Auge. Das Unternehmen pflegt eine andere Art des liebevollen sprachlichen Umgangs. Darüber hinaus kenne ich aber kaum Unternehmen, die sich die Mühe machen, eine Unternehmenssprache so stringent zu kultivieren, wie wir es tun.

**Bei OTTO standen am Anfang nur die Medien des Kundendialogs?**

Ja. Dann haben die Kunden selber etwas daraus gemacht, das die ganze Marke betrifft. Ich kann mich noch sehr gut an die erste Marktforschungssitzung erinnern. Den Kunden wurden verschiedene Kundenbriefe vorgelegt. Sie schilderten ihre Assoziationen bezüglich des Schreibers: dass es sich um einen älteren, angegrauten Herren handeln müsse, im braunen Anzug mit Ärmelschonern. Mit OTTO verbanden die Befragten aber eine ganz andere Assoziation: das war für sie eine lebenslustige Frau, Mitte 30, die sich für Mode interessiert und für alles, was in der Welt passiert. Die Menschen hatten also ein sehr gutes Gespür dafür, dass da zwei unterschiedliche Menschen – für uns Marken – mit ihnen sprechen. Die Aufgabe an uns war klar: Wir müssen die Sprache der Kundenbriefe so fassen, dass sie zur zur Marke OTTO passt: jung, lebenslustig, freundlich, aufgeschlossen, auf Augenhöhe.

**War die Größenordnung gleich klar? War den Mitarbeitern bewusst: Wenn wir die zwei Millionen Briefe im Jahr sprachlich überarbeiten, dann tun wir der Marke viel Gutes?**

Das ist allen sehr bewusst geworden – bis heute. Der SPIEGEL-ONLINE-Artikel war diesbezüglich natürlich auch noch einmal eine tolle Bestätigung. Denn es zeigt: Das, was wir uns vorgenommen haben, kommt auch draußen an. Natürlich sensibilisieren wir unsere Mitarbeiterinnen und Mitarbeiter auch für die OTTO-Sprache. Selbstverständlich ist der »Praxisleitfaden zur Kundenkommunikation« überdies im Intranet für alle Mitarbeiter abrufbar.

**Mir ist aufgefallen, wie durchgängig die OTTO-Sprache mittlerweile ist. Die Abwesenheitsmeldung während Ihres Urlaubs hat mich gefreut. Was und wie Sie geschrieben haben: von Mensch zu Mensch, wunderbar einfach und unterhaltsam. Haben das alle hier im Haus schon so aufgesogen?**

Sicherlich nicht alle. Man sollte auch nicht außer Acht lassen, dass ein gewisses Maß an Differenzierung wichtig ist. Bei der Kommunikation kommt es vor allem darauf an, dass man authentisch ist. Authentizität ist nahbar. Man sollte sich nicht verbiegen. Das ist allzu durchschaubar und dann kontraproduktiv. Entscheidend ist, dass man sich in die Situation des Adressaten hineinversetzt.

Gerade in der Kundenkommunikation haben wir gelernt, im Laufe des Prozesses die richtige Balance hinzubekommen. Mittlerweile haben wir ein gutes Gefühl dafür: Bis wohin bin ich frech und inspirierend – und wo kippt es aus der Perspektive des Kunden und wird unangenehm. Wann sagt er: Das erscheint mir nicht situationsgerecht oder zu flapsig formuliert.

**Durch unsere psychologische Auswertung der in der Corporate Language geschriebenen Briefe haben wir auf beiden Seiten viel gelernt, nicht?**

Genau. In dem Moment, indem ich freudig auf mein Paket warte, kann man ruhig die Lebensfreude vollkommen ausspielen. Wenn ich ein bisschen länger warten muss, muss ich als Schreibender zurückhaltender sein. Es ist also viel Psychologie und Einfühlungsvermögen notwendig, um die Unternehmenssprache zielgruppengerecht zu verfassen.

Deswegen ist es wichtig, die Kollegen zu schulen, richtig damit umzugehen. Textbausteine helfen den Kundenbetreuern dabei, die Individualisierung schneller hinzubekommen und das Schreiben effizienter zu machen. Darum haben wir ja im CL-Manual auch den Abschnitt, in dem wir demjenigen, der schreibt, die Möglichkeit geben, sich in diese Situation sehr leicht »reinzubeamen«. Das hilft, um in der jeweiligen Situation die Markenwerte in der Sprache richtig zu interpretieren und den richtigen Ton zu finden. Das ist der ganz große Unterschied zwischen Corporate Wording und Corporate Language. Das eine meint nur: einen Begriff durch einen anderen zu ersetzen. Corporate Language heißt: dieses Inhalieren von Werten und dann situativ so sprechen und schreiben, dass man wirklich in dem Moment als Markenbotschafter das Wort ergreifen kann.

> **Wenn man Sprache richtig einsetzt, kann sie kulturprägend sein und für eine Marke einen Wiedererkennungswert schaffen.**

**Hört das Lernen in der Corporate Language je auf?**

Nein! Das ist die wichtigste Erkenntnis: Mit der Sprache ist man nie am Ende. Sie ist lebendig und individuell. Genau wie die Menschen, die sie nutzen. Wenn man Sprache richtig einsetzt, kann sie kulturprägend sein und für eine Marke einen Wiedererkennungswert schaffen. Aber das kann nur gelingen, wenn wir die Dynamik der sprachlichen und gesellschaftlichen Entwicklung mitgehen.

**Im September 2006 ist das Projekt OTTO Corporate Language gestartet. Wie ist es ins Unternehmen getragen worden?**

Es gibt im gesamten Haus OTTO den Konsens, dass wir bei den Kundinnen und Kunden als das wahrgenommen werden wollen, was wir sind: sympathisch, freundlich, offen und lebensfroh. Das ist die Basis. Die sprachliche Ausgestaltung dessen ist das Resultat, das sich seinen Weg sucht. Das ist ja das Charmante an einem lebendigen Konstrukt wie Sprache. Wichtig ist, dass man den Wildwuchs abschneidet und die Steuerbarkeit des Prozesses sicherstellt. Und die Motivation und Leidenschaft bei den Mitarbeitern schürt. Das muss immer wieder angezündet werden.

Die Mitarbeiter sind motiviert. Wenn sie in den CL-Workshops nach nur einem Tag schon erste Erfolgserlebnisse im Schreiben auf Basis der Corporate Language haben: großartig!

Auch unsere Ausdrücke ändern sich. Wir sprechen nicht von Callcentern – ich spreche von Relations-Centern – auch das ist eine sprachliche und kulturelle Veränderung. Die Mitarbeiter wickeln keine Calls ab, sie managen Beziehungen zum Kunden – und zwar auf Augenhöhe. Mit dieser Geisteshaltung sollen unsere Kolleginnen und Kollegen ihre Arbeit verstehen: Ich manage und organisiere als OTTO-Repräsentant eine Beziehung – eins zu eins zwischen meiner Person und dem Kunden. Das Zweite, was ganz wichtig ist: Sollte ein Kunde mal erbost sein und dies auch deutlich zum Ausdruck bringen, so ist dies keine persönliche Kritik am Kollegen. Diese Abstraktion ist allerdings wirklich eine hohe Kunst. Aber es gelingt, wenn man sich in die Rolle des Kunden begibt und dann mit einer vernünftigen Gesprächsführung rangeht. Es geht um Verständnis und ein Miteinander.

**Wir sagen gern: Wenn Sie anfangen zu schreiben, versuchen Sie bitte weiterhin zu sprechen. Hat das geholfen?**

Enorm. Wie gesagt: Sprache ist lebendig. Sie wird in unterschiedlichsten Situationen verwendet. Es ist wichtig, dass man sich genau darauf einlässt. Schauen Sie sich Facebook- oder Twitter-Dialoge an. Diese sind sehr umgangssprachlich und sollen es auch sein, weil es zur Plattform und Situation passt. Das Medium bedingt das. Es ist aber immer noch eine große Herausforderung, dass man nicht aufgrund des Mediums zu sehr in eine Kumpelrolle reinrutscht.

Es ist wichtig, stets die Situation im Blick zu behalten und auf die Bedürfnisse, Sorgen des Kunden einzugehen. Sprache ist situativ. Der Sprach-Guide kann hier eine Hilfe sein, mir Anregungen geben – er bietet Leitplanken, innerhalb derer ich mich sprachlich bewege.

**Das CL-Manual haben die Mitarbeiter immer zur Hand. Wichtig?**

Ja. Gerade für die Mitarbeiter, die die schriftliche Korrespondenz machen. Auch von der Gestaltung her sieht man ja eine hohe OTTO-Individualität. Ideal, damit die Leute vor Augen haben: So schreibt man bei uns die Uhrzeiten, so schreibt man die Service-Einheiten, so schreibt man OTTO Card, so schreibt man OTTO.

**Wir haben noch nie so viel geschrieben wie jetzt. Wir simsen, twittern, bloggen oder facebooken. Ist die Sprache in den Katalogen oder online davon betroffen?**

Ja. Auch die verändert sich. Wir dürfen aber nicht vergessen, dass das Klientel, das sich in Facebook bewegt, demographisch noch ein anderes ist als die Kunden, die sich in Katalogen bewegen. Aber trotzdem bin ich schon jetzt der Meinung, dass man in der Art, wie man Dialoge führt, generell eine Veränderung feststellen kann. Es wird insgesamt kürzer. Es wird knapper. Man lässt mal die Anrede weg. Die Sprache wird bildhafter. Die neuen Medien bieten ja beispielsweise die Möglichkeit, Geschriebenes auch mit Emoticons aufzuladen, um das Gefühl zu verdeutlichen. Das setze ich in meiner Korrespondenz durchaus auch mal ein.

**Bei einigen Studien sehen wir: Durch dieses »Regung in die Sprache reinbringen« begibt sich das Steife auf den Rückzug. Was halten Sie davon?**

Dieser Trend gefällt unseren OTTO-Mitarbeitern. Das nehmen wir gerne in unsere Corporate Language mit auf. Es führt auch dazu, dass sich unsere Sprache immer größerer Beliebtheit erfreut. Es gibt aber auch noch etwas anderes, was dazu führt, dass sich unsere Corporate Language so gut im Unternehmen verbreitet:

Markenbotschafter sein, die Unternehmenssprache verbreiten: das ist auch eine Form der Auszeichnung. Einige Mitarbeiter sind Markenbotschafter in ihrem Relations-Center, in ihrer Abteilung, in ihrer Einheit. Das führt dazu, dass Sie den Mitarbeitern Selbstwertgefühl geben. Das steigert die Motivation: Ich habe damit einen wichtigen Auftrag für das Unternehmen. Die Menschen kommen ihrem Job mit einer völlig neuen Begeisterung nach. Das merkt man. Sie sind echte Markenbotschafter, die das Feuer am Brennen halten.

**Herr OTTO senior hat es so beschrieben: Auf den Schultern der Mitarbeiter die nächste Stufe aufbauen. Ist das ein OTTO-Prinzip?**

Ja. Aber natürlich brauchen Sie auch ebendiese Träger. Menschen, die sich mit einer Idee identifizieren, an sie glauben und dafür sorgen, dass sie sich verbreitet. Genau das sind die Markenbotschafter, von denen ich spreche. Aber es braucht eben auch die Korrespondenzverantwortung, die wir zentral aufgebaut haben. Die Idee funktioniert nur, wenn sie auf der einen Seite sauber hergeleitet und intelligent aufgesetzt ist – und es auf der anderen Seite menschelt. Das bedeutet übrigens auch, dass die technischen Systeme »dazulernen« müssen. Heißt: Man muss schon dort ansetzen, wo die Korrespondenz, wo die Artikeltexte entstehen.

**Ist das so, wie die Japaner es in den Hospitälern machen: ein Avatar, der Sie begrüßt?**

Jein. Wir wollen dem Kunden die Wahlmöglichkeit bieten. Ganz gleich, ob er mit einem Mitarbeiter persönlich sprechen oder zeitversetzt per E-Mail korrespondieren oder im Rahmen eines Live-Chats reden möchte: Wir bieten all diese Möglichkeiten an. Darüber hinaus haben wir »Clara«, einen virtuellen Serviceberater, den wir sehr menschlich aufbauen.

**Also es bleibt OTTO. Es bleibt »nah«?**

Unbedingt. Der Avatar verbindet charmant zwei Dinge: die künstliche Intelligenz mit einer persönlichen Anmutung. Es gibt Menschen, die nicht zwingend den persönlichen Kontakt wünschen, sondern sich lieber maschineller Informationen bedienen. Hierfür ist der Avatar genau die richtige Lösung.

**Wir haben auf der einen Seite eine Sprache, die lebhafter wird. Auf der anderen Seite müssen wir uns im Textbereich an viele technische Herausforderungen begeben. Stichwort suchmaschinenorientiertes Texten. Ihre Erfahrungen?**

Suchmaschinenorientiertes Texten ist häufig kundenorientiertes Texten. Suchmaschinen sind optimalerweise so aufgebaut, dass die Inhalte Kunden einen Mehrwert bieten. Ein Unternehmen sollte also auf beiden Klaviaturen spielen: auf der emotionalen, aber auch auf der effizienten, rationalen. Wichtig ist, sich nicht mehr so formalistisch zu geben wie in der Vergangenheit.

**Wer das gut beschreibt, ist Frau Gramse, die personifizierte Frau OTTO, an die ja viel persönliche Post geht. Sie hat mir gesagt, viele schreiben: Jetzt sprecht ihr endlich so, wie euch der Schnabel gewachsen ist. Ist das nicht klasse, wenn die OTTO Corporate Language bei den Leuten so ankommt?**

(lacht) Ja, das ist eine tolle Bestätigung unserer Arbeit. Hier im Kundencenter haben wir übrigens einen liebevollen Wettbewerb gemacht. Wir haben den Floskel-Eimer erfunden. Da werfen die Mitarbeiter ihre Floskeln rein, die sie üblicherweise benutzt haben. Damit gehören diese Floskeln der Vergangenheit an. Wir haben versucht, den Menschen einen Rahmen

> *Jeder Mensch von uns trägt ein Herz mit sich rum – wie erreichen wir es, dass dieses Herz springt und hüpft – dass das in die Sprache Einzug hält?*

zu geben, in dem sie sich bewegen können. So können sie sich entfalten, haben Gestaltungsspielraum – für ihre eigene Persönlichkeit. Manchmal geht es zum Beispiel um die Tages- oder die Jahreszeiten-Situation. Warum soll man das nicht mit reingeben ins Gespräch. Es ist doch menschlich, wenn man sagt: Ich wünsche Ihnen noch eine schöne Weihnachtszeit, einen schönen zweiten Advent.

**Das war für viele die Eintrittskarte, dass sie das Projekt Corporate Language gut finden: Ich kann meine eigenen Formulierungen mit einbringen. Haben Sie das auch bestätigt bekommen?**

Ja. Nur so erhält man die Herzlichkeit, die Echtheit. Das Wichtige war doch zu Beginn des CL-Prozesses folgender Gedanke: Jeder Mensch von uns trägt ein Herz mit sich rum – wie erreichen wir es, dass dieses Herz springt und hüpft – dass das in die Sprache Einzug hält? Die Antwort: Prinzipien – und dann Gestaltungsspielraum lassen. Manchmal liegt die Lösung so nah und ist so simpel.

**Bei der Auftaktveranstaltung gab es Käsewürfel, darauf ein Fähnchen mit einem lustigen Zitat zu Sprache. Eine Idee des Corporate-Language-Teams. Toll!**

Die haben das wirklich bis ins Letzte wunderbar mit Leben gefüllt. Wir hatten auch einen Wettbewerb, in dem es darum ging, für spezielle Situationen Formulierungen zu schreiben. Über diese Formulierungen wurde dann abgestimmt.

**OTTO war mal »OTTO Versand Hamburg«. Jetzt haben Sie so ein ganz geschmeidiges Wort: Multichannel-Einzelhandel. Ist es nicht an der Zeit, das Versenden mit einem Begriff zu benennen – so populär wie googeln und twittern?**

Otteln klingt merkwürdig. Multichannel-Einzelhandel ist kein Begriff, mit dem wir zum Kunden auftreten.

**Wie sieht es denn aus, wenn es bei OTTO einen Merger gibt. Wie kommen zwei Sprachen zusammen?**

Innerhalb der OTTO Group gibt es eine stark ausgeprägte Dezentralität. Die Marken innerhalb der OTTO Group sind nicht über einen gemeinsamen Corporate-Language-Guide verbunden.

**Wieso geht es OTTO gut und anderen nicht? Was macht OTTO in der Markenführung richtig?**

Die Menschen, die hier arbeiten, sind verantwortlich für das, was sie abliefern. Das führt dazu, dass man eher langfristig denkt – und nicht kurzfristig eine Rakete nach der anderen besteigt und dann versucht, damit abzuheben. Das Zweite ist, dass OTTO eine hanseatische Prägung hat: Man schaut sehr gewissenhaft auf neue Felder und geht nicht kopflos in Risiken hinein. Darüber hinaus wissen wir, dass wir uns ständig verändern müssen. Der E-Commerce ist wahnsinnig schnell, und diese Taktung müssen wir mitgehen. Glücklicherweise ist es uns gelungen, sehr frühzeitig die Organisation darauf auszurichten: E-Commerce nicht als Bedrohung zu sehen, sondern als Chance. Klar ist doch: Wir sind in einem enorm aussichtsreichen Markt unterwegs, nämlich dem Homeshopping-Markt, der unwahrscheinlich viele Perspektiven und Wachstum bietet.

**Die Kunden sagen: Ich kann mich auf OTTO verlassen. Die Menschen, die wir damals gefragt haben, welchen Stellenwert ein Brief von OTTO für sie hat, haben geantwortet: OTTO hat mir persönlich geschrieben. Die Sprache wird persönlich genommen. Eine große Verantwortung?**

Ja, enorm. Einen Brief kann man immer wieder in die Hand nehmen, immer wieder lesen – auch aus unterschiedlichen Perspektiven – je nachdem, in welchem Gemütszustand man gerade ist.

Briefe sprechen direkt mit mir und prägen ganz entscheidend mein Bild von der Marke.

**Welchen Rat geben Sie weiter: Wie soll man kommunizieren?**

Das Wichtigste für eine Marke ist: Was differenziert sie von anderen, was macht sie einzigartig und wie kann man diese Einzigartigkeit auch durch die Sprache stützen. Erst wenn ich weiß, was mich einzigartig macht, kann ich mir auch Gedanken darüber machen, wie klingt die Unternehmenssprache. Das ist eine Lebensaufgabe.

> **Erst wenn ich weiß, was mich einzigartig macht, kann ich mir auch Gedanken darüber machen, wie klingt die Unternehmenssprache.**

**Die Nähe und das Menschliche bleiben wohl der wichtige Aspekt für die Zukunft?**

Dieses Nahsein, obwohl man in Distanz einkauft, ist etwas, was OTTO schon über viele Jahre geprägt hat. Darüber hinaus birgt der Name etwas ganz Nahes, etwas Persönliches, etwas Fassbares, denn es handelt sich um einen Vornamen. Das ist mehr als eine Hülle. Diese Nähe, dieses Persönliche gilt es lebendig und aufmerksamkeitsstark zu halten. In den Mitarbeitern, in den Herzen.

**OTTO wird weiter an der OTTO-Sprache arbeiten?**

Ganz bestimmt. Nur wer stetig an sich arbeitet, wird besser. »Ohne Veränderung ist noch nie etwas besser geworden!«

**Wir sitzen dann in zehn Jahren wieder hier und schauen uns an, was sich in der Sprache verändert hat.**

Na, wir sehen uns bestimmt etwas eher.

**Fahrplan zum Erfolg**    Thomas Steck

1 Sprache schafft Nähe. Darum ist Sprache für OTTO markenprägend und entscheidend.

2 Klare Leitplanken sind wichtig für den Erfolg der Corporate Language.

3 Dies muss kombiniert werden mit der Motivation der Mitarbeiter, sich einzubringen.

4 Jeder Brief, den OTTO versendet, wird persönlich genommen. Pro Jahr also zwei Millionen Briefe. In jedem prägt die Sprache die Marke.

5 Sprache lebt. Technische Veränderungen müssen berücksichtigt werden. Deshalb: Corporate Language ist eine Lebensaufgabe.

Spiegel Online über die Corporate Language von OTTO

Warteschleife:
**Denn sie wissen nicht, was sie schreiben**
Von Tom König

Plattitüden, Anglizismen, hohle Phrasen – wenn Unternehmen ihren Kunden schreiben, klingt das meist entweder nach Bürokratendeutsch oder nach Marketing-Geplapper. Firmen sollten endlich lernen, so zu formulieren wie normale Menschen sprechen.

*Vielen Dank, dass Sie sich für DIE WARTESCHLEIFE entschieden haben! DIE WARTESCHLEIFE ist der führende Anbieter qualitativ hochwertiger und innovativer Kolumnen für Customerservice-Topics in der DACH-Region und ein Produkt der SPIEGEL ONLINE GmbH (»Schneller wissen, was wichtig ist«™). Ihr Klick ist für DIE WARTESCHLEIFE von enormer Bedeutung. Ihr Vertrauen ist unser Antrieb. Wir freuen uns sehr, Sie als Mitglied der globalen DIE WARTESCHLEIFE-Family begrüßen zu dürfen!*

So oder ähnlich läsen sich meine Kolumnen, wenn die Kundenkommunikation eines Großkonzerns sie verfasste – voller Übertreibungen, Anglizismen und hohler Phrasen. Über 400 Zeichen hat der erste Absatz, doch sein Informationsgehalt ist geringer als der einer Kiste Kopierpapier. Jede Woche leiten mir Leser solche oder ähnliche Texte weiter, Dokumente des Kampfes, den sie tapfer mit Unternehmen ausfechten.

Dabei zeigt sich immer wieder: Kunde sein ist nicht nur deshalb nervtötend, weil guter Service rar ist. Sondern auch, weil die damit verbundene Korrespondenz so anstrengend ist. Es gibt drei Arten von schlechtem Deutsch, mit denen Firmen ihre Kunden piesacken. Da ist zunächst Bürokratensprech.

»Sehr geehrter Herr König, zu unserer Entlastung übersenden wir Ihnen hiermit die Mitteilung, dass unsere Qualitätssicherung nach eingehender Befassung mit dem von Ihnen im Rahmen des Beschwerdegangs eingereichten Garantiefall kein Versagen der Bauteile i.S.v. § 4 (Abs. 2) unserer AGB feststellen konnte. Ein Garantiefall liegt somit nicht vor. Seien Sie sich indes versichert, dass wir Ihnen bei in der Zukunft auftretenden Fragen i.R.d. ges. Gewährleistungsfrist zur Verfügung stehen.«

Erstaunlicherweise kommen solche Textbrocken meist nicht aus Ämtern, sondern aus der Privatwirtschaft. Mindestens genauso enervierend ist Marketingsprech – siehe oben. Es fußt auf der Idee, dass jeder Kundenkontakt eine Branding

Opportunity ist. Eine Gelegenheit, die man dazu nutzen sollte, dem wehrlosen Konsumenten die Core Values der Marke in den Schädel zu dreschen. Dass einen Menschen, der wegen seines kaputten Handys vorstellig wird, nichts weniger interessiert als die Unique Selling Proposition der Callyoulater AG in der EMEA-Region – egal.

Die dritte Kategorie sind Juristentexte. Sie machen die deutsche Sprache zum Vehikel einer ausgefeilten Cover-your-ass-Strategie. Getrieben von der konzerneigenen Rechtsabteilung formuliert der Service seine Mails dabei stets so, dass der Kunde daraus keine, aber auch wirklich gar keine Ansprüche oder Erwartungen ableiten kann:
»Sehr geehrter Herr König, wir bedanken uns, dass Sie uns dieses Thema zu Kenntnis gebracht haben. Wir werden, soweit angebracht, eine eingehende Prüfung dieser Frage einleiten und Ihnen gegebenenfalls eine Rückmeldung zukommen lassen. Dieses Schreiben erfolgt unter Vorbehalt und sollte nicht als Zusage seitens der Callyoulater AG aufgefasst werden.« Ein eingeölter Flussaal ist griffig dagegen!

### »Führen Sie ein persönliches und emotionales Gespräch«

Das alles nervt nicht nur, es erweckt auch einen fatalen Eindruck. Stets signalisiert das Unternehmen dem Kunden, dass es sich nicht verantwortlich fühlt, ihn geringschätzt, keine Fehler eingestehen kann.

Es gibt glücklicherweise einige Unternehmen, die sich über dieses Sprachproblem Gedanken machen. Das Hamburger Versandhaus Otto etwa händigt seinen Mitarbeitern einen Leitfaden namens »Jetzt red' ich Otto« aus. Auf Ottos Negativliste steht beispielsweise der Satz: »Die Überprüfung durch unsere Qualitätssicherung hat den von Ihnen aufgezeigten Mangel bestätigt.« Stattdessen soll es heißen: »Sie haben recht: Ihr Pulli war mangelhaft, dafür entschuldigen wir uns.«

In die Tonne gehört laut dem Leitfaden: »Mit Bedauern mussten wir feststellen, dass Sie schon längere Zeit auf Ihre Bestellung warten.« Der Alternativvorschlag: Sie fragen sich, wo Ihre Bestellung bleibt? (…) Für die Verzögerung entschuldigen wir uns.«

Vor allem den Umstand, dass sich Otto stets ohne Vorbehalt entschuldigt, wenn irgendetwas versemmelt wurde, kann man gar nicht genug loben. Die meisten Firmen bitten uns immer noch »um Verständnis« oder machen lieber

gleich höhere Mächte für ihr Versagen verantwortlich. Eine Kostprobe aus einem Schreiben einer Bank: »Im Rahmen der Kontoauflösung ignorierte das System die korrekt eingepflegte Bankverbindung.«
Wir haben alles richtig eingetippt. Unser doofer Computer war's.

Ottos Stilbuch enthält allerlei Leitsätze wie »Geben Sie eindeutige Antworten«, »Verwenden Sie freundliche und klare Umgangssprache« oder »Führen Sie ein persönliches und emotionales Gespräch«. Kundenkommunikation, das ist dabei die Grundidee, sollte so klingen wie ein Gespräch von Menschen mit Menschen sprechen – und nicht wie eines von Menschen mit Aktenordnern.

Das ist eigentlich eine schrecklich banale Erkenntnis –
in den meisten Unternehmen ist sie leider noch nicht angekommen.

**Spiegel Online, Tom König, 9. Oktober 2012**
http://www.spiegel.de/wirtschaft/service/unternehmen-schreiben-ihren-kunden-in-unverstaendlicher-sprache-a-852346.html

Armin Reins im Interview mit Hartmut Dages,
Leiter Marketing & Vertrieb Industrial Instrumentations 3D
Compact Systems bei der SICK AG in Waldkirch

# Als B-to-B-Marke durch Sprache punkten.

Was unternimmt ein Unternehmen,
das die Welt erobern möchte –
und dazu vielleicht nicht gerade
den hilfreichsten Namen hat – SICK.
Er setzt auf die Kraft
von deutschen Ingenieurs-Tugenden,
spannenden Geschichten und –
Sprache!

Herr Dages, gemeinhin sagt man ja: »Dem Ingenieur ist nichts zu
schwör, außer wenn er darüber reden muss.« Deutschland ist voll von
mittelständischen Weltmarktführern. In jedem dieser Unternehmen
entwickeln großartige Ingenieure bahnbrechende Technik. Zum
Beispiel bei sick die intelligentesten Sensoren der Welt. Aber wenn
man diese technischen Künstler sprechen lässt, tun sie sich ganz
schwer mit Sprache. Woran liegt es, dass deutsche Ingenieure oft
so sprachlimitiert sind?

> Hartmut Dages: Ich bin ja auch gelernter Ingenieur. Und ich habe auch so
> meine Schwierigkeiten mit der Sprache, obwohl ich jetzt im Marketing
> sitze. Ich glaube, dass es damit zusammenhängt, dass Ingenieure eher
> technisch, analytisch, mathematisch orientiert sind. Das gilt natürlich
> nicht für alle Ingenieure. Aber die Mehrheit tut sich mit dem Thema Spra-
> che schwer. Wenn ich jetzt in mich so reinschaue, dann habe ich in der
> Schule und im Studium eher die Stärken der Technik und die Analyse wei-
> tergetrieben und das Thema Sprache nicht so ausgebaut, wie es hätte sein
> können.
>
> Elektroingenieure oder Maschinenbauingenieure entwickeln übrigens
> schnell ihre eigene Sprache, die die Ingenieure natürlich untereinander
> hervorragend verstehen. Aber sie lernen nicht, sie so aufzubereiten, dass
> sie auch für den normalen Menschen verständlich ist.

Was hatten Sie in der Schule in Deutsch?

> Eine Drei.

Und in Physik eine Eins wahrscheinlich.

> Da hatte ich eine Zwei, Englisch Vier. Mein Sprachzentrum war wohl nicht
> so ausgebildet.

Ich hatte in Deutsch eine Vier, wenn Sie das tröstet. Über Mathe und
Physik sprechen wir lieber erst gar nicht. Ich stelle immer wieder fest,
dass Ingenieure oft denken, alle Menschen, mit denen sie sprechen,
sprechen ganz selbstverständlich ihre Sprache. Sie müssten sich gar
nicht anstrengen, um verständlich zu sein. Denn man spricht ja eine
Geheimsprache untereinander. Und wenn die Agentur dann mit
– aus ihrer Sicht – verständlichen Texten kommt, dann wird das
häufig als Prosa abgetan. Weil zu populär, zu erzählerisch, zu unterhaltsam. Warum hat der Ingenieur Angst vor der Emotion?

> Ich denke, die meisten Ingenieure wollen es immer sehr präzise, sehr
> genau, sehr detailliert erklärt haben. Und ich glaube, da entsteht der Kon-
> flikt mit der Werbung, die in den Ingenieurs-Ohren oft oberflächlich
> daherkommt. Den Ingenieuren fehlt dann die komplette Darstellung des
> Prinzips, die gesamte Kunst des Produktes oder des Entstehens und Ent-
> wickelns. Das ist Menschen mit einer Eins in Physik dann oft zu kurz
> gesprungen.

**Oder zu übertrieben oder zu ausgeschmückt.**

Genau. Oder der Texter fokussiert auf eine Produktfunktion, die der Ingenieur nicht wichtig findet. Vielleicht würde sie der Kunde wichtig finden. Aber der Ingenieur findet sie nicht wichtig. Weil die beschriebene Funktion in seinen Augen vielleicht nur eine einfache Funktion ist. An der er gar nicht so lange getüftelt hat wie an den hundert anderen, die er gerne gewürdigt gesehen hätte. Ich denke, da rührt der Konflikt her.

Gut, in einer Welt, in der ein Unternehmen Marktführer oder vielleicht sogar Monopolist ist, ist es einfach. Dann schere ich mich nicht darum, was die anderen über mich denken. Aber in einer Welt, in der ich mich in meiner Produktqualität gegenüber anderen beweisen muss oder wo es Wettbewerber gibt, die günstiger sind, wo ich also meinen Mehrwert herausarbeiten muss, da komme ich plötzlich in eine Situation, dass ich doch mehr Worte benutzen muss, um das Besondere an meinem Produkt bewusst zu machen.

**Und da scheitert der deutsche Ingenieur?**

Vielleicht ein bisschen pauschaliert, aber im Kern treffen Sie den Punkt. Ein Ingenieur beschreibt im Prinzip immer gern die Funktionalität, die er entwickelt hat. Also das Feature – oder lieber noch *die* Features. Und selten den daraus abgeleiteten Kundennutzen. Natürlich, ich hätte fast leider gesagt, ist es so, dass unsere Produkte viele Features haben. Aber nicht jeder Kunde nutzt immer jedes Feature. Oder vielleicht benötigt er es gar nicht. Und wenn man die Ingenieure und den Vertrieb dann allein laufen lässt, legen sie halt gerne sämtliche Features in einen einzigen Text. Ganz nach dem Motto: Man kann ja nie wissen …

**Was macht in Ihren Augen gute Sprache in der technischen Kommunikation aus? Was muss gute Sprache im B-to-B-Bereich leisten?**

Wenn ich jetzt an eine reine Produkt-Dokumentation denke, dann muss sie zuerst einmal sehr einfach formuliert sein. Es muss sehr klar rauskommen, was kann dieses Produkt, was kann die Funktion, was bringt mir das. Alles muss kundenverständlich gut erklärt sein. Es sollten keine Fallstricke drin sein oder irgendwelche Wischiwaschi-Formulierungen, die man frei interpretieren kann. Hier geht es allein um die Präzision in der Sprache. Wenn es hingegen um die Marke geht, um Image-Kommunikation, dann ist es wichtig, dass man mit der Sprache die gewünschte Aufmerksamkeit schafft und durchaus polarisiert. Denn ohne aufzufallen erzeuge ich keine Reaktion beim Leser.

**Wann ist bei SICK die Entscheidung gefallen, den Fokus verstärkt auf die Sprache zu legen?**

Im letzten Agentur-Pitch haben wir uns bewusst gesagt, auf die Shortlist nehmen wir neben den klassischen Agenturen auch eine Sprachagentur.

Und dann schauen wir mal, was die anders macht. Da waren wir neugierig. Heute wissen wir, dass wir als B-to-B-Marke durch Sprache punkten können.

**Das Problem bei Produkten wie Ihren ist: Ich kann einen Sensor extrem schön fotografieren, es bleibt trotzdem ein Sensor, und ich weiß erstmal nicht, was er kann. Wenn ich ihn aber irgendwo einbaue, in eine hypermoderne Abfüllanlage oder in die neueste Produktionsstraße – sehe ich den Sensor nicht mehr. Das war das Problem, mit dem wir uns konfrontiert sahen. Was ein Investitionsprodukt leistet, erzählt es mir nicht im Produktbild. Was ich noch viel schlimmer finde: Lege ich von einem Wettbewerber einen Sensor daneben, erkenne ich als Kunde den Unterschied nicht. Ich glaube, die Aufgabe – und die haben wahrscheinlich die meisten B-to-B-Unternehmen – ist, dass der Text den Unterschied herausarbeiten muss. In der Ingenieurskunst, in der Anwendungsqualität, in der Qualität des Produktes, im Kundennutzen.**

Ich denke das auch. Bisher wollte man halt immer seine Produkte auch in der Werbung *sehen*. Weil wir ja die Produkte im Detail verstehen und wissen, was sie können. Wir dachten, es genügt, die Produkte nur zu zeigen, dann weiß der Kunde schon, dass sie gut sind. Bei Texten vertrat man immer die Auffassung, dass sie nicht gelesen werden. Dass nur das Bild einen reinzieht in das

**Ich glaube, dass viele B-to-B-Unternehmen weniger auf die Sprache achten als auf das Bild. Und dadurch das größte Differenzierungspotenzial und das größte Tor zur Aufmerksamkeit verschenken.**

Produkt und seine Leistung. Ich glaube, dass viele B-to-B-Unternehmen weniger auf die Sprache achten als auf das Bild. Und dadurch das größte Differenzierungspotenzial und das größte Tor zur Aufmerksamkeit verschenken.

**Dabei haben Untersuchungen herausgefunden: Je größer das zu tätigende Investitionsvolumen ist, desto mehr will man erfahren. Sogar mehr als früher. Weil man natürlich wissen will, warum Produkt A teurer ist als Produkt B. Und was man für den höheren Preis an persönlichem Mehrwert erhält. Das Paradoxe ist jedoch: Die Menschen wollen immer mehr Informationen. Aber dabei immer weniger lesen.**

Ja, das ist heute die entscheidende Frage: Wie können wir in unseren Produkt-Dokumentationen den großen Umfang an Inhalt adäquat vermitteln. Wir setzen dabei vermehrt auf das Medium Bewegtbild und Animationen. Wir versuchen die Kombination: die Funktionsbeschreibungen filmisch rational darzustellen und den Mehrwert emotional mit Hintergrundtexten zu erläutern.

**Sprache ist auch in den SICK-Unternehmensleitlinien ein wichtiger Punkt?**

Ja. Wir haben in der Vergangenheit gemerkt, dass wir teilweise in unterschiedlichen Bereichen unterschiedliche Sprachen gesprochen haben. Auch wenn wir über die gleichen Themen geredet haben. Der eine sagt »Distanzabstand«, der andere redet von »Reichweite«, der Dritte von einem »Scan-Bereich«. Wir haben unterschiedliche Begriffe für die ähnliche Funktionalität eingesetzt. Das musste dringend in eine einheitliche Sprache zusammengeführt werden. Damit der Kunde versteht, von was wir reden. Ein Markenwert wie »Kundenorientierung« ist doch nur dann glaubhaft, wenn man es schafft, ihn durch die Sprache zu vermitteln.

> Ein Markenwert wie »Kundenorientierung« ist doch nur dann glaubhaft, wenn man es schafft, ihn durch die Sprache zu vermitteln.

**Ich stelle es mir nicht leicht vor, Menschen, die immer in Features gedacht haben, ein kundenorientiertes Denken und Schreiben zu vermitteln.**

Sollte man denken, ist es aber nicht. Es besteht bei uns überall der Wunsch, kundenorientiert denken zu können, die Kundenanforderungen aufzunehmen und zu vermitteln. Denn durch dieses Vermitteln zeigt man ja, ob das Produkt, wie wir im Badischen sagen, »das taugt, was man sich ausgedacht hat«.

**Als wir um SICK pitchten, haben wir uns natürlich gefragt: Was machen wir mit diesem Namen? Wie kann man damit international erfolgreich sein? Das hat uns die Hälfte unserer Zeit beschäftigt. Ich war einer derjenigen, die gesagt haben, das kann man nicht machen: Don't play around with your name. Aber es gab, letztlich Gott sei Dank, eine ganze Menge Kollegen bei uns, die gesagt haben: Was die da bei SICK machen, ist doch irgendwie auch wirklich »SICK«. Weil, das sind Tüftler, das sind Ingenieure, die gehen für ihre Lösungen tatsächlich bis an die Schmerzgrenze. Die werden wortwörtlich verrückt, wenn sie ein Kundenproblem nicht gelöst bekommen. Die werden fast krank, wenn sie eine Herausforderung nicht meistern. Das sind die positiv Verrückten. Ich habe es dann präsentiert und mir gedacht: Entweder sie lieben es oder sie hassen es.**

Wie Sie sich denken können, gab das intern viel Diskussionsstoff. Das heißt, es waren ein paar schmerzhafte Schleifen notwendig. Heute sind wir froh, dass wir diesen Weg gegangen sind. Dass wir in den Überschriften unsere manchmal wirklich verrückten oder zumindest ungewöhnlichen Produktleistungen erzählen. Und es dann mit »This is SICK Sensor Intelligence« markengerecht abschließen. Inzwischen finden die meisten bei uns die Kampagne sehr gut. Aber sie polarisiert hier und da immer noch. Aber das muss wohl bei neuen

> Auch ein Ingenieur will unterhalten werden, wenn er schon mal etwas liest.

Kampagnen auch so sein. Langsam bekommen alle ein gemeinsames Gefühl für den Grad an Schmunzeln, den wir dem Ingenieur zumuten können. Wir haben den Claim »Sensor Intelligence«. Also dürfen die Texte auch intelligent sein. Auch ein Ingenieur will unterhalten werden, wenn er schon mal etwas liest. Für uns ist das natürlich ein riesiger Schritt. Aber – da bin ich mir 100 % sicher – es bringt uns langfristig nach vorne. Weil wir in unserer neuen Kommunikation den Kunden noch mehr in den Vordergrund stellen. Weil wir ja darin direkt sagen: Wir tun alles, wirklich alles, um dir zu helfen, deine Aufgabe richtig gut zu lösen.

**Das Gute ist doch, dass SICK unglaublich viele unglaubliche Geschichten zu erzählen hat.**

Den ersten Schritt sind wir schon 2011 auf unserer Solution-Tour gegangen. Dort haben wir zum ersten Mal den Kunden in den Vordergrund gestellt. Wir haben unsere Best-of-Cases präsentiert. 90 % der angefragten Kunden haben sich als Referenz zur Verfügung gestellt. Mit Name, Logo, technischen Details, teilweise sogar im Film.

**Viele B-to-B-Unternehmen glauben, dass sie sich Geschichten und Storytelling nicht erlauben können.**

Klar, man hat am Anfang immer ein bisschen Bedenken, dass es zwar unterhaltsam ist, aber unseriös klingt. Aber dann entstehen so großartig überzeugende Filme, und jeder hat es natürlich von Anfang an gewusst: Das ist gut für die Marke und für den Abverkauf.

Wir haben zum Beispiel erzählt, dass unser Sensor in Frankreich hilft, Austern nach Größe in unterschiedliche Boxen zu sortieren. Exakt nach Klassifizierung. In einer enormen Geschwindigkeit. Eine super Story.

**Oder der Sensor vor dem Tunnel, der nur den durchlässt, der »wirklich völlig blau ist«.**

Ja, die Lasermesssensoren und Wärmebildkameras in unserem Vehicle Hot Spot Detector scannen die Fahrzeugkarawane zum Beispiel vor dem Karawankentunnel. Und ziehen alle Lkw mit heißen Reifen, rot leuchtenden Bremsscheiben oder gefährlich erhitzter Ladung noch vor der Einfahrt aus dem Verkehr.

**Oder die Story von einem SICK-Sensor in einer Bosch-Verpackungsanlage. 10 % aller Medikamente, die nach Deutschland kommen, sind Imitationen oder Fälschungen. Deren Packungen sind für das menschliche Auge identisch mit dem Original. Aber der SICK-Sensor schafft es, sie herauszufischen. Und dadurch unsere Medizin-Versorgung sicherer zu machen. Bei 40.000 unterschiedlichen Produkten haben Sie ja noch genügend Stoff zum immer besseren Geschichtenerzählen ...**

Ja, und zum immer besseren Kundenverstehen. Was braucht mein Kunde, um seine Maschine schneller, seine Maschine einfacher, ja besser bedienbar zu machen. Unsere Kunden sind ja keine Experten in der Sensorik. Sie formulieren ihre Anforderung oft sehr unpräzise und sehr unscharf. Und es ist unser Job, das so zu übersetzen, dass es dann eine Funktionalität wird, die genau diese Problemstellung löst.

**Das heißt, Sie sind auch verdammt gute Zuhörer?**

Ja, gut zuhören, verstehen, bauen, erklären. Das ist das Prinzip unserer Kundenorientierung. Die Sprache übersetzt im Prinzip den Nutzen für den Kunden, den er am Anfang bei uns eingefordert hat. Diese Haltung wurde schon geprägt durch den Gründer Dr. Erwin Sick, 1946. Sein Antrieb war immer, sehr gute Produkte nah am Kunden zu bauen.

**Bei SICK gibt es tatsächlich sehr viele leidenschaftliche Menschen. Das merken wir auch bei den Briefings und nicht zuletzt bei den Abstimmungen. Da denke ich manchmal, oh Gott, noch eine Schleife und noch eine Schleife ...**

Ja, das ist manchmal auch anstrengend mit uns, weil es bei solch anspruchsvoller Technik auch einen hohen Abstimmungsbedarf gibt. Man verliert hier und da auch mal Geschwindigkeit, aber das Endprodukt ist entscheidend. Und das ist dann zu 99 % gut.

**Wie haben Sie es angelegt, dass Sie sicherstellen, dass die Sachen, die hier geschrieben werden, international in der gleichen Qualität eingesetzt werden? Wie gelingt das bei der Übersetzung der anspruchsvollen Überschriften?**

Klar, Bilder international umzusetzen ist einfacher. Die Texte werden von der Agentur in Deutsch und Englisch, manchmal auch in weiteren Sprachen geliefert. Das sind keine herkömmlichen Übersetzungen. Wichtig ist: Die Texte müssen von einem Native Speaker, am besten von einem Native Writer geschrieben werden. Da geht es immer darum, die Zeile nicht wörtlich zu übersetzen, sondern den Inhalt so nah wie möglich zu transportieren. Im Zweifelsfalle würde es mich nicht stören, wenn die amerikanische Headline eine andere ist als die in Deutschland. Manchmal ist es sogar besser, Sie haben systematische Fehler drin, um jetzt mal in der Ingenieurssprache zu sprechen.

**Fahrplan zum Erfolg**  Hartmut Dages

1 Das Herz eines Ingenieurs erreicht man, wenn man ihm sehr, sehr gut zuhört.

2 Die reine Produkt-Dokumentation muss ohne Wischiwaschi, einfach formuliert sein. Was kann das Produkt? Was kann die Funktion? Was bringt mir das?

3 Wenn es um die Marke geht, darf die Sprache durchaus polarisieren. Denn ohne aufzufallen erzeugen Sie keine Reaktion beim Leser.

4 Auch ein Ingenieur will unterhalten werden, wenn er schon mal was liest.

5 Wenn eine einheitliche Sprache weltweit funktionieren soll, helfen keine herkömmlichen Übersetzungen. Die Texte müssen von einem Native Writer geschrieben werden.

**Die Sprache positioniert. Storytelling begeistert. Technik fasziniert.**

SICK ist international einer der führenden Hersteller von optoelektronischen Sensoren. Den Namen SICK und seine Doppeldeutigkeit im Englischen macht REINSCLASSEN in der Kommunikation bewusst und selbstbewusst zum Prinzip des Denkens: Für SICK stehen Entwickler und Ingenieure, die überspitzt gesagt krank, sprich »sick« werden, wenn sie die Sensor-Welt nicht mit den überzeugendsten, überraschendsten, neuartigsten Lösungen verblüffen können.

Sprache macht Marken. Sprache verkauft.

»NUR WER WIRKLICH VÖLLIG BLAU IST, HAT HIER FREIE FAHRT.
THIS IS SICK Sensor Intelligence.«

Sensor-Technik zum Scannen von gefährlicher Lkw-Ladung

»ZWISCHEN GENIE UND WAHNSINN LIEGEN NUR 0,02 SEKUNDEN.
THIS IS SICK Sensor Intelligence.«

Sensor-Technik zum Detektieren von Gefahr durch Vandalismus und Diebstahl

## »PIRATEN ERKENNT MAN HEUTE NICHT MEHR AM HOLZBEIN.
### THIS IS SICK Sensor Intelligence.

Daniel ist Produktmanager bei Bosch Packaging Technology in Waiblingen. Seinem Neffen hat er erzählt, dass er Piratenschreck ist. Denn 10 % aller Medikamente auf der Welt sind gefälscht. Und stecken in täuschend echt nachgemachten Packungen. Als Track-and-Trace-Spezialist hat Daniel beschlossen, dieses Produktpiratentum zu bekämpfen. Mit allen Mitteln. Wie Scannern, Encodern, Gabelsensoren und Lichtschranken von SICK. Damit entwickelt er äußerst sichere Verpackungstechnik. Nun können Originalprodukte durch Etiketten, Mikroschriftzüge, Farbcodes, Spezialtinten oder biologische wie chemische Marken von Fälschungen unterschieden werden. Daniel ist jetzt der Albtraum eines jeden Piraten. Und sein Neffe mächtig stolz auf ihn. Wir finden das intelligent. www.sick.de«

# Teil 3

## Sprache, die wirkt.

# In der Krise ist die Sprache die größte Herausforderung.

Wenn irgendwo auf der Welt eine Marke ein kommunikatives Problem hat, ein Unternehmen in die mediale Bredouille gerät, ja selbst wenn ein Kreuzfahrtschiff vor der italienischen Küste auf einen Felsen läuft, dann wird Karl-Heinz Heuser gerufen. Denn er weiß, warum im Krisenfall keine bunten Bilder helfen. Sondern klare Fakten. Er weiß, wie man mit Geschichten Botschaften transportiert. Warum Worte manchmal spitzer sind als Schwerter. Und warum PR heute nicht mehr PR heißen sollte.

Interview mit Karl-Heinz Heuser, langjähriger Deutschlandchef der amerikanischen Netzwerkagentur Burson-Marsteller. Seit 2015 ist er Inhaber der Heuser Kommunikation in Köln.

**Karl-Heinz, du nennst deine Branche nicht mehr PR.**

Ich nenne meine Branche Kommunikation.

**Bitte erkläre uns den Unterschied.**

Public Relations ist nur ein Teil der Kommunikation. So wie auch Werbung nur ein Teil der Kommunikation ist. Es geht dabei um alle Beziehungen zwischen einer Person oder einer Institution zur Öffentlichkeit.

**Welche Rolle spielt dabei Sprache?**

Eine große. Aber eine andere als früher. In der Kommunikation geht es heute vor allem darum, Geschichten zu erzählen. Geschichten, die so aufgebaut sind, dass sie zu Bildern im Kopf des Empfängers führen. Dass sie einen Film in den Köpfen der Menschen ablaufen lassen. Dazu genügt nicht mehr die althergebrachte PR-Sprache, wie man sie aus 08/15-Pressemitteilungen kennt. Um wirksam durch Bilder Einstellungen zu verändern, braucht es eine ganz besondere Sprache.

**Der Wettbewerb um den Platz in den Medien wird immer härter. Welche Rolle fällt dabei der Sprache zu?**

Es kommunizieren heute viel mehr Menschen, Institutionen, Unternehmen. Als Absender kommst du nur in die Medien, wenn du inhaltlich richtig verstanden wirst. Das ist das eine. Und zweitens geht es darum, das Ganze mit einer knackigen Aussage zu verbinden. Nur die ist es dann, die den Weg in die Medien findet. Und letztendlich hängen bleibt. Wenn man zurückdenkt, die großen Wahlkämpfe in den 60er Jahren, 70er Jahren, Adenauers »Keine Experimente«, »Die FDP schneidet die alten Zöpfe ab« oder die Rote-Socken-Kampagne der CDU – es sind immer die großen, bildhaften Aussagen, die wir uns merken.

**Das Big Picture ist also in der Public Communication die Big Message?**

Ja. Es waren und sind immer die von starken Sätzen getragenen Kampagnen, die Wirkung erzeugen. Weil sie in wenigen Worten die Haltung für jedermann auf den Punkt bringen. Die Menschen können nur begrenzt Dinge aufnehmen. Das, was langweilig kommuniziert wird, fällt sofort durchs Raster.

## In der Kommunikation geht es heute vor allem darum, Geschichten zu erzählen.

**Bedeutet das, man muss sprachlich populär visuell sein?**

Richtig. Die Sprache muss populär sein und sie muss zu Bildern führen. Sie darf aber dabei nicht populistisch sein. Populär würde ich so definieren: Die Message muss verstanden werden. Und sie muss dabei auch ein kleines bisschen unterhaltsam sein und mit einer Emotion verknüpft sein.

**Uiih – unterhaltsame Sprache und Emotion. Das ist doch genau das Parkett, auf dem Ungeübte schnell ausrutschen.**

Exakt. Noch nie gab es eine Zeit, in der Wörter so auf die Goldwaage gelegt wurden und in allen Medien verbreitet wurden. Wenn du heute irgendwo ein Wort falsch sagst, ist das in zwei Minuten um die ganze Welt. Dabei sind es nicht die Worte, es ist deren Verbreitung, die einen vorsichtiger werden lässt. Weil man weiß, wenn du heute, gerade vor einer Kamera, aus Versehen etwas Falsches sagst, das findet bei YouTube, in den sozialen Medien, sofort seinen Niederschlag. Und dann hat man Probleme. Das Internet ist das ewige Gewissen. Was man da einmal gesagt hat, bleibt. Früher galt die Regel: Nichts ist so alt wie die Tageszeitung von gestern. Was im Prinzip meinte: Eine Nachricht ist kurz gehyped und dann ist sie weg. Das hat sich extrem verändert. Heute findet jede Nachricht den Weg in die Ewigkeit. Das Internet vergisst nicht. Da kann auf Google plötzlich ein negativer Eintrag von 2004 hochgeschwemmt werden. Deswegen ist man in der Tat gut beraten, sich immer sehr genau zu überlegen, was sage ich eigentlich wann, wem und bei welchem Anlass.

**Damit hast du eigentlich präzise dein Berufsfeld beschrieben.**

Im Prinzip habe ich damit mein ganzes Berufsfeld beschrieben.

**Information mit Emotion – ist das eigentlich möglich?**

Ich glaube schon. Wenn wir aber beispielsweise über Krisen-PR sprechen, dann kommt sogar noch ein dritter Aspekt hinzu: die juristischen Konsequenzen.

**Hast du für uns ein Beispiel?**

Nehmen wir das Costa-Concordia-Unglück in Italien. Wir betreuten diesen Fall bei Burson-Marsteller. Da muss man auf der einen Seite sachlich informieren, was passiert ist. Da muss man auf der anderen Seite natürlich Betroffenheit äußern, weil, es sind Menschen zu Tode gekommen. Das ist emotional etwas sehr Bewegendes. Da muss man selbstverständlich die richtigen Worte finden. Aber gleichzeitig muss man auch mögliche Schadensersatzansprüche juristischer Art im Kopf haben. Das heißt, man darf nicht aus einer emotionalen Wallung heraus Sätze sagen, die später justiziabel sind, was Schuld-Anerkenntnisse oder ähnliche Dinge angeht.

## Die Sprache muss populär sein und sie muss zu Bildern führen.

**Bedeutet das für die Ausbildung eines Menschen, der heute in die Öffentlichkeitsarbeit geht, er muss mehr wissen als früher? Muss er auch ein halber Jurist sein, ein halber Psychologe?**

Nein, er muss nur mit den entsprechenden Leuten zusammenarbeiten. Aber richtig ist schon, dass gerade bei großen Krisen, in denen Menschen zu Schaden kommen, oder wenn Fabriken geschlossen werden, 500 Leute ihren Arbeitsplatz verlieren, da kommt es sehr darauf an, dass man auf der einen Seite Mitgefühl zeigt, aber auf der anderen Seite auch die ökonomischen Notwendigkeiten berücksichtigt. Und da muss man sicherlich mit unterschiedlichen Experten zusammenarbeiten. Die Zusammenarbeit mit Psychologen ist noch nicht so weit institutionalisiert, aber mit den Juristen ist das bereits Standard. Da sitzen immer Anwälte mit am Tisch, was manchmal den einen oder anderen gesprochenen Satz etwas sperrig klingen lässt.

Der Job ist allgemein vielfältiger geworden. Früher war PR Pressearbeit. Und man hat Pressekonferenzen oder Veranstaltungen gemacht. Heute hast du eine große Zielgruppensegmentierung, die individuell angesprochen werden will. Und für jede Zielgruppe musst du unterschiedliche Ansprachen wählen oder aber unterschiedliche Veranstaltungen, Events, Tools entwickeln, damit du an die Leute auch die Informationen richtig herantragen kannst. Das macht es komplex.

**Bleiben wir beim Thema Krisenmanagement, das ist ja dein Kerngebiet. Eine Krise, die ich unter Sprachgesichtspunkten intensiv verfolgt habe, war die Budapest-Affäre der Hamburg-Mannheimer. Damals firmierte die ERGO gerade um.**

**Sie machen eine riesengroße Kampagne, mit Millionen in Print und TV. Klartext-Initiative. Versprechen: Alles wird neu. Alles wird besser. Alles wird sauberer. Alles wird gut. Und plötzlich bricht dann brutal die Budapest-Nutten-Story über sie herein. Das ganze Unternehmen steht buchstäblich im roten Licht. Wie reagiert eine Agentur darauf? Wie muss ich mir den Arbeitsablauf zu so einer medialen Krisenbewältigung vorstellen?**

Ich hatte bei der ERGO keine Aktien drin, sie war nicht unser Kunde. Aber ich denke, der Ablauf ist überall gleich. Der Kunde meldet sich bei der Agentur und sagt: Wir haben ein kommunikatives Problem, das einen ziemlich schwierigen faktischen Hintergrund hat. Also am Anfang der Bewältigung einer Krise steht nicht die kommunikative Erklärung, sondern das Erkennen und die Einsicht: Wir haben ein faktisches Problem. Also als Unternehmen zu begreifen: Da kommt etwas, das hat für uns einen gravierenden negativen wirtschaftlichen Einfluss.

**Oder Imageeinfluss.**

Ja, was am Ende aber auch wirtschaftliche Auswirkungen hat. Also erstmal muss das betroffene Unternehmen erkennen, dass es überhaupt ein Problem hat. Wenn man mit Kunden Krisenszenarien durchspielt, gibt es immer die Diskussion, wer entscheidet eigentlich im Unternehmen, wann eine Krise eingetreten ist?

So banal das klingt: Das ist immer einer der wichtigsten Schritte überhaupt. Denn wer sagt: Wir haben eine Krise, der verantwortet sie letztlich. Was bis zum Rücktritt führen kann.

Und wenn man dann erkannt hat, ja, es ist eine Krise, dann sieht man nach, wie haben wir uns eigentlich darauf vorbereitet? In der Regel hast du bei einer Krise ganz wenig Zeit. Wenn das Schiff gesunken ist, kannst du nicht anfangen, dich in Ruhe hinzusetzen und zu sagen, bis morgen schreiben wir mal ein paar kluge Botschaften auf.

**Wann ist denn für ein Unternehmen die Krise da?**
**Wenn die Presse berichtet oder im Grunde noch vorher?**

Vorher. Im Idealfall hat man in einer Krise das Heft des Handelns in der Hand; das heißt, man kann proaktiv seine Geschichte erzählen.

**Haben Kunden denn für solche Fälle immer eine Agentur in petto,**
**die sie sofort anrufen können?**

Nicht immer, aber häufig. Also bei den Kunden, für die wir an solchen Themen arbeiten, ist die Krisenprävention deutlich der wichtigere Teil. Aber wir hoffen natürlich immer alle, dass keine Krise kommt.

**Also es gibt einen Vertrag mit dem Kunden, falls irgendwo irgendeine**
**Krise auftritt. Die Agentur beobachtet den Markt. Sie ist pausenlos in**
**Habachtstellung. So wie ein DLRG-Ausguck am belebten Badestrand.**
**Jederzeit bereit, im Notfall rettend einzugreifen.**

Genau. Schönes Bild. Wir haben eine Task-Force, die immer in Bereitschaft ist. 24 Stunden, sieben Tage die Woche. Die hat ein Notfalltelefon, das kriegen unsere Kunden, da hat immer einer Dienst, und da wird dann angerufen.

# Es ist wichtig, dass man im Krisenfall wirklich am Anfang nur die Fakten transportiert. Dann erst kommen wir zur Emotionalität.

**Bleiben wir bei dem havarierten Schiff. Hast du davon aus der Presse erfahren?**

Um Himmels willen, nein. Dann hätten wir einen verdammt schlechten Job gemacht. Sofort, als das Schiff ein Problem hatte, hat der Kapitän seine Reederei angerufen. Die Reederei erkannte, da sinkt ein Schiff. Die Costa-Reederei hat mit unseren Kollegen in Italien und uns in Deutschland einen Vertrag. Ich glaube, eine halbe Stunde später hat der Kunde unsere Kollegen in Italien angerufen und unsere Kollegen in Italien haben uns angerufen. Und dann haben wir uns hier mit unseren Kunden in Deutschland in Verbindung gesetzt und haben erstmal nachgeguckt, wie viele Deutsche sind auf dem Schiff. Man guckt sich die Passagierlisten an, fragt, wer ist eigentlich zu Schaden gekommen. Das ist natürlich immer auch ein politisches Thema, das heißt, das Auswärtige Amt ist involviert. Da geht es dann um Sekunden.

**Und zu diesem Zeitpunkt war noch nichts in der Presse?**

Da war noch nichts in der Presse. Die Reederei hat sofort das Krisenpotenzial erkannt.

**Und ab dann läuft das Rad an.**

Jetzt läuft das Rad an. Man schaut sich an, was ist wirklich passiert. Das heißt also, die Informationsseite, um Fakten zu transportieren, damit es keine »Dazudichtungen« gibt. Es ist wichtig, dass man im Krisenfall wirklich am Anfang nur die Fakten transportiert. Dann erst kommen wir zur Emotionalität. Es sind ja nicht nur die Betroffenen oder deren Angehörige, sondern die Kraft des Bildes eines sinkenden Schiffes. 3.500 Menschen, eine sinkende Kleinstadt – die emotionale Kraft so eines Bildes ist schon ziemlich bewegend. Und entsprechend muss man sprachlich auch mit der Emotionalität umgehen. Dieses Bild wühlt die Menschen förmlich auf. Dem muss man in der Kommunikation Rechnung tragen.

Die Agentur hat aber auch die Aufgabe, dafür zu sorgen, Schaden vom Kunden fernzuhalten. Da ist es in der Sprache sehr wichtig,

Information, Emotion und Schadensbegrenzung unter einen Hut zu bringen. Damit man nicht Tür und Tor öffnet, dass durch ein aus einer persönlichen Bewegung heraus gesprochenes Wort das Unternehmen juristisch in Schadensersatzansprüche hineinläuft.

**Das Prinzip heißt also: Die Wahrheit sofort auf den Tisch.**

Ja. Ich halte nichts davon, Wahrheiten scheibchenweise zu verkaufen. Ich bin ein Anhänger des Grundsatzes, alles kommt sowieso raus, deswegen berichte es lieber selbst, dann bist du derjenige, der die kommunikative Richtung vorgibt, du bist proaktiv und läufst nicht hinter einer möglichen Berichterstattung hinterher.

**Aber bist du nicht in der Nahrungskette der Information an letzter Stelle? Der Kunde muss dir ja nicht alles sagen, was er wirklich weiß ...**

Klar, das setzt Vertrauen und absolute Ehrlichkeit voraus. Aber das ist eine Grundbedingung. Alle Berater können nur dann gut beraten, wenn sie die Fakten kennen. Aber ich habe es noch nicht erlebt, dass Kunden uns Informationen vorenthalten.

**Also die haben euch gesagt, passt auf, das Ding ist auf Grund gelaufen, es lag am Kapitän, der Kapitän hat Mist gebaut.**

Nein, so deutlich nicht, weil das war da noch nicht klar, warum. Klar war nur, das Schiff ist auf Grund gelaufen, und der Kapitän hat dabei eine wichtige Rolle gespielt ... Gut, wir haben sofort die Frage gestellt: Wo war der Kapitän? Aber das wusste zu diesem Zeitpunkt noch keiner. Ganz am Anfang war das ja alles noch nicht klar.

**Wie geht es dann weiter?**

Die Agentur legt eine Strategie fest und fragt sich, wie gehen wir kommunikativ damit um. Und da kann es auch durchaus sein, dass man erstmal gar nichts sagt. Weil das in so einer Situation das Klügste ist. »Tut uns leid, was passiert ist, es müssen die Fakten geklärt werden: Bevor wir die Fakten nicht haben, können wir Ihnen auch nichts wirklich Valides sagen. Alles andere wäre Spekulation.« An Spekulationen sollte man sich in einer Krise als betroffenes Unternehmen nicht beteiligen oder sie dadurch anheizen. Erstmal keep cool. Das ist ja auch für den Kunden, eine Krise in dem Ausmaß, etwas Bewegendes ... (Das Telefon von Karl-Heinz Heuser klingelt.) Sorry, ich muss rangehen. (Das Telefonat dauert vier Minuten.)

**Ein Kunde? Eine Krise?**

Er findet gerade heraus, ob es eine ist. Er meldet sich gleich nochmal. Könnte noch ein langer Abend werden für mich. Machen wir bis dahin weiter.

**Also erstmal Fakten klären.**

# Ich glaube, Disziplin ist in der Krise von besonderer Bedeutung, sowohl was man sagt als auch wie man es sagt und wer es sagt.

Ja, soweit es irgendwie geht, neutrale Fakten heranschaffen. Zum Beispiel durch Sachverständige. Versuchen, Emotionen herauszunehmen. Aber nur im Sinne von: keine Spekulationen. Und natürlich auch, wenn wir über einen Unfall reden, echte Betroffenheit zeigen. Das ist eine normale menschliche Regung und jeder erwartet, wenn irgendwo etwas passiert ist, dass man sagt, oh, das tut uns aufrichtig leid. Und nicht nur »dumm gelaufen«. Sondern eine ernsthafte Anteilnahme zeigen. Da haben die Menschen dann auch ein Recht darauf.

**Wenn die Strategie dann feststeht, dann wird getextet?**

Getextet wird immer. Von Beginn an. Auch das Gesprochene wird getextet. Bei solchen Katastrophen gibt es immer sofort eine Pressekonferenz.

Du kannst davon ausgehen, dass dann in kürzester Zeit die Journalisten per Hubschrauber auf der Insel fliegen. Und dann muss man sprechfähig sein. Das heißt, man legt ein paar Kernbotschaften fest, und dann ist es ganz wichtig, dass man auch denjenigen aussucht, der die Kernbotschaften vorträgt. Und dann muss der das vernünftig, mit guter Miene, guter Kleidung, der angemessenen Stimme, gegenüber den Journalisten vortragen. Und dann gibt es stündliche Bulletins, die an die Medien gegeben werden. Und und und. Da ist viel zu schreiben. Manchmal schreibt man aber auch gar keine Pressemitteilung, sondern es gibt Holding Statements oder andere Formulierungsbausteine, die man dann telefonisch den Medien übermittelt. Entscheidend ist, dass man immer die gleichen Wörter, die gleichen Statements verwendet, wenn mehrere Leute mit den Medien sprechen. Sich dabei nicht widersprechen. Sondern die eine, verbindliche Aussage finden. Die zur Situation passt. Die auch zum Kunden passt. Zu seiner Marke. Im Einklang mit seinen Werten. Ich glaube, Disziplin ist in der Krise von besonderer Bedeutung, sowohl was man sagt als auch wie man es sagt und wer es sagt. Und ganz entscheidend ist, dass man immer mit den gleichen Botschaften aufwartet und nicht: der eine sagt das und der andere sagt das – oder dass man sich zusätzliche Probleme schafft durch unglückliche Formulierungen.

# Wenn man nichts weiß, sagt man besser: Das kann ich Ihnen nicht sagen.

**Ich stelle dir eine Frage, die du nicht beantworten musst. Präpariert ihr auch die Menschen, die bei den Pressekonferenzen die Fragen stellen? Setzt ihr auch Menschen in das Publikum, welche »die richtigen Fragen« stellen?**

Nein. Machen wir nicht. Ich will es nicht ausschließen, dass es andere tun. Ich kann es mir aber nicht vorstellen.

**Woher weiß der Pressesprecher, die Geschäftsführung, in der Pressekonferenz, welche Fragen kommen?**

Weil wir uns mit möglichen Szenarien beschäftigen, und weil man natürlich im Vorfeld antizipiert, was die Medien interessieren kann. Wir sagen dem Kunden auch, dass er das Recht hat, auch mal zu sagen: Das kann ich Ihnen gerade nicht sagen, die Frage kann ich Ihnen momentan nicht beantworten. Wenn man nichts weiß, sagt man besser: Das kann ich Ihnen nicht sagen.

**Ist das ein richtiges mündliches Training, dass man sich mit dem Kunden einen halben Tag hinsetzt und das mit ihm einübt?**

Nein. Das passiert lange bevor ein Schadensfall überhaupt eintritt. Im Schadensfall hast du keine Zeit. In der Krise ist die Sprache die größte Herausforderung. Aber die knappe Zeit ist eine fast genauso große Herausforderung. Im Normalfall haben wir mit den Kunden Krisensimulationen vorher gemacht. Sodass das eingeübt ist, was er in solchen Situationen zu sagen hat. Und wie er es sagt. In welcher Rolle. Aber natürlich ist keine Krise ist wie die andere. Das heißt, am Ende des Tages muss man immer auch das, was vorher an Informationen vermittelt wurde, neu formulieren oder entsprechend zuschneiden.

**Aber sind Vorstandsvorsitzende, die sich ja oft als Götter fühlen, lernbereit?**

In Krisensituationen ist auch der selbstbewussteste Unternehmenschef sehr offen, allein schon aus der rationalen Überlegung heraus, dass das für ihn auch persönlich ein GAU ist. Es gibt auch Leute, die sind beratungsresistent, aber mit denen arbeite ich auch nicht zusammmen. Wenn in einer Krise auf meinen Rat nicht gehört wird, dann ist das für eine Agentur, von der man glaubt, sie berät, auch schlecht.

**Du bist in der Rolle eines Arztes. Du kannst die Tabletten ja nicht selbst nehmen.**

Er muss bereit sein, wenn er zum Arzt kommt, sie zu schlucken.

**Neigen nicht viele Unternehmen in Krisensituationen zur Salamitaktik?**
**Zum Verschleppen von Wahrheiten?**

Ja, Verschleppen von Wahrheiten ist extrem schlecht. Ich will nicht sagen, dass es nicht mal passiert, manchmal, auch aus Unwissenheit, denn am Anfang weiß man nicht genau, was ist eigentlich die Wahrheit. Es gibt in Krisen eine hohe Nachfrage nach Informationen. Man hat im Prinzip aber wenig, was man an Informationen rausgeben kann, weil die Nachrichtenlage nicht immer eindeutig ist. Wenn ein Autounfall passiert, bei dem zehn Tote auf der Straße liegen, dann ist klar, dann sind das zehn Tote, die auf der Straße liegen. Aber ob bei dem Auto die Bremsen versagt haben, da sollte man dann wenig dazu sagen, bevor man es nicht 150-prozentig genau weiß. Wenn man es aber 150-prozentig genau weiß, dann sollte man es sich nicht in Scheibchen aus der Nase ziehen lassen.

Aber in der Regel, bei Krisen dieser Dimension, kommt es gar nicht auf die Fakten im Einzelnen an, sondern auf die Frage, wie geht man emotional mit den Erwartungen der Menschen um.

**Ich denke, dass man den Leuten erstmal das Gefühl geben muss,**
**wir haben euch zugehört, also wir verstehen eure Sorgen und Ängste.**
**Ein schlimmes Beispiel für mich war Opel. Opel machte ein Werk zu**
**und hat dann eine 1/1 in der BILD geschaltet. Und der erste Satz hieß:**
**Wir, der Vorstand der Opel AG, gibt bekannt ...**

Wenn man nur eine Information vermitteln will, um Flüsterpost zu vermeiden, an ein großes Auditorium eine Botschaft weitergeben will, dann ist so eine Anzeige durchaus ein valides Mittel. Das Wording bei dem Beispiel gerade ist sehr unglücklich gewählt. Fakten über eine Anzeige zu transportieren kann man durchaus machen. Man kann auch Emotionen über so eine Anzeige demonstrieren. Es hat ja auch schon Anzeigen gegeben, wo sich Unternehmen ordentlich entschuldigt haben. Die ERGO hat damals geschrieben: »Wenn Menschen Fehler machen, entschuldigen sie sich. Wenn Unternehmen Fehler machen, unternehmen sie etwas dagegen. Darum tun wir beides.« Es bleibt einem wahrscheinlich wenig übrig, als sich zu entschuldigen. Die Dinge kann man nicht schönreden. Im Empfinden der Menschen wird das eben so verstanden, als ob das ein ziemliches Fehlverhalten ist. Und wenn sich einer fehlverhält, entschuldigt man sich. Von daher gesehen ist der Aspekt der Entschuldigung durchaus richtig gewesen. Die Frage ist, wie war das Timing. Die ERGO-Entschuldigung ist relativ spät passiert. Womit wir wieder bei der Salamitaktik wären. Ich fand es, wie gesagt, auch ein bisschen zu aufgeblasen. Man muss auch nicht jeder Sau, die durch das Dorf getrieben wird, hinterherrennen.

**Das heißt, ich muss abwägen zwischen Stellung nehmen und schweigen?**

Ja, manchmal ist es auch gut, nichts zu sagen.

**Wie beurteilst du den Fall Brüderle?**

In dem Fall Brüderle und dem Dirndl-Spruch... Ich glaube, dass er durch sein Schweigen dem Thema eine viel höhere Wertigkeit gegeben hat, als wenn er gesagt hätte, dass es sich da offensichtlich um ein Missverständnis gehandelt hat, wo er falsch verstanden worden ist. Wenn man falsch verstanden wird, dann entschuldigt man sich und korrigiert das, äußert auch ein gewisses Bedauern. Das wären fünf Sätze gewesen. Damit hätte man allen Medienberichten den Wind aus den Segeln genommen und dann wäre das Thema durch gewesen. In dem Fall war, fand ich, Schweigen nicht angebracht.

**Wie bekommt man eine schlechte Nachricht aus der Presse?**

Indem man sie entweder richtig entkräftet, faktisch oder emotional, dass die Medien einsehen, dass es keine wirkliche Nachricht war, die schlechte Nachricht. Oder aber man wartet, bis es vorüber ist.

**Kann ich als Unternehmen eine schlechte Nachricht durch eine positive Nachricht ersetzen?**

Was man auf jeden Fall hinkriegt, ist so eine Art Brand-Recovery-Programm. Anschließend, nach der Krise. Dass man versucht, wieder mit positiven Botschaften zu operieren. Aber in einer Krise selbst gute Nachrichten dagegenzuhalten, das klappt höchst selten. In der Regel verwerfen wir Agenturen solche Gedanken immer, weil die Kraft der schlechten Nachricht stärker ist als die der guten. Und gute Nachrichten gehen dann im Sog der schlechten unter. Und dann hat man seine guten Nachrichten verpulvert. Das geht nur über Vertrauensaufbau. Und das geht nur über Informationen und über Bilder in den Köpfen der Leute. Bei dem Kreuzfahrtschiff haben wir nach drei Monaten angefangen, über ein Brand-Recovery-Programm nachzudenken. Die Buchungszahlen gehen inzwischen auch wieder nach oben.

**Hilft in einer Unternehmenskrise ein symbolischer Akt? Dass man zum Beispiel die Person des Vorstandsvorsitzenden opfert? Wer sagt das dem Vorstandsvorsitzenden? Sagst du dem Vorstandsvorsitzenden: Wissen Sie, es ist nun doch der Zeitpunkt, wo man vielleicht doch einmal...**

...über den Rücktritt nachdenken sollte? Ja, das sagen wir auch. Das ist manchmal auch Teil der Strategie.

# In einer Krise selbst gute Nachrichten dagegenzuhalten, das klappt höchst selten.

**Warum steckte Opel in der Krise?**

Weil sie lange keine positiven Nachrichten hatten.

**Die haben großartige Autos. Interessiert das niemanden?**

Großartig, schön, das interessiert keinen.

**Wie bekommen sie wieder positive Schlagzeilen?**

Sie sind nicht in der Lage, aus der Trivialität ihrer Produkte und ihrer Situation positive Informationen heraus zu entwickeln. Sie müssen sie so aufbereiten, dass man sie draußen auch aufnehmen kann. Es sind auch die fehlenden Fähigkeiten der Opel-Kommunikatoren, positive Geschichten zu erzählen. Die Frage, die es dort zu beantworten gilt, lautet: Was ist die große Message? Warum soll ich einen Opel fahren? In einem Satz. Geschichten dafür sind genug vorhanden. »Umparken im Kopf« ist ein guter Anfang.

**Machen Agenturen auch Negative Campaigning?**

Dass man schlecht über andere redet? Das ist genauso Storytelling. Das wird gemacht, klar, in Wahlkämpfen zum Beispiel.

**Darüber musst du uns mehr erzählen. Davon wissen wir Menschen hier draußen doch gar nicht, dass es so etwas gibt.**

Der Reflex der Wahlkämpfer in der Politik oder der politischen Parteien ist ja immer etwas, was mich persönlich auch wundert. 80 Prozent einer Wahlkampfrede ist, wie schlecht eigentlich die anderen sind, was die anderen alles falsch machen, wo die Räuber sitzen. Und nur 20 Prozent geben Informationen, was man denn eigentlich selber zu tun gedenkt. Also, ich sage einmal, der gesamte Bundestagswahlkampf besteht fast nur aus Negative Campaigning, wenn wir über das gesprochene Wort reden, gegenüber den anderen Wettbewerbern.

**Um von der eigenen Unfähigkeit abzulenken.**

Was man als Agentur für Parteien in Kampagnen bewusst macht. Man sagt nicht, wir machen bewusst die Gegner schlecht. Wir suchen nur seine schwachen Punkte und reden da süffisant drüber.

**Wo kommt es plötzlich her, dass mitten in einem Wahlkampf pädophile Geschichten von 1980 über Daniel Cohn-Bendit herausgeholt werden? Gibt es da jemanden, der den Auftrag hatte, das herauszusuchen?**

Ich würde es nicht ausschließen. Manchmal sind es auch Zufälle ...

**Ich glaube nicht mehr an Zufälle.**

Ich glaube auch nur noch selten an Zufälle, aber ich habe gelernt, manche Dinge sind doch zufälliger, als man es vielleicht, trotz unserer Abgebrühtheit und großen Erfahrung, glaubt. Burson-Marsteller war es jedenfalls nicht. Negative Campaigning würde in der Wirtschaft übrigens nie funktionieren.

**Bist du dir da sicher? Wie entsteht so ein Gerücht, wonach man vor vielen Jahren einer Brauerei nachsagte, Scientology nahezustehen?**

Es gibt die sogenannten Spin-Doktoren, die vor solchen Dingen nicht zurückschrecken. Da denkt sich irgendeiner so eine Geschichte aus, der mit drei, vier Journalisten, die anfällig für solche Geschichten sind, redet. Und schon ist ein Gerücht in der Welt. In der Regel führt Negative Campaigning nicht zu einer positiven Bewertung der eigenen Anliegen. Ich persönlich glaube, dass es nicht gut ist, wenn man so etwas macht.

**Mal angenommen, Herr Cohn-Bendit kommt zu dir und sagt: Herr Heuser, beraten Sie mich jetzt. Was soll ich jetzt machen? Es haben sich alle gegen mich verschworen.**

Ich würde mich erstmal gründlich in die Materie einlesen und würde mir die Aussagen genau angucken. Damals war die Presse ja schon voll davon. Das Thema war ja schon fast durch. Da kann man dann nichts mehr interpretieren oder begradigen. Er hat ja Talkshows gemacht, das heißt, das Thema war ja schon breit kommunikativ platziert. Wahrscheinlich würde ich ihm sagen, verhalte dich mal ruhig und heize nicht durch deine Aussagen das Thema immer wieder neu an.

**Oder würde man ihm sagen, mache einen symbolischen Akt, der dich befreit von den Vorwürfen?**

Ja, das könnte man vielleicht überlegen. Mir fällt gerade der symbolische Akt dazu nicht ein, außer einer Kastration vielleicht.

**Er könnte jetzt sagen, ich spende 500.000 Euro für ein Heim für missbrauchte Kinder.**

Ich glaube, das würde kontraproduktiv sein, weil das das schlechte Gewissen manifestieren würde. Nach dem Motto, also der hat es ja, dem muss es ja wirklich ernst gewesen sein mit seinen Aussagen, wenn er heute 500.000 Euro für ein Heim für missbrauchte Kinder ausgibt. Das ist, glaube ich, aber auch – aus der Nichtbetroffenheit heraus – immer eine wichtige Aufgabe der Krisenkommunikatoren, zu spiegeln, wie kommt es denn dann wirklich draußen an.

## In der Regel führt Negative Campaigning nicht zu einer positiven Bewertung der eigenen Anliegen.

**Wenn Werbeagenturen für ein Produkt arbeiten, das sich durch ihre neue Werbung nicht besser verkauft, dann haben Werbeagenturen immer die Standard-Ausreden, das Produkt war nicht gut, der Moment war nicht gut, die Wettbewerber waren zu stark, wir hatten zu wenig Geld. Wenn du als Krisenberater einen Fehler machst, dann bist du den Kunden los, oder?**

Na ja, wenn deine Werbung nichts verkauft, bist du den Etat auch los.

**Aber bei euch ist es doch extremer, weil es mit einem falschen Satz, mit einer falschen Entscheidung passieren kann.**

Das ist Berufsrisiko. Das weiß man, wenn man in den Beruf geht. Der Job einer Agentur für Public Communications wird heute immer schwieriger, weil die Medien immer spitzere Aussagen von einem erwarten. Das heißt, es wird heute in der Regel polarisierender kommuniziert, als das noch vor 15 Jahren der Fall war. Und heute musst du dir schon sehr genau die Headline überlegen, die interessant ist, aber auch im Sinne des Absenders geht – und nicht nur im Sinne der Medien.

**Das ist durch die sozialen Netzwerke noch schwerer geworden?**

Ja, klar. Man kann die Botschaft am Ende nicht kontrollieren. Früher schickte man eine Pressemitteilung per Fax raus und dann hatten alle Medien die gleiche Mitteilung. Die wurde nicht von externer Seite kommentiert. Heute schickt man eine Pressemitteilung raus, die geht in Echtzeit auch in die sozialen Netzwerke und im Zweifelsfall hast du zehn Minuten später Kommentierungen von interessierter, nicht interessierter, betroffener, nicht betroffener Öffentlichkeit. Vielleicht auch von Wettbewerbern, vielleicht auch von Spin-Doktoren, die das ins Negative drehen. Oder guck dir Shitstorms an. Shitstorms sind irrational oder aus persönlicher Betroffenheit getrieben. Eine Emotion kann man nie mit einem rationalen Argument beeinflussen, jedenfalls nicht in dem Umfeld.

**Was macht man da?**

Man wartet, bis es vorüber ist.

**Und dafür wird man bezahlt? Das klingt erst einmal ganz toll.**

Ja, aber Wartezeiten werden bei uns nicht honoriert. Man muss, wenn der richtige Punkt kommt, wieder angreifen. Das Gute ist: es sind soooo viele News immer gleichzeitig unterwegs. Da halten sich die bösen Geschichten auch nicht so lange, wie das vielleicht früher der Fall war.

**Ein großes Hotel hat plötzlich auf TripAdvisor fünf, sechs miese Einträge, die unbegründet und völlig aus der Luft gegriffen sind. Was macht ihr da?**

Wir hatten solche Kunden tatsächlich. Man tritt dann gezielt mit denjenigen, die solche Einträge platzieren, in Kontakt. Die kann man auch auf TripAdvisor posten. Und ich denke mir, und bin sicher, dass das ein guter Weg ist, zu sagen: Wir nehmen deine Kritik ernst, tut uns leid, dass ihr ein schlechtes Erlebnis hattet, wir hoffen, dass ihr noch einmal wiederkommt und dass es dann besser ist, und wir nehmen das als Ansporn.

**Muss ein Berater einem Kunden sagen, wenn er etwas Dummes macht? Muss er so ehrlich sein?**

Ja, klar.

**Wie viele von den Leuten, die du kennst, haben die Eier, das zu tun?**

Ungefähr 20.

**So viele dann doch.**

Na ja, ein paar davon sind auch schon im Ruhestand.

---

Fahrplan zum Erfolg    Karl-Heinz Heuser

1 Schreibe und sprich in Bildern, nur so gehst du sicher, dass du verstanden wirst.

2 Nur große Sätze erzeugen große Wirkung.

3 Eine gute Krisenprävention verhindert zwar keine Krisen. Kann aber verhindern, dass man seinen Job verliert.

4 Im Krisenfall muss es heißen: Alle Fakten sofort auf den Tisch!

5 Eine schlechte Nachricht bekommt man aus der Presse, wenn man sie entweder faktisch oder emotional richtig entkräftet.

# Wenn Menschen Fehler machen, entschuldigen sie sich.

# Wenn Unternehmen Fehler machen, unternehmen sie etwas dagegen.

# Darum tun wir beides.

In den vergangenen Wochen tauchten immer wieder Meldungen auf, die unterschiedliche Vorwürfe gegen ERGO zum Thema hatten. Mal ging es um eine Incentive-Reise nach Budapest im Jahr 2007, mal um seltsam anmutende Trinkspiele, mal um fehlerhafte Angaben auf Riester-Rente-Formularen 2005, mal um mutmaßliche Beratungsfehler.

Wir arbeiten intensiv an der Aufklärung all dieser Vorwürfe.

Wir ergreifen weit reichende Maßnahmen, um solche Fehler in der Zukunft auszuschließen.

Wir werden Nachteile ausgleichen, die unseren Kunden möglicherweise entstanden sind.

Und wir haben zusätzlich eine externe Wirtschaftsprüfungsgesellschaft beauftragt, die entsprechenden Sachverhalte umfassend zu untersuchen und zu beurteilen.

PricewaterhouseCoopers wird mit maximaler Neutralität und Objektivität die erhobenen Vorwürfe prüfen.

Wenn etwas nicht gut ist, werden wir darüber berichten. Und es dann besser machen.

„Versichern heißt verstehen" ist für ERGO mehr als ein Werbeslogan. Wir sind angetreten, das Thema Versicherung besser, verständlicher und kundenfreundlicher zu machen.

Daran ändern auch Fehler in der Vergangenheit nichts.

Im Gegenteil: Diese Vorgänge spornen uns an, den begonnenen Veränderungsprozess konsequent fortzusetzen.

Dazu sind wir den Menschen, die uns vertrauen, verpflichtet.

# Na, Mädels, heute schon was Warmes im Mund gehabt?

Fabian Zahrt ist Koberer auf St. Pauli und wird dafür bezahlt, Leute von der Straße in den Club zu locken. Seine Ausbildung bei der Bundeswehr hilft ihm, unangenehme Passanten fernzuhalten. Lange Jahre stand er vor dem legendären »Safari« auf der Großen Freiheit. Heute arbeitet er für Deutschlands berühmteste Dragqueen Olivia Jones.

Wenn Koberer die Spielregeln einhalten, also Passanten weder anfassen noch nötigen, brauchen sie ein ganz besonderes rhetorisches Geschick. Denn immerhin gilt es Menschen davon zu überzeugen, ein Lokal zu betreten, in welchem sie nicht selten Unheil vermuten. Welche Sprache müssen sie sprechen, damit ihnen das gelingt?

**Die Stadt Hamburg diskutiert darüber, Koberer zu verbieten.
Haben Ihre Kollegen Fehler gemacht?**

> Unsere Kollegen auf der Straße machen einiges falsch. Es gibt klare
> Richtlinien für Koberer, die lauten: nicht anfassen, nicht in den Weg
> stellen und nicht bedrängen. Wir dürfen auf dem Bürgersteig agieren,
> aber nicht auf den Straßen. Wer das macht, wird vom Ordnungsamt
> belangt. Wir vom »Safari« halten uns streng an die Regeln. Wir hauen
> Sprüche raus, damit die Leute stehen bleiben. Die Sprüche sind manch-
> mal derb und deftig, schließlich sind wir auf St. Pauli. Damit müssen
> die Leute klarkommen. Aber wir zupfen nicht.

**Der Zweck heiligt die Mittel. In Ihrem Fall ist das Mittel also nur die Sprache.**

> Klar. Aber ich muss unterscheiden, wen ich wie anspreche. Habe ich die
> Leute erst in ein Gespräch verwickelt, weiß ich recht schnell, wie ich mit
> ihnen umgehen kann – und welche Sprüche ich ansetzen kann. Einem
> älteren Ehepaar kann ich keine Kraftausdrücke um die Ohren hauen.
> Kommt ein junges, verliebtes Pärchen, kann ich denen schon mal sagen:
> »Na, habt ihr heute schon oder braucht ihr noch ne Starthilfe?« Kommt
> eine Männergruppe mit 15 Mann, alle schon leicht angetrunken, sprichst
> du einen vorsichtig an, schaust, wie der reagiert, und dann kannst du
> aus den Vollen schöpfen.

**Und das heißt?**

> Du suchst dir den aus, der die größte Klappe hat, den Klassenkasper,
> und machst ihn vor den anderen lang. Und dann hast du die anderen
> auf deiner Seite. Was bei uns mittlerweile ganz stark vertreten ist,
> sind Frauengruppen im Alter von Mitte 30 bis Ende 40.

**Und die lassen es dann richtig krachen?**

> Aber hallo. Wehe, wenn sie einmal losgelassen. Wir hatten neulich
> eine an unserem Stripper hängen, obwohl man diesen eigentlich nicht
> anfassen darf. Sie sah aus wie Tante Erna aus Castrop-Rauxel, legte
> beide Hände an seinen Hintern – und hat sich den in den Mund
> gestopft. Zack. Sie hätten den Gesichtsausdruck des Strippers sehen
> sollen. Wir haben uns vor Lachen weggeschmissen. Machst du das
> als Mann bei einer Frau, kriegst du sofort eins auf die Mütze. Und sie?

**Habe ich die Leute erst in ein Gespräch
verwickelt, weiß ich recht schnell,
wie ich mit ihnen umgehen kann –
und welche Sprüche ich ansetzen kann.**

## Bei zehn Sprüchen
## kommen acht an.

Die hat den nach Feierabend mit nach Hause genommen: »Da ums Eck ist mein Hotel – du musst heute Nacht noch arbeiten.« Die wissen, was sie wollen, also tun sie, was sie wollen.

**Klingt nach gelebter Emanzipation.**

Genau. Deshalb müssen sie auch die 30 Euro Eintritt bezahlen, genau wie die Männer.

**Haben Sie einen Blick dafür, bei welcher Person Sie welchen Spruch raushauen müssen?**

Bei zehn Sprüchen kommen acht an. Es gibt Tage, da kann ich den Leuten Honig ums Maul schmieren, da kommen die scharenweise rein, aber es gibt auch Tage, da kannst du machen, was du willst, da laufen die vorbei. Aber von so etwas darf man sich nicht entmutigen lassen, weil man über das gesamte Jahr sehen muss, was läuft. Und da sind wir ganz ordentlich.

**Nach wie viel Sekunden wissen Sie: Der Typ braucht diesen Spruch.**

Zwischen zwei und drei, na ja, sagen wir maximal zehn. Ich schau mir an, wie er an mir vorbeiläuft. Bekommt er so einen leichten Dreh zu mir rüber, guckt er sich die Bilder im Schaukasten an oder geht er stur geradeaus? Guckt er auf die Straße, brauche ich ihn erst gar nicht ansprechen.

**Die Passanten müssen also schon ein bisschen Neugierde zeigen?**

Ja, auf jeden Fall. Und dann muss man darauf achten, wie sie auf einen reagieren. Beispiel: Eine Gruppe von Männern im Alter von 50 plus läuft vorbei und ich rufe: »Hallo, hier gibt es auch was für ältere Herren«, dann kommt sofort: »Was soll das denn heißen?«. Es wird gelacht, und zack, dann packst du sie. Jetzt hast du ihre Aufmerksamkeit und kannst angreifen. Das heißt natürlich nicht, ob es dann mit dem Geschäft auch was wird.

**Können Sie mal ein paar Beispiele geben, wie der passende Spruch lauten könnte? Sagen wir für die Zielgruppe Frauenkegelverein.**

Der erste Spruch wäre wahrscheinlich: »Na, Mädels, heute schon was Warmes im Mund gehabt?« Je nach Reaktion, meist fangen sie an zu kichern oder sagen »Was soll das denn heißen?«, folgt: »Doch nicht, was ihr wieder denkt. So versaut wie ihr bin ich noch lange nicht. Aber wenn ihr was Versautes sehen wollt, was für Erwachsene, dann kommt zu uns und schaut euch das mal an.« »Ja, wieso denn? Was seid ihr denn? Was

habt ihr denn?« Und dann kommt: »›Safari‹, Deutschlands einziges
Erotik-Cabaret.« »Was heißt denn Erotik-Cabaret?« »Hier wird gebumst
auf der Bühne. So richtig, nicht wie zuhause. Wenn du was Schlechtes
haben willst, kannst du auch zuhause bleiben.« Meistens sträuben sich
dann noch zwei bis drei Damen. Dann heißt es: »Komm schon, Waltraut,
komm schon, Gabi.« Und die werden dann meistens mitgezogen.

**Und wenn Gabi und Waltraut nicht wollen?**

Dann gehst du nochmals hin und fragst: »Mädels, was ist denn los? Wo
drückt denn der Schuh? Wer ist denn hier die Spaßbremse?« »Ja nee, das
habe ich schon alles einmal gesehen, will ich nicht sehen.« Und dann
sage ich: »Ist doch kein Problem. Geht dort rüber und trinkt ein Bier und
gönnt den anderen Mädels das. Ihr seid jetzt ein Mal in Hamburg. Ihr
kennt das ›Safari‹ doch aus dem Fernsehen. Stellt euch vor: Hinterher
könnt ihr auch mitreden und sagen: Da war ich drin.«

**Es fällt auf, dass Sie Passanten immer wieder Fragen stellen.**

Ja, ich habe herausgefunden, dass es besser ist, wenn die Passanten
etwas von sich preisgeben. Also frage ich sie, damit sie selbst darauf
kommen, was sie wollen und wohin sie wollen.

**Das klingt geschult. Wie haben Sie das Kobern gelernt?**

Gar nicht. Ich habe schon immer eine große Klappe gehabt, ich war acht
Jahre bei der Bundeswehr als Ausbilder. Da haben wir auch Rhetorik-
und Psychologiekurse gehabt, irgendwas muss da vielleicht doch hängen geblieben sein.

**Kann man den Job überhaupt lernen?**

Ja, natürlich, wie jeden anderen auch. Man sollte Menschenkenntnis
mitbringen, Selbstbewusstsein haben, ein gutes Auge haben, zuhören
können und sich selbst nicht zu ernst nehmen.

**Jetzt kommt die Herrengruppe, die auf dem Ärztekongress war.**

Dann läuft das so: »Männer, was seid ihr für ne Gruppe? Wo kommt ihr
her? Seid den ganzen Tag auf dem Arsch gesessen, oder? Was, Ärzte? Das
ist ja scheiße. Das tut mir leid für euch. Habt ihr auch einen Gynäkologen
dabei? Nein? Dann setzt euch mal in die erste Reihe. Dann könnt ihr bei
der Dame bis zur Lunge runter gucken. Da seht ihr, ob sie Raucherin ist.«

**Also eine viel derbere Sprache?**

Wenn du einen Junggesellenabschied hast, dann nimmst du noch mehr
Maß. Dann heißt es: »Wollt ihr ein bisschen Strippen oder was für Erwach-

## Wenn du was Schlechtes haben willst, kannst du auch zuhause bleiben.

## Ich habe herausgefunden, dass es besser ist, wenn die Passanten etwas von sich preisgeben.

sene sehen? Hier wird gefickt, hier wird geblasen, hier wird geleckt. Oder wollt ihr in den anderen Laden mit dem Freibad-Striptease?«

**Freibad-Striptease?**

Ja, immer wenn es spannend wird, hält sie die Hand davor. Ja, was soll die Scheiße denn? Ich bin auf St. Pauli, ich will Dödels und Muschis sehen, so einfach ist das. »Also traut ihr euch, seid ihr schon groß genug dafür?« Man muss sie dann an ihrer Ehre kratzen: »Das packst du doch noch gar nicht.« Die Reaktion: »He, dir werd ich's zeigen.« Und schon geht er rein. Wunderbar.

**Das ist so ähnlich wie auf dem Jahrmarkt bei »Hau den Lukas«.**

Stimmt genau. Du kriegst die Leute auch über negative Motivation: »Ich pack das nicht? Na, warte!«

**Wandert man als Koberer nicht auf einem schmalen Grat? Manche bekommen eine Anmache doch bestimmt in den falschen Hals.**

Ja, dann sage ich aber: »Was ist, verstehst du keinen Spaß? Du bist hier auf St. Pauli. Wenn dir das nicht passt, dann geh doch runter zur Hafencity und schau dir die Möwen auf dem Wasser an.« Wenn dir einer blöd kommt, musst du sofort zu ihm sagen: »Weißt du, du bist hier einfach falsch. Dann geh doch auf die Reeperbahn, wo du fünf Euro für ein Bier zahlst.« Und wenn er aus so einem Laden rauskommt, hat er 300 Euro liegen lassen und nichts anderes gesehen als eine, die sich an der Stange gerieben hat. Die hat aber die gleiche erotische Ausstrahlung wie jemand, der im Altenheim mit dem Rollator auf den Aufzug wartet.

**Jetzt kommt ein älteres Ehepaar, seit 25 Jahren verheiratet.**

**Da muss man doch vorsichtiger rangehen?**

Da muss man ganz entspannt rangehen. Die werden nett begrüßt: »Schönen Abend im ›Safari‹. Kennen Sie uns? Wissen Sie, was wir sind?« Ein älteres Ehepaar, welches sich von mir ansprechen lässt, habe ich zu hundert Prozent. Denn wenn die Frau stehen bleibt, dann nicht um herumzuzicken, und der Mann ist an so einem Abend sowieso gut drauf.

## Die Reaktion: »He, dir werd ich's zeigen.« Und schon geht er rein. Wunderbar.

**Viele Leute haben doch bestimmt Angst, in so einen Laden zu gehen,
weil sie befürchten, übers Ohr gehauen zu werden.
Wie nehmen Sie diesen Leuten diese Angst?**

Wir haben die Polizei als Rückhalt. Wenn die Leute skeptisch sind, sagen
wir immer: »Gehen Sie zur Polizei. Sagen Sie denen, Sie möchten eine
schöne Show sehen, und fragen Sie dann, wohin Sie gehen können.
Dann hören Sie ›Safari‹, ›Dollhouse‹, ›Pulverfass‹ und ›Susi's‹.« Diese vier
großen Läden werden von der Polizei empfohlen. Neulich erst haben wir
so einen Fall gehabt. Da standen Leute vor unserem Laden, als die
Streife vorbeikam. Und der Mann ging auf einen Polizisten zu und sagte:
»Entschuldigen Sie, Herr Wachtmeister, ich überlege mir mit meiner
Frau ins ›Safari‹ zu gehen.« Und da sagte der: »Na, was stehen Sie dann
hier draußen rum. Das ist ein guter Laden. Gehen Sie mal rein.«

**Das ist ja beste Werbung.**

Mehr geht nicht. Die Leute können vielleicht schimpfen, dass ihnen das
Programm nicht gefallen hat. Es gefällt nun einmal nicht jedem Tanz der
Vampire oder Schneewittchen. Dem einen ist es zu doll, dem anderen zu
wenig. Aber die Leute können nicht schimpfen, dass sie über den Tisch
gezogen wurden. Sie wissen immer genau, dass ihnen das aufgetischt
worden ist, was ihnen versprochen wurde. Ohne Belästigungen. Ohne
zusätzliche Rechnungen.

**Ein Koberer muss nicht nur animieren, sondern ist auch Streetworker,
muss Streit schlichten, vielleicht auch mal traurige Seelen trösten.
Wie viele soziale Aufgaben nehmen Sie in Ihrem Beruf wahr?**

Das kommt immer auf das Wochenende an. Man kennt natürlich ganz
viele Leute auf der Straße, das ist klar. Junge Mädchen zum Beispiel,
die Probleme mit ihren Freunden haben. Oder es kommen junge Männer,
die sich beschweren, dass sie in einen Laden nicht hineinkommen.

**Und was sagen Sie denen?**

»Du hast ein Problem mit deinem Aussehen.« »Wieso? Ich bin doch ein
friedliebender Mensch.« »Ja«, sage ich, »aber du siehst eben wie einer
von der Sorte aus, mit der wir meistens Ärger haben.« Das ist dann nicht
böse gemeint und die verstehen das auch meist. Anders ist das mit den
Randalierern. Da musst du nicht immer der Nette sein und kannst schon
mal härter rangehen. Ebenso wie bei den »Alkoholopfern«, die meinen,
sie müssten uns an die Wand pinkeln – obwohl wir direkt danebenstehen.
Dann ist mit Reden auch irgendwann mal vorbei und es gibt einen Klaps.

**Wen lassen Sie nicht rein?**

Betrunkene. Und der Rest sortiert sich bei 30 Euro Eintritt von alleine.
Besonders die Engländer sind ganz schnell weg, wenn sie hören, dass sie
25 Euro für ein Bier bezahlen müssen.

# Fragen, Zuhören, Aufmerksamkeit.
# Das ist doch auch so mit Frauen.

**Apropos Ausländer. Wie kommunizieren Sie mit ausländischen Passanten, wenn Sie nicht deren Sprache beherrschen?**

Non-verbal. Ansonsten ist Sex unsere Sprache. »Live-Sex. Sex-Show. But only looking.« Und den Rest mit Händen und Füßen.

**Gibt es kulturelle Unterschiede, auf die Sie achten müssen?**

Asiaten achten sehr auf Höflichkeit, da wird auch der Kopf gebeugt. Sehr schwierig sind hingegen die Amerikaner, weil sie sich sehr prüde geben. Skandinavier sind wiederum sehr anstrengend. Sie sind oft angetrunken und erwarten Sachen, die könnte man gar nicht bezahlen. Gruppensex, jeder mit jedem, natürlich nur die jüngsten Dinger, hoch die Tassen und am besten noch selbst mitmachen. Über Leute, die aus dem Süden kommen, kann ich dagegen nichts Schlechtes sagen. Wir haben auch viele Araber und Perser. Die benehmen sich und behalten die Hände bei sich.

**Hat sich die Klientel in den letzten Jahren verändert?**

Ja, sehr. Früher hatten wir 13 Cabarets auf der Großen Freiheit. Da sind Leute reingegangen, die Geld in der Tasche hatten, weil sie Geld ausgeben wollten. Eine Dönerbude oder eine 99-Cent-Bar auf die Große Freiheit zu setzen, wäre undenkbar gewesen. Olivia Jones hat nochmal ein bisschen Farbe reingebracht. Aber durch die Billig-Diskotheken ist jetzt jeden Abend Ramba Zamba und das Ganze verkommt zum Ballermann.

**Und dementsprechend hat sich auch das Verhalten gewandelt?**

Die Leute sind heute viel abgebrühter. Deswegen laufen die Cabaret-Shows nicht mehr. Vor 20 Jahren war das noch eine Sensation: Live-Sex auf der Bühne. Schauen Sie sich heute die Pornofilme auf den Handys von Jugendlichen an. Da kriege selbst ich fast rote Ohren. Das ist sexuelle Verrohung.

**Gibt es Grundregeln, wie man sich verhalten sollte?**

Ja. Lass deine Familie zuhause. Nimm kein Messer oder Teppichmesser mit zum Feiern und behandle die Menschen nicht anders, als du behandelt werden möchtest.

**Wenn Sie Leute aus dem Marketing Tipps geben müssten,
wie sie besser verkaufen, welche wären das?**

Die Basis ist ein respektvolles Miteinanderumgehen. Dann zuhören, und zwar nicht nur oberflächlich, sondern richtig zuhören. Als nächstes natürlich fragen. Fragen, Zuhören, Aufmerksamkeit. Das sind die wichtigen Dinge. Immer wieder nachhaken, ob man das alles auch richtig verstanden hat. Der Rest ergibt sich dann fast von alleine. Das ist doch auch so mit Frauen. Wenn ich eine neue Bekanntschaft habe, höre ich meist nach der ersten halben Stunde: »So ein Gespräch habe ich noch nie gehabt – am ersten Abend.« Aber ich lenke das dann auch dahin, wohin ich will.

**Sie Nutzen Ihr Talent also auch privat?**

Ja, selbstverständlich. Wenn ich etwas kann, dann kann ich das beruflich wie privat. Ein Freund hat mir mal gesagt: »Du quatscht die Weiber ins Bett.«

`Fahrplan zum Erfolg`   Fabian Zahrt

1 Das respektvolle Miteinander ist die Basis einer jeden Kommunikation.

2 Beobachte deine Zielgruppen und passe deine Sprache ihnen an.

3 Frage deine Kunden oft und viel, damit sie von selbst darauf kommen, was sie wollen und wohin sie wollen.

4 Hake immer wieder nach, ob du auch alles richtig verstanden hast.

5 Was du brauchst, sind: Menschenkenntnis, Selbstbewusstsein und ein gutes Auge. Du musst zuhören können und darfst dich selbst nicht zu ernst nehmen.

# Mit Aroma von Pferde- schweiß.

Frank Kämmer ist einer von drei Master Sommeliers in Deutschland. Er hat zahlreiche Bücher zum Thema Wein und Spirituosen veröffentlicht und ist regelmäßiger Autor verschiedener Fachpublikationen wie »Gault Millau Weinguide«, »Feinschmecker« und »World of Fine Wine«. Kämmer wurde als erster Deutscher in den britischen Circle of Wine Writers aufgenommen.

Kaum etwas lässt sich so schwer ausdrücken wie Geschmacksnoten oder Düfte. Unser Repertoire an Ausdrücken ist hier sehr begrenzt. Umso mehr Anerkennung und Einfluss haben diese Menschen, die diese Fähigkeiten für sich proklamieren. Doch, wie machen die das?

**Muss man als Sommelier ein besseres Gespür für Aromen oder für Sprache haben?**

Ich mache immer wieder die Erfahrung, dass die Leute zu mir kommen und sagen: »Sie haben so eine besondere Nase, Sie können Dinge riechen, die andere nicht riechen können.« Meine Antwort darauf ist stets gleich: Das ist Unsinn. Wenn ein Laie und ich ein Glas Wein riechen, kommt bei uns oben (zeigt auf die Nase) exakt dasselbe an. Nur verwende ich eine andere Methodik, diese Information zu verarbeiten und in Worte zu fassen. Es ist aber auch richtig, dass wir Weinaromen immer nur so weit identifizieren können, wie wir Begriffe dafür haben. Spannend wird dieses Thema immer, wenn Sie in anderen Kulturkreisen unterwegs sind. Wenn ich beispielsweise in Deutschland jemandem einen Wein hinstelle, der nach einem Boskop-Apfel riecht, dann erkennt er dieses Aroma. In China sieht das ganz anders aus. Dort existiert dieser Begriff nicht. Die sensorische Wahrnehmung hängt auch von den Begrifflichkeiten ab.

**Im Duden der Weinsprache heißt es: »Sommelier, eigentlich der Weinkellner, aber in vielen Spitzenrestaurants heutzutage eher so etwas wie der Alleinunterhalter bei Tisch.«**

Ich bevorzuge den Begriff Weinkellner. Der Sommelier-Begriff ist den letzten zehn bis 15 Jahren doch sehr aufgeblasen worden. Aber es stimmt schon. Wir reden über ein Thema, in dem man sich unglaublich profilieren kann, wenn man schlau darüber spricht. Und das kann eine ganz heikle Angelegenheit sein. Im Fachjargon nennt man das patronizing. Das heißt, der Sommelier sieht seine Rolle nicht mehr darin, den Weinservice zu machen, sondern darin, den Unterhalter zu spielen – und dreht dem Gast womöglich noch etwas an, was dieser gar nicht haben möchte. Und der kommt ja nicht ins Restaurant, um eine Show zu sehen. Sondern er will einen guten Wein haben und einen ordentlichen Service.

## Die sensorische Wahrnehmung hängt auch von den Begrifflichkeiten ab.

**Wo verläuft die Grenze zwischen »beraten« und »verkaufen«?**

Die wichtigste Eigenschaft eines guten Sommeliers ist eigentlich gar nicht so sehr seine gute Weinkenntnis, sondern vielmehr seine gute Menschenkenntnis. Er muss erkennen, was sein Gast haben möchte. Es gibt natürlich Gäste, die beeindruckt werden möchten. Aber die meisten möchten eben nur einen guten Wein. Das zu erkennen, wer was möchte, ist wirklich schwierig, aber eben Grundvoraussetzung.

**Und wie erkennt der Gast, dass es der Sommelier gut mit ihm meint?**

(lacht) Gar nicht. Die Stichworte lauten hier Erfahrungswerte und Vertrauen. Das ist nicht nur beim Sommelier so. Gehen Sie zum Beispiel in eine Parfümerie und lassen Sie sich mal bei der Wahl eines Aftershaves beraten. Aber grundsätzlich würde ich dem Gast raten, darauf zu achten, ob sich der Sommelier für seine Wünsche interessiert. Oder ob der Sommelier nur versucht, seine eigenen Vorstellungen durchzusetzen. Es ist ein altes Problem, dass so manche Sommeliers nicht die Weine verkaufen, die ihre Gäste mögen, sondern die, die sie selbst mögen.

**Wir besitzen kaum mehr Wörter als »süß«, »sauer« oder »bitter«, um geschmackliche Erlebnisse ausdrücken zu können. Also bedarf es bestimmter Vergleiche oder Metaphern. Wie viel persönliche Phantasie oder Einbildungskraft steckt aber darin, wenn beispielsweise Noten von Pferdeschweiß gefunden werden?**

Viel. Bei der gesamten, teilweise befremdlichen Weinsprache kann man aber getrost 50 Prozent abziehen, weil das nichts anderes als Gebrauchslyrik ist. Denn der Sommelier muss etwas beschreiben, was er oft gar nicht richtig beschreiben kann. Der Pferdeschweiß ist da noch ganz harmlos. Denn das ist schließlich ein anerkanntes Aroma, ein Fehlton übrigens. Wenn ich dem Kellermeister sage, da ist ein Aroma von Pferdeschweiß, dann weiß er, was damit gemeint ist, nämlich eine Infektion mit Brettanomyces-Hefen. Wenn ich das einem Laien sage, wird er diesen Wein nicht bestellen. Experten verwenden diesen Begriff technisch, Laien empfinden dabei Ekel.

**Vielleicht auch deshalb, weil das Pferd in der Gedankenwelt des Laien relativ weit weg ist von den Rebstöcken? Wie kommen solche Begriffe denn überhaupt zustande?**

## Die wichtigste Eigenschaft eines guten Sommeliers ist eigentlich gar nicht so sehr seine gute Weinkenntnis, sondern vielmehr seine gute Menschenkenntnis.

Die erste Frage in diesem Zusammenhang lautet doch: Warum schmeckt Wein eigentlich nicht nach Trauben? Weil wir keine Trauben im Glas haben, sondern ein vergorenes Produkt. Und bei den Verarbeitungsprozessen entstehen neue Aromen. Das kann neben dem Pferdeschweiß auch etwas Milchiges sein oder ein Sauerkrautstich – also lauter Dinge, die nichts mit Obst zu tun haben. Wir sprechen bei den Aromen, die nicht von der Traube kommen, von Sekundäraromen.

**Wie objektiv sind denn diese Aussagen? Schmecken alle Kenner auch wirklich dasselbe heraus?**

Nein, natürlich nicht. Nehmen Sie fünf der besten Weinfachleute Deutschlands und lassen Sie sich das Aroma eines Weines mit fünf Begriffen beschreiben. Dann werden maximal zwei bis drei der fünf Begriffe identisch sein. Wahrscheinlich ist es sogar so, dass sie für denselben Wein sieben Tage später andere Begrifflichkeiten finden werden.

**Die Aussagen sind nicht objektiv, dafür aber suggestiv?**

Absolut. Das ist doch auch der Job des Sommeliers. Dieses bewusst zu nutzen. Er soll ja nicht sein Wissen nüchtern herunterbeten, sondern dem Gast Lust auf einen Wein machen. Sie haben den Pferdeschweiß angesprochen. Das könnte man ja auch als edles Sattelleder bezeichnen. Schon hat es einen ganz anderen Klang. Die Aromen positiv zu vermitteln, darauf kommt es an. Ich habe eine Weinprobe durchgeführt, in welcher ein Wein verkostet wurde, dessen Aroma an verbranntes Horn erinnert. Das ist nicht unüblich und resultiert aus sehr feuersteinhaltigen Böden. Unglücklicherweise riet ich den Verkostern damals: Achten Sie mal darauf, was für ein tolles Aroma dieser Wein hat. Fast so ein bisschen wie verbrannte Fingernägel. Der gesamte Saal hat sich geschüttelt (lacht).

## Sie glauben nicht, was man alles mit Suggestion, mit Präkonditionierung von Leuten erreichen kann.

**Heißt das nicht auch, dass ich das Rosenholz nur deswegen herausschmecke, weil es mir der Sommelier gesagt hat?**

Natürlich. Sie glauben nicht, was man alles mit Suggestion, mit Präkonditionierung von Leuten erreichen kann. Heston Blumenthal, der Drei-Sterne-Koch von The Fat Duck, hat mal folgenden Versuch gemacht. Er hat Menschen mit verbundenen Augen einen alten Parmesan riechen und sie ihre Eindrücke beschreiben lassen. Die Personen schilderten sehr leckere Aromen. Einer Vergleichsgruppe hat er denselben Parmesan unter die Nasen gehalten. Auch ihre Augen waren verbunden, nur ihnen sagte er, es handle sich um seine alten Tennissocken. Es war derselbe Geruch und Sie können sich vorstellen, wie die Reaktion war. Präkonditionierung ist auch für einen Sommelier enorm wichtig und ein erfahrener weiß dies zu nutzen.

**Aber stößt dies nicht zunehmend auf Kritik? Dass die Experten ihre Geschmacksvorstellungen uns zu Eigen machen wollen?**

Völlig richtig. Das ist eine ganz große Gefahr, den eigenen sensorischen Standpunkt als Status quo zu setzen. Daher betone ich auch immer wieder, dass Empfindungen stets meine persönlichen Eindrücke sind. Und wenn jemand eine andere Analogie findet, ist das vollkommen in Ordnung. Auf der anderen Seite gibt es aber einen aromatischen Kernbereich, der sehr klar und für jeden nachvollziehbar ist.

**Bei Kirsche oder Himbeere gehen die meisten Menschen noch mit. Aber wer weiß, wie Sternanis riecht? Oder wer kann den Geschmack einer Abate-Birne zuordnen?**

Deshalb ist es extrem wichtig, dass man weiß, an wen sich eine Aussage richtet. Es gibt auch in der Weinbranche unterschiedliche Levels. Wenn ich für einen Discounter Texte mache, verwende ich eine ganz andere Sprache als für eines der besten Weingüter in Deutschland mit High-End-Kunden. Viele Weinfuzzis vergessen oftmals, wer ihre Zielgruppe ist. Grundsätzlich neigen wir dazu, zu übertreiben.

**Woran liegt das?**

Man hat eine Anforderung an sich selbst, etwas Besonderes über einen Wein zu sagen, vor allem, wenn dieser Wein etwas Besonderes ist. Dann versucht man sich so weit wie möglich an das Sagbare über einen Wein hinzutasten. Weil man einem Wein gerecht werden möchte. Aber was wir dabei nicht vergessen dürfen: Wir sollen nicht dem Wein gerecht werden, sondern dem Kunden.

**Sie sind Master Sommelier, einer der Besten seines Fachs, und beurteilen Weine für einen Discounter? Rümpfen die Kollegen da nicht die Nasen?**

Ja, aber nur die Leute aus der zweiten oder dritten Reihe. Dieses »Ich gehe nur in Gourmet-Restaurants, weil ein anderes nicht gut genug ist« oder »Ich gehe nur in die Staatsoper und U-Musik zählt nichts«. Diese ganze Entweder-oder-Haltung ist etwas sehr Deutsches. Damit hängt auch dieser ganze elitäre Mist zusammen, den wir in Deutschland im Weinbereich machen. Und das wiederum hat Auswirkungen auf die Sprache. Indem wir nicht versuchen, es einfacher für die Leute zu machen, sondern komplizierter. Ich halte es jedoch für absolut legitim, auch die Leute ernst zu nehmen, die nicht 50 Euro für eine Flasche Wein ausgeben wollen – sondern nur 4,49 Euro. Denn auch diese Leute haben abends Freude an ihrer Flasche Wein. Und wenn ich mithelfe, dass diese Leute für 4,49 Euro die bestmögliche Qualität erhalten, was soll dann daran verwerflich sein?

## Wir sollen nicht dem Wein gerecht werden, sondern dem Kunden.

## Der Sommelier muss sich in den Gast hineinfühlen können, er sollte nicht irgendwelche Fakten präsentieren, sondern das Gespräch auf eine emotionale Ebene heben.

**Wie schwierig ist die Aufgabe, einen passenden Wein herauszufinden, wenn Gäste selbst nicht ausdrücken können, was ihnen geschmacklich vorschwebt?**

Herauszufinden, was Gäste nicht ausdrücken können, ist die Kernaufgabe eines Sommeliers. Dabei tastet er sich nach dem Trial-and-Error-Prinzip vor. Typisch sind Sätze wie »Ich denke, da könnte man etwas Fruchtigeres nehmen«. Er bringt einzelne Wörter oder Satzsegmente ins Spiel und achtet dann darauf, wie der Gast reagiert. Der Sommelier muss sich in den Gast hineinfühlen können, er sollte nicht irgendwelche Fakten präsentieren, sondern das Gespräch auf eine emotionale Ebene heben.

**Andererseits gibt es viele Leute, die gar nicht so genau wissen, was sie eigentlich mögen.**

Ja, es gibt viele, die sagen lediglich: »Das schmeckt mir oder das schmeckt mir nicht.« Dann antworte ich: Das ist doch prima. Denn viele können selbst dieses nicht. Wenn jemand unabhängig von Expertenmeinungen oder Trends seinen Geschmack festlegt, dann finde ich das klasse. Man muss sich aber auch dann immer ganz bewusst sein, dass sich ein Geschmacksurteil nicht nur auf das bezieht, was im Glas ist ...

**Sondern?**

... sondern auf das gesamte Produktprofil. Wenn ich im Supermarkt einen Schickimicki-Italiener kaufe, sagen wir einen Vino Nobile di Montepulciano, und diesen einem jungen Weinanfänger hinstelle, dann mag er diesen Wein – weil er das Produktprofil mag. Wenn ich ihm denselben Wein in einer Flasche mit einem rumänischen Etikett hinstellen würde, würde ihm der Wein nicht schmecken. Dieses Phänomen sehen Sie auch beim Prosecco. 90 Prozent aller Proseccos auf dem Markt sind auf dem Niveau von »Kellergeister«. Sensorisch ist das nichts anderes. Aber man hat es geschafft, ein tolles Produktprofil zu schaffen. Darum schmeckt es den Leuten.

**Wie schwierig ist die Gratwanderung, den richtigen Ton zu treffen? So, dass sich Laien gut beraten wissen und (vermeintliche) Experten Wertschätzung erfahren?**

Vor allem junge Sommeliers setzen ihren eigenen Kenntnisstand gerne als Status quo und schießen dann oft über das Ziel hinaus. Ich rate dann auch hier immer wieder wegzukommen vom Faktischen und emotionaler zu werden. Ich habe in Restaurants nie gesagt: Der Wein wird Ihnen schmecken. Sondern ich habe immer davon gesprochen: Der Wein wird Ihnen Spaß machen. Um so die emotionale Schiene zu betonen. Denn so kann ich das Konkrete, was sich eigentlich gar nicht ausdrücken lässt, sehr schön umschiffen.

**Werden besonders wertvolle Weine mit einer elaborierten Sprache ausgedrückt und niedrigere Qualitätsklassen mit schlichteren Worten? Oder kaschiert man eher einfache Weine durch eine komplexe Ausdrucksweise?**

Es ist einfacher, die hochwertigen Weine zu beschreiben, weil sie komplexer in ihrem Aromabild sind und weil Sie dann viel mehr darüber sagen können. Und Komplexität ist eines der wichtigsten Qualitätsmerkmale von Weinen. Einen hochwertigen Wein brauche ich sprachlich daher nicht emporzuheben, weil alles schon da ist. Man findet die passenden Ausdrücke auch relativ einfach. Bei weniger komplexen Weinen muss man schon kreativ sein, um diesen sprachlich positiv darstellen zu können. Je kleiner der Wein ist, desto eher sollte man auf die emotionale Schiene gehen. Je hochwertiger er ist, desto konkreter darf man werden – ohne es aber zu nüchtern zu erzählen. Denn Weine, gerade hochwertige, sind hochemotionale Getränke.

**Ich lese Ihnen ein Beispiel aus einem Weinprospekt vor: »Diese Gran Reserva ist einer der prominenten Spanienklassiker mit subtiler Finesse und berührender Intensität.« Täuscht es oder flüchten sich manche Aussagen in Abstrakta, um Interpretationsspielraum offen zu lassen?**

Die Finesse-Nummer würde ich noch unterschreiben, aber »berührende Intensität« ist wie eine Katze, die sich in den Schwanz beißt. Was soll damit ausgedrückt werden? Das sind Füllwörter, Müll.

**Wie viel Fachjargon darf denn sein?**

Grundsätzlich bin ich schon der Meinung, dass das Niveau ein bisschen den Kunden fordern darf. Denn das macht den Wein spannend. Wenn ich nur Allerweltsbegriffe wie rund, fruchtig, weinig verwende, weckt das kein Interesse.

## Man sollte die Latte vielleicht zwei Zentimeter über dem allgemeinen Niveau anlegen, um nicht beliebig zu bleiben.

Man sollte die Latte vielleicht zwei Zentimeter über dem allgemeinen Niveau anlegen, um nicht beliebig zu bleiben.

**Und wie ist es um das Weinwissen der Deutschen bestellt?**

Tendenziell überschätzt sich jeder etwas hierzulande. Die meisten halten sich für Kenner, ohne dass sie wirklich Bescheid wissen – weil offensichtlich keiner ab einem gewissen gesellschaftlichen Rang in Deutschland sagen darf: »Tut mir leid, ich habe keine Ahnung.« Da muss man als Verkäufer natürlich aufpassen, dass man diese Leute nicht versehentlich bloßstellt.

**Viele fordern, die Weinsprache zu entmystifizieren. Ist es aber der Sache dienlich, wenn jemand »fruchtig-würzigen Tomatenketchup« aus einem Wein herausriecht? Oder anders ausgedrückt: Verliert der Wein an Wert, wenn die Sprache an Wert verliert?**

Ja, absolut. Daher schlage ich einen anderen Weg vor – weg vom Beschreibenden, hin zu Allegorien. Ein Beispiel: Ich habe kürzlich einen sehr alten Wein probiert, der hat mich durch seine charakterliche Präsenz, die er trotz der Reife immer noch hatte, so fasziniert, dass ich geschrieben habe: »Ein Wein wie Sean Connery.« Und diesen »Still-going-strong-Charakter« konnte jeder im Raum sofort nachvollziehen.

## Ich schlage einen anderen Weg vor – weg vom Beschreibenden, hin zu Allegorien.

**Das heißt, Sommeliers müssen ihre Sprachwelt mit der ihrer Kunden in Übereinstimmung bringen.**

Nicht nur das. Wir haben jetzt viel darüber gesprochen, dass wir die richtige Sprache treffen müssen – im Segment der Verbraucher. Man muss aber auch innerhalb der Weinbranche die richtige Sprache sprechen. Ein ganz nettes Beispiel dazu. Ein großes internationales Weingut hat eine neue PR-Agentur in Deutschland beauftragt, die nicht aus dem Wein-, sondern eher aus dem Lifestyle- und Event-Bereich kam. Das wurde bewusst so ausgewählt, weil man sich in dieser Sparte positionieren wollte. Und jetzt schickt diese Agentur Pressemitteilungen an Weinjournalisten raus, die Begriffe beinhalten, die in der Weinsprache absolut unüblich sind. Zum Beispiel bezeichnen sie dieses Weingut als Hersteller. Mercedes-Benz ist der Hersteller von Autos und Bosch ist der Hersteller von Kühlschränken, aber ein Weingut ist nicht der Hersteller von einem Wein. Diesen Begriff würde man in der Branche niemals verwenden. Ein Weingut ist der Erzeuger von einem Wein. Und so haben sie mit einem Begriff die gesamte Pressemitteilung kaputt gemacht und fast schon ins Negative gedreht. Man muss also auch die Codes innerhalb einer Branche kennen.

**Kommen wir von den Worten zu den Zahlen. Immer wieder proklamieren Experten Preisgrenzen, die beim Kauf nicht unterschritten werden sollten. Wie sinnvoll ist es, den Preis als Argumentationsstütze heranzuziehen?**

Diese Entscheidung sollten wir doch dem Konsumenten überlassen. Und wenn er an einem Wein für 3,99 Euro Spaß hat, dann liegt es doch nicht an mir, Grenzen zu setzen, ab wann ein Wein überhaupt Spaß machen kann.

**Helfen denn Punkte von Parker oder anderen Bewertungssystemen weiter?**

Hier herrscht das große Missverständnis, dass solche Noten ausdrücken, wie gut ein Wein schmeckt. Noten können so etwas nicht. Das können nur subjektive Eindrücke. Diese Noten sollen die Qualität eines Weines ausdrücken. Aber zwischen Qualität und persönlichem Geschmack besteht oft eine Inkongruenz. Siehe das Beispiel mit dem Prosecco.

**Können wir unseren eigenen Geschmacksurteilen
überhaupt trauen oder lassen wir uns nicht in Wirklichkeit
von Äußerlichkeiten beeinflussen?**

Sie können noch so darauf schwören, dass Sie bei Ihren
Urteilen nur nach dem Geschmack gehen. Ihr Lieblingswein wird in einem veränderten Umfeld, in einem veränderten Kontext nicht mehr Ihr Lieblingswein sein. Ich
verkoste beispielsweise Weine für den Gault Millau natürlich nicht nach subjektiven, sondern nach objektiven Maß-
stäben. Das heißt, ich versuche die Qualität eines Weines
zu beurteilen, unabhängig davon, ob er mir schmeckt oder
nicht. Das können 50 oder 60 Weine am Tag sein. Wenn
ich aber eine Flasche davon auswähle, um sie abends mit
meiner Frau zu trinken, ist das eigentlich nie die Flasche,
die ich vorher objektiv am höchsten bewertet habe. Weil das
Emotionale ganz entscheidend mitspielt. Das geht sogar so
weit, dass ich feststellen muss: Mensch, der Wein schmeckt
mir am besten – aber ich kann den Winzer nicht leiden.
Dann trinke ich diesen Wein nicht.

# Ob den Leuten etwas schmeckt, hängt nicht nur vom Produkt ab, sondern vom Profil, das man diesem Produkt gegeben hat.

**Fahrplan zum Erfolg**    Frank Kämmer

1 Wenn du etwas verkaufen möchtest, ist eines noch wichtiger als Fachkenntnis – die Menschenkenntnis.

2 Vermeide Fachjargon gegenüber Laien, er könnte Ekel erzeugen.

3 Sprache ist in diesem Metier nicht da, um nüchterne Fakten zu vermitteln, sondern um Emotionen zu erzeugen.

4 Spiele nicht den Zampano, sondern passe deine Ausdrucksweise deiner Zielgruppe an. Wir müssen nicht einem Produkt gerecht werden, sondern dem Kunden.

5 Ob den Leuten etwas schmeckt, hängt nicht nur vom Produkt ab, sondern vom Profil, das man diesem Produkt gegeben hat.

# Phhhhhhhh.

Cordula Eisenbach-Heck ist Pfarrerin. Sie begann 1998 bei der Telefonseelsorge und war von 2000 bis 2002 hauptberufliche Koordinatorin der »Telefonseelsorge im Internet«. Heute leitet sie gemeinsam mit Gisela Ehrhardt die Telefonseelsorge in der Ortenau (Baden-Württemberg).

Gisela Ehrhardt war Krankenschwester, ehe sie als Gemeindereferentin der Erzdiözese Freiburg in Gemeinde und Schule diente. Nach einem Studium der Religionspädagogik wandte sie sich der Seelsorge zu.

Eine besondere Herausforderung ist es, sich spontan auf Unbekannte einlassen und dabei immer angemessene und wirkungsvolle Worte finden zu müssen – mit dem Wissen, dass davon ihr Seelenheil abhängen kann. Wie erreiche ich diese Menschen, die ich nicht sehen oder, wenn sie per Internet schreiben, nicht einmal hören kann?

**Gibt es bestimmte Gesprächsmuster, auf die Sie am Telefon zurückgreifen?**

*Gisela Ehrhardt: Wir arbeiten nach dem personenzentrierten Ansatz des amerikanischen Psychologen Carl Rogers, der mehr existenziell denn tiefenpsychologisch arbeitet. Er hat gemerkt, dass die Gespräche von Ratsuchenden und Therapeuten von Grundhaltungen geprägt sein müssen, damit sie sinnstiftend verlaufen. Und diese Grundhaltungen sind Empathie, die Akzeptanz aller Wertvorstellungen und Einstellungen, auch wenn ich sie nicht gut heiße. Und Echtheit. Das bedeutet, dass der Therapeut eine Ich-Botschaft über seine eigene Befindlichkeit miteinbringt. Dieser Ansatz hilft auch, nicht in gewisse Fallen zu laufen, etwa den Gesprächspartner sofort in eine bestimmte Richtung zu lenken.*

**Der Ratsuchende soll also nicht ad hoc am Telefon »bekehrt« werden. Was versuchen Sie denn der Person am anderen Ende der Leitung zu vermitteln?**

Cordula Eisenbach-Heck: Ich bin für dich da. Das ist für mich die Grundhaltung. Ich bin für dich da – mit dem, was ich weiß und was ich kann. Und wir beide schauen, wie wir die für uns zur Verfügung stehende Zeit nutzen. Das kann bedeuten: Ich schätze deine Verzweiflung wert. Oder, dass wir nach gemeinsamen Wegen suchen. Das kann aber auch sein, dass ich das Schweigen und die Ohnmacht aushalte – und bewusst darauf verzichte, sehr schnell Lösungen oder Auswege anzubieten.

**Echtheit heißt dann aber auch, sagen zu dürfen:**
**Ich verstehe dein Problem überhaupt nicht.**

CEH: Ja. Es kann auch eine gewisse Fremdheit entstehen, so dass ich sage »Ich muss mich da ganz langsam herantasten. Und der Einzige, der mir dabei helfen kann, sind Sie.«

**Ist es wichtiger die ratsuchende Person im Gespräch zu führen oder sie den Gesprächsverlauf bestimmen zu lassen?**

CEH: Die ordentliche Mischung macht's. Was zum Beispiel Fragen anbelangt, so können meine Fragen besser gehört werden, wenn der andere versteht, warum ich frage. Beispiel: »Ich frage Sie das jetzt, weil mir gerade der Gedanke kam, ob das für Sie eine Unterstützung wäre. Daher frage ich Sie jetzt, gibt es noch Freunde oder Bekannte, mit denen Sie Kontakt haben?« Ich lege also offen, welches Ziel ich habe, und frage, ob die Person da mitgehen kann. Fragen sind als Mittel der Gesprächsstrukturierung ungemein wichtig, weil Fragen auch signalisieren: Ich gebe dir wieder zurück,

## Fragen sind als Mittel der Gesprächsstrukturierung ungemein wichtig.

dass du der Fachmann oder die Fachfrau für dein eigenes Leben bist.
Damit kommen wir auf Augenhöhe. Und der Ratsuchende hat nicht das
Gefühl, der Berater würde meilenweit über ihm stehen.

**Wie gehen Sie vor, wenn Leute anrufen, die gar nicht richtig ausdrücken können, worin ihr Problem liegt?**

*GE: Wir strukturieren und behalten einen Rahmen im Auge. Und wir müssen aus einem Wust an Informationen sinnige Fäden herausziehen, sie in die Hand nehmen und dem Anrufer anbieten: »Ist es dies, um was es geht, oder vielleicht etwas ganz anderes?«*

**Wo liegen die Grenzen der Telefonseelsorge?**

*GE: Es gibt Aufträge, die wir nicht annehmen können, wie »Sie sagen mir jetzt ganz genau, was ich jetzt machen muss.« Oder »Rufen Sie für mich bei der Polizei an und beschweren Sie sich über meinen Nachbarn.« Oder »Kann ich mit Ihnen meine Kindheit in der Gänze aufarbeiten?« Oder »Stehen Sie noch für andere Dienste zur Verfügung?«*

CEH: Es gibt Menschen, die sagen: »Jetzt hatten wir ein so gutes Gespräch. Könnten wir uns mal zum Kaffee treffen. Hier ist meine Adresse.«

*GE: Und es gibt auch Menschen, die brauchen Telefonseelsorge, um ein bestimmtes Ventil zu aktivieren.*

**Und wenn einer dies aktiviert, also anfängt, zu schimpfen oder zu schreien, wie reagieren Sie dann?**

CEH: Wir reagieren dann so ruhig wie möglich, aber auch in der Betroffenheit so erkennbar wie nötig. Die wenigsten Mitarbeiter werden in einer sehr provokanten Situation den Hörer aufknallen, sondern sie werden sich die Zeit nehmen, um zu sagen: »So möchte ich nicht mit Ihnen reden. Sie überschreiten hier eine Grenze und wenn Sie diese Grenze wissentlich weiter überschreiten, werde ich dieses Gespräch beenden.«

**Schulen Sie das verständliche Sprechen?**

*GE: Meine Telefonstimme ist eine andere als meine Sprechstimme. Daher tauschen wir uns in Feedback-Runden darüber aus, wie verständlich wir sind. Und dann gibt es die Vorgabe in unserer Ausbildung, dass einzelne Dialoge verschriftlicht werden müssen. Allein im Abtippen eines Dialoges wird ein Nachdenkprozess in Gang gesetzt, wie denn ein Satz gesagt wurde. Was hat dazu geführt, dass ich genau diese Worte gewählt habe? Und wie kann ich sie vielleicht noch anders wählen? In Rollenspielen bringen wir Dialoge nochmals zum Ausdruck, um mögliche Reaktionen durchzuspielen und die Sensibilität des Agierenden zu schärfen.*

CEH: Wertvolle Feedbacks kommen aber natürlich auch von den Anruferinnen und Anrufern, die sagen: »Was meinen Sie damit? Das habe ich überhaupt nicht verstanden.« Das zwingt mich dann, nochmals anders zu formulieren.

# Es muss eine größtmögliche Deckungsgleichheit erzielt werden zwischen dem, was ich sage, und dem, wie ich es sage.

**Nun haben unterschiedliche Anrufer einen unterschiedlichen Wortschatz und eine unterschiedliche Ausdrucksweise. Jugendliche sprechen beispielsweise anders als Senioren. Gehen Sie auf das unterschiedliche Sprachverhalten ein oder versuchen Sie möglichst authentisch zu bleiben?**

CEH: Ich weiß nicht, ob es hierzu eine einheitliche Meinung gibt. Ich habe für mich gemerkt, dass es dem Anrufer in vielen Fällen wohltut, wenn ich nachfrage: »Was haben Sie damit gemeint? Das gehört nicht zu meinem Wortschatz oder Sprachverhalten.« Andererseits tut es mir wohl, nicht in dieselbe Sprache zu verfallen, sondern an der Stelle »ich« zu bleiben. Das sage ich ihm dann aber auch. Wenn ich beispielsweise mit einem Zwölfjährigen telefoniere, erkläre ich: »Ich würde gerne so sprechen, wie es mir am leichtesten fällt und wie du mich am ehrlichsten erlebst.« Das wird dann ausgehandelt. Ich habe ja auch keine Lust, wie eine 85-Jährige zu reden.

**Was ist wichtiger: der konkrete Inhalt des ausgesprochenen Wortes oder die Intonation, also wie es ausgesprochen wurde?**

CEH: Ich glaube, es muss eine größtmögliche Deckungsgleichheit erzielt werden zwischen dem, was ich sage, und dem, wie ich es sage. Das, was meine Stimme und Haltung transportieren, muss von den Worten gedeckt sein und umgekehrt.

**Im Chat fällt die wichtige parasprachliche Ebene, auf der auch Emotionen transportiert werden, aber weg. Wie wird diese fehlende Komponente kompensiert?**

CEH: Es geht durch ganz kleine Dinge. Beispiel: Wenn Sie mir soeben geschrieben haben sollten: »Es geht mir beschissen«, könnte ich darauf antworten: »Diese Mitteilung habe ich erhalten und ich bedaure es, dass Sie sich in dieser negativen Lage befinden, und ich versuche, mit Ihnen zu fühlen.« Werden Sie sich dann über den grammatisch richtig formulierten Satz freuen? Ich könnte aber auch schreiben: »Ach, Géza, das tut mir leid.« Es ist wichtig, den Namen zu nennen, ich habe ja zumindest den Nickname, und wenn da nicht gerade »Todesbote« steht, verwende ich den auch. Des Weiteren sind auch die kleinen Ausrufe wie »ach« oder »oh« wichtig. Oder Sie schreiben: »Phhhhh … ich bin sprachlos. Ich muss Luft holen!«

# Achtet nicht auf die Grammatik, sondern achtet auf die Emotion und die Treffsicherheit.

Damit versuche ich einerseits meine Emotionen zu verschriftlichen und andererseits zeige ich den Chattern damit, dass sie nicht wie im Deutschaufsatz schreiben müssen. Bei Jugendlichen ist das ohnehin kein Thema.

**Bisher hat man das Chatten als ein Kommunikationsmittel wahrgenommen, das dann gerne bedient wird, wenn es nicht um ernste Themen geht. Woher wissen Sie denn, was ernst gemeint ist und was nicht?**

CEH: Es kann passieren, dass mir einer schreibt, er stehe auf der Brücke. Und dabei liegt er auf dem Sofa und lacht sich krank. Damit muss ich rechnen. Und es kann passieren, dass ich an nichts festmachen kann, dass da etwas nicht zusammenpasst, und sich erst im Laufe der Zeit bei mir ein Unwohlsein einstellt. Dann muss ich mich fragen: Wie bringe ich dieses Unwohlsein ins Wort? Bei der E-Mail-Beratung gibt es eine ganz ähnliche Problematik. Schriftliche Kontakte lassen sich viel weniger gegenprüfen.

**Wie werden die Chat-Seelsorger ausgebildet?**

CEH: Es gibt zwei wichtige Themen in der Chat-Ausbildung. Das eine ist: Wie kann ich die Grundhaltung von Rogers in der Verschriftlichung umsetzen, ohne den Fehler des reinen Spiegelns zu begehen? Denn am Telefon klappt es gut, wenn ich mein Gegenüber spiegele, im Chat ist das eine Ohrfeige.

Das andere ist: Wie bekomme ich Spontaneität und reflektiertes Schreiben in mir zusammen? Wie viel Mut brauche ich, um etwas ins Unreine abzuschicken? Und wo ist es notwendig, dass ich nochmals drüberlese und sage: Nee, das formuliere ich um. Aber dann muss ich meinem Gegenüber schreiben: »Ich brauch noch etwas Zeit, will es besser, treffender formulieren.« So weiß er, dass ich nicht einfach aus dem Dialog ausgestiegen bin, sondern die Zeit zu seinen Gunsten nutzen möchte. Ein Grundproblem ist es, die Spontaneität und Leichtigkeit des Chattens herüberzunehmen und dennoch der Ernsthaftigkeit der Themen Rechnung zu tragen – und dann sehr sorgfältig zu formulieren. Ich beobachte, dass viele dialektgebunden formulieren, wenn sie den anderen sehr genau erreichen wollen. Diese Empfehlung gebe ich auch für den Chat: Achtet nicht auf die Grammatik, sondern achtet auf die Emotion und die Treffsicherheit. Das sind die Dinge, die uns im Chat zur Verfügung stehen: Genauigkeit, Treffsicherheit und Emotionalität.

**Stellt aber nicht gerade die Treffsicherheit eine besondere Herausforderung im Chat dar? So kann der Kontext in der gesprochenen Sprache eine ungeschickte Formulierung eher ausgleichen als in der reinen Schriftsprache. Hier ist ein falsch gewähltes Wort eben ein falsch gewähltes Wort.**

CEH: Da helfen Konstruktionen mit mehreren Teilsätzen. Beispiel: »Geht es um Missbrauch? Vater beteiligt? Onkel?« Es werden gar keine vollen Sätze geschrieben. Ich platziere meine Vermutung und sortiere alles andere drum herum, um dem Anderen die Möglichkeit zu geben, sich das Zutreffende auszusuchen. Denn das, was ich sonst mit der Stimme transportieren kann, muss ich hier schreiben. Das heißt: Ich formuliere nicht die »korrekte« Frage, sondern reiße das ganze Feld an und gebe es dem Anderen rüber. Und der kann dann sozusagen darin umhergehen.

GE: *Jedes Wort ist dann wie ein eigener Raum, in den ich hineingehen und mich darin fragen kann: Betrifft mich das jetzt? Ist das meines oder nicht? Jedes Wort ist wie eine Einladung, die mir die Freiheit erlaubt, das Gefühl an mich heranzulassen. Durchgängige Sätze hingegen beschäftigen mich damit, das Gesagte überhaupt zu erfassen. Daher bieten kurze Elemente die große Chance, Berührung zu schaffen.*

**Wird das Chat-Angebot nur von Leuten genutzt, die ohnehin in diesem Medium zuhause sind, oder auch von Leuten, die ihre Sorgen nicht aussprechen können?**

CEH: Es gibt sicherlich einen Teil der User, die sich sagen: Ich schreib das erst einmal, ich kann noch gar nicht darüber sprechen. Und da hat das Schreiben eine hilfreiche Funktion. Das weiß jeder, der auch ein Tagebuch schreibt. Indem ich das vor mir sehe, kann ich auch ein Stück Distanz gewinnen. Und aus der Distanz heraus wird mir dann auch deutlich, dass ich das in meinem Rucksack nicht mitschleppen kann oder will. Zum anderen eröffnen die Chat- sowie die Mail-Beratung auch die Möglichkeit, mich mit Themen, die mich beschäftigen, aber noch nicht mein ganzes Leben ausfüllen, auch etwas experimentell auseinanderzusetzen.

**Das heißt?**

CEH: Ein Thema wie Suizidalität wird in seinen ganz schwachen Anfängen benannt, um sich damit auseinanderzusetzen. Und zwar lange bevor die Frage aufkommt: Gehe ich auf die Brücke oder nehme ich Tabletten? Das sind Themen, die würde ich in diesem frühen Stadium vielleicht noch niemandem sagen, weil ich befürchten müsste, ich würde ausgelacht. Oder man hielte mich nicht mehr für genügend leistungsfähig. Was passiert denn in meinem Beruf, wenn ich so etwas benenne? Hier bildet die noch größere Anonymität des Chats oder der E-Mail eine Möglichkeit. Da wir keine IP-Nummern zurückverfolgen können, weiß ich ja nicht, wer mir aus welcher Firma schreibt.

**Und der User hat vielleicht auch weniger Angst vor der Reaktion des Gegenübers?**

CEH: Ja. Der Bildschirm ist weiter von mir weg als das Telefon, welches ich direkt am Ohr habe. Die Reaktionen sind mir näher oder ferner. Und dazu kommt: Wenn dem User der Chat-Log nicht passt, kann er ihn löschen. Andererseits kann er aber auch das ausdrucken, was ihm wichtig ist. Das können zwei oder drei Wörter sein, die er sich dann an die Pinnwand hängt.

**Nehmen die Chatter im Vergleich zu den Anrufern zu?**

CEH: Mit fällt auf, dass das Chat-Angebot nicht mehr nur von den jungen Männern genutzt wird. Das war die Idee, als die Telefonseelsorge 1995 ein Internet-Angebot eingeführt hat: Damit erreichen wir auch die jungen Männer. Das hat für die ersten vier bis fünf Jahre auch gestimmt, dann haben die Frauen nachgezogen. Und inzwischen nutzen auch die älteren Menschen dieses Angebot. Da diese Medien auch für Ältere selbstverständlich geworden sind, wird sich diese Tendenz in den nächsten Jahren fortsetzen. Der Bedarf wird steigen. Es gibt inzwischen auch das Angebot von Online-Therapien. Die Therapeuten verrichten ihre Arbeit im Internet genauso wie sie es in ihrer Praxis tun würden.

**Was sind die Herausforderungen der Zukunft?**

CEH: Beim Telefon wird sich die Frage stellen: Wie verändern sich die Telefongewohnheiten im Hinblick auf Festnetz und Mobilnetze? Und wie gelingt es der Telefonseelsorge, ihre mediale Erreichbarkeit auszubauen oder zumindest zu gewährleisten?

*GE: Es ist wichtig, dass wir die Ressourcen ganz eng verknüpfen. Wir haben Kollegen, die ihre Dienstverpflichtungen in den Bereichen Telefon und Chat kombinieren. Ihre Erfahrungen im Chat bleiben auch für das gesprochene Wort nicht ohne Auswirkungen. Sie werden das Telefonverhalten nochmals ein Stück verfeinern.*

**Fahrplan zum Erfolg**     Cordula Eisenbach-Heck & Gisela Ehrhardt

1 Die Grundlagen für gute Gespräche sind: Empathie, die Akzeptanz aller Wertvorstellungen und Einstellungen sowie Echtheit.

2 Lege alle deine Ziele offen und frage nach, ob dein Gegenüber da mitgehen kann.

3 Es muss eine Deckungsgleichheit herrschen zwischen dem, was ich sage, und dem, wie ich es sage. Stimme und Haltung müssen vom Wort gedeckt sein und umgekehrt.

4 Achte im Schriftlichen nicht auf die Grammatik, sondern auf die Emotion und die Treffsicherheit.

5 Kurze Elemente bieten die große Chance, Berührung zu schaffen.

# Eisen-späne des Lebens.

Matthias Schlicht ist promovierter Theologe.
Er war Pastor in Bardowick und Studentenpfarrer
in Clausthal; später Studiendirektor im Kloster
Loccum und Gastwissenschaftler an der TU Clausthal.
Heute ist er als Pastor in Buxtehude tätig. Seit
2005 tritt er nebenberuflich als Kirchenkabarettist
auf und hat mehrere CDs veröffentlicht.

Was haben Theologen den Menschen anzubieten? Das
Wort. Ob in Form von Weisheiten, Erbauung oder
Trost. Es bleibt im Grunde genommen das Wort.
In einer modernen Gesellschaft scheint das vielen
nicht mehr zu reichen. Die Kirchen bleiben häufig
leer. Einer schafft es doch, sie zu füllen.
Aber wie?

**Wie füllt man heute eine Kirche, wenn es nicht gerade Weihnachten ist?**

Ich bin in der St.-Paulus-Gemeinde in Buxtehude und den Gottesdienst besuchen jeden Sonntag im Durchschnitt rund 220 Leute. Die Leute möchten gerne die Gemeinschaft erleben, aber sie legen auch großen Wert auf eine klare Sprache, auf eine klare und deutliche Predigt. Deutlich in Luthers Sinne von »dem Volke aufs Maul schauen«. Wichtig ist es, nicht in Theologensprache zu reden, sondern die Probleme dieser Zeit so anzusprechen, dass sich jeder in den Texten zurechtfindet und das mit der biblischen Überlieferung verbinden kann.

**Neben der klaren Sprache sind also auch aktuelle Themen wichtig?**

Ja, wobei es zwei Formen von aktuellen Themen gibt. Das eine sind die lebensaktuellen Themen, wie Geburt, Krankheit oder Tod. Themen also, mit denen die Menschen jeden Tag leben. Die andere Form der Wirklichkeit setzt sich obendrauf. Das sind die Dinge, die wir nicht selbst erleben, die uns aber dennoch berühren, etwa der Amoklauf in Newtown oder der Bürgerkrieg in Syrien. Auch diese Wirklichkeit verlangt für viele Menschen nach Deutung und Erklärung.

**Deutung und Erklärung, die sie von den Massenmedien nicht bekommen?**

Es gibt eine fast pornografische Medienberichterstattung, in der alles nur gezeigt, aber nichts erklärt wird. Da wird nur gesagt, dass ein junger Mensch in Newtown so und so viele Kinder und Lehrer erschossen hat, und alle stehen betroffen da. Dann holt man zwar irgendeinen Psychologen, der bei drei noch nicht auf dem Baum ist, der dann erklärt, dass man sich das alles nicht so recht erklären kann. Aber das ist ja auch nicht die Aufgabe der öffentlichen Medien. Wenn Menschen darüber nachdenken, was wäre, wenn das ihrem Kind oder Enkel passieren würde, und wenn sie sich darüber austauschen möchten, dann braucht es andere Institutionen. Und die Kirche ist eine davon.

**Wie muss eine wirkungsvolle Predigt aufgebaut sein?**

Ich habe da meine eigene Herangehensweise. Ich war sechs Jahre Ausbildungschef im Kloster Loccum für die Hannoversche Landeskirche, und ich habe meinen angehenden Pastorinnen und Pastoren gesagt, sie sollten den Text, über den sie am Sonntag predigen, eine Woche vorher durchlesen. Denn, das wissen viele gar nicht, der Text ist nicht beliebig, sondern vorgegeben.

<br>

# Die Leute möchten gerne die Gemeinschaft erleben, aber sie legen auch großen Wert auf eine klare Sprache, auf eine klare und deutliche Predigt.

# Es gibt eine fast pornografische Medienberichterstattung, in der alles nur gezeigt, aber nichts erklärt wird.

Nach sechs Jahren hat man quasi einmal die ganze Bibel durchgepredigt. Wenn sie den Text dann durchgelesen hatten, sollten sie ihn vergessen und die Woche ganz normal bestreiten. Am Freitag schließlich sollten sie dann schauen, welche Eisenspäne des Lebens sich an den Magneten des Textes herangezogen haben. Mit einem großen Vertrauen, dass ein Text Erfahrung heranzieht und dann auch deutet. Und dann kann man auch versuchen, dieses in Sprache zu bringen.

**Das klingt jetzt aber schon etwas hermeneutisch. Bedarf es demnach einer gewissen Textaffinität? Oder kann das jeder?**

Also ich bin der Meinung, dass es jeder kann. Ich könnte Ihnen jetzt beispielsweise ein Wort mitgeben, mit welchem Sie eine Woche durch Baden-Baden laufen. Und nach dieser Woche würden Sie sagen: »Er hat recht gehabt. Diese Geschichte würde ich zu diesem Wort erzählen.« Denn es geht nicht darum, die biblische Überlieferung von über 2000 Jahren aufs Podest oder die Kanzel zu heben und zu sagen: »Seht her. Das Leben spielt keine Rolle«, sondern es geht darum, diese Wirklichkeit mit unserer Wirklichkeit in Verbindung zu bringen. Nur alte Geschichten zu erzählen, bringt uns nicht weiter. Wir müssen den Mut haben, das Alte mit dem Neuen zusammenzubauen. Das ist jeden Sonntag eine neue Aufgabe.

**Hat sich die Sprache auch in der Kirche verändert?**

Sprache ändert sich dauernd und überall. Ich liebe ja alte deutsche Worte, die wir alle kennen, aber nicht mehr benutzen: Lichtspielhaus, fernmündlich, hold, Labsal, Kleinod, Schlüpfer. Ich muss Ihnen leider sagen, dass der deutsche Schlüpfer ausstirbt. Gehen Sie zu Karstadt in die Textilabteilung und verlangen nach einem Schlüpfer. Die schicken Sie in die Technikabteilung. Ein anderes Wort ist Sendeschluss. Aber Sprache verändert sich und das ist ein kontinuierlicher Prozess, der übrigens in allen schriftlich überlieferten Sprachen nachweisbar ist. Und das ist nicht nur der Einfluss des Englischen.

**Aber gerade der Einfluss des Englischen steht heutzutage besonders in der Kritik. Findet dieser Sprachwandel dennoch in den Predigten Ausdruck?**

Der Sprachwandel fließt mit ein in die Lebenswirklichkeit der Menschen und ich kann keine kirchliche Lebenswelt in lateinischer oder altdeutscher Sprache dagegenstellen. Auch die Luther-Bibel, die er im 16. Jahrhundert geschrieben hat, liest so heute keiner mehr. Sie wird ständig revidiert. Da ist zwar kein Denglisch drin, aber wenn ich meine Konfirmanden höre, dann höre ich die Facebook-Generation, die twittert, was das Zeug hält, und mit SMS-Abkürzungen kommuniziert. Wenn ich für diese jungen Leute predige, dann kommen auch tatsächlich Dinge aus dieser Welt rein. Und die Kunst, sich auf sein Publikum einstellen zu können, erwarte ich von jemandem, der zu Leuten spricht. Zu Konfirmanden rede ich also anders als an offiziellen Anlässen.

**Ein Beispiel?**

Bei Konfirmandenpredigten kommt schon einmal: »By the way, würde ich euch gerne schon mal sagen, wenn ihr das macht – bei Gott habt ihr einen Account, bei anderen vielleicht nicht.«

**Jugendsprache kann aber auch nach hinten losgehen.**

Die Jugendlichen nehmen mir das noch ab. Mit 51 hat man durchaus noch Ahnung von solchen Sachen. Aber Sprache muss tatsächlich so rüberkommen, dass es nicht heißt: Oh, der Herr Pastor bemüht sich, Jugendsprache zu benutzen. Denn dann sind Sie wirklich am Arsch. Jugendliche können gekünstelte Sprache sofort dechiffrieren. Zu Oma Müller kann ich natürlich nicht sagen: »Bei Gott hast du einen Account.« Das sind zwei Welten. Ich sage immer: Das Weltbild zeigt sich in der Bildwelt der Sprache.

**Was aber, wenn sich das Publikum durchmischt?**

Das ist die größte Herausforderung. Eine, die aber auch sehr viel Spaß macht. Denn von den 220 Leuten im Gottesdienst sind etwa 40 Konfirmanden, etwa 40 bis 60 bewegen sich im mittleren Alter, und dann gibt es die, die man als ältere Leute bezeichnet, obwohl das Wort »Alte« heute nicht mehr gilt. Früher kam man mit 60 mit dem Krückstock in die Kirche, heute kommen sie mit dem Sportfahrrad angefahren. Ich muss dann eine Ebene finden, die ganz deutlich ist. Ich sage dann beispielsweise von der Kanzel herunter: »Ihr Konfis habt jetzt vielleicht das Gefühl, von was redet der denn jetzt. Und das erklär ich jetzt euch mal. Und die anderen bitte ich jetzt mal einen Moment wegzuhören.« Denn man muss Dinge eben auch erklären und darf nicht über die Köpfe hinweg erzählen. Dann fühlen sich die Leute auch ernst genommen.

**Haben Sie Vorbilder, was das Predigen betrifft?**

Zunächst einmal ist das Lesen ganz wichtig. Ich lese viel und höre auch gerne Hörbücher. Denn der Mensch als Gewohnheitstier hat seine eigenen Sprachformen und behält diese auch gerne bei. Man hat seine Lieblingsbilder, die man immer wieder benutzt. Da ist es dann gut, wenn man hört oder liest.

## Nach sechs Jahren hat man quasi einmal die ganze Bibel durchgepredigt.

# Das Weltbild zeigt sich in der Bildwelt der Sprache.

Was das Predigen angeht, gibt es für mich zwei Vorbilder. Das eine ist Martin Luther, den ich nicht als einen Heiligen wahrnehme, sondern als einen, der wirklich Bilder gebraucht hat, die ich mich nicht traue, in der Predigt zu sagen. Wollen Sie ein Beispiel hören?

**Selbstverständlich.**

»Gott ist wie ein Vater und wir Menschen sind wie das kleine Baby, das dem Vater im Schoße sitzt. Und auf einmal pisst der kleine Säugling dem Vater die ganze Hose voll. Wird dann der Vater nicht trotzdem sein pissendes Kind lieben, weil es sein Kind ist?« In der Formulierung wäre ich etwas zurückhaltender, obwohl jeder sofort begreift, was er damit gemeint hat.

**Und das zweite Vorbild?**

Das ist Margot Käßmann, die als Landesbischöfin eine Form gefunden hat, sich sprachlich so zu erklären, dass jeder sie verstanden hat. Von der ganz einfachen Frau auf der Straße bis zu den Intellektuellen. Wenn sie gepredigt hat, waren die Kirchen nicht voll, weil sie eine berühmte Frau ist, sondern weil sie die Predigt hören wollten. Und sie haben sie verstanden. Diese Gabe haben nur wenige Prediger, aber man kann daran arbeiten.

**Welche Eigenschaften zeichnen erfolgreiche Prediger wie Sie aus?**

Deutlich und verständlich sein. Das hat zunächst mit Artikulation und Modulation zu tun und ist Handwerkszeug der Sprache. Da ist es dann auch gleich, ob ich die Bibel lese oder das Telefonbuch. Das Zweite sind die Bilder. Sie dürfen keine Bilder wählen, die abstrakt und abstrus sind, sondern sie müssen klar sein. Dinge, die komplex sind, müssen in klare Bilder der Wirklichkeit übersetzt werden. Und man muss weg von der Transferebene. Sätze wie »Es gibt so Tage, da geht es uns allen nicht so gut« lassen sofort heraushören: Predigt. Und der Geist schaltet ab. Aber wenn ich sage: »Gestern haben wir mit unserem Team so richtig Mist gebaut«, hören auf einmal alle zu, weil direkt und deutlich gepredigt wird. Und mich hat noch etwas Drittes geprägt.

# Dinge, die komplex sind, müssen in klare Bilder der Wirklichkeit übersetzt werden.

Ich bin in der Lüneburger Heide aufgewachsen und Plattdeutsch war meine erste Sprache. Im Plattdeutschen gibt es diese Transferebene nicht, sondern: Di geidat schlecht, mi geidat schlecht, di geidat gout, mi geidat gout, aber »man« gifdat dou nich. Wat is »man«? Dieser Hintergrund macht es mir leicht, deutlich zu reden, und er macht es den Zuhörern leicht, zuzuhören.

### Wie viel »voneinander abschreiben« verträgt eine Predigt?

Es gibt zu meinem Erstaunen schon Online-Predigten, die sich Pastorinnen und Pastoren auch herunterladen können. Ich habe das noch nie gemacht, und ich habe meine angehenden Pastorinnen und Pastoren auch regelrecht davor gewarnt. Online.de ist nicht akzeptabel. Denn wir leben von dem schönen lateinischen Begriff »viva vox«, von der lebendigen Sprache, nicht von der ausgedruckten, fotokopierten, vervielfältigten Sprache. Plagiate verträgt eine Predigt nicht. Denn jede Gemeinde und jeder innerhalb einer Gemeinde ist original.

Ich kann eine Predigt, die ich in Buxtehude halten möchte, nicht in Baden-Baden halten. Ich müsste mich doch davor mit Leuten dort unterhalten, was sie gerade bewegt, und mich über die Struktur der Gemeinde informieren. Es gibt Bücher mit Predigt-Ideen. Das ist etwas anderes. Für mich ist aber das Leben so reichhaltig, dass ich auch darauf noch nicht zurückgreifen musste.

### Dürfen Predigten auch komisch sein?

Ja, natürlich. Ich möchte, dass man, wenn es angemessen ist, auch in der Predigt fröhliche Sachen erzählen kann. Selbst vor Trauergottesdiensten passiert es mir oft, dass die Leute mir fröhliche Dinge erzählen, und dann frage ich, ob ich diese Geschichte erzählen darf. Beispielsweise gab es einen Mann, dessen liebstes Hobby das Angeln war. Und so ist er häufig zum Angeln gefahren, aber immer ohne Köder. Den hat er immer vergessen. Das war ihm aber auch völlig egal. Er hat sich einfach nur hingesetzt und dabei ein Buch gelesen. Das ist einfach eine schöne Geschichte, und dann lacht die Gemeinde bei der Trauerfeier. Ist das verboten? Wer verbietet uns das? Das Leben ist voll mit Lachen und Weinen. Alles hat seine Zeit. Und deshalb kann eine Predigt fröhlich sein. Anderes Beispiel: Ich sage der Gemeinde bei der Konfirmation: »Ich hoffe, Sie haben alle Ihre Handys ausgemacht. Denn das ist ja heute etwas, woran man denken muss. Ich bin ja als Jahrgang 1961 15 Jahre ohne Telefon groß geworden, und als es dann kam, im Grün der 70er Jahre, bekam es noch ein Samtbrokat-Kondom übergezogen.« Und die Gemeinde liegt am Boden. Aber sie lachen nicht über mich, sondern über sich, weil sie sich wiedererkennen.

### Sind Sie, was Humor in der Kirche betrifft, ein Einzelgänger?

Nein, viele machen das und viele machen das auch immer mehr. Die Menschen zu erreichen, ist doch das Ziel jeglicher Kommunikation. Die Kommunikation gelingt nur, wenn ich es schaffe, dass die Leute mir zuhören.

# Die Kommunikation gelingt nur,
# wenn ich es schaffe,
# dass die Leute mir zuhören.

**Welchen Humor mögen Sie?**

Wenn ich als Kirchenkabarettist auftrete, gibt es für mich eine Grenze zwischen Kabarett und Comedy. Comedy kann sich lustig machen über die Frisur von Frau Merkel oder wie ihre Mundwinkel aussehen. Das finde ich unsagbar dämlich. Nehmen Sie hingegen das deutsche Kabarett nach dem Zweiten Weltkrieg oder das Kabarett der Weimarer Republik eines Werner Finck. Auch viele Stücke von Erich Kästner oder Kurt Tucholsky sind Kabarett-Stücke. Dann sehen Sie: Diese Stücke verbinden immer das Fröhliche und das Ernsthafte. Das Leben ist ebenso. Es geht immer beides miteinander.

**Sind die Genannten auch Ihre Vorbilder in puncto Kabarett?**

Mein Vorbild in puncto Kabarett ist Hanns Dieter Hüsch. Weil er Ernsthaftigkeit in Leichtigkeit, in Wortspiele, tragen konnte. Und weil er diese poetische Ader hatte, die sich auch in sich selbst verlieren konnte. Das ist schön, weil er Worte und Bilder hatte, die ich kenne und die andere auch kennen. »Wie wünsche ich mir meine Beerdigung?« Rums. »Jeder ne Frikadelle in der Hand und ne Flasche Bier.« Rums. Das ist alles sau-ernst und es ist fröhlich. Und damit zu spielen, erfordert Mut. Sein letztes großes Buch war »Wir sehen uns wieder«, worin er in Dinslaken dem lieben Gott, der vom Fahrrad gefallen ist, aufhilft. Der liebe Gott wollte seine Schwester besuchen, die in Dinslaken eine Wäscherei hat. Darf man das sagen? Hanns Dieter Hüsch darf das sagen, weil man weiß, er ist ein Mann, dem der liebe Gott viel bedeutet. Aber er verstrickt den lieben Gott so in den Alltag, dass es wieder eine andere Konnotation bekommt.

**Aber gibt es nicht auch Humor, der keinen ernsthaften Hintergrund hat und dennoch nicht verletzend ist? Nonsens im klassischen Sinne, wie wenn der Vater Quatsch mit seinen Kindern macht?**

Ja, so was kann ich mir auch vorstellen, allerdings muss ich dann gucken, wer vor mir sitzt. Weil wir ein Kirchenpublikum haben, das sich jede Woche mit neuen Schicksalen anfüllt.

**Von Jesus ist in der Bibel kein Lachen überliefert. Wenn Christus aber nicht gelacht hat, so hieß es auch im Pietismus, soll ein Christ auch nicht lachen.**

Was in der Bibel steht und was nicht darin steht, ist eine schwierige Geschichte. Dass nie darin steht, Jesus lachte, bedeutet nicht, dass er nie gelacht hat. Es steht im Neuen Testament an keiner Stelle, dass Jesus auf die Toilette ging. Ich nehme aber mal an, dass das durchaus passiert ist. Jesus war bei den Tischabendmahlen eingeladen, hat bei der Hochzeit von Kana aus Wasser Wein gemacht, eine Geschichte, die übrigens im schwäbischen Pietismus nicht immer gut angekommen ist. Und alle sollen da bierernst bei Tische gesessen haben? Nein, einen humorlosen Jesus kann ich mir nicht vorstellen.

**Und doch hat sich ein Zusammenhang von Christentum und Humorlosigkeit durch die Rezeptionsgeschichte durchgezogen. Nietzsches Aussage »Die Christen müssten mir erlöster aussehen, wenn ich an ihren Erlöser glauben sollte« hat heute noch ihren Reiz.**

Im Wort erlösen steckt das Wort lösen drin. Lösen heißt loslassen. Und wenn ich loslasse, dann lasse ich auch meine ernsthaften Fassaden los. Und jeder Mensch, der lacht, ist erlöst.

**Die Bezeichnung Kirchenkabarettist dürfte für viele dennoch einen Widerspruch in sich darstellen.**

Richtig. Das Wort Kirchenkabarettist ist ein Wort, das viele zum Nachdenken bringt. Aber genau deshalb wollen viele da auch hin. Sie wissen immer, dass ich eigentlich Pastor bin, aber an diesem Abend als Kabarettist auftrete. Und damit spiele ich – dass ein Nimbus da ist, dass dieser Nimbus aber auch gebrochen wird. Mit dem ersten Stück geht eine Tür auf, durch die ich hindurchtrete, und es kommt dann etwas, mit dem die Leute nicht rechnen. Aber der Pastor ist dennoch nicht weg.

**Kann man Ihnen nicht unterstellen, dass Sie das Sendungsbewusstsein, welches Sie als Pastor haben, als Kabarettist nur anders verpacken?**

Natürlich habe ich ein Sendungsbewusstsein, aber das würde ich jedem unterstellen, der zu einem Publikum redet. Mein Sendungsbewusstsein als Pastor beinhaltet: Achtet auf euch, achtet auf Gott. Und beim Kabarettisten: Achtet auf euch. Als Kabarettist frage ich beispielsweise: Was ist das eigentlich für eine Welt, in der wir leben? Warum werden wir immer von Handys verfolgt? Oder warum wollen die Menschen gerne zu Tupperpartys? Ich war jetzt auch bei einer, habe aber nicht ganz verstanden, was da abläuft. Am Ende haben aber alle für 300 Euro eingekauft und ich habe nur den Teigschaber geschenkt bekommen.

**Was sagt die Kirche zu Ihrem Kabarett?**

Als ich meine erste CD aufgenommen habe, saß in der ersten Reihe Frau Käßmann. Und als ich nach dem Auftritt zu ihr ging und sie fragte, ob es zu doll war, sagte sie: »Ach, das wahre Leben ist noch viel schlimmer.« (lacht) Ich hatte mehrere Auftritte in Hannover, bei denen sie anwesend war. Es gab einen Tag, an dem sich alle Kirchenoberen trafen, und einer von ihnen hat beim Wochenrückblick gesagt: »Herr Schlicht ist im Rotlichtviertel aufgetreten. Mit einem Kabarett-Programm. Und es sollen, ähm, auch Damen, ähm, von der Straße dabei gewesen sein. Ist das noch mit dem Beruf vereinbar?«

Und die Bischöfin fragte ihn: »Waren Sie auch dabei?« »Nein! Selbstverständlich nicht!« »Aber ich! Und es war gut!« (lacht) Und das ist kein Nonsens, kein Comedy, sondern echt. Das ist so passiert.

**Wo hat Humor für Sie Grenzen?**

Für mich gibt es eine innere Kabarett-Ethik. Religiöse Gefühle möchte ich nicht verletzen. Über Gott macht man keine Witze. Ich kann das Wort schon in den Mund nehmen, etwa wenn ich sage: Der Pastor ist wie der liebe Gott. In der Woche unsichtbar und am Sonntag unbegreiflich. Aber über Glaubensaussagen mache ich mich nicht lustig. Ebenso sind seelsorgerische Situationen niemals Themen fürs Kabarett. Demenz, Sterben und Tod sind etwa Dinge, die so ureigen persönlich besetzt sind, dass sie für mich ausgeklammert sind. Ich mache mich auch nicht über die Kirche lustig. Wie sollte ich auch?

**Nun ist die Kirche aber auch ein Verwaltungsapparat mit Fehlbarkeiten.**

Da bin ich auch dran. Ich sage dann immer: Ich bin Pastor, ich teile mir mit einem Kollegen eine halbe ⅜-Stelle. Das ist so kirchliche Spreche auf die Spitze getrieben. Oder ich habe Stücke, wo ich die kirchliche Unverständlichkeit in der Verwaltung persifliere. Es gibt im kirchlichen Alltag so kleine Perlen wie Rundverfügungen, Protokollbeschlussgenehmigungen oder Gemeindebriefgestaltung. Damit taste ich aber nicht Gottes Augapfel an, sondern nur sein Bodenpersonal (lacht), dass sich manchmal weit von ihm entfernt hat. Dazu gibt es eine schöne Pointe: »Bei den Kirchen gibt es immer große Gelddiskussionen. Und ich erinnere mich daran, Jesus hat einmal gesagt, Du kannst nicht zwei Herren dienen. Entweder Gott oder dem Mammon. Du wirst den einen lieben oder den anderen hassen. Und jetzt hat unsere kirchliche Verwaltung abgestimmt: ›Wem wollen Sie dienen?‹ Und ich kann Ihnen die frohe Botschaft sagen. Gott ist auf den dritten Platz gekommen.« (lacht)

**Was würden Sie einem Menschen antworten, der die These vertritt:**
**Humor ist sicher nicht die schlechteste Art, mit den Unzulänglichkeiten**
**der Schöpfung fertigzuwerden.**

Dann würde ich sagen: Humor ist, wenn man trotzdem lacht, und Glaube ist auch, wenn man trotzdem lacht.

# Nein, einen humorlosen Jesus kann ich mir nicht vorstellen.

**Fahrplan zum Erfolg**     Matthias Schlicht

1 Rede klar und deutlich und schaue,
  im Lutherischen Sinne, dem Volke aufs Maul.

2 Wenn du zu Leuten sprichst, musst du dich auf dein
  Publikum einstellen.

3 Das Weltbild zeigt sich in der Bildwelt der Sprache.

4 Du musst die Dinge auch erklären und darfst nicht
  über die Köpfe hinweg erzählen. Nur dann fühlen sich
  die Leute auch ernst genommen.

5 Lebe von der lebendigen Sprache, nicht von der
  ausgedruckten, fotokopierten, vervielfältigten Sprache.

# Anhauen, umhauen, abhauen.

Frank Lehmann ist einer der populärsten Wirtschaftsjournalisten Deutschlands. Ab 1989 moderierte er regelmäßig die Börsenberichterstattung in der ARD. Er war Initiator und von 2000 bis Ende 2006 einer der Moderatoren der Sendung »Börse im Ersten«, welche mit bis zu drei Millionen Zuschauern eine der erfolgreichsten TV-Börsensendungen Europas ist.

Bei Geld hört die Freundschaft auf, heißt es im Volksmund. Aber auch die Sprache, wie die Realität beweist. Oft können Laien nicht beurteilen, ob sich ihre Bänker durch ihr Wissen oder ihre Rhetorik auszeichnen. Warum können so viele nicht mitreden, wenn es um ihr sauer Erspartes geht?

**Sie haben regelmäßig bis zu drei Millionen TV-Zuschauer vor die Bildschirme gelockt – mit Börsennachrichten. Wie haben Sie das geschafft?**

Mit nett verpackten Börseninformationen, die ohne Börsenchinesisch auskommen. Ich habe Fachausdrücke vermieden. Hausse und Baisse, das haben die Leute noch drauf, aber den ganzen anderen Kram habe ich weggelassen. Ganz einfach formulierte Sprache. Die Leute wollen wissen: Was war heute los? Warum war das heute los? Und das in zweieinhalb bis drei Minuten. Und sie wollten es nett verpackt wissen. Am besten mit einer Schleife drumherum. Ich habe damals Infotainment gemacht. Das ging dann so weit, dass die Leute schon auf die Aphorismen am Schluss nicht mehr verzichten wollten. Bei vielen meiner heutigen Kollegen geht es schon wieder zurück in die rein puristische, journalistische Schiene.

**Wie schwierig ist es, ein so komplexes und trockenes Thema wie Börse und Finanzen verständlich, aber unterhaltsam zu präsentieren?**

Wir sind ein Volk der Finanz-Analphabeten. Und da ist es natürlich sehr schwer, etwas von der Materie so zu vermitteln, dass es auch verstanden wird. Aber das war meine Aufgabe. Und wenn man sich vorstellt, dass da Tante Emma und Onkel Erich vor dem Fernseher sitzen, kann man nicht mit irgendwelchen volkswirtschaftlichen Grundprinzipien kommen. Daher haben sich die Leute gefreut, dass ein solches Thema etwas holzschnittartig präsentiert wurde. Bei einigen Wirtschaftswissenschaftlern kam das hingegen nicht so gut an. Die haben dann angerufen: »Herr Lehmann, so einfach kann man Wirtschaft aber nicht darstellen.«

**Worauf Sie geantwortet haben...**

»Machen Sie mal für zwei Minuten dreißig einen besseren Vorschlag.« Außerdem: Tiefgründig hat in Deutschland keinen Zweck. Denn es gibt kein Volk auf der Erde, welches in Sachen Finanzen und Ökonomie so unbeschlagen ist wie das deutsche.

**Und das rührt woher?**

In der Schule passiert in diesen Bereichen so gut wie nichts. Ich bin oft in Schulen und diskutiere mit Schülern. Die machen dann große Augen und du merkst, das Interesse ist durchaus da. Aber die Lehrer

## Tiefgründig hat in Deutschland keinen Zweck.

## Die vielen Broschüren in den Banken mit ihren schicken Formulierungen wurden alle nicht gelesen.

setzen die Schwerpunkte in der Politik. Das ist einfacher. Da kannst du über alles Mögliche diskutieren, alles reinschmeißen. In der Wirtschaft dagegen musst du schon Fakten bringen. Und wenn es der Lehrer nicht bringt, macht er eben Politik.

**Wollen Lehrer keine Wirtschaft unterrichten oder können sie es nicht?**

Viele können es auch nicht. Wirtschaft ist spannend, aber eben auch anstrengend. Man muss in die Materie eintauchen und sie dann, wie es ein Journalist macht, auf das Niveau von Tante Emma und Onkel Erich runterbrechen.

**Und diese beiden, aber auch alle anderen Menschen, sehnen sich nach verständlich aufbereiteten Meldungen im Bereich der Finanzen. Man kann den Menschen Ahnungslosigkeit vorwerfen, aber kein Desinteresse.**

Nein, aber es strengt sie an. Und alles, was anstrengt, versucht man dann doch wieder wegzuschieben. Das ist wie mit dem Besuch beim Zahnarzt. Sie wissen, Sie müssen da hin, aber da tut's eben auch weh. Also schieben Sie es vor sich her.

Denken Sie zum Beispiel an die Steuererklärung. Das ist unangenehm. Die Leute kommen mit den ganzen Schriftsätzen nicht klar. Man weiß, es ist wichtig. Man weiß, es geht um das eigene Geld, aber man drückt sich davor, sich darum zu kümmern. Einen Wendepunkt, der richtig und wichtig war, stellte die Finanzkrise dar.

Da haben die Leute gemerkt: Ich habe mich nicht darum gekümmert, ich habe das meinem Berater überlassen. Der hat das alles gemacht. Und jetzt kommt das große Erwachen. Und die Menschen kommen mit einfachsten Fragen, wie: Was ist ein Investmentfonds? Die vielen Broschüren in den Banken mit ihren schicken Formulierungen wurden alle nicht gelesen.

**Der Deutsche informiert sich demnach nicht genügend über Geld?**

Nicht nur das. Der Deutsche redet nicht gerne über Geld. Das belegen die Statistiken, und das verraten die Umfragen. Selbst Finanzexperten machen da keine Ausnahme. »Über Geld redet man nicht. Das geht niemanden etwas an.« So etwas finden Sie in keiner anderen Nation. Daher rührt auch das Dilemma. Wenn man sich über bestimmte Produkte oder Informationen nicht austauscht, dann verkümmert auch das Wissen.

**Deshalb haben Sie ein Buch mit dem Titel »Über Geld redet man nicht« geschrieben, um damit eben diese Verhaltensnorm zu konterkarieren. Warum redet man hierzulande nicht über Geld? Nur weil man es nicht will oder weil man es nicht kann?**

Das ist wie mit der Henne und dem Ei. Was war zuerst da? Die Schulbildung der meisten gibt hier nicht viel her, also tauschen sie sich ungerne darüber aus. Und dann kommen die Banken, die auch nicht gerade aufklären – sich aber über die Provisionen freuen.

**Daher rührt auch der Untertitel »Was Ihnen die Finanzprofis verschweigen«.**

Da läuft so viel Geld in die Maschinerie der Finanzindustrie hinein. Das wissen die Leute alles nicht. Die Leute sagen zu mir immer: »Ich werde doch kostenlos beraten.« Darauf frage ich sie, was sie denn gekauft haben. »Investmentfonds.« Und dann steht doch da ein Wort wie »Ausgabeaufschlag«. Wenn jemand meint: »Das gehört doch dazu«, dem sei gesagt: Fünf Prozent müssen erst einmal mit einem Investmentfonds verdient werden. Denn die werden von dem eingezahlten Betrag abgezogen. Das sind satte Gebühren. Die Leute sagen dann: »Oh, das wusste ich gar nicht.« Tja, aber das steht in den Verträgen.

**Und viele Menschen fragen auch nicht nach.**

Ja, sie trauen sich nicht, weil sie sich nicht blamieren wollen. Da kommt eine hübsche Beraterin dem Anleger mit Caps und dem ganzen Mist. Und der denkt, wenn er was von Körbchen hört, an ganz andere Dinge (lacht).

**Gut für die Finanzprofis. Denn die können aus der Unwissenheit Kapital schlagen.**

Ein Vergnügungsbad in Budapest, welches gigantische Summen gekostet hat, kommt ja nicht von nichts. Das wird jetzt aber zum Glück anders. Jetzt müssen Provisionen veröffentlicht werden.

**Verschweigen ist ein probates Mittel, um Kunden in die Irre zu leiten. Ein anderes ist, eine Sprache zu verwenden, die nicht verstanden wird.**

Genau. Sie müssen möglichst viele Anglizismen hineinhauen, so dass der Kunde vor Ehrfurcht in seinem Sessel zusammensackt. Da wagt er schon gar nicht mehr nachzufragen. Dabei ist das Fragen das Entscheidende. Kunden müssen immer wieder fragen: Was ist das? Warum ist das so? Und wenn Sie fünfmal fragen und Ihr Berater antwortet nach der fünften Frage mit »Nun ist aber genug«, dann sagen Sie: »Das war es immer noch nicht.« Die sogenannten Bera-

# Hauptsache,
# es wurde verkloppt.

tungsgespräche bisher waren ja keine echten Beratungsgespräche, sondern Verkaufsgespräche. Sie kamen da hin und dachten, Sie würden beraten, und der Berater legte gleich ein Produkt hin. Er fragte gar nicht: Für was wollen Sie das Geld? Was sind Sie für ein Typ? Eher konservativ oder risikofreudig? Hauptsache, es wurde verkloppt. Heute müssen Berater das alles fragen.

**Ist also eine Annäherung in Sicht?**

Ein bisschen muss ich die Finanzberater in Schutz nehmen. Immerhin gibt es 6.300 Investmentfonds in Deutschland. Und jeden Tag kommt ein neues Zertifikat hinzu. Dennoch, die Formel lautet KISS: Keep It Simple and Stupid. Also mach es ganz, ganz einfach. Das bekommen die in der Sprache der Finanzwirtschaft noch nicht hin. Dafür sollen die Beipackzettel etwas bringen. Ähnlich wie bei Arzneimitteln sollen sie über Risiken und Nebenwirkungen aufklären und ganz einfach gestrickt sein. Dann kommen aber natürlich wieder Einwände, ob diese justiziabel sind. Wenn es darum geht, einfache Informationen zu liefern, sind wir wahnsinnig schlecht drauf. Immer noch.

**Obwohl die Bundesanstalt für Finanzdienstleistungsaufsicht (BaFin) vorschreibt: »Produktbeschreibungen müssen sich am durchschnittlichen Kenntnisstand der Kundenzielgruppe orientieren.«**

Ja, auch so ein Mist (lacht). Diese Formulierung entstammt einem Rundschreiben der BaFin, das auch keiner kennt.

**Und die sich als schwierig erweisen dürfte, wenn der durchschnittliche Kenntnisstand gleich Null ist?**

Es muss in Deutschland etwas getan werden. Ökonomie muss als Fach in den Schulen eingeführt werden. Ich erlebe es immer wieder, dass die Leute mit irgendwelchen Scheißprodukten über den Tisch gezogen werden. Auf dem Wochenmarkt, da feilschen wir, bei Waschmaschinen wird lange überlegt, und bei Autos ist es ganz schlimm – wie lange wird da gehandelt! Und bei Finanzprodukten? Da ist es peinlich, Schwächen zu zeigen. Da verhandle ich doch nicht. Das macht man doch nicht.

**Liegt dies nicht auch daran, dass wir zu autoritätshörig sind und uns als Laien keine eigene Meinung erlauben?**

Ich komme aus Frankfurt. Und wenn Sie sehen, von welch hohem Thron die Herrschaften da herabgestiegen sind. Diese Geldpaläste, die da gebaut wurden. Banken als wahre Kathedralen. Dort kommt keiner auf Sie zu, sondern Sie gehen irgendwo hin, und der hat sich dann herabgelassen, mit Ihnen ein Gespräch zu führen. Denn die Herrschaften kamen ja von ganz oben, da sie die Finanzwissenschaft mit dem Löffel gefressen haben – aber das ändert sich. Die gesamte Finanzlandschaft ändert sich momentan dramatisch. Der Anleger erkennt jetzt: Die sind ja genau wie du und ich. Die haben nichts – außer meinen Fonds in die Grütze laufen lassen. Also trete ich heute diesen Leuten auch ganz anders gegenüber. Diese Andacht, nichts sagen zu dürfen, nicht mäkeln zu dürfen, ist weg. Nicht bei allen, aber bei vielen.

**Die Sprachwissenschaft sagt, die Qualität einer Kommunikation hänge davon ab, wie bestimmte Maximen befolgt würden. Diese lauten: Sei informativ, sprich die Wahrheit, sag nur Relevantes und drück dich dabei klar und einfach aus. Verletzen Finanzexperten nicht diese Maximen? Und zwar absichtlich?**

Wir sind in einer Umbruchsituation und ich hoffe, dass sie auf den Trichter kommen, dass sie einen Kunden so nicht mehr behandeln können. Studien belegen ein Umdenken bei den Banken. Denn, was haben die bisher gemacht? Sie haben nach dem Gewinn geschaut, das Risiko eingeschätzt und irgendwann kam dann auch der Kunde. Und jetzt müssen die das umdrehen. Der Kampf um die Kunden ist gnadenlos. Große Staatsgeschäfte und große Fusionen laufen zwar weiterhin. Aber in dieser Form, wie wir das bis zum Zusammenbruch der Lehman-Bank gehabt haben, werden wird das vorerst nicht mehr haben. Die Banken müssen sich um andere Formen der Geschäfte kümmern. Intensiv. Und das ist der Privatkunde.

**Tritt da ein Perspektivwechsel vom »Wir haben« zum »Sie wünschen« ein?**

Die Banken denken jetzt schon ein wenig mehr an ihre Kunden. Das beste Beispiel sind die Anzeigen von der ERGO. Da räumen sie ein, dass im Versicherungswesen alles doch recht kompliziert ist – und sie deshalb jetzt alles viel einfacher machen. Oder die Commerzbank, die in ihrer Werbung eine Filialleiterin durch die Stadt rennen lässt. Der Spot ist hervorragend gedacht, vom Kunden her aufgezäumt. Jetzt fängt man auch in der Werbung an, den Kunden in den Mittelpunkt zu stellen.

**Bisher kritisierten Sie die Banken- und Finanzwerbung als austauschbar, langweilig und fad. Sie sei Werbung nach der PANIK-Formel: Prominenz, Angst, Nichtverstehen (des Beratungsangebots), Inkompetenz (der Anleger), Kreditversprechen.**

## Die dienende Funktion der Wirtschaft haben Banken völlig verlassen.

Und in der Versicherungsbranche gibt es noch immer das AUA-Prinzip: Anhauen, umhauen, abhauen.

**Auch der Slogan der Deutschen Bank »Leistung aus Leidenschaft« fiel bei Ihnen durch. Er sei nicht nur unglaubwürdig, sondern vermittle auch keine Vorteile. Gibt es einen Slogan einer Bank, der Ihnen positiv im Gedächtnis geblieben ist?**

Das »Grüne Band der Sympathie« hat mir nichts gesagt, viel besser dagegen ist »Die Bank an Ihrer Seite« von der Commerzbank. Das ist es doch – wenn sie es einlöst. Sie muss dich als Kunden oder Firma begleiten. Und sie muss dienen. Die dienende Funktion der Wirtschaft haben Banken völlig verlassen. Auch die Volksbanken waren mit »Wir machen den Weg frei« großspurig. Es spaltet sich die Erde und die ganze Welt wird für dich geöffnet. Das ist doch Größenwahn. Dagegen hat mich das Menschelnde mit dem alten Fußball-lehrer Cramer als Kunden sehr angesprochen.

**Da schließt sich der Kreis wieder und wir kommen zur Ausgangsfrage zurück, wie Finanzwissen vermittelt werden kann. Müssen wir das Menschelnde auch in die Sprache bringen, indem wir lebendiger, bildhafter, konkreter werden?**

Dass uns das Menschelnde abhandengekommen ist, hat auch mit der Wirtschaftssprache zu tun. Die Professoren und Analysten sind in ihrer eigenen Sprachwelt zuhause. In einer, die die Leute nicht verstehen. Man müsste hinter vielen Wörtern ein Kreuzchen machen und sie dann erklären. Das geht noch in der Zeitung, im Fernsehen kann ich das nicht machen. Dort heißt es: »Ja, aber Herr Lehmann, der Begriff Cashflow ist doch gang und gäbe.« Nein, sage ich, das versteht kein Mensch. »Ja, dann Cashcow.« Sagen Sie doch der Esel, der am meisten Golddukaten ausspuckt. »Nein«, heißt es dann, »das schafft dann bloß wieder Vorurteile, dass das Geld nur so aus dem Hintern hinausfließen würde.«

**Es scheint nicht einfach zu sein, Experten auf eine einfache Ebene herunterzuholen.**

Aber nur so geht es. Man muss die Dinge bildhaft machen. Manche sagen, das ist schwer, aber schwer darf es in unserem Beruf nicht geben. Sie müssen immer wieder daran denken: Da sitzen Tante Emma und Onkel Frich. Die sitzen kurz vor acht vor dem Fernseher, warten auf die Tagesschau und sagen, dass der Tag anstrengend war. Soll ich denen jetzt noch mit volkswirtschaftlichen Daten kommen?

**Können wir zusammenfassen, dass sich die Menschen schlauer machen müssen in Finanzfragen, die Banken dafür den Menschen mehr entgegenkommen müssen? Die einen müssen sich strecken und die anderen bücken?**

Nicht bücken, dienen. Ich hoffe, dass sie das ernst nehmen, was sie jetzt versprechen, und den Kunden ernst nehmen. Denn, wissen Sie, an sich kochen die auch nur in ihrem eigenen Saft. Früher gab es die Sendung »Dingsda«. Da mussten Kinder alles Mögliche erklären. Wäre es nicht ein Traum, Kinder würden erklären, was eine Aktie ist? Das müsste doch hinreißend sein, über Kinder zu Informationen zu gelangen. Dafür würde ich kurz vor acht eine ganze Sendung einräumen. Die Kinder würden dann jeden Tag sagen, was an diesem Tag an der Börse los war. Ich weiß, das geht nicht, aber schön wäre es. Da würden alle dranbleiben, sich kaputtlachen – und vielleicht würden sie dabei sogar noch etwas lernen.

Fahrplan zum Erfolg    Frank Lehmann

1 Sprich so, dass es Tante Emma und Onkel Erich vor dem Fernseher verstehen.

2 Tausche dich über Produkte aus und informiere dich, sonst verkümmert das Wissen.

3 Fragen sind das Entscheidende. Und wenn du fünfmal keine befriedigende Antwort erhalten hast, frage ein sechstes Mal.

4 Geh weg vom Großspurigen und hin zum Menschelnden.

5 Die Erfolgsformel lautet: KISS. Keep it simple and stupid, also: Mache es ganz einfach.

# Zu viel Freiheit ist das Problem.

Stefanie Rösch ist Psychologin. Sie hilft Menschen notfallpsychologisch sowie traumatherapeutisch. 1999 gründete sie das Trauma-Informations-Zentrum in Konstanz. Darüber hinaus gibt sie regelmäßig Vorträge und Seminare, etwa für die Hochschule für Polizei in Villingen-Schwenningen. Sie hat mehrere Fachaufsätze und Bücher veröffentlicht.

Jeder, der zu einem anderen Menschen spricht, möchte mit seinen Worten etwas bewirken. Oft wird dabei nicht groß darüber nachgedacht, was gesagt wird. Denn meist haben die Worte keine existenziellen Folgen. Wie spreche ich aber, wenn von dem Gesagten Leben und Tod abhängen können? Wenn ich mit Worten verhindern will, dass jemand vom Dach springt?

**Es geht jemand mit einem Messer auf mich los. Welche Worte können mir helfen?**

Wenn wir auf dieser Ebene sind und das Messer schon gezückt ist, gibt es keine große verbale Reaktion mehr. Wer die Waffe hat, hat die Macht. Das ist klar. Aber solche Situationen entstehen nicht einfach ohne Weiteres. Die ganzen Konflikte und Gewalttätigkeiten, in Behörden beispielsweise, haben in der Regel eine Vorgeschichte. Gewalt ist meist kein Selbstzweck, sondern Mittel zum Zweck. Und daher gibt es auch ein Ziel. Die bewaffnete Person möchte etwas erzwingen. Und wenn ich ihr das gebe, ist mein Leben auch wieder sicherer. Das heißt, ich muss sie fragen, was sie möchte.

**Sind Fragen demnach ein zentrales Element von Deeskalationsmaßnahmen?**

Ja, Fragen erlauben mir herauszufinden, was der andere braucht: »Was kann ich für Sie tun? Was möchten Sie? Was wollen Sie?« Damit der andere seine Erregung wieder runterfahren kann, sind Fragen etwas ganz Zentrales. Das andere Element neben Fragen ist die Wahrnehmung der Gefühlsebene. Gerade im behördlichen Umfeld fühlen sich die Menschen oft nicht als Personen wahrgenommen. Eine wichtige Technik für Mitarbeiter von Behörden besteht darin, dem anderen Rückmeldung zu geben, wie sie seine Gefühle gerade wahrnehmen, etwa wenn sie sagen: »Ich kann nachvollziehen, dass Sie frustriert sind, ich brauche dennoch die Unterlagen.« Oder: »Ich habe gerade den Eindruck, Sie fühlen sich ungerecht behandelt. Aber wir haben ein Gesetz, nachdem wir uns richten müssen. Das kann ich Ihnen gerne geben.«

**Ist Sprache das wichtigste Einsatzmittel in Konfliktsituationen?**
**Zum Beispiel, wenn wir an die Arbeit der Polizei denken.**

Definitiv. Das allermeiste, was die Polizei macht, ist reden. Das geht natürlich stets mit ihrer Autorität einher. Sie besitzt schließlich Zwangs- und Machtmittel, die im privaten Bereich nicht gegeben sind. Diese Mittel beeinflussen den Sprachgebrauch; einen sehr klaren Sprachgebrauch übrigens, der von deutlichen Anweisungen geprägt ist. Und natürlich sind auch in diesem Bereich Fragen sehr wichtig.

> Damit der andere seine Erregung wieder runterfahren kann, sind Fragen etwas ganz Zentrales.

# Die große Kunst besteht darin, dem anderen ein Gefühl von Wertschätzung zu geben, gleichzeitig aber für Klarheit zu sorgen.

**Sprache als eine Ausdrucksform der Macht?**

Die Macht sollte dann zum Ausdruck kommen, wenn der andere nicht bereit ist zu kooperieren. Wir versuchen in Deeskalationsschulungen eine wertschätzende Haltung zu vermitteln, den anderen gegenüber – aber auch mir selbst gegenüber. Eine Haltung, die ausdrückt: Ich lasse nicht alles mit mir machen. Denn das ist ein Problem, das wir in unserer Gesellschaft haben. Wir lassen viel zu viel mit uns machen und geben Einzelnen zu viele Freiheiten, mit denen sie nicht umgehen können.

**Wir geben anderen zu viele Freiheiten?**

Ja, indem wir zu wenig Grenzen setzen und sagen: »Das will ich so nicht.« Oder: »Ich will nicht, dass Sie mich beleidigen.«

**Kann aber Machtausübung durch Sprache nicht eine Situation erst recht eskalieren lassen?**

Die große Kunst besteht darin, dem anderen ein Gefühl von Wertschätzung zu geben, gleichzeitig aber für Klarheit zu sorgen. Deeskalation heißt auch, klare Anweisungen geben, klare Forderungen stellen, klare Spielregeln formulieren.

Gerade vor Polizisten habe ich hier Hochachtung, weil sie wirklich mit jedem in der Bevölkerung sprachlich klarkommen müssen. Und weil sie viel Gefühl für unterschiedliche Situationen entwickeln müssen. Sie bewegen sich auf einer Gratwanderung und müssen gut beobachten, was die Worte mit ihrem Gegenüber machen. Jedoch darf man Worte auch nicht überbewerten, denn das Nonverbale hat hier einen riesigen Einfluss.

**Lässt mit der sprachlichen Kompetenz auch die soziale Kompetenz in der Gesellschaft nach?**

Schulen unternehmen in diesem Bereich viel zu wenig. Prinzipiell bringen wir den Kindern ganz viele wichtige Kompetenzen nicht bei. Und das sind vor allem soziale Kompetenzen, angefangen bei einer klaren Kommunikation, die über eine Verständnisebene abläuft – und nicht nur über Sanktionen. Kommunikation gibt es als Unterrichtsthema leider gar nicht. Man geht davon aus, dass dies jeder könne, weil ja jeder auch sprechen kann. Nur sprechen können, heißt eben nicht, auch gut kommunizieren zu können.

**Deshalb sollen auch die vielen Kommunikationsratgeber auf dem Buchmarkt für ein friedvolles Zusammenleben sorgen. Haben wir ein zu großes Aggressionspotenzial in der Gesellschaft?**

Wir haben eine Entwicklung gemacht hin zu viel Freiheit, mit der wir nicht verantwortungsvoll umgehen können. Das ist das Grundproblem.

**Wie muss man sich das konkret vorstellen?**

Stellen Sie sich vor, Sie haben Ihre Fahrkarte nicht rechtzeitig gekauft. Jetzt müssen Sie sich in eine lange Schlange einreihen, obwohl der Zug gleich fährt. Ist dies ein Grund sich aufzuregen? Es lag doch in Ihrer Verantwortung, rechtzeitig eine Fahrkarte zu kaufen. Viele Menschen fangen in solchen Situationen aber an zu schimpfen und zu beleidigen. Aus mangelnder Verantwortung entsteht hier also Aggressivität. Generell sind viele Menschen nicht mehr bereit, Verantwortung für ihr Handeln zu übernehmen – und auch nicht für das, was sie sagen. Die Folge: Es wird nicht überlegt, was gesagt wird, sondern einfach schnell etwas hingerotzt.

**Was fehlt unserer Kommunikation?**

Das Problem ist, dass unsere Kommunikationskanäle Sprache, Stimme, Körpersprache vielfach nicht übereinstimmen. Wir legen einen sehr hohen Wert auf Worte. Dabei komme ich im Prinzip komplett ohne Worte aus und funktioniere trotzdem. Sie können einem Film folgen, wenn Sie die Tonspur ausblenden. Andersherum wäre es schwieriger. Sie würden dann deutlich mehr Informationen verlieren, besonders Beziehungsinformationen. Das heißt, ob jemand Worte mir wohlgesonnen spricht oder nicht, verrät mir erst die visuelle Zusatzinformation.

**Wie wichtig ist das Zusammenspiel von verbaler und nonverbaler Kommunikation?**

Nehmen Sie den Bereich der Suizidalität. Um auf Menschen einwirken zu können, läuft auch hier natürlich ganz viel über Sprache, und auch hier spielen Fragen eine wichtige Rolle. Doch Worte allein reichen nicht aus. Ich muss dem anderen das Gefühl geben, dass ich mich auf ihn einlasse. Es geht darum, sich Zeit zu nehmen, den Blickkontakt aufrechtzuerhalten. Die Stimme darf nicht im Befehlston sein. Sie darf ihm nicht das Gefühl geben, er würde ausgehorcht oder verhört werden, sondern man muss seiner Stimme ein echtes Interesse verleihen. Ein Interesse, das der andere auch spürt. Das wiederum kann ich nur, wenn ich das Interesse tatsächlich habe oder ein sehr guter Schauspieler bin.

## Kommunikation gibt es als Unterrichtsthema leider gar nicht.

# Wenn jcmand auf einer Brücke steht, dann macht »Spring« wenig Sinn.

**Gibt es spezielle Reizwörter, die eine Situation entschärfen oder verschärfen können?**

Man kann nicht sagen, dass es Wörter gibt, die immer eine ganz bestimmte Wirkung haben. Aber es gibt sicherlich Wörter, die ein hohes Risiko in sich tragen, eine bestimmte Reaktion hervorzurufen. Wenn beispielsweise jemand auf einer Brücke steht, dann macht »Spring« wenig Sinn.

**Das überrascht nicht. Sollte ich dieser Person gut zureden? Und wenn ja, wie?**

Formulierungen wie »Ich weiß, wie es Ihnen geht« oder »Ich verstehe, wie es Ihnen geht« sind ebenfalls nicht hilfreich.

**Das überrascht jetzt schon eher.**

Solche Sätze funktionieren vielleicht im Alltag, aber nicht in Ausnahmesituationen. Wenn sich eine Person das Leben nehmen möchte, befindet sie sich in einer Art existenziellem Egoismus. Sie ist sich in diesem Moment ihrer Einzigartigkeit sehr bewusst. Einschätzungen wie »Niemand versteht mich« oder »Niemand weiß, wie es mir geht« sind dann so zentral, dass man Formulierungen wie »Ich weiß, wie es Ihnen geht« weglassen sollte.

**Was muss ich dann aber sagen?**

Besser sind weiche Formulierungen, die mehr Abstand gewähren und dem anderen seine Gefühle lassen, etwa »Ich habe den Eindruck, dass ...«, »Ich versuche mir vorzustellen, dass ...« oder »Ich kann es nur ahnen ...«.

**Was sage ich aber zu einer Person, die ich gar nicht kenne?**
**Wenn ich nur über sie weiß, dass sie gerade auf dem Hausdach steht?**

Ich kenne dann nicht die konkreten Umstände, aber ich weiß eines über die Person ganz sicher. Und das weiß ich über alle Personen, die sich in solchen Lagen befinden – weil es etwas gibt, was alle verbindet, die sich das Leben nehmen wollen. Sie alle haben das Gefühl, dass dies die einzige Möglichkeit ist, noch irgendeine Veränderung in ihrem Leben zu erzielen. Intuitiv sage ich dann zu dieser Person: »Es gibt doch noch andere Lösungen.« Das Problem dabei ist: Dies alles ist diese Person schon durchgegangen. Für sie gibt es keine Lösung. Sie glaubt, sie habe keinen Einfluss mehr auf ihr Leben.

**Was bleiben dann noch für Möglichkeiten?**

Ich arbeite dann mit Sätzen, Formulierungen und Worten, die von der Person Entscheidungen einfordern. Die einfachste Form wäre zu fragen:

»Darf ich mich mit Ihnen unterhalten?« Dann muss sie entscheiden. Ja oder nein. Ich werde dann weiter mit Fragen arbeiten, um ihr die Erfahrung zu vermitteln, dass sie sehr wohl etwas entscheiden kann. Da sie nicht sofort gesprungen ist, ist schließlich anzunehmen, dass sie durchaus noch gewillt ist, mit jemandem zu reden. Also werde ich weiter fragen: »Darf ich etwas näher kommen? Damit ich nicht so schreien muss.« Die Person muss dann erneut eine Entscheidung treffen. Auf diese Art und Weise, über Fragen, die eine Entscheidung einfordern, taste ich mich heran. Hier sind die Formulierungen sehr wichtig, vor allem müssen sie klar ausgesprochen werden. Es muss deutlich werden, dass man der Person stets die Entscheidung lässt – auch die Entscheidung zu springen. Ihr diese Entscheidungsfreiheit zu gewähren, unterscheidet den Experten vom Laien. Wenn ich sage »Da gibt es doch andere Lösungen« nehme ich ihr diese Entscheidungsfreiheit.

**Immer wenn wir über Krisensituationen reden, fällt auf, dass besonders auf eine klare Sprache zu achten ist. Kennen Sie Vorbilder, wenn es darum geht, Dinge auf den Punkt zu bringen?**

Die amerikanische Art zu schreiben, mit kurzen Sätzen. Wenn ich beispielsweise Fachbücher nehme und die amerikanische mit der deutschen Literatur vergleiche, dann fällt mir auf, dass es uns offensichtlich schwerer fällt, entspannt mit Sprache umzugehen. Ein besonders markantes Beispiel ist die »Differentielle Psychologie« von Amelang und Bartussek. Thomas-Mann-mäßig haben sie es geschafft, Sätze zu schreiben, die über eine halbe Seite gehen. Wenn aber Sätze geschrieben werden, die kein Mensch mehr begreift, ist dies ziemlich grausam für die Wissensvermittlung. Wir lernen zwar Buchstaben und Wörter aneinanderzureihen, aber nicht zu schreiben. Zu begreifen, was einen Text ausmacht, ist auch etwas, was uns niemand beibringt.

**In den Ländern des angelsächsischen Sprachraums sehen es Wissenschaftler als Ehre an, verstanden zu werden. Bei uns scheint eher das Gegenteil der Fall zu sein: Wissenschaftler sehen sich als kompetent, wenn sie nicht verstanden werden.**

Ja, und ich empfinde dies als eine Frechheit. Und es hat auch überhaupt keine Größe. Einen komplizierten Satz zu schreiben, ist nicht schwer. Den gleichen Sachverhalt aber einfach auszudrücken, ist die Herausforderung. Sich hinzusetzen und sich zu überlegen, wie kann ich etwas leicht formulieren, wie bleibe ich lesbar und unterhaltsam. Das hat viel mit meiner Haltung zu tun. Nur wenn ich eine klare Haltung zu den Dingen habe, kann ich klar formulieren. Auch auf Behördenebene würde man sich deutlich leichter tun, wenn es eine klare Sprache gäbe.

**Das Hierarchiegefälle in der Kommunikation von Behörden zu Bürgern birgt Konfliktpotenzial. Klarheit alleine reicht aber nicht aus, um diese Hierarchie auszugleichen?**

Die klare Sprache ändert prinzipiell noch nichts am Gefühl eines Menschen, einer Behörde ausgeliefert zu sein. Diesem kann man aber mit Freundlichkeit und Wertschätzung gegenübertreten. Manchmal kann es auch helfen, wenn sich Mitarbeiter sprachlich von ihrer Aufgabe distanzieren und Formulierungen verwenden wie »Wenn ich die Möglichkeit hätte, Ihnen das Geld zu geben, würde ich das tun. Aber auch ich bin hier an das Gesetz gebunden.«
Und noch ein wichtiger Faktor wird meist nicht beachtet. Viele Menschen sind mit gewissen Vorgängen auf Behörden einfach nicht vertraut. Wenn sie dann von diesen nicht ausreichend informiert werden, fühlen sie sich noch hilfloser. Hinweisschilder oder Informationen von Mitarbeitern, was wie abläuft, können zur Entschärfung dieses Ungleichgewichts führen. Und dafür brauchen wir eine einfache und klare Sprache.

**Was muss man mitbringen, um Ihren Beruf gut ausüben zu können?**

Wichtig ist die Fähigkeit, Beziehung zuzulassen. Beziehungen sind wichtiger als die Techniken. Ob eine Psychotherapie gelingt oder nicht, hängt entscheidend von der Therapeutenpersönlichkeit ab. Darüber hinaus muss man Verantwortung übernehmen, für sich selbst – aber nicht dafür, was der Klient mit einem Gespräch macht. Der Therapeut ist nicht dafür verantwortlich, dass es dem Kunden besser geht oder dass er heilt. Das muss die Person selbst machen. In diesem Beruf ist die Haltung hilfreich, Psychotherapie als eine Schule für soziale Fähigkeiten zu sehen. Das heißt, ich bringe meinen Klienten bei, wie sie mit sich und mit anderen umgehen können.

<br>

Nur wenn ich eine klare Haltung
zu den Dingen habe,
kann ich klar formulieren.

**Fahrplan zum Erfolg** Stefanie Rösch

1 Gib den anderen ein Gefühl von Wertschätzung,
  sorge aber gleichzeitig für Klarheit.

2 Beobachte gut, was die Worte mit deinem Gegenüber machen.

3 Bekunde ein echtes Interesse, ein Interesse,
  das dein Gegenüber auch spürt.

4 Schreibe nach amerikanischer Art, also mit kurzen Sätzen.

5 Nur wenn ich eine klare Haltung zu den Dingen habe,
  kann ich auch klar formulieren.

## Über die Autoren

**Armin Reins** und **Veronika Classen** arbeiten seit über drei Jahrzehnten in der Werbung. Sie streiten jeden Tag selbst für bessere Qualität in ihrer eigenen Agentur: REINSCLASSEN. Die Markenberatungs- und Werbeagentur mit Sitz in Hamburg und Baden-Baden wurde 2008 zur »Newcomer-Agency des Jahres« gewählt. Beide sind Mitglied im Art Directors Club für Deutschland und haben zahllose nationale und internationale Kreativ- und Effizienzpreise gewonnen.

Darüber hinaus engagieren sie sich schon lange für eine bessere Qualität in der Ausbildung. 1998 haben sie die Texterschmiede e. V. gegründet, die erste praxis-orientierte Schule für den deutschen Texter-Nachwuchs. Zudem ist Armin Reins seit 2013 Gastprofessor an der Brand Academy in Hamburg. Veronika Classen unterrichtete von 2005 bis 2007 als Professorin für Sprache und Kommunikation an der Muthesius Kunsthochschule in Kiel.

Beide schreiben Bücher: Von Armin Reins erschienen 2003 »Die Mörderfackel« und 2006 »Corporate Language« im Verlag Hermann Schmidt Mainz. Im selben Verlag veröffentlichten beide 2010 »Die Sahneschnitte«. 2007 kam als Fischer Taschen-buch »Deutsch für Inländer – Die 15 neuen Deutschs« heraus. Ihr Wissen geben sie gerne weiter. Wenn Sie sich für die Seminare interessieren, erhalten Sie aktuelle Informationen unter www.reinsclassen.de

**Géza Czopf** hat nach seinen Staatsexamen in Germanistik und Politologie zu-nächst mehrere Jahre als Zeitungsjournalist und Dozent gearbeitet. So lehrte der »gelernte« Deutschlehrer an diversen Akademien, um beispielsweise angehende Betriebswirte in Kommunikation und Rhetorik zu unterrichten. Oder Fremdspra-chensekretärinnen eine anregende und moderne Textgestaltung beizubringen. Seit 1999 schrieb er parallel für den Hörfunk und hat bis heute zahlreiche Hörspiele für den Südwestdeutschen Rundfunk verfasst.

Weil Lehre, Journalismus und Belletristik ihm als Spielfeld nicht genug erschienen, startete er eine Laufbahn in der Werbung. Nach vielen Stationen in unterschied-lichen Agenturen gelangte er 2007 schließlich als Creative Director zu REINSCLASSEN. Seitdem leitet er die Dependance in Baden-Baden und verhilft Unternehmen in allen Branchen zu einer eigenständigen Corporate Language. Für seine Arbeiten als Hörspielautor und Werbetexter wurde er mehrfach ausgezeichnet.

# Buchempfehlungen

Mario Burgard
**Werbetexte, die sofort verkaufen. –
Der 8-Schritte Crashkurs zur
sofortigen Reaktion Ihres Lesers**
Kindle Edition 2013

D & AD
**The Copy Book D&AD**
Taschen

Tilo Dilthey
**Text-Tuning: Das Konzept
für mehr Werbewirkung**
BusinessVillage 2013

Doris Doppler
**Werbetext Basics.
Die Grundlagen guter Werbetexte**
Kindle Edition

Miriam Löffler
**Think Content!
Content-Strategie, Content-
Marketing, Texten fürs Web**
Galileo Press 2014

Armin Reins
**Die Mörderfackel**
Verlag Hermann Schmidt 2002

Armin Reins
**Corporate Language**
Verlag Hermann Schmidt 2006

Armin Reins & Veronika Classen
**Die Sahneschnitte**
Verlag Hermann Schmidt 2010

Armin Reins & Veronika Classen
**Deutsch für Inländer**
Fischer Taschenbuch 2007

Achim Szymanski
**Post von ganz oben:
Gottes Briefe an Prominente
und andere Sterbliche**
Ullstein Taschenbuch 2011

Mark Twain
**Bummel durch Europa**
(vor allem seine Betrachtungen über
»Die schreckliche deutsche Sprache«)
Anaconda Verlag

## 384 // Impressum

| | |
|---|---|
| 2. Auflage © 2015 | Verlag Hermann Schmidt Mainz (und bei den Autoren) |
| Alle Rechte vorbehalten | Dieses Buch oder Teile dieses Buches dürfen nicht vervielfältigt, in Datenbanken gespeichert oder in irgendeiner Form übertragen werden ohne die schriftliche Genehmigung des Verlages. |
| Gestaltung | Bertram Schmidt-Friderichs, Anna Lindner |
| Satz | Laura Eckes, Anna Lindner |
| Infografik | Bettina Andresen, Anna Lindner |
| Korrektorat | Karoline Deissner, Sandra Mandl |
| Verwendete Schriften | Thesis, Times, Garamond, DIN, Cooper Black, Mrs Eaves, Ubuntu, Weidemann, Rotis |
| Druck | Offsetdruckerei Karl Grammlich, Pliezhausen |
| Bindung | Lachenmaier, Reutlingen |
| Papier | 135 g/m² PhoeniXmotion Xenon FSC |
| Wir übernehmen Verantwortung. Nicht nur für Inhalt und Gestaltung, sondern auch für die Herstellung. | Das Papier für dieses Buch stammt aus sozial, wirtschaftlich und ökologisch nachhaltig bewirtschafteten Wäldern und entspricht deshalb den Standards der Kategorie »FSC Mix«. Außerdem ist die Druckerei FSC- und PEFC-zertifiziert. FSC (Forest Stewardship Council) ist eine Organisation, die sich weltweit für eine umweltgerechte, sozialverträgliche und ökonomisch tragfähige Nutzung der Wälder einsetzt. Durch die Zertifizierung ist sichergestellt, dass kein illegal geschlagenes Holz aus dem Regenwald verwendet wird, Wäldern nur so viel Holz entnommen wird, wie natürlich nachwächst, und hierbei klare ökologische und soziale Grundanforderungen eingehalten werden. **»Die Zukunft sollte man nicht vorhersehen wollen, sondern möglich machen.«** ANTOINE DE SAINT-EXUPÉRY |
| Bücher haben feste Preise! | In Deutschland hat der Gesetzgeber zum Schutz der kulturellen Vielfalt und eines flächendeckenden Buchhandelsangebotes ein Gesetz zur Buchpreisbindung erlassen. Damit haben Sie die Garantie, dass Sie dieses und andere Bücher überall zum selben Preis bekommen: Bei Ihrem engagierten Buchhändler vor Ort, im Internet, beim Verlag. Sie haben die Wahl. Und die Sicherheit. Und ein Buchhandelsangebot, um das uns viele Länder beneiden. |
| Verlag Hermann Schmidt Mainz | Gonsenheimer Straße 56 // 55126 Mainz<br>Tel. 0 61 31 – 50 60 0 // Fax 0 61 31 – 50 60 80<br>info@typografie.de // www.typografie.de<br>facebook: Verlag Hermann Schmidt Mainz // twitter: VerlagHSchmidt |
| ISBN | 978-3-87439-808-4<br>Printed in Germany with Love. |

*spontanes, frei sprechen ... nix mit ständig groß konstruieren und so ...*
*einfach easy deutsch, ne ... ich wollte damit ja auch singen ...*
*is ja sonst immer alles so eckig und unelastisch (...)*
*geschmeidig geschmeidig genau mitm weichen gang.*

Udo Lindenberg

*Meine Strategie: Stolz und Sprache.*
*Du gehst mit der Sprache in die Persönlichkeit.*
*Ich weiß genau, wem ich wehtun kann.*
*Und womit. Muss sein.*

Ulli Wegner

*Wörter sind sehr einfach.*
*Wer kann machen, machen.*
*Wer kann nicht machen, sprechen.*
*Wer kann nicht sprechen, der schreiben.*

Giovanni Trapattoni

*Eine Corporate Language hilft Ihnen,*
*in Ihrem Schaffensprozess die bestmöglichen Ergebnisse zu erzielen.*

Christoph Riechert, PHILIPS